विदग्धमाधवम्

(The Vidagdhamadhavam)

डॉ. स्वर्गकुमारमिश्रः

शिवालिक प्रकाशन
दिल्ली

प्रथम संस्करण : 2017

मूल्य : 795.00 रुपये

ISBN : 978-93-87195-08-0

प्रकाशक :
शिवालिक प्रकाशन
27/16, शक्तिनगर
दिल्ली-110007
फोन : 011-42351161
ई-मेल : shivalikprakashan@yahoo.com
शाखा कार्यालय
प्लॉट सं. 394, संजय नगर कालोनी
पहरिया, रामदत्तपुर, वाराणसी (उत्तर प्रदेश)

भारत में प्रकाशित

विरेन्द्र तिवारी द्वारा शिवालिक प्रकाशन 27/16, शक्ति नगर, दिल्ली-110007 के लिए प्रकाशित। शब्द संयोजन : फ्रेंड्स ग्राफिक्स, दिल्ली और आर. के. ऑफसेट प्रिंटर्स, दिल्ली द्वारा मुद्रित।

The Vidagdhamadhavam

Swargakumar Mishra

Sahityacharya, Vidyavaridhi (Ph.D.)

।। समर्पणम् ।।

येषां प्रसादवचनै रचनेयमद्य
सज्जीकृता सुविदिताऽस्ति विदग्धदग्धा।
तेषां ममाग्रसरतां सुगवेषकाणां
पादान् क्षणं सुविमलान् समलङ्करोतु ।।

गवेषकः

श्रीगोविन्ददेवो विजयते

ममास्मिन् सन्दर्भे यदपि कविता नातिललिता
मुदं धास्यन्त्यस्यां तदपि हरिगन्धाद् बुधगणाः ।
अपः शालग्रामप्लवनगरिमोद्गारसरसाः
सुधीः को वा कौपीरपि नमितमूर्धा न पिवति ।।

श्रीविदग्धमाधवम्

PROF.A.C.DHAL(RTD)
SREEJAGANNATH SANSKRIT VISVAVIDYALAYA
SREEVIHAR,PURI

शुभं भूयात्

मधुराधिपतेरखिलं मधुरम् ।

अलौकिकी त्वियं कृष्णरतिः सर्वाद्भुताद्भुता । रतिर्देवादिविषयाव्यभिचारी तथाञ्जितः,भावः प्रोक्तः –इत्यादिना साहित्यशास्त्रपरम्पराया देवादिविषयायाः रतेः भावत्वं समुद्घोषितं वरीवर्त्ति। तथापि कृष्णरतेः वैष्णवजनमनःप्रसादकतया परमाह्लादकत्वात् भक्तिरसरूपत्वं श्रीमता श्रीरूपगोस्वामिना परिकल्पितं प्रतिपादितं च श्रीहरिभक्तिरसामृतसिन्धौ। न केवलं लक्षणग्रन्थस्यापितु लक्ष्यग्रन्थानां सुरचनेन तेन मतमिदं सुप्रतिष्ठापितम्। किञ्च भक्तेः मधुराख्यस्य श्रेष्ठरसत्वमुज्ज्वलनीलमणौ साधितम् । विदग्धमाधवं मधुरभक्तिरससम्वलितं तत्कृतं सफलनाटकम्। राधामाधवयोर्वृन्दावनविलासलीलाभिः सुमण्डितं विदग्धमाधवनाटकमनवद्यमेकं सर्जनम् । तदद्य प्राकाश्यन्नीयत इति कमपि हर्षमनुभवामि ।

मच्छात्रेण डा.स्वर्गकुमारमिश्रेण श्रीजगन्नाथसंस्कृतविश्वविद्यालये समर्पिते शोधपत्रे विदग्धमाधवनाटकेन सह उत्कलभाषासाहित्ये लब्धप्रतिष्ठं रीतिकाव्यं विदग्धचिन्तामणिर्नाम समालोचितम्। इदानीमपि वैष्णवसाहित्यानुसन्धानतत्परः एषः शोधपत्राण्यनेकानि प्रकाशयति। अस्य सारस्वतक्रियाकलापाः उत्तरोत्तरं समेधन्तामित्याशासे ।

अद्वैतचरणधलः

प्रो.अद्वैतचरणधलः(अवकाशप्राप्तः)
श्रीजगन्नाथसंस्कृतविश्वविद्यालयः,पुरी

-रसो वै सः। रसह्येवायं लब्ध्वाऽऽनन्दी भवति।

तैत्तीरियोपनिषत्

-अक्षरं परमं ब्रह्म सनातनमजं बिभुम्
वेदान्तेषु वदन्त्येकं चैतन्यं ज्योतिरीश्वरम् ।
आनन्दः सहजस्तस्य व्यज्यते स कदाचन
व्यक्तिः साा तस्य चैतन्यचमत्काररसाह्वया ।। अग्निपुराणम्

-संवेदनाख्ययाव्यंग्यपरसंवित्तिगोचरः
आस्वादनात्मानुभवो रसः काव्यार्थ उच्यते ।। नाट्यशास्त्रम्

-सत्त्वोद्रेकादखण्डस्वप्रकाशानन्दचिन्मयः
वेद्यान्तरस्पर्शशून्यब्रह्मास्वादसहोदरः ।
लोकोत्तरचमत्कारप्राणः कैश्चित् प्रमातृभिः
स्वाकार इव भिन्नत्वे नायमास्वाद्यते रसः ।। साहित्यदर्पणम्

-रत्याद्यवच्छिन्ना भग्नावरणा चिदेव रसः । रसगङ्गाधरः
भगवान् परमानन्दस्वरूपः स्वयमेव हि
मनोगतस्तदाकारो रसतामेति पुष्कलम् ।।

॥प्रस्तावना॥

अप्राकृतप्रेममूर्त्तये नमः ।

भगवान् श्रीकृष्णः परमप्रेममयः । श्रीराधा तस्य ह्लादिनी शक्तिः । अनिर्वचनीया अनयोः प्रेमपराकाष्ठा । तस्यैवालौकिकप्रेम्णः प्रकाशः कस्य भावान् नोद्वेलयति ?कस्य वा कवेः वाणी तद्विना नवीनायते ? राधाकृष्ण- प्रेमप्रसङ्गः यथा मधुरः तथा सहृदयानां कृते विचारणीयः कोऽपि विशिष्टः विषयः। राधाकृष्णयोरमरप्रेमा नायिकानायकसाधारणत्वेन श्रृङ्गार इति यः पारम्परिकविचारः स उज्ज्वलो मधुरो वा रस इति वैष्णवसिद्धान्तः। किञ्च कविनिष्ठायाः भगवद्रतेः आधारेण सः कैश्चिद्भावत्वं नीतः । यद्वा भवतु कृष्णैकप्राणाऽत्र रतिः मधुराख्येन विशेषणेन युक्ता मनोज्ञा प्रतिभासते । लक्षणं लक्ष्यं नियमयति,न हि लक्ष्यं निर्मिमीते । लक्ष्यं तु स्वलक्षितं लक्षणं करोतीति वचः नितरां प्रासंङ्गिकम् । श्रीविदग्धमाधवनाटकमेतस्य प्रमाणम् ।

श्रीविदग्धमाधवं श्रीरूपगोस्वामिप्रणीतमनवद्यं नव्यनाटकम्। श्रीराधामाधवयोर्विलास-लीलासम्वलितं नाटकमिदं न केवलं वैष्णवभक्तानामपितु सहृदयानां मनांसि कामं रञ्जयति, समुद्घाटयति च साहित्यशास्त्रवैभवमिति नातिशयोक्तिः । नाटकेऽत्र कलापक्षः यथा मनोज्ञः तथैव भावपक्षः चमत्कारकरः । सप्ताङ्केषु निबद्धं नाटकमिदं राधामाधवयोः वृन्दावनकेलिकथां सप्तभिर्भागैर्विभज्य समुपस्थापयति । अत्रत्यः घटनाप्रवाहः भावोद्दीपकः, रचनाशैली च आह्लादकरः। नाटकमिदं प्रशस्य स्वयं श्रीचैतन्यमहाप्रभुः भक्तजनानां पुरतः कथयति -

मधुर प्रसन्न इहार काव्य सालंकार
ऐछे कवित्व बिनु नहे रसेर प्रचार ॥

चैतन्यचरितामृत, मध्यलीला

हर्षातिरेकमनुभवामि यत् संपूर्णं श्रीविदग्धमाधवं सपरिशिष्टं तत्रभवतां भवतां पुरस्तात् प्राकाश्यं नीयत इति ।

प्रबन्धोऽयं त्रिषु भागेषु विभक्तोऽस्ति । अत्र प्रथमे भागे नाट्यकारस्य श्रीरूपगोस्वामिनः सविस्तरः परिचयः दीयते । तत्र तस्य जन्मस्थान-वंशपरम्परा-अध्ययन-अध्यापन-वृत्ति-कृत्यादीनां विषये विशद्विवेचनं क्रियते ।

द्वितीयो भागः समालोचनात्मकः । भागेऽस्मिन् साहित्यशास्त्रीय विचारः क्रियते। शास्त्रीयपरम्पराऽऽधारेण नाटकस्य कलापक्षः भावपक्षश्चात्र चर्चितः । तत्रालङ्कार-रीति-ध्वनि-रसप्रभृतीनां नाटके समावेशः कथमस्ति तद्विचार्यते। तत्र पुनः गौड़ीयवैष्णवसिद्धान्तानां विचारः विस्तरेण कृतोऽस्ति।

तृतीये भागे श्रीविदग्धमाधवनाटकं प्रदत्तमस्ति।

अस्मिन् कर्मणि प्रेरयन्तः मे प्रातःस्मराणीयाः गुरवः प्रो. अद्वैतचरणधलमहोदयाः चिरनमस्याः। तान् सप्रश्रयमभिवन्दे । अवसरेऽस्मिन् डा. बोधकुमारझामहोदयान् साञ्जलिः प्रणमामि। ग्रन्थप्रकाशनकर्मणि तेषां निरन्तरमुपदेशः अविस्मरणीयः। वामदेवमिश्रः टङ्कणद्वारा ग्रन्थस्यास्य रूपं निरूपितवान् अतः सोऽपि धन्यवादार्हः। अवसरेस्मिन् सहायकेभ्यः सर्वेभ्यः हार्दं कार्तज्ञं विज्ञपयामि।

विदग्धमाधवस्यालोचनकर्मणि प्रबन्धोऽयं सहायको भविष्यतीति मे विश्वासः। पाठकाः विचारकाः। तेषां सुमहान्तः विचाराः मे शुभाय भविष्यन्ति । पर्यन्ते च तेभ्यः साधुवादान् विज्ञाप्य विरमामि विस्तरात्।

विदुषां वशंवदः

डा. स्वर्गकुमारमिश्रः

विषयानुक्रमणिका

प्रथमभागः

कालेन वृन्दावनकेलिवार्त्ता लुप्तेति तां ख्यापयितुं विशिष्य
कृपामृतेनाभिषिसेच देव तत्रैव रुपञ्च सनातनञ्च॥

वृन्दावनकेलिकथाकोविदः विवुधाग्रगण्यः चैतन्यचरणरसिकः गौडीय-वैष्णवसम्प्रदायप्रवर्त्तकेषु षड्गोस्वामिन्ष्वन्यतमः श्रीमच्छ्रीरूपगोस्वामिप्रभुपादः भक्तेर्मूर्त्तिमन्तप्रतीक आसीत्। वैष्णवकुलतिलकोऽयं कविः पुरातनकथावैदग्ध्येन सह शास्त्रीयसिद्धान्तानां मणिकाञ्चनवत् संयोगं विधाय प्रथमं तावत् मधुराधिपति-चैतन्यदेवोत्थापितस्य मधुराख्यस्य रसराजस्य उपस्थापनं प्रचारञ्च साहित्यक्षेत्रे व्यधात्। तस्य 'भक्तिरसामृतसिन्धुः', 'उज्वलनीलमणि'श्चात्र प्रमाणम्। मधुरो नाम दशमरसस्याविष्कारः तेनैव कविना विहितः कृतः प्रचारश्च दिशि दिशि। तस्य प्रचण्डपाण्डित्यबलेन भक्तिः विकशिता सुष्ठु परिव्याप्ता चाऽभवत्। सा च भक्तेर्धारा अद्यापि बहुसु शाखासु विभक्ता सती लोके प्रेमभक्तिं वितनोति नुदति चार्दप्राणान्। स एव कविः 'श्रीविदग्धमाधव' नामध्येयस्यास्यालोच्यनाटकस्य कर्तेतिकृत्वा तस्य परिचयः अवश्यमेव विचारणीयः।

१. श्रीरूपगोस्वामिनः सामान्यपरिचयः —

विदग्धनाटकस्य श्रीविदग्धमाधवनामध्येयस्य कर्त्ता श्रीमच्छ्रीरूप-गोस्वामिप्रभुपादः १४८० खीष्टवर्षे वंगप्रदेशस्य मालदामण्डलस्य माधाईपुरग्रामे रेवत्याः अङ्कमण्डनमकरोत्। तस्य पिता श्रीकुमारः भरद्वाजगोत्रीयः गराठाब्राह्मणः कर्णाट्टराजपरिवारस्य दायादः आसीत्। तस्य ज्येष्ठभ्राता श्रीसनातगोस्वामी। कनिष्ठश्चानुपमेति लोके विश्रुतः। तदग्रे अस्मिन् विषये आलोच्यते।

सनातनरूपौ द्वौ भ्रातरौ नवहट्टस्य विशिष्टविदुषः वासुदेवसार्वभौमानुजात् श्रीरत्नाकरविद्यावाचस्पतिमहोदयात् संस्कृतभाषां साहित्यदर्शनव्याकरणादि-

शास्त्रञ्चापठताम्।[१] सातगाँवस्य विचक्षणजमिदारस्य सयद्फकीरुद्दीन्नामध्येय-स्याचार्यस्य सहायतावलेन तौ आरवीपारस्यप्रभृतिषु भाषासु पाण्डित्यं प्रौढित्वञ्चा-वाप्तवन्तौ।[२] अनेन द्वौ भ्रातरौ प्राच्यपाश्चात्यभाषासु साहित्यदर्शनादिविषयेषु च पाण्डित्यमलभताम्।

विद्याध्ययनानन्तरं सनातनः स्वकीयेन वर्चसा तदानीन्तनस्य गौड-नरेशस्य मुहम्मदअल्लादीनूहुसनेशाहस्य सभायां मन्त्रीपदं लब्ध्वा राजानं स्वकीयेनाचरणेन परितोष्य फतेयावादसमीपवर्त्तिनि रामकेलिग्रामे सानुजैः सह निवासमकरोत्।[३] अनन्तरं श्रीरूपः हुसेनशाहस्य सभामलञ्चकार।

पञ्चशतवर्षात् पूर्वं ब्राह्मणसमाजे कठोराणि नियमान्यासन्। यदि कोऽपि ब्राह्मणः मुसलमान्राजानं निकषा कार्यं कुर्यात्तर्हि सः समाजच्युतः अभवत्। अनेनैव प्रकारेण भातृद्वयः समाजच्युतः सारस्वतब्राह्मणसन्तानोऽपि मुसलमान्धर्मं स्वीकृत्य दवीरखास् - शाकरमल्लिकेति मुसलमानुपाधिना भूषितः हुसेनशाहदरबारे राजकार्यमकरोत्।[४] श्रील-सनातनगोस्वामी हुसेनशाहस्य (खास) प्रधान (दवीर) मन्त्री आसीत्। रूपश्च (शाकर) भण्डार (मल्लिक) मालिक इति। उभौ श्रीसनातन-

---

१.(i) The Padyavali - Edited by Dr. S.K. De, PP. xiv. The University of Dacca Publication. Ist Edition - १९३४

(ii) The Vaisnava lit. Medieval Bengal, PP. २८, Roy Saheb D.C. Sen, Calcutta University Publication. Ist Edition - १९१७.

२.(i) ल.मा.- सत्येन्द्रवसुना सम्पादितम्। सतीशचन्द्रमुखोपाध्यायेन प्रकाशितम्। भूमिका पृष्ठ संख्या - ७०, द्वितीय संस्करणम् - १९११.

(ii) The Vaisnav lit.Medieval Bengal, PP. २८, Roy Saheb D.C. Sen, Calcutta University Publication. Ist Edition - १९१७.

३.(i) उ.नी. - भूमिकायां श्रीगोपालदत्तपाण्डेयः, पृष्ठसंख्या-२, चौखम्बा संस्कृत प्रतिष्ठान। पुनमुद्रितसंस्करणम् - १९८५।

(ii) भ.र. (वङ्गभाषायां) - नरहरि चक्रवर्ती - प्रथमतरङ्ग - पृष्ठसंख्या - ८२, रामदेवमिश्र-सम्पादित, मूर्शिदाबाद, द्वितीयसंस्करणम् ४२६ गौराब्द।

४. भ.र.सि. - श्रीमच्छ्री ए.सी. भक्तिवेदान्तस्वामिना सम्पादितः, पूर्वाभासः, पृष्ठसंख्या - १, भक्तिवेदान्त वुक्ट्रष्ट, अन्तराष्ट्रीय कृष्णभावना संघ, चतुर्थसंस्करणम् - १९९८।

रूपदेवौ यथाक्रमौ दवीरखासशाकरमल्लिकेति नामग्रहणं कृतवन्तौ।[५] कनियान् वल्लभोऽपि तत्र हुसेनशाहस्य भाण्डागारस्य भारप्राप्तकर्मचारी अभूत्।[६]

उच्चराजपदवीमधिष्ठितावपि उभौ भ्रातरौ सर्वदा मनसि अतीवचिन्तितौ आस्ताम्। तस्मिन् समये रामकेलिग्रामः सर्वविद्यायाः केन्द्रम् आसीत्। बहुस्थानेभ्यः तार्किकाः काव्यज्ञाः नर्तकाः गायकाश्चागत्य तत्र शास्त्रालोचनं कलापरिवेषणादिकं च कृतवन्तः। रूपसनातनावपि तैः सह काव्यन्यायालोचनं कृतवन्तौ। तथापि स्वपितुः कुलमर्यादां स्मारं स्मारं तौ चिन्तितौ आस्ताम्। तस्य पितृपितामहाः यवनदर्शनमात्रेण प्रायश्चित्तं कृतवन्तः। अतः यवनकार्यं कर्तुं तयोः इहा नासीत्। केवलं म्लेच्छभयेनैव तौ अकुरुताम्।[७]

तत्रैव रामकेलिधामे निभृतस्थाने कदम्बकाननमध्ये राधाकुण्डश्याम-कुण्डसमीपे तमालतले मदनमोहनमूर्त्तिं संस्थाप्य तस्य आराधनायां वृन्दावन-केलिकथाभावनायाञ्च दिनानि कथमपि क्षपयद्भ्यां द्वाभ्यां कर्णाटदेशागताः ब्राह्मणाः गङ्गातीरे स्थानं प्राप्ताः तत्र चाधिष्ठिताऽभवन्। तैः सह वासं कुर्वन्नपि भगवतः चरणारविन्दे मनांसि निविश्योऽपि निरन्तरं साश्रुनेत्रौ इमौ भ्रातरौ चैतन्य-चन्द्रे मिलितुमुत्कण्ठितावभवताम्।[८]

---

५. तत्रैव।

६. ल. मा. सत्येन्द्र वसुना सम्पादितम्, भूमिका पृष्ठसंख्या-९०, द्वितीयसंस्करणम्-१९११।

७. सनातनरूप महामन्त्री सर्वांशेते। शुनिलेन राजा शिष्टलोकेर मुखेते।
गौडे राजा यवन अनेक अधिकार। सनातनरूपे आनि दिल राज्यभार।
भ.र. (वङ्गभाषायां) - प्रथमतरङ्गे ८२ पृष्ठायां नरहरि चक्रवर्ती, रामदेवमिश्र-सम्पादित, मूर्शिदाबाद, द्वितीयसंस्करण ४२६ गौराब्द।

८. म्लेछभये विषय करिल अङ्गीकार। ए दुइ प्रभावे राज्यवृद्धि हैलतार॥
****
गोडे रामकेलि ग्रामे करिलेन वास। ऐश्वर्य्येर सीमा अति अद्भुत विलास॥
इन्द्रमय सनातनरूपेर सभाते। आइसे शास्त्रज्ञगन नाना देश हैते॥
गायकवादकनर्तकादि कविगन। सर्वदर्शी सकले नियुक्त सर्वक्षन॥
निरन्तर करेन अनेक अर्थव्यय। कोन रूपे का र असम्मान नाइँ हय॥
सदा सर्वशास्त्रचर्च्चा करे दुइजन। अनायासे करे दोहें खण्डन स्थापन॥
न्यायसूत्रव्याख्या निजकृत ये करय। सनातनरूप शुनिले से दृढ हय॥

समयान्तरे श्रीरूपदेवस्य विवाहोऽपि अभवत्। कृष्णदासप्रणीतप्रेमविलासाख्ये वङ्गभाषायां लिखिते ग्रन्थे तस्य विवाहविषयः लिखितोऽस्ति।[९]

श्रीचैतन्यमहाप्रभुः तदा पुर्य्यामवसत्। अनयोः भ्रात्रोः मनोगतपूरणाय सः वृन्दावनयात्राछलेन रामकेलिं प्राप्तवान्।[१०] तस्य रामकेलिगमनं १४३५ शकवर्षे

सर्वत्र व्यापिल ए दोहॉर गुनगन। कर्णाटदेशादि हैते आइला विप्रगन॥
सनातनरूप निजदेशस्थ ब्राह्मने। वासस्थान दिला सबे गङ्गा सन्निधाने॥
भट्टगोष्ठीवासे भट्टवासी पासे ग्राम। सकले शास्त्रज्ञ सर्वमते अनुपम॥
रामकेलिग्रामे से सकल विप्र लयॉ। व्यवहार कार्य सव साधे हर्ष हयॉ॥
****
वाडिर निकटे अति निभृतस्थानेते। कदम्बकानन राधाश्यामकुण्ड ताते॥
वृन्दावनलीलाकथा करये चिन्तन। ना धरे धैरय नेत्रे धारा अनुक्षन॥
श्रीविग्रह मदनमोहन सेवारत। सदा खेद उक्ति ताहा कहिवा वा कत॥
श्रीकृष्णचैतन्य चन्द्र विहरे नदीया। सदा उत्कण्ठित तारे दर्शन करिया॥
पितापितामहादिर यैच्छे शुद्धाचार। ताहा विचारिते मने मानये धिक्कार॥
यवन देखिले पिता प्रायश्चित्त करय। हेन यवनेर सङ्ग निरन्तर हय॥

भ.र. (वङ्गभाषायां) प्रथम तरङ्गे ८२ पृष्ठायां श्रीनरहरि चक्रवर्ती, रामदेवमिश्रसम्पादितः, मूर्शिदाबाद, द्वितीयसंस्करणम् ४२६ गौराब्द।

९. गोसाँइ कहे बहुमुल्येर पुषाक पुडिल। पत्नी कहे आमार कर्तव्य कार्यकैल।
पतिसेवा पतिपूजा स्त्रीलोकेर सार। तार काछे धनसम्पद हीरामुक्त छार।
रूपकहे प्रिये तोमार कर्त्तव्य करिल। आमार कर्त्तव्य केन आमि न देखिल।

प्रे.वि.-(त्रयोविंशविलासे) नित्यानन्ददास, मूर्शिदाबाद, द्वितीयसंस्करणम् ४२५ गौराब्द।

१०.(i) सनातनरूपेर अन्तरे हैल याहा। श्रीकृष्णचैतन्यचन्द्र जानिलेन ताहा।
भक्तेर मिलिते प्रभु कत भङ्गी जाने। रामकेलि आईला याइते वृन्दावने।

भ.र.-श्रीनरहरि चक्रवर्ती, रामदेवमिश्रसम्पादित, मूर्शिदाबाद, द्वितीयसंस्करणम् ४२६ गौराब्द।

(ii) Chaitanya Charitamruta, edited by Purna prajna Das, PP.२५१, Srinivas fine Arts - Shivakashi First EDN. - २००१.

(iii) History of Indian Philosophy Vol. IV, Surendranath Dasgupta, PP. ३९४, Motilal Vanarashi Das.

१५१३ खीष्टाब्दे वाऽभवत्।[११] अनन्तरं रात्रौ नित्यानन्दठाकुरहरिदासठाकुरसहायौ तौ तृणदन्तौ श्रीचैतन्येन सह मिलितवन्तौ कृतवन्तौ च बहुस्तुतिगीतम्। तच्छ्रुत्वा प्रीत: शचीनन्दन: श्रीकृष्णचैतन्य: तौ सनातनरूपाविति नामभ्यां विख्यातौ कृतवान्।[१२]

श्रीकृष्णचैतन्यस्य साक्षात्कार: श्रीरूपसनातनयो: जीवनप्रवाहं परिवर्तनमकरोत्। तदारभ्य उभौ भ्रातरौ मुसलमान् सङ्गं त्यक्तुं चिन्तितौ अभवताम्।

गच्छता कालेन रूपसनातनौ स्वपार्जितधनानि ब्राह्मणदरिद्रेभ्य: दत्त्वा पुरश्चरणं विधाय वैराग्यसङ्कल्पं कृतवन्तौ। अवशिष्टं धनं नौकया आनीत्वा श्रीरूपगोस्वामिमहोदय: स्वगृहं प्राप्य श्रीचैतन्यदेवस्य सन्धानार्थं दूतप्रेरणं कृतवान् स्वगृहश्च आगतवान्।[१३] अनन्तरं महाप्रभो: श्रीक्षेत्रगमनमार्गे विन्दुमाधवदर्शनावसरे श्रीप्रयागक्षेत्रे[१४] सानुजेन वल्लभेन सह श्रीरूपदेव: १५१६[१५] खीष्टवर्षे प्रभुणा सह

---

११. ल.मा.- सत्येन्द्र वसुना सम्पादितं, वसुमती साहित्यमन्दिरद्वारा प्रकाशितम्। द्वितीयसंस्करणम्-१९११, पृष्ठसंख्या-१/०।

१२. Chaitanya Charitamruta, edited by Purna prajna Das, PP.५२, Srinivas fine Arts - Shivakashi First EDN. - २००१।

१३. सनातन रूप महामन्त्री सर्वमते। उपाय सृजिल महाविषय छाडिते।
प्रभुरे मिलिते पुरश्चरण करिला। प्रभुर सम्वादहेतु लोक नियोजिला।
पूर्वे परिजने पाठाइया सावहिते। कत चन्द्रदीपे कत फतेयावादेते।
श्रीरूपवल्लभ सह नौकाय चढिया। बहुधन लैयाँ गृहे गेला हर्ष हैयाँ।
विप्रवैष्णवादि सवे धन वाण्टिदिल। प्रभुव्रजे गेलेन शुनियाँ यात्रा कैल।
भ.र. - प्रथमतरङ्ग पृष्ठसंख्या ४४।

१४. अनुपममल्लिक तार नाम श्रीवल्लभ। रूपगोसाइँर छोटाभाई परमवैष्णव।
ताहा लैयाँ श्रीरूप प्रयाग अइला। महाप्रभु ताहाशुनि आनन्दित हैला।
विप्रगृहे आसि प्रभु निभृते वसिला। श्री रूपवल्लभ दुहें आसियाँ मिलिला।
चै.च. - मध्यलीला - कृष्णदास कविराज। धर्मग्रन्थ ष्टोर-पं. श्रीश्यामसुन्दरनायकसंपादितम् (O) प्रथमसंस्करणम् १९७७, पृष्ठसंख्या ५३१-५३२।

१५.(i) The Vaisnava lit. Medieval Bengal, PP.29, Roy Saheb D.C. Sen, Calcutta University Publication. Ist Edition 1917.

(ii) Bangala Sahityera itibritta. Vol. Ii, Dr. Asit Ku. Bandopadhyaya, PP. 203-204, IInd Edition 1966. Calcutta Modern Book Agency Pvt. Ltd.

मिलितः अभवत्। तौ दृष्ट्वा श्रीकृष्णचैतन्यः अतीवप्रीतः अभवत् स्वसमीपे चासनमददात्।[१६]

श्रीरूपवल्लभौ दशाश्वमेधघाटे एकस्मिन्निभृतस्थाने वासमकुरुताम्। तत्र श्रीचैतन्यः दशदिवसं भक्तिरसस्य निभृततत्त्वं रूपाय ददौ।[१७]

तत्र महाप्रभुः भागवतसिद्धान्तानुसारं कृष्णतत्त्वस्य समस्तं तथ्यं प्रदाय तं परमवैष्णवपदे अभिषिसेच।[१८] भक्तेः मूर्तिमन्तप्रतीकः श्रीरूपः स्वभक्तिवलेन अत्यन्तं गूढरहस्यमिदं वोद्धुं शशाक। तस्य अचलायाः भक्तेः स्पष्टपरिचयं प्राप्य श्रीचैतन्यदेवः तत्र वैराग्यस्योपदेशमपि दत्तवान्। कायाकामिनीकाञ्चनादीनां वास्तवस्वरूप-स्योद्घाटनं तत्रैव तेन महात्मना विहितम्। अनेन श्रीरूपस्य मनसि नवीनायाः चेतनायाः प्रकाशोऽभवत्। अनन्तरं महाप्रभोः आदेशेन वृन्दावनस्य

---

१६. श्री रूपदेखि प्रभुर प्रसन्न हैल मन।
उठउठ रूप आइस वलिला वचन।
कृष्णेर महिमा किछु ना पाय वर्णन।
क्षय कूपहैते काढिला दुइजन।
चै.च. मध्यलीला – कृष्णदास कविराज पृष्ठसंख्या ५३४-५३५
धर्मग्रन्थष्टोर (O) प्रथमसंस्करणम् – १९७७।

१७. ल.मा. – सत्येन्द्रवसुः – द्वितीयसंस्करण १९११।

१८. लोकभिड भये प्रभु दशाश्वमेध यायां। रूपगोसाइँ के शिक्षाकरेन शक्ति सञ्चारियाँ।
कृष्णतत्त्व भक्तितत्त्व रसतत्त्वप्रान्त। सव शिखाइल प्रभु भागवतसिद्धान्त॥
रामानन्दपाशे यत सिद्धान्त शुनिल। रूपे कृपाकरि ताहा सव सञ्चारिल॥
श्रीरूप हृदये प्रभु शक्ति सञ्चारिला। सर्वतत्त्वनिरूपिया प्रवीण करिला॥
यदुक्तं कर्णपूरेण चैतन्यचन्द्रोदये —
प्रेमालापैर्दृढतरपरसंगरङ्गैः प्रयागे
तं श्री रूपं सममनुपमेनाह जग्राह देवः॥
प्रियस्वरूपे द्रायितस्वरूपे प्रेमस्वरूपे सहजाभिरूपे।
निजाभिरूपे प्रभुरेकरूपे ततान रूपे स्वविलासरूपे॥
कालेन वृन्दावनकेलिवार्त्ता लुप्तेति तां ख्यापयितुं विशिष्य।
कृपामृतेनाभिषिसेच देवः तत्रैव रूपञ्च सनातनञ्च॥
चै.च. (ओ) – कृष्णदासकविराज गोस्वामी, पृष्ठसंख्या-५४०
धर्मग्रन्थष्टोर – पं. श्रीश्यामसुन्दरनायकसंपादितम्, प्रथमसंस्करणम् १९७७

लुप्ततीर्थानामुद्धाटनार्थं सः वृन्दावनं प्राप्तवान्।[१९] तत्र कानिचिद्दिनान्युषित्वा तीर्थादिदर्शनेन कृतकृत्य श्रीरूपः सानुजेन वल्लभेन सह गौडदेशमार्गे महाप्रभोः दर्शनार्थं श्रीक्षेत्रं प्रति यात्रारम्भं कृतवान्। नियतिनिर्द्देशे जराग्रस्तः वल्लभः गङ्गातीरे महापथिकः अभवत्।[२०]

अनन्तरं श्रीरूपः नेलाचलगमनाय व्यवस्थां कृतवान्। गमनावसरे कृष्ण-लीलामाधारीकृत्य संस्कृतनाटकं रचयितुं सोऽभिललाष। नौकया गङ्गानदीमवतीर्य यदा तेन सत्यभामापुरे उषितं तदा स्वप्ने सत्यभामा श्रीकृष्णस्य वृन्दावनलीलां मथुरालीलाञ्चाधारीकृत्य नाटकरचनार्थं तमादिष्टवती। अतस्तेनैकेनैव नाटकेन वृन्दा-वनमथुरालीलां प्रकाशयितुं चेष्टितवान्।[२१] पुर्य्यां प्रवेशात् पूर्वं तस्य वृन्दावनलीला-सम्बलितनाटकं समाप्तमभवत्।[२२] तदेव नाटकं विदग्धमाधवं नाम्ना ख्यातम्। पुर्य्यां श्रीरूपः तृतीयवारदर्शनं कृत्वा महाप्रभोः समीपे नाटकरचनायाः वृत्तान्तसिद्धान्तादि-कमवोचत्। तच्छ्रुत्वा श्रीचैतन्यदेवः स्वभक्तमेले नाटकस्य आलोचनां कर्त्तुं तमादिष्टवान्। तेनोत्फुल्लितः कृतकृत्यश्च रूपदेवः भक्तजनमेले विदग्धमाधवनाटकस्य पठनमकरोत्। तस्य नाटकस्य श्रवणेन अतीवोत्कण्ठितः श्रीचैतन्यदेवस्य गुरुभ्राता-श्रीरायरामानन्दः नाटकस्य भूयसीप्रशंसां कृतवान्।[२३]

---

१९. वि.मा. भूमिकायां पं. रत्नाकर झा, पृष्ठसंख्या १५, चौखम्बा संस्कृत सीरीज, वाराणसी, विद्याविलासप्रेस, प्रथम संस्करणम् - २०२७ संवत्।

२०. श्रीरूपवल्लभसह उल्लसित हैयाँ। नीलाचले चले शीघ्र गौडदेश दिया।
श्रीवल्लभ अप्रकट हैला गङ्गातीरे। नीलाचले गेला रूप किछु दिनपरे।
भ.र. - प्रथमतरङ्ग, पृष्ठसंख्या - ८९

२१. The Vaisnav lit. Medieval Bengal - PP. 30.

२२. Rupa Conceived the idea of writting some sanskrit dramas on Krushnalila and by the time he reached Puri he had already composed a part of this drama "Vidagdha Madhava". The Padyavali edited by Dr. SK De pp. xivii.

२३. कवित्व नाहय एइ अमृतेर धार
नाटक लक्षण सव सिद्धान्तेर सार
प्रेम परिपाटी एई अद्भुतवर्णन
शुनि चित्त कर्णेर हय आनन्दघूर्णन

तत्र श्रीकृष्णचैतन्यदेवः श्रीकृष्णस्य माधुर्यैश्वर्यरूपयोभेदमदर्शयत्। पुनः गोपस्थः श्रीकृष्णः माधुर्यमयः मथुरानगरस्थश्चैश्वर्यमयेतिकृत्वा तन्नाटकं द्विधा विभज्य निर्मातुमादिदेश।[२४] अतः तन्नाटकं विदग्धमाधवं ललितमाधवञ्चेति भागद्वयेन विभक्तं लोके प्रथितञ्चाभवत्। अनन्तरं मधुरससम्पर्कितान् सूत्रोपदेशान् तस्मै प्रदाय श्रीचैतन्यदेवः वृन्दावने निवासं कर्त्तुं तं प्रेरयामास। ततः श्रीरूपदेवः गौडदेशं प्राप्य अवशिष्टानि स्वोपार्जितधनानि देवब्राह्मणेभ्यः सम्प्रदाय वृन्दावनाय प्रस्थितवान्।[२५]

श्रीरूपः वृन्दावनस्थं ब्रह्मकुण्डं तथा नन्दग्रामं निकषा उषित्वा भगवतः भजनकीर्त्तनादिकं व्यधात्। क्षुधार्त्तोऽपि सः कीर्त्तनं विहाय भिक्षाटनं न कृतवान्। अतः परमकारुणिकः भगवान् श्रीकृष्णः गोपालवालकवेशः सन्नागत्य तस्मै दुग्धं ददौ।[२६] तद्यथा लघुतोषिण्याम् —

"गोपलवालकव्याजात् ययोः साक्षाद् वभूव ह
साक्षोच्छ्रीयुतगोपालः क्षीराहरणलीलया।" इति

कथ्यते श्रीगोपालः स्वप्ने एकं मन्दिरं निर्मातुं तमादिदेश। अनन्तरं तस्यादेशं शिरसि निधाय श्रीरूपदेवः श्रीगोविन्दस्य मन्दिरं निर्मापयितुं स्वशिष्यं मानसिंहमुक्तवान्। गुरोः आदेशेन जयपुरनरेशः मानसिंहः तत्र वृन्दावने श्रीगोविन्दस्य रक्तप्रस्तरनिर्मित-मेकं भव्यं मन्दिरं निर्मापयामास।[२७]

तोमार शक्तिविनुँ जीवे नये एइ वानी
तुमि शक्ति दिया कराओ हेनअनुमानी॥ चै.च. - मध्यलीला

२४. But Chaitanya told that the lord of Gopa (Vrindavan) & the lord of Mathura are not alike. Former is with Madhurya & latter is with Aaiswarya. The Vaisnava lit. Medieval Bengal PP.30.

२५. कतदिन रहि प्रभु भक्त आज्ञामते। वृन्दावने चलिलेन गौडदेश पथे॥
गौडे ये आछिल अर्थ ताहा आनाइला। कुटुम्बब्राह्मनदेवालये वाण्टिदेला॥
निश्चिन्त हइला व्रजे करिल गमन। भ.र. प्रथमतरङ्ग पृष्ठसंख्या ८९

२६. *** रूपेमहा अनुग्रह कैला। गोपालवालक छले साक्षात हइला।
दिलेन अपूर्वक्षीर कहिते कि आर। *** रूपेर सुखेर नाहि पार। भ.र. - प्रथमतरङ्ग।

२७. वि.मा. — भूमिकायां रमाकान्त झा महोदयः पृष्ठसंख्या - १७।

गच्छता कालेन श्रीसनातनोऽपि तत्र वृन्दावनमवाप्य भ्रात्रा भ्रातृष्पुत्रेण जीवेन च सह तत्रावसत्।[२८] वृन्दावने तयोः अत्यन्तगौरवम् आसीत्। तयोः दिन-चर्य्यासन्ध्यावन्दनभजनकीर्त्तनप्रभुसेवनादिक्रियासहितं शास्त्रालोचनं सर्वेषां वैष्णवानाम् आदर्शस्थानीयमासीत्। अतस्तौ भ्रातरौ तत्र वृन्दावनेऽपि परमपूज्यौ आस्ताम्। वृन्दावनमागतः कश्चित् भक्तः वैष्णवः तावपि द्रष्टुमभिलाषमकरोत्। तयोः प्रभावेण मधुरस्य मधुराख्यरसस्य च विस्तारः वैष्णवसमाजे सुष्ठु अभवत्।[२९]

वैष्णवसमाजे श्रीजीवसहितौ इमौ भ्रातरौ अतीवादरणीयौ अभवताम्। तत्रैव वृन्दावनवाससमये श्रीरूपः भक्तिरसस्य शास्त्रीयरूपमाविश्चकार। अनन्तरं भक्तिरसस्य प्रसारार्थं विभिन्नशास्त्रीयग्रन्थान् सप्रमाणं प्रणयन् १५९१ खीष्टवर्षे निर्वाणं प्राप्तवान् इति स्थितिकालवर्णनसमये अग्रे स्पष्टीभविष्यति।

एवमेव तस्य भक्तश्रेष्ठनाट्यकारस्य जीवनवृत्तं महत्त्वपूर्णम् आदर्शमयञ्चेति विद्वद्भिः सन्थशिरोमणिभिः उद्घोषितम्।

---

२८. सनातनराजकार्य करे लोकद्वारे। आपनि ना जाय शास्त्र विचारये घरे।
विंश त्रिंश भट्टाचार्य्य पण्डित लइँया। भागवत विचारये सभाते वसिंआ।
प्रभु आज्ञामते ब्रजे गेला सनातन। ब्रज हैते आइला रूप ना देल दर्शन।
वृन्दावन हैते श्रीगोस्वामी सनातन। वाडिखण्डपथे कैला नीलाद्रिगमन।
कि अद्भुत स्नेहे सर्व भक्त मिलाइल। किछु दिन रखि पुनः ब्रजे पाठाइल।
सनातन रूप विलसये वृन्दावने। दुहुँ मनोवृत्ति कृष्ण विना के वा जाने। भ.र. प्रथमतरङ्ग।

२९. महाप्रभुर सत वड वड भक्तमात्र। रूप सनातन सवार कृपा गौरव पात्र॥
केह यदि देश जाय देखि वृन्दावन। तारे प्रश्न करेन प्रभुर पारिषदगन॥
कह ताहा कैछे रहे रूपसनातन। कैछे रहे कैछे वैराग्य कैछे भोजन॥
कैछे अष्टप्रहर करे श्रीकृष्ण भजन। तवे प्रशंसिया कहे सेइ भक्तगन॥
अनिकेतन दुहें रहे यत वृक्षकन। एक वृक्ष तले एकैक रात्र शयन॥
विप्रगृहे स्थूलभिक्षा कहाँ माधुकरी। शुष्करुटी चाना चावाय भोग परिहारि॥
करोयामात्र हाते कान्था छिण्डा वहिर्वास। कृष्णकथा कृष्णनाम नर्त्तन उल्लास॥
अष्टप्रहर कृष्णभजन चारिदण्ड शयने। नामसंकीर्त्तन प्रेमे नहे सेहि दिने॥
कभु भक्तिरसशास्त्र करये लिखन। चैतन्यकथा शुने करे चैतन्य चिन्तन॥
चै.च. - मध्यलीला - पृष्ठ ५४२ धर्मग्रन्थष्टोर - पं. श्री श्याम सुन्दर नायक संपादित (O) प्रथम संस्करणम् १९७७।

श्रीरूपगोस्वामिनः जन्मस्थानं वंशपरम्परा च —

"सनातनसमो यस्य ज्यायान् श्रीमान् सनातनः
श्रीवल्लभाऽनुजः सोऽसौ श्रीरूपो जीवसद्गतिः"।[३०]

इति बहुशः कथयता तेन जीवगोस्वामिप्रभुपादेन सनातनगोस्वामि-प्रणीतस्य लघुभागवतामृतग्रन्थस्य व्याख्यायां स्ववंशानुचरितं सम्यक् प्रवर्त्तितम्। तस्याः एव "वैष्णवतोषिणी" व्याख्यायाः शेषभागे सप्तदशाधिकैः श्लोकैः सः स्वपूर्वजानां पितृचरणानां तेषां कृतीनां च विषये सम्यक् सूचनां प्रददाति।[३१] सा यथा —

"
....
अथो तदङ्घ्रिजीवेन जीवेनेऽदं निवेद्यते ॥ ४ ॥

उद्यच्चारूपदक्रमाश्रितवती यस्यामृतघ्राविनी
जिह्वा कल्पलता त्रयीमधुकरी भूयोऽनरीनृत्यते
रेजे राजसभासभाजितपदं कर्णाटभूमिपतिः
श्रीसर्वज्ञजगद्गुरुर्भुवि भरद्वाजान्वयः ग्रामणीः ॥ ५ ॥

पुत्रस्तस्य नृपस्य कश्यपतुलामारोहतो रोहिणी
कान्तस्पर्द्धी यशोभरः सुरपतेस्तुल्यप्रभावोऽभवत्
सर्वक्ष्मापतिपूजितोऽखिलयजुर्वेदैकविश्रामभूत्
लक्ष्मीवाननिरूद्धदेव इति यः ख्यातिं क्षितौ जग्मिवान् ॥ ६ ॥

महीष्यो भूपस्य प्रथितयशसस्तस्य तनयो
प्रजज्ञाते रूपेश्वरहरिहराख्यौ गुणनिधि
तयोराद्यः शास्त्रे प्रवलतरभावं बहुविधे

---

३०. भ.र.सि. — दुर्गमसंगमनी टीकायाः, उज्ज्वलनीलमणेः लोचनरोचिन्याख्यायाः टीकायाश्च प्रारम्भे मङ्गलश्लोके।

३१.(i) सं.वै.तो. – पुरीदासेन सम्पादिता, शचीनाथेन प्रकाशिता। मञ्जूषा प्रिण्टिं वार्कस्, ढाका, प्रथम संस्करणम् – १९४६, पृष्ठसंख्या ५५५–५५६।

(ii) भ.र. – नरहरि चक्रवर्ती।

(iii) प्रे.वि. – नित्यानन्ददास।

जगामान्यः शस्त्रे निजनिजगुणप्रेरिततया ॥ ७ ॥

विभज्य स्वं राज्यं मधुरिपुपुरप्रस्थितिदिने
पिता ताभ्यां रूपेश्वरहरिहराभ्यां किल ददौ
निजज्येष्ठं रूपेश्वरमथकनिष्ठो हरिहरः
स्वराज्यादार्घ्याणां कुलतिलकमभ्रंशयदसौ ॥ ८ ॥

श्रीरूपेश्वरदेव एवमरिभिः निधृतराज्यं क्रमात्
अष्टाभिः तुरगैः समं दयितया पौरस्त्यदेशं ययौ
तत्रासौ शिखरेश्वरस्य विषये सख्युः सुखं संवसन्
धन्यः पुत्रमजीजनद् गुणनिधिं श्रीपद्मनाभाभिधम् ॥ ९ ॥

यजुर्वेदो साङ्गो विततिरपि सर्वोपनिषदां
रसज्ञायां यस्य स्फुटमघटयत्ताण्डवकलां
जगन्नाथप्रेमोल्लसितहृदयः कर्णपदवीं
न यातः केषां वा स किल नृपेरूपेश्वरसुतः ॥ १० ॥

विहाय गुणीशेखरः शिखरभूमिवासस्पृहां
स्फुरत्सुरतरङ्गिणीतटनिवासपर्युत्सुकः
ततो दनुजमर्द्दनक्षितिपपूज्यपादः क्रमात्
उवास नवहट्टके स किल पद्मनाभ कृती ॥ ११ ॥

मूर्तिं श्रीपुरुषोत्तमस्य यजंत तत्रैव सत्रोत्सवैः
कन्याष्टादशकेन सार्द्धमभवन् एतस्य पञ्चात्मजाः
तत्राद्यः पुरुषोत्तमः खलु जगन्नाथश्च नारायणः
धीरः श्रीलमुरारिरुत्तमगुणः श्रीगान् मुकुन्दकृती ॥ १२ ॥

जातस्तत्र मुकुन्दतो द्विजवरः श्रीमान् कुमाराभिधः
किञ्चिद्द्रोहमवाप्य सत्कुलजनिर्वङ्गालयं सङ्गतः
तत्पुत्रेषु महिष्ठवैष्णवगण प्रेष्ठास्त्रयो यज्ञिरे
ये स्वं गोत्रममूत्र चेह च पुनः चक्रूस्तरामर्च्चितम् ॥ १३ ॥

आदिः श्रीलसनातनस्तदनुजः श्रीरूपनामा ततः
श्रीमद् वल्लभनामधेयवलितो निर्विद्यते राज्यतः

आसाद्यातिकृपां ततो भगवतः श्रीकृष्णचैतन्यतः
साम्राज्यं खलु भेजिरे मुरहरप्रेमाख्यभक्तिश्रियि ॥ १४ ॥
यः सर्वावरजः पिता मम स तु श्रीराममासेदिवान्
गंगायां द्रुतमग्रजो पुनरमू वृन्दावनं संगतौ
याभ्यां माथुरगुप्ततीर्थनिवहो व्यक्तिकृतो भक्तिर-
प्युच्चैः श्री ब्रजराजनन्दनगता सर्वत्र सम्बर्द्धिता ॥ १५ ॥
यन्मित्रं रघुनाथदास इति विख्यातः क्षितौ राधिका
कृष्णप्रेममहार्णवोर्मिनिवहे घूर्णन् सदा दिव्यति
दृष्टान्तप्रकरप्रभाभरमतीत्येवानयोर्भ्राज्यतो-
र्यस्तुल्यत्वपदमतस्त्रिभूवने साश्चर्यमार्योत्तमैः ॥ १६ ॥"

श्रीजीवगोस्वामिप्रभुपादस्य सूचनानुसारमवश्यं सर्वे आलङ्कारिकाः समालोचकाश्च श्रीरूपस्य वंशपरम्पराविषये एकमेव तथ्यं प्रददति। वंशस्यास्य प्रथमः सर्वज्ञजगद्गुरुर्नाम मराठाब्राह्मणः कर्णाटदेशस्य राजाऽभूत्।[३२] जगद्गुरुरयं भरद्वाजगोत्रीयः यजुर्वेदी ब्राह्मणः आसीत्। तस्य सर्ववेदे निपुणता आसीत्। तस्य सर्वज्ञस्य विख्यातपुत्रः यजुर्वेदस्य प्रचण्डपण्डितः प्रथितयशा आसीत्। तस्य द्वे पत्न्यौ। तयोः रूपेश्वरहरिहरनामानौ क्रमात् शास्त्रशस्त्रचतुरौ पुत्रौ जन्मग्रहणं कृतवन्तौ। प्रयाणसमये सम्प्राप्ते राजा श्रीअनिरूद्धः स्वराज्यं द्विधा विभज्य श्रीरूपेश्वरहरिहराभ्यां ददौ। परन्तु शस्त्रचतुरः हरिहरः स्वपराक्रमवलेन ज्येष्ठस्य राज्यमनयत्। अनन्तरं रूपेश्वरः अष्टाश्वैः स्वपत्न्या च सह पौरस्त्यदेशं प्राप्तवान्। तस्मात् सः स्वपितुर्मित्रं गौडनरेशं प्राप्य तत्रैव वासमकरोत्।[३३] समयेऽस्मिन् गौडे

---

३२. Jagatguru, Maratha Brahmin became the king of Karnataka in 1381 A.D. and reigned till 1414 A.D. Anirudha, the king died in 1416 A.D. He tied with Md. King of gaur and Md. King also visited him at the time of southern Abhijan and was tied with friendship. Rupeswar was driven out of his kingdom and became a minister and remained their till his death 1433 A.D.

The Vaisnava lit. Medieval Bengal. 1st Edn 1917, P.P. 27.

३३. Jagatguru, Maratha Brahmin became the king of Karnataka in 1381 A.D. and reigned till 1414 A.D. Anirudha, the king died in 1416 A.D. He

मुसलमान्राजस्य राजत्वमासीत्।

तत्पुत्रः री पद्मनाभदेवः साङ्गं यजुर्वेदमुपनिषदादिकञ्चाधीत्य प्रवीणः आसीत्। जगन्नाथस्य परमभक्तोऽयं पद्मनाभः अनुगङ्गं वङ्गप्रदेशस्थं नवहट्टग्राममासाद्य वसतिं चकार। तत्रैव गंङ्गातीरे महायज्ञं कृत्वा पञ्चपुत्रान् प्राप्तवान्।[३४]

अष्टाकादशकन्यकाभिः सह पञ्चपुत्रान् संप्राप्य पद्मानाभः प्रीतः सन् पुरुषोत्तमपूजने दिनानि नीतवान्। पुरुषोतम–जगन्नाथ–नारायण–मुरारि–मुकुन्द–समाख्येषु तस्य पञ्चपुत्रेषु कनिष्ठः मुकुन्दः कलहायमानः पुरातनगृहं च परित्यज्य स्वातन्त्र्यमवाप्तवान्।[३५]

तस्य च एक एव पुत्रः। श्रीकुमारनाम्ना सः लोके विश्रुतः। परमशुद्धाचारः सः सर्वदा यज्ञादिक्रियासु तत्परः कदाचारविरोधी आसीत्। कदाचित् यदि कस्यचित् यवनस्य दर्शनं भवेत् तर्हि सः अन्नग्रहणमकृत्वा प्रायश्चित्तकार्याणि कृतवान्।[३६] अतः विप्रकूलप्रदीपोऽयं यवनभूमिं परित्यज्य वाकलाचन्द्रदीपपरगणामागतवान्। तत्रैव पूर्ववंगस्य वाकलाचन्द्रदीपपरगणायां जैसोरनिकटवर्ती वेकरगञ्जस्य फतेया–वादग्रामे वसतिं चकार।[३७] तत्र सः गौडनिकटवर्त्ती माधाईपुरस्य श्रीहरिनारायणवि–

---

tied with Md. King of gaur and Md. King also visited him at the time of southern Abhijan and was tied with friendship. Rupeswar was driven out of his kingdom and became a minister and remained their till his death 1433 A.D.

The Vaisnava lit. Medieval Bengal. 1st Edn 1917, P.P. 27.

३४. Padmanava was settled on the banks of ganges Nabahtta (Modern Naihatti) and performed a yajna and had five sons.
The Padyavali edited by Dr. SK De. The University of Dacca Publication PP. xiv 1st EDN - 1934.

३५. उ.नी. – भूमिकायां प्रो. गोपालदत्तपाण्डेयमहोदयेनेदं स्वीकृतम्। चौखम्बा संस्कृत प्रतिष्ठान। 2nd EDN 1985

३६. भ.र. – श्री नरहरि चक्रवर्त्ती। प्रथम तरङ्ग – PP. 39 1st EDN Gaurabda 426.

३७. (i) The Vaisnava lit. Medieval Bengal PP. 28
Roy Saheb D.C. Sen 1st EDN-1917. Calcutta University Publication.

(ii) वि.मा. – भूमिकायां – रमाकान्त झा, चोखम्बा संस्कृत सीरीज 1st EDN 1970.

शारदस्य कन्यायाः रेवत्याः[३८] पाणिग्रहणं कृतवान्। आधुनिकमालदामण्डले महेन्द्रनद्यास्तटे माधाईपुरमस्ति। तत्रैव श्रीकुमार श्वशुरालये कियद्दिनानि उवास।[३९] अनन्तरम् अमर-सन्तोष-वल्लभनामध्येयां त्रयपुत्राः अभवन्।[४०]

कालक्रमे ते त्रयभातरः श्रीकृष्णचैतन्यस्य शिष्यत्वमवाप्य सनातनरूपानु-पमनामधारिणः सन्तः वैष्णवसमाजे ख्यातिं लेभिरे।[४१]

अनेन श्रीरूपगोस्वामिनः पूर्वजाः कर्णाटकवास्तव्याः आसन्निति गम्यते। ते क्रमशः वङ्गप्रदेशे वसतिं चक्रुः।

श्रीजीवगोस्वामिनिरूपितवंशवृक्षस्य स्वरूपं तावत् निम्नप्रकारकमस्ति। तद्यथा —

श्रीरूपगोस्वामिनः वंशवृक्षः

सर्वज्ञजगत्गुरुः
(मराठाब्राह्मणः कर्णाटराजा)
तत्पुत्रः
अनिरूद्धः
तत्पुत्रौ
रूपेश्वर — हरिहरनामानौ
तत्पुत्रः
पद्मनाभः

PP.10.

(iii) भ.र. – प्रथमतरङ्ग, PP. 39 - 1st EDN Gaurabda 426.

३८–३९. The Vaisnav lit. Medieval Bengal PP. 28
Roy Saheb D.C. Sen 1st EDN-1917. Calcutta University Publication.

४०. वि.मा. – भूमिकायां रमाकान्त झा PP.20, चौखम्बा संस्कृत सीरीज 1st EDN 1970, PP.10.

४१. The Vaisnava lit. Medieval Bengal.
Roy Saheb D.C. Sen 1st EDN-1917. Calcutta University Publication.

- पद्मनाभः
  - तत्पुत्राः
    - श्रीपुरूषोत्तमः
    - श्रीजगन्नाथः
    - श्रीनारायणः
    - श्रीमुरारिः
    - श्रीमुकुन्दादयः
      - तत्पुत्रः
        - श्रीकुमारः
          - तत्पुत्राः
            - श्रीसनातनः
            - श्रीरूपः
            - श्रीवल्लभादयः
              - तत्पुत्रः
                - श्रीजीवः

एवमेव तस्य महापुरुषस्य वंशवृक्षः सर्वान् वैष्णगणानद्यापि स्वच्छायया शीतलीकरोतीति। एतस्याऽपि विवरणं श्रीनरहरिचक्रवर्त्तीमहोदयस्य 'भक्तिरत्नाकरे' ग्रन्थे दृश्यते।[४२]

---

४२. श्रीसर्वज्ञजगद्गुरु नाम विप्रराज। महापूज्य यजुर्वेदी गोत्र भरद्वाज॥
सर्व वेदे अध्यापक महापराक्रम। कर्णाटदेशेर राजा नाहिँ यार सम॥
तार पुत्र अनिरूद्धदेव इन्द्रसम। चन्द्रेउ करये स्पर्द्धा यशः सर्वोत्तम॥
महीपति-पूजित वेदज्ञ लक्ष्मीवान। पृथिवीते विख्यात महिषीद्वय तान्॥
रूपेश्वरहरिहरनामे पुत्रद्वय। वहुगुणविदित सर्वत्र अतिशय॥
शास्त्रे विचक्षण ज्येष्ठपुत्र रूपेश्वर। शस्त्रे महाप्रवीण कनिष्ठ हरिहर॥
विभागकरियाँ दोहेँ दिया राज्यभार। श्रीकृष्णेर धामप्राप्ति हइल पितार॥
कतदिनपरे लोक संघट्ट करियाँ। लहैल ज्येष्ठेर राज्य कनिष्ठ हरियाँ॥
राज्यगेले रूपेश्वर पत्नीर सहिते। अष्ट अश्वे युक्त आइला पौलस्त्यदेशेते॥
श्रीशिखरेश्वर सख्य ताते सुखपाई। रूपेश्वरदेव वास करिल तथाइ॥
श्रीरूपेश्वरेर पुत्र पद्मनाभ नाम। परमसुन्दर सर्वगुणे अनुपम॥
अङ्गसह यजुर्वेदादिक अध्ययने। परम अपूर्व यश विदितभूवने॥
पद्मनाभनृप से शिखरभूमि हैते। आइलेन गङ्गातीरे वासस्पृहाचित्ते॥
नवहट्टग्रामे वासकैल महाशय। नैहट्टिनाम यार सर्वलोके कय॥
तथा पद्मनाथदेव महाहर्षचित्ते श्रीपुरूषोत्तममूर्त्ति पूजये यत्नेते॥
करि यज्ञ उत्सव परमानन्द हैल। अष्टादशकन्या पञ्चपुत्र जन्माइल॥

श्रीरूपगोस्वामिनः कालः —

श्रीमतः श्रीरूपगोस्वामिनः आविर्भावकालविषये यद्यपि बहुनि प्रमाणानि समालोचकैः पुरस्कृतान तथापि तस्य जन्माब्दनिरुपणप्रसङ्गः सन्देहकरः। स्थिति-कालस्य विषये यद्यपि कानिचित् प्रमाणानि तस्यैव प्रन्थेषु निविष्टानि सन्ति तथापि तस्य जन्माब्दं तत्र कुत्रापि निश्चितरूपेण न विद्यते। यतः तस्योल्लेखः नैव श्रीमता रूपगोस्वामिना विहितो न वा तस्य भ्रातुष्पुत्रेण श्रीजीवगोस्वामिना लिखितः। अतः ऐतिहासिकसूचनां तथा तस्य कृतिषु उट्टङ्कितां तिथिमवलोक्य स्तितिकालस्य विचारः भवितुमर्हति। श्रीरूपस्य जीवनवृत्तान्ताध्ययनेन पक्षद्वयस्य स्वरूपं दृष्टि-पथारूढं भवति। प्रथमतः सः गौडाधिपस्य आल्लादीन्हुसेन्शाहस्य राजस्वमंत्री आसीत्। कालक्रमे सः श्रीचैतन्यमहाप्रभोः शिष्यः अभवदिति द्वितीयः पक्षः।

ऐतिहासिकसिद्धान्तानुसारं गौडनरेशस्य हुसेन्शाहस्य राज्यारोहणं १४९३ खीष्टवर्षेऽभवत्।[४३] अतस्तस्य राज्ञः शासनकालः पञ्चदशशताब्द्याः शेषभागः षोडशशताब्द्याः वा प्रथमभागः इति स्वीकार्यः।

पुनः श्रीचैतन्यमहाप्रभोः आविर्भावकालः १४८५ खीष्टवर्षेति स्वीक्रीयते।[४४] अतस्तस्य महानुभवस्याविर्भावकालः पञ्चदशशताब्द्याः शेषभागः षोडशशताब्द्याः

श्रीपुरूषोत्तम जगन्नाथ नारायण। मुरादिमुकुन्द एइ पुत्र पञ्चजन॥
श्रीमुकुन्ददेवेर नन्दन श्रीकुमार। विप्रकुल प्रदीप परम शुद्धाचार॥
सदा यज्ञादिक क्रिया निभृते करय। कदाचार जनस्पर्शे अतिभीत हय॥
यदि अकस्मात् कभु देखये यवन। करे प्रायश्चित्त अन्न ना करे ग्रहन॥
ज्ञातिवर्ग हइते उद्वेग हैल मने। छाडिलेन नवहट्टग्राम सेइक्षने॥
निजगन सह वंगदेशे शीघ्रगेला। वाकलाचन्द्रदीप ग्रामेते वासकैला॥
यैशोरे फतेयावादनामे ग्रामहय। गतायात हेतु तथा करिल आलय॥
कुमारदेवर हैल अनेक सन्तान। तारमध्ये तिनि पुत्र वैष्णवेर प्रान॥
सनातन रूप श्रीवल्लभ एइ त्रय। स्वगोत्र अन्यत्र ये अर्च्चित अतिशय॥

भ.र. – प्रथमतरङ्ग – PP.38 1st EDN Gaurabda 426

४३. The Cambridge History of India. Vol. - III. PP-270, Edited by L.T. Colonel Wolsely Haig. Re-print EDN 1982.

४४. The Cultural Heritage of India Vol. IV, PP.-186 Edited by HD Bhattachatya. EDN 1983.

वा पूर्वभागेति निश्चितः। अतः समयोऽयं श्रीरूपदेवस्य स्थितिकालेति न सन्देहः। यतः नाट्यकारोऽयं ऐतिहासिकपुरूषाभ्यां श्रीचैतन्यहुसेन्शाहाभ्यां समसामयिकः प्रसिद्धः।

तस्य कृतिषु कतिपयेषु रचनाकालस्य निर्द्देशः विद्यते। पुनः कतिपयेषु श्रीचैतन्यदेवस्य स्मरणमपि नोपलभ्यते। अतस्तेषां कृत्तीनामुल्लेखः चैतन्यसाक्षात्कारात् प्रागेवाऽभवदिति सिद्ध्यति। प्रथमं तावत्तेषामुल्लेखः क्रियते।

हंसदूतोद्धवसन्देशाख्ये तस्य द्वे दूतकाव्ये। यत्र चैतनाय नमस्कारः नास्ति। पुनः दानकेलिकौमुदीनाम्नीभाणिकायामपि तदेव। यतः एते ग्रन्थाः चैतन्यदर्शनात् प्रागेव तेन सम्पादिताः। दानकेलिकौमुद्याः रचना १४१७ शकवर्षे समाप्ता इति तस्याः पुष्पिकायाः अवगम्यते।[४५] १४१७ शकवर्षः १४९५ ख्रीष्टवर्षः। अनन्तरं चैतन्यदर्शनात्परं विनिर्मितेषु ग्रन्थेषु विदग्धमाधवमन्तर्भुक्तं भवति। यत् खलु १५८९ विक्रमसंवत्सरे निर्मितमभुदिति तस्य पुष्पिकायां विद्यते।[४६] सः संवत्सरः १५३२ ख्रीष्टवर्ष इति प्रसिद्धः। ललितमाधवस्य रचना १४५९ शाके १५३७ ख्रीष्टवर्षेवाऽभूदिति पुष्पिकायां लिखितमस्ति।[४७]

भक्तिरसामृतसिन्धोः रचना १४६३ शाके १५४१ ख्रीष्टवर्षे वाऽभवत्।

---

४५. ग्रथिता सुमनः सुखदा यस्य निदेशेन भाणिका स्त्रगियम्।
तस्य मम प्रियसुहृदः कण्ठतटीं क्षणमलङ्कुरुताम्॥
गते मनुशते शाके चन्द्रस्वरसमन्विते।
नन्दिश्वरे निवसता भाणिकेयं विनिर्मिता॥
(दानकेलिकौमुदीपुष्पिकायाम्)
मनु-१४ शतेशाके, चन्द्र-१, स्वर-७, समन्विते। अतः १४१७ शाके इयं भाणिका विनिर्मितेति शेषः।

४६. नन्दसिन्धुरवाणेन्दुसंख्ये संवत्सरे गते।
विदग्धमाधवं नाम नाटकं गोकुले कृतम्॥ (विदग्धमाधवपुष्पिकायाम्)
इन्दु-१, वाण-५, सिन्धुर-८, नन्द-९ (अङ्कानां वामतो गतिः इति नियमसिद्धः भवति।)

४७. नवेषुवेदेन्दुमिते शकाब्दे शक्रस्य मासस्य तिथौ चतुर्थ्याम्।
दिने दिनेशस्य हरिं प्रणम्य समापयं भद्रवने प्रबन्धम्॥ (ललितमाधवपुष्पिकायाम्)
नव-९, इषु-५, वेद-४, इन्दु-१, वामतो गतिरिति १४५९ शकाब्दः।

तच्च पुष्पिकायामवगम्यते।[४८] पूरकग्रन्थत्वादनन्तरमेव उज्ज्वलनीलमणेः रचना भवतीति सिद्ध्यति। पुनः उत्कलिकावल्लर्य्याः रचना १४७१ शाके १५४९ ख्रीष्टवर्षे वाऽभूदिति पुष्पिकायामुल्लेखः दृश्यते।[४९] अतस्तस्य कवेः काव्यरचनाकालस्य पूर्वसीमा १४९५ ख्रीष्टवर्षः या खलु चैतन्यमहाप्रभुणा सह साक्षात्पूर्ववर्त्तिनी। श्रीचैतन्यमहाप्रभुणा साकं यतस्तस्य साक्षात्कारः १५१६ ख्रीष्टवर्षेऽभवत्।[५०] अतः श्रीरूपदेवस्य काव्यरचनाकालः १४९५ ख्रीष्टवर्षतः १५४९ ख्रीष्टवर्षं यावत् इति स्वीकार्य्यः।

यदि तस्यरचनाकालस्यप्रारम्भः १४९५ ख्रीष्टवर्षतः स्वीक्रीयते तर्हि प्रायशः तस्य जन्म १४८० ख्रीष्टवर्षेऽभवत्।[५१] अन्तकालस्तु १५९१ ख्रीष्टवर्षः।[५२]

वृन्दावनस्थश्रीगोविन्दमन्दिरस्य शिलालेखतः तस्य अन्तिमकालः १५९० ख्रीष्टवर्षस्य परवर्त्तीति अनुमीयते। यतः श्रीगुरोः रूपदेवस्य आदेशेन दिल्लीसम्राजः सेनामुख्यः श्रीमानसिंहः १५९० ख्रीष्टवर्षे राधामाधवमन्दिरं निर्मापयामास।[५३] १५९२ ख्रीष्टवर्षे यदा श्रीनिवासाचार्यः वृन्दावनमगछत्तदा रूपसनातनाभ्यां तस्य सम्पर्कः नाभवत् यतः चतुर्मासपूर्वे सनातनस्य चतुर्दिनपूर्वे च श्रीरूपस्य महाप्रयाण-

---

४८. रामाङ्गशक्रगणिते शाके गोकुलमधिष्ठितेन, श्रीभक्तिरसामृतसिन्धुः विटङ्कितः क्षुद्ररूपेण। (भ.र.सि. पुष्पिकायाम्) राम-३,अंग-६, शक्र-१४, अतः १४६३ शाके विटङ्कितः इति।

४९. चन्द्राश्वभुवने शाके पौषे गोकुलवासिना, इयमुत्कलिकापूर्ववल्लरी निर्मिता मया। (उ.व. पुष्पिकायाम्) चन्द्र-१, अश्व-७, भुवन-१४, वामगत्या १४७१ इति सिद्ध्यति।

५०.(i) The Vakti Movement in Orissa. Achintya Kumar Dev. Sonnet Printing house. Calcutta, 1st EDN 1984 PP.59.

(ii) The Vaisnava lit. Medieval Bengal. PP.29.

५१.(i) ना.च. - Introduction - PP.8, वावुलालशुक्लशास्त्रीसम्पादिता प्रकाशव्याख्यासहिता, चौखम्बा संस्कृत सीरीज, 1st EDN - 1964.

(ii) The Vaisnav lit. Medieval Bengal - PP.39.
*** Rupa was born in 1490 ***.

५२.(i) वि.मा. - भूमिकायां रमाकान्त झा - PP. 23.

(ii) The Vaisnav lit. Medieval Bengal - PP.39-40.

५३. The Vaisnav lit. Medieval Bengal - PP.39-40.

मभवत्।[५४] अतः श्रीरूपदेवः शरदशतम् (१४८० ख्रीष्टवर्षतः १५९१ ख्रीष्टवर्षं यावत्) अपश्यदिति न सन्देहात्रकाशः।

२. श्रीरूपगोस्वामिनः कृतयः —

महानुभवेनानेन सप्तदशग्रन्थाः[५५] विरचिता इति विद्वत्समाजे प्रसिद्धिः। तेषां ग्रन्थानामुल्लेखः तस्यैव भ्रातृष्पुत्रेण जीवगोस्वामिना पितृव्यस्य श्रीमच्छ्री-सनातनप्रणीतस्य लघुभागवतामृतस्य लघुतोषिणीव्याख्यायां विहितः।[५६] श्रीनरहरि-चक्रवर्त्तीमहोदयेन एतेषां ग्रन्थानां गणनमपि विहितम्।[५७] परन्तु तेषां गणनासु

---

५४. *** But we have a large mass of evidence to prove that both the authors died in 1591 having lived the full span of a century. Mansingh built Gobindji Mandir was completed in 1590 A.D. at Vrindavan by the direction of the Gurus Roopa and Sanatan. Srinivas paid a visit to Vrindavan in the year 1592 when he found Gobindji Mandir completed. He was told on his arrival that it was only four month since Sanatan had died and Roopa had died only four days before. So, he failed to meet. xxxx All the evidence undisputedly proves that Sanatan and Roopa died about the year 1591 and at an interval of little more than four months. ibd.

५५.(i) उ.नी. - श्रीगोपालदत्त पाण्डेयः - PP. 7. चौखम्बा सुरभारती प्रकाशनम् पुनर्मुद्रणम् - 1985.

(ii) ना.च.-भूमिकायां श्रीवावुलाल शुक्ल, PP. 29. चौखम्बा संस्कृत सीरीज, 1st EDN-1964.

५६. तयोरनुजसृष्टेषु काव्यं श्रीहंसदूतकम्। श्रीमदुद्धवसन्देशश्छन्दोष्टादशकं तथा॥
स्तवश्चोत्कलिकावल्ली गोपिन्दविरूदावली। प्रेमेन्दुसागराद्याश्च वहवः सुप्रतिष्ठिताः॥
विदग्धललिताग्राख्यं माधवं नाटकद्वयम्। भाणिका दानकेल्याख्या रसामृतयुगं पुनः॥
मथुरामहिमा पद्यावली नाटकचन्द्रिका। संक्षिप्तं च भागवतामृतमेते च संग्रहाः॥
पाठान्तरे पुनः —
तयोरनुजसृष्टेषु काव्यं श्रीहंसदूतकम्। श्रीमदुद्धवसन्देशः कृष्णजन्मतिथिर्विधिः॥
वृहल्लघुतयाख्याता श्रीगणोद्देशदीपिका। श्रीकृष्णस्य प्रियाणाञ्च स्तवमाला मनोहरा॥
विदग्धमाधवख्यातस्तथा ललितमाधवम्। दानलीलाकौमुदीच तथा भक्तिरसामृतम्॥
उज्ज्वलाख्यो नीलमणिःप्रयुक्ताख्यातचन्द्रिका।
मथुरामहिमा पद्यावली नाटकचन्द्रिका। संक्षिप्तश्रीभागवतामृतमेते च संग्रहाः॥
(लघुतोषिण्याम्)

५७. श्रीरूपगोस्वामि ग्रन्थ षोडश करिल। लीलासह सिद्धान्तेर सीमा प्रकाशिल॥

भ्रान्तिः अस्तीत्यनुमीयते। यतः श्रीरूपगोस्वामिमहोदयस्य अष्टादशग्रन्थाः जातीय-पाठागारे संगृहीताः विद्यन्ते। तैः सह केषाञ्चित् स्तोत्रकाव्यानां संग्रहोऽपि तत्र विद्यते। पुनश्चोत्कले रूपगोस्वामिना विरचिता पद्यसरणी नाम्ना तालपत्रपोथिका उपलब्धा भवति।[५८] इतिकृत्वा तस्य ग्रन्थाः एकविंशतिसंख्यकाः सन्तीति न सन्देहः। तेषां ग्रन्थानां विवरणं च विषयोपन्यासपूर्वकं लिख्यते। तेषु केचिद्ग्रन्थाः चैतन्यसाक्षात्कारात् पूर्वमेव विरचिताः। यतः तेषु ग्रन्थेषु श्रीचैतन्यदेवाय श्रीगुरवे नमस्कारः ग्रन्थकारेण मङ्गलाचरणव्याजेन न विहितः। अन्ये च चैतन्यप्रवर्त्तित-वैष्णवसम्प्रदायदीक्षास्वीकरणानन्तरं प्रणीताः इति तत्र तत्र मङ्गलाचरणेन तत्तत् ग्रन्थविषयपर्य्यालोचनेन च ज्ञायते।

प्रथमं तावत् दीक्षाग्रहणात् प्रागेव रचितानां ग्रन्थानां नामपरिचयः दीयते। श्रीचैतन्यसाक्षात्कारात् प्राक् तस्य दूतकाव्यद्वयं दानकेलिकौमुद्याख्या भाणिका च रचिते अभवताम्। ते च दूतकाव्ये हंसदूतोद्धवसन्देशनामके भवतः। अतः चैतन्यदर्शनात् पूर्वं तेन काव्यत्रयं विरचितम्। तानि च —

१. हंसदूतम्
२. उद्धवसन्देशम् (उद्धवदूतम् वा)
३. दानकेलिकौमुदी (भाणिका) च

पुनः श्रीकृष्णचैतन्यतः दीक्षाग्रहणान्तरम् अन्ये अष्टादशग्रन्थाः विरचिताः।

काव्यहंसदूत आर उद्धवसन्देश। कृष्णजन्मतिथि विधिविधान अशेष॥
गणोद्देशदीपिका वृहत्लघु द्वय। स्तवमाला विदग्धमाधव रसमय॥
ललितमाधव विप्रलम्भेर अवधि। दानकेलिकौमुदी आनन्दमहोदधि॥
दानकेलिकौमुदी विदित एइनाम। भक्तिरसामृतसिन्धुग्रन्थ अनुपम॥
श्रीउज्ज्वलनीलमणि ग्रन्थ रसपुर। प्रयुक्ताख्यातचन्द्रिका ग्रन्थ सुमधुर॥
मथुरामहिमा पद्यावली ए विदित। नाटकचन्द्रिका लघुभाभागवतामृत॥
वैष्णव इच्छाय एकादशश्लोक कैल। कृष्णदास कविराजे विस्तारिते दिल॥
अष्टकाललीला तार अति रसायन। भाग्यवन्त जन ये करये आस्वादन॥
संक्षेपे करिल आर विरूदलक्षन। ग्रन्थेर गणनामध्ये ना कैल गणन॥ (भ.र. - प्रथमतरङ्ग)

५८. A Descriptive Catalogue of Sanskrit manuscripts of Orissa Vol.II, PP.68 Oriya Sahitya Academy, 1st EDN - 1960 edited by K.N. Mohapatra.

अनेकानि स्तोत्रकाव्यानि च तदनन्तरं निर्मितानि अभवन्। नामतः तेषां परिचयः क्रियते। तानि यथा —

१. श्रीकृष्णजन्मतिथिविधिः
२. श्रीराधाकृष्णगणोद्देशदीपिका
३. स्तवमाला
४. विदग्धमाधवम्
५. ललितमाधवम्
६. मथुरामहिमा (मथुरामाहात्म्यं वा)
७. नाटकचन्द्रिका
८. पद्यावली
९. संक्षेपभागवतामृतम्
१०. भक्तिरसामृतसिन्धुः
११. उज्ज्वलनीलमणिः
१२. प्रयुक्ताख्यातमञ्जरी
१३. उपदेशामृतम्
१४. शिक्षाष्टकः
१५. श्रीरूपचिन्तामणिः
१६. सामान्यविरुदावलीलक्षणम्
१७. पद्यसरणी
१८. अष्टकाललीलाछन्दः

एतद्व्यतिरिक्तानि स्तोत्रकाव्यानि यथा —

१. स्मरणमङ्गलस्तवः
२. निकुञ्जरहस्यस्तवः
३. आनन्दमहोदधिरित्यादिनि।

१. हंसदूतम् —

खण्डकाव्यमिदं हंसदूतकम्। मेघदूतादिदूतकाव्यानुसारी वर्णनात्मकं

सन्देशवाहकं कृष्णभक्तिनिर्वाहकं सुललितं प्रसादगुणोपेतं काव्यमिदं मधुररसस्यैव व्यञ्जकमिति सुनिश्चितम्। अत्र कथानकमपि तथाविधमेव। तच्च राधया स्वप्रिय-सख्याः ललितहंसरूपो यः दूतः श्रीकृष्णस्य सविधे प्रेषितः स एव राधिकायाः सन्देशवाहकः परिकल्पितः। श्रीराधिकायाः विरहवर्णनपुरःसरं कविना हंसस्य गमनप्रकारं गमनमार्गं सन्देशादिकञ्च सुष्ठु आलोचितमस्ति। राधिकायाः विरहा-वस्थायाः वर्णनानन्तरं कविनात्र हंसस्य यदुक्तं गमनप्रकारं कथितं तद्यथा —

"निरस्तप्रत्युहं भवतु भवतो वर्त्मनि शिवं
समुतिष्ठ क्षिप्रं मनसि मुदमाधाय सदयम्।
अधस्ताद्धावन्तो लघुलघुसमुत्ताननयने
भवन्तं वीक्षन्तां कुतुकतरलाः गोपशिशवः॥"[५९]

मार्गनिर्देशयता कविना यथाक्रमं चिरघाटकदम्बबृक्षश्रेष्ठं, वासन्तीविरचिता अनङ्गोत्सवकलाचतुःशालां, गोवर्द्धनं, तमालवृक्षम्, उपत्यकान्तर्गतां तमाल-वाटिकां, भाण्डीरवटं, ब्रह्मस्तुतिस्थलीं, कालीयह्रदं, वृन्दावनं, वृन्दादेवीम्, एकादश-वनानि, मथुराशोभां, श्रीकृष्णस्यान्तःपुरसौन्दर्यं, कृष्णरूपमाधुरीं च अतीव रमणीयेन शिखरिणीवृत्तमाश्रित्य द्वाचत्वारिंशदधिकशतेन द्वाचत्वारिंशदधिकशतैः श्लोकैः वर्णितम्। काव्येऽस्मिन् अनुप्रासादीनां शब्दालंकाराणां प्राचुर्य्यं कमपि लालित्यम-भिव्यनक्ति। तद्यथा - गमनावसरे —

"भवानग्रे तस्मिन् नवदलकदम्बेन निविडे
कदम्बे कदम्बेश्वर पथि विलम्बं रचयतु।
तदन्ते श्रीकान्त स्मरसमरघाटी पुटकिता
कदम्बानां वाटी रसिकपरिपाटीं सूचयति।"[६०]

पुनश्चान्यत्र —

"यदा यातो गोपीहृदयसदनात् नन्दभवनात्-
मुकुन्दो गान्दिन्यास्तनयमनुविन्दन् मधुपुरीम्।

---

५९. हं.दू. - ११।
६०. हं.दू. - १६।

तदा माङ्क्षी चिन्तासरिति घनघूर्णा परिचयै-
रगाधायां वाधामयपयसि राधा विरहिणी।''[६१]

इत्याद्यौ शब्दालंकारस्य सुविन्यासः तत्र लालित्यञ्च सुविदितमेवास्ति।

२. उद्धवसन्देशः (उद्धवदूतम्) —

दूतकाव्यमिदं मेघदूतशैल्या मन्दाकान्तावृत्तविरचितं एकत्रिंशदधिकशत-श्लोकात्मकमस्ति। काव्येऽस्मिन् द्वारकायां श्रीकृष्णस्य विरहावस्थायाः वर्णनम्, अनन्तरं दूतरूपेण श्रीकृष्णस्य उद्धवप्रेरणं, तस्य गमनमार्गं, गमनप्रकारं, सन्देशप्रदानं गोपकन्यकाभ्यः सन्देशाहरणादिकं च यथाक्रमं सुष्टु वर्णितमस्ति। गच्छता कालेन गोपीविरहः द्वारावत्यधिपः श्रीकृष्णः गोपकन्यकानां कृते उद्धवेन सन्देशं प्रेरयति। तन्मते उद्धवः एव दूतकर्यार्थं समर्थः। यदुक्तं कविना श्रीकृष्णमुखेन —

''त्वं सर्वेषां ममगुणनिधे बान्धवानां प्रधानं
त्वत्तः मन्त्रैः श्रियमविचला यादवाः साधयन्ति।
इत्याश्वासादभिमतविधौ कामये त्वां नियोक्तुं
न्यस्तः साधीयसि सफलतामर्थभारः विधत्ते॥''[६२]

गमनमार्गं सूचयता कविनाऽत्र गोकर्णतीर्थस्य, यमुनासरस्वत्याः सङ्गम-स्थलस्य, ब्रह्महृदस्य, यज्ञस्थलस्य, कोटिकाख्यस्थलस्य, गरुडगोविन्दस्थलस्य, वहुलावनस्य, गोकुलस्य, शाल्मलवनस्य, साहारायाः, रहेलायाः, सौयात्रिकस्थल-स्य, गोष्ठाङ्गनस्य, पुरप्रवेशस्य च वर्णनमतीवरमणीयतरेण विहितम्।

काव्येऽस्मिन् गच्छोद्धव, व्रज सौम्य, पित्रोर्नः प्रीतिमावह, गोपीनां मद्वि-योगावधिं मत्सन्देशैर्विमोचयेत्यादिना च श्रीकृष्ण उद्धवाय केन रूपेण केन मार्गेण च गत्वा सन्देशः दातव्य इति सूचयति। पुनस्तासां गोपीनां क्लेशहरणमेव काम्यमिति आलोचयता कविनोक्तं यथा —

''इत्थं तासामनुनयकलापेशलो क्लेशहारी
सन्देशं मे कुवलयदृशां कर्णपूरं विधाय

६१. हं.दू. - २७।
६२. उ.सं. - ४।

त्वं मच्चेतो भवनवडभी प्रौढपारावतीं तां
राधामन्तः क्लमकवलितां सम्भ्रमेणाजिहीथा।''[६३]

एवमेव विरहातुराणां व्रजवनितानां शोकापनोदनाय श्रीकृष्णस्य ज्ञानमयः सन्देशः खण्डकाव्ये सुविनिविष्टः सन् कामप्यपूर्वां शोभां व्यनक्ति।

३. दानकेलिकौमुदी —

एकाङ्किरूपकारोपितेयं भाणिका राधायाः दीप्तिं द्योतयन्ती श्रीकृष्णं झटिति करग्रहणव्याजेन स्ववशं करोति। कथानकमपि अस्याः चमत्कारजनकमस्ति। श्रीमता वसुदेवेन यज्ञस्य आयोजनं कृतम्। लक्ष्यं तु स्वपुत्रयोः कृष्णवलरामयोः मङ्गलविधानम्। तस्मिन् प्रसङ्गे गोवर्धनघट्टे राधिकासहिताः गोपवनिताः नवनीत-विक्रयार्थमागतवत्यः। घट्टे एव करं ग्रहीतुं श्रीकृष्णः समुपस्थितः। घट्टस्थाः करास्तु राज्ञा अवश्यमेव ग्रहीतव्याः। तेनैव व्याजेन राधाकृष्णयोः परस्परालापः दानकेलि-कौमुदीं द्योतयति। भाणिकायां नायकः कृष्णः नायिका च राधिका। अन्ये सूत्रधार-पौर्णमासीसहिताः राधाकृष्णयोः सखायः दूतिकाश्चेतिकृत्वा सप्तपुरुषपात्राः स्त्रीपात्र-संख्या चाष्टौ। स्वमित्रस्यानुरोधेन[६४] श्रीमतः रूपगोस्वामिपादस्य कृतिरियं १४१७ शकाब्दे विरचिता।

४. श्रीकृष्णजन्मतिथिविधिः —

यद्यपि ग्रन्थस्यास्य प्रमाणं बहुषूपलभ्यते तथापि सुरक्षितभावेन न कुत्राप्यस्ति। जातीयपाठागारे १८० JB ९४ १०२, १०२(१) इति क्रमाङ्कितस्य ग्रन्थस्यास्य उल्लेखोऽस्ति परन्तु सुरक्षितभावेन नास्ति। तथापीदं वक्तुं शक्यते यत् रूपगोस्वामिमहोदयेन विरचितं ग्रन्थमिदं कृष्णस्य जन्मदिवसस्य विधानमावहति। ग्रन्थोऽयं १५८८ वैक्रमाब्दे विहितं श्रीरूपगोस्वामिना।[६५]

---

६३. उ.सं. - ११६।

६४. ग्रथिता सुमनः सुखदा यस्य निदेशेन भाणिका स्त्रगियम्, तस्य मम प्रियसुहृदः कण्ठतटीं क्षमलंकुरुताम्। (दा.के.कौ - पुष्पिकायाम्)

६५. उ.नी. भूमिकायां श्रीगोपालदत्तपाण्डेयः PP.8 चौखम्बा सुरभारती प्रकाशनम्, पुनर्मुद्रणम् - १९८५।

५. श्रीराधाकृष्णगणोद्देशदीपिका —

लघुवृहतीत्युभयरूपा ब्रजवासीनां श्रीकृष्णपरिचारकाणाञ्च नामवंशशाखा-सेवादिकार्याणि उद्दीपयन्तीव परिलक्ष्यते। अस्याः रचनाकालः १४६२ शकवत्सरे-ऽभवदिति पुष्पिकायाः अवगम्यते। तद्यथा —

"शाके दृगश्वशक्रे नभसि नभोमणिदिने षष्ठ्याम्
ब्रजपतिसद्मनि राधाकृष्णगणोद्देशदीपिकाभिः।"

अत्र अङ्कानां वामतो गतिरितिन्यायेन दृक्-२ अश्वः-७ शक्र-१४ इति १४७२ शकवर्षः भवति। १६०७ वैक्रमाब्दसह तस्य साम्यत्वम्।

ग्रन्थस्यास्य लघुभागे श्रीकृष्णरूपवर्णनपुरः सरं कविना श्रीकृष्णस्य परिचारकाणां नामतः कार्यतश्च वर्णनं विहितम्। तत्र तस्य वयस्यगणानां, संख्याः, प्रियसंख्याः, प्रियनर्मसंख्याः, श्रीबलराममहाप्रभोः, विटचेटताम्बुलिकादीनां, जलसेवकस्य, गान्धिकनापितपरिचारिकाणां, चेटीदूतीप्रभृतिनां, चराणां, पौर्णमास्याः, वृन्दायाः, नान्दीमुख्याः, श्रीकृष्णव्यवहार्यद्रव्यभूषणादिकानां, तस्य प्रेयसीनां, राधायाः तस्याः रूपादीनां, तस्याश्च करचरणचिह्नानां वर्णनं सक्रमं कविना कृतम्।

बृहद्भागे च ग्रन्थारम्भं कुर्वन् श्रीचैतन्यचरणं प्रथमं तावत् स्तौति कविरयम्। तद्यथा —

"वन्देगुरुपदद्वन्द्वं भक्तवृन्दसमन्वितम्
श्रीचैतन्यप्रभुं वन्दे नित्यानन्दसहोदितम्।
श्रीनन्दनन्दनं वन्दे राधिकाचरणद्वयम्
गोपीजनसमायुक्तं वृन्दावनमनोहरम्॥" इत्यादयः

अनन्तरं वृहद्भागे पशुपालकवैश्याभीरगुर्जरविप्रवरिष्ठपूज्यमहीसुरानङ्ग-मञ्जरीवयस्यसामान्यकर्मपुष्पभूषणदूतीगणवस्त्रदासी-अष्टसखीचरित्रसन्ध्यादि-षडङ्गचतुः षष्ठीविद्यासखीभावसन्धिदूतीप्रभृतीनां च सक्रमं कार्यसहवर्णनं वैष्णव-रीत्याऽध्यात्मिकरूपेण च कविना विहितम्।

६. स्तवमाला —

श्रीरूपगोस्वामीमहोदयेन विरचितान् स्तवानष्टकान् च संगृह्य श्रीमता जीवगोस्वामिना ग्रन्थमिदं सम्पादितम्।[६६] ग्रन्थेऽस्मिन् उनषष्ठिः स्तवाः सन्ति। ते च —

१. प्रथमचैतन्याष्टकम्।
२. द्वितीयचैतन्याष्टकम्।
३. तृतीयचैतन्याष्टकम्।
४. आनन्दस्तोत्रम्।
५. लीलामृतस्तोत्रम्।
६. प्रेमेन्दुसागरस्तोत्रम्।
७. वैष्णवाष्टकम्।
८. प्रथमं कुञ्जविहार्यष्टकम्।
९. द्वितीयं कुञ्जविहार्यष्टकम्।
१०. श्रीमुकुन्दाष्टकम्।
११. ब्रजनवयुवराजाष्टकम्।
१२. प्रमाणप्रणयस्तवः।
१३. हरिकुसुमस्तवकम्।
१४. त्रिभङ्गीच्छन्दस्तवः।
१५. मुकुन्दमुक्तावली।
१६. आनन्दचन्द्रिका।
१७. मसुधासत्रम्।
१८. श्रीराधाष्टकम्।
१९. प्रार्थनापद्धतिः।

---

६६. पृथक् पृथक् स्तव गोस्वामी वर्णिल, श्रीजीवसंग्रहे स्तवमाला नाम हैल।
तथाहि तत्कृतं पद्यम् —
श्रीमदीश्वररूपेण रसामृतकृता कृता।
स्तवमालानुजीवेन जीवेन समगृह्यत। (भ.र. - प्रथमतरङ्ग PP.58)।

२०. चाटुपुष्पाञ्जलिः।
२१. गान्धर्वप्रार्थनाष्टकम्।
२२. नामन्त्याष्टकम्।
२३. ब्रजनवीनयुवद्वन्द्वाष्टकम्।
२४. कार्पण्यपञ्जरिकास्तोत्रम्।
२५. उत्कलिकावल्लरिः।
२६. गोविन्दविरूदावलिः।
२७. नन्दोत्सवादिचरितम्।
२८. शकटतृणावर्त्तभञ्जनाष्टकम्।
२९. यामलार्जुनभञ्जनस्तवः।
३०. वृन्दावनवत्साचारणस्तवः।
३१. वत्सचारणादिचरितम्।
३२. तालवनचरितम्।
३३. कालीयदमनम्।
३४. भाण्डीरक्रीडनम्।
३५. वर्षाशरद्विहारचरितम्।
३६. वस्त्रहरणम्।
३७. यज्ञपत्नीप्रसादः।
३८. गोवर्द्धनोद्धरणम्।
३९. नन्दाहरणम्।
४०. अथ रासक्रीडा।
४१. सुदर्शनादिमोचनम्।
४२. गोपिकागीतम्।
४३. अरिष्टवधादिकम्।
४४. रङ्गस्थलक्रीडनम्।
४५. लीलान्तरवर्णनम्।
४६. पुनर्वस्त्रहरणम्।

४७. पज्झटिकाछन्दसा रासक्रीडावर्णनम्।
४८. स्वयमुत्प्रेक्षितलीला।
४९. ललितोऽक्तत्रोटकाष्टकम्।
५०. चित्रकवित्वम्।
५१. गीतावली।
५२. पुनारासलीलावर्णनम्।
५३. ललिताप्रणामस्तोत्रम्।
५४. मथुरास्तवः।
५५. विशाखास्तोत्रम्।
५६. प्रथमं गोवर्द्धनाष्टकम्।
५७. द्वितीय गोवर्द्धनाष्टकम्।
५८. वृन्दावनाष्टकम्।
५९. नामाष्टकमित्यादयः।

७. विदग्धमाधवम् —

श्रीकृष्णचरिताश्रितं सप्ताङ्कसम्बलितनाटकमिदम्। आलोच्य प्रसङ्गत्वान्नाटकस्यास्य स्वतन्त्रविवेचनम् अग्रे क्रियते।

८. ललितमाधवम् —

सायमुत्सवः - शङ्खचूडवधः - उन्मत्तराधिकः - राधाभिसारः - चन्द्रावलीलाभः - ललितोपलब्धिः - नववृन्दावनसंगमः - नववृन्दावनविहारः - चित्रदर्शनाभिधः - पूर्णमनोरथश्चेत्यादिसक्रमनामोपेतं दशाङ्कसम्बलितं नाटकमिदं भक्तरसिकयोः समागमरूपं वैष्णवसिद्धान्तानां गौरवाभिव्यञ्जकं श्रीकृष्णचरितरचितमस्ति। अत्र नायकः धीरललितः श्रीकृष्णचन्द्रः नायिका च राधिका, सा परकीया मुग्धा च। अत्रापि प्राधान्येन रसः शृङ्गारः।

अत्र सायमुत्सवनामके प्रथमे अङ्के सान्दीपनिमुनिमाता पौर्णमासी स्वशिष्यां गार्गी चन्द्रावलीराधिकयोः जन्मवृत्तान्तं कथयति। ते विन्ध्यगिरिकन्यके चन्द्रावली-राधिके। गच्छता कालेन प्रथमा पुतनया अपहृता विच्युता नदीप्रवाहिता च सती

भीष्मकनरेशवर्द्धिता रूक्मिणीनामप्राप्ता गोवर्द्धनमल्लस्य पाणिगृहीता भविता। अपरा च वृषभानुना वर्द्धिता अभिमन्युना सह विवाहिता अभवत्। परन्त्वनयोः विवाहः कृष्णसहैव विधाताविधानः इति सा सूचयति। सायं तावत् अवसरप्राप्तस्य श्रीकृष्णस्य ते प्रति अनुरागवर्णनत्वादयं सायमुत्सवः नाम प्रथमोऽङ्कः।

द्वितीयोऽङ्के पद्माश्यामलासहागता चन्द्रावली गोपकन्यकाभिः सह विविधलीलां रचयितुं निष्क्रामति। अवसरेऽस्मिन् कंसप्रेरितः शङ्खचूडदैत्यः राधिकाहरणार्थं निलीय तिष्ठति। श्रीकृष्णोऽपि ब्राह्मणकुमारवेशं धारयन् राधिकायाः सूर्यपजनार्थं तत्र प्रविशति। अनन्तरं कृष्णः यदा गोपकन्यकेभ्यः शङ्खचूडस्य चरित्रमन्तव्यादिकं संगृह्यति तदा एव सिंहासनारूढां राधिकामपहरति दैत्यः। अनन्तरं दैत्यसंहारः राधिकोद्धारञ्च भवति। अतोऽयमङ्कः 'शङ्खचूडवधः' नाम द्वितीयः।

तृतीये अङ्के अक्रुरागमनेन कृष्णवलरामयोः मथुरायात्रारम्भः, तदनन्तरं च गोपकन्यकानां विरहव्याकुलता वर्णिताऽस्ति। विरहविधुरा राधा यमुनायां शरीरं विसर्जयति विशाखा च पर्वतशिखरतः भूमौ निपत्य प्राणान् त्यजतीति कृत्वा उन्मत्तराधिकः नाम तृतीयोऽङ्कः।

चतुर्थे अङ्के कंसवधानन्तरं भगवतः द्वारकागमनं तस्य गोपीविरहञ्च वर्णितम्। पुनः चन्द्रावल्याः अवस्थामनुभूय श्रीरूक्मेण रूक्मिण्याः कुण्डीनानयनं चेदिराजेन सह च तस्याः विवाहव्यवस्थायाः विधानं विहितम्। मध्ये च नरकासुरस्य गोपाङ्गनाहरणं ताश्च कामरूपकारागारे बन्धनम् वर्णितम्। अन्ते च द्वारकास्थितस्य विरहाकातरश्रीकृष्णस्य मनोविनोदनार्थं वृन्दावनचरितमाधारेण पौर्णमास्याः रूपकमारोपितं तद्दर्शनेन च श्रीकृष्णस्य चन्द्रावलीप्राप्त्यर्थं कार्यारम्भादिकं वर्णितमिति राधाभिसाराख्योऽयमङ्कः।

अङ्केऽस्मिन्पञ्चमे चन्द्रावल्याहरणाय पौर्णमास्याः कृष्णप्रेरणं कृष्णस्य च गरूडसह कुण्डीनयात्राविषयः वर्णितः। अनन्तरं च चन्द्रभागादर्शनागतचन्द्रावल्याः श्रीकृष्णेनापहरणं रूक्मस्य च विरोधः वर्णितः। चन्द्रावल्याः प्राप्तीतिकृत्वा चन्द्रावलीलाभोऽयमङ्कः।

षष्ठे अङ्के स्यमन्तकमणिवृत्तान्तोऽस्ति। प्रसन्न भगवान् शिवः राजानं सत्राजितं स्यमन्तकमणिं सत्यभामानाम्नीं राधिकां च समर्पितवान्। श्रीनारदस्य आदेशेन सत्राजितमाता श्रीराधिकां रूक्मिणीं दत्तवती। राधिका चैकान्तवासेन स्यमन्तकमणिप्राप्त्यर्थं चिन्तितवतीतिकृत्वा ललितोऽपलब्धिः नाम षष्ठोऽङ्कः।

सप्तमे अङ्के सत्यभामानाम्ना प्रसिद्धया राधिकया सह कृष्णस्य समागमोद्यमः कविना वर्णितोऽस्ति। विश्वकर्मणा निर्मितां नववृन्दावनस्थां प्रतिमाराधिकां दृष्ट्वा कृष्णस्यानुरागवर्द्धनमनन्तरं च रुक्मिण्या विघ्नोपस्थापनं त्वर्णितमतः नववृन्दावनसंगमो नामोऽयमङ्कः।

हास्यरसमये अष्टमेऽङ्के रूक्मिणीसत्यभामयोः परस्परं प्रति ईर्ष्या परस्परपरस्परयोः वेशग्रहणं च वर्णितम्। पुनः नववृन्दारूपेण विशाखायाः पुनर्जन्मवृत्तान्तं कविना उपन्यस्तमस्तीतिकृत्वा नववृन्दावनविहारोऽयं अष्टमोऽङ्कः।

नवमे अङ्के षोडशसहस्त्रसंख्यकगोपाङ्गनाः नरकासुरवन्दीशालातः मुक्त्वा श्रीकृष्णस्य द्वारकाम् आनयनम् अनन्तरं तेन सत्यभामायाः नववृन्दावने चित्रदर्शनं वर्णितमिति चित्रदर्शनं नाम नवमोऽङ्कः।

शेषाङ्केऽस्मिन् दशमे सत्राजितः पिङ्गलया सत्यभामां प्रति स्यमन्तकमणिप्रेरणं तल्लब्ध्वा च राधिकाज्ञानं प्राप्तायाः सत्यभामायाः श्रीकृष्णेन सह विवाहः वर्णितः। विवाहावसरे नन्दयशोदाप्रभृतिभिः गोपनगरवासिभिः सह देवतानां द्वारकाप्रवेशः नाटकस्यास्य दिव्यपरिसमाप्तिं विदधाति। अतः पूर्णमनोरथः नाम दशमोऽङ्कोऽयम्।

९. मथुरामाहात्म्यम् —

हरिरपि भजमानेभ्यः प्रायः मुक्तिं ददाति न तु भक्तिम्, विहिततदुन्नतिसत्रां मथुरे धन्यां नमामित्वाम्।

इति मथुरानतिविदधता कविना ग्रन्थेऽस्मिन् मथुरायाः महिमा सन्निवेशितः। तत्रस्थितानां तीर्थाणामुद्घाटनलक्षयता कविनाऽत्र तस्याः पूण्यप्रदत्वं पापराहित्यत्वादिकञ्च वर्णितम्। अत्र सक्रमं मथुरायाः सर्वतीर्थाधिक्यत्वं, असंख्यतीर्थाश्रयत्वं, अगतिगतित्वं, नित्यहरिसन्निधानत्वं, श्रीभगवतः कृपालभ्यत्वं, श्रीभगवद्-

ध्यानादिलभ्यत्वं, मोक्षप्रदत्वं, विष्णुलोकप्रदत्वं, सर्वाभीष्टप्रदत्वं, प्रपञ्चातीतत्वं, वेदत्रयरूपत्वं, विष्णुभक्तिप्रदत्वं, स्वतः परमफलत्वं, तस्याः सीमाज्ञानं, तत्र वैशिष्ट्यम्, पद्माकृतेः वैशिष्ट्यं, कालविशेषे तत्र निवासादि फलं, चातुर्मास्यभाद्रजन्माष्टमीप्रभृतिषु दिनेषु निवासादि फलं, तत्र माथुरब्राह्मणमाहात्यम्, मथुरावासिनां माहात्यं, तत्र मधुतालकुमुदकाम्यबहुलाभद्रखर्ज्जुरमहावनलोहजङ्घविल्वभाण्डीरवृन्दावनादिद्वादशवनानां माहात्म्यं, वृन्दावने गोविन्दस्य दर्शनफलं, गोविन्दतीर्थस्य स्नानफलं, केशीतीर्थमाहात्म्यं, कालीयह्रदस्य माहात्म्यं, द्वादशादित्यसंज्ञकतीर्थमहिमां, विशेषतः कार्त्तिकनिवासादिफलं, प्रवोधन्यामतिविशेषं, उर्ज्जस्यशुक्लद्वादशमतिविशेषं, भीष्मपञ्चके निवासफलं, मधुपुरीमाहात्म्यं, कालविशेषे तत्र यात्राफलं, कृष्णजन्मस्थानमाहात्म्यं, प्रबोधन्यां मथुरावासफलं, केशवस्यमाहात्म्यं, सुप्तोत्थितकेशवदर्शनफलं, भगवन्मूर्त्तिकृष्णपरिवारभूतेश्वरादीनां दर्शनफलं, विश्रान्तिमाहात्म्यं, तत्र अर्द्धचन्द्रस्थितानां चतुर्विंशतियमुनातीर्थानां माहात्म्यं, गोकर्णकृष्णगङ्गावैकुण्ठतीर्थासिकुण्डचतुःसामुद्रिककूपेत्यादीनां माहात्म्यं, कालिन्देः माहात्म्यं, कालविशेषे यमुनास्नानफलं, प्रस्कन्दनस्नानादिफलं, गोवर्द्धनमहिमानम्, बज्रकुण्डराधाकुण्डगोविन्दकुण्डारिष्टकुण्डानां माहात्म्यम्, अक्रूरतीर्थभाण्डागारनन्दीश्वरशकटारोहणादीनां माहात्म्यं, मथुरामाहात्म्यपठनकथनश्रवणादीनाम् आवश्यकतां, केशवस्वयम्भुपद्मनाभ दीर्घविष्णुगतश्रमगोविन्दहरिवराहेत्यादीनां माथुरदेववराणां चवर्णनं कविना विहितम्।

१०. नाटकचन्द्रिका —

भरतमुनिप्रणीतं नाट्यशास्त्रं समाराधयन्ती[६७] नाटकादीनां शास्त्रीयस्वरूपं विवोधयन्ती वैष्णवसिद्धान्तानुकुलया व्याख्यया च सहैव विदधती रचनेयं नाटकचन्द्रिका चैतन्यचेतनया भासमाना एव परिलक्षते। ग्रन्थेऽस्मिन् साहित्यदर्पणस्थां प्रक्रियाम् अस्वीकुर्वन् श्रीरूपः भरतमुनेर्वैशिष्ट्यं प्रतिपादयति।[६८] नाटकचन्द्रिकायां

---

६७. वीक्ष्य भरतमुनिशास्त्रं रसपूर्वसुधाकरञ्च रमणीयम्
लक्षणमतिसंक्षेपाद् विलिख्यते नाटकस्येदम्। (ना.च. - ग्रन्थप्रतिज्ञा - १)।

६८. नातीवसंगतत्वाद् भरतमुनेर्मतविराधाच्च
साहित्यदर्पणीया न गृहीताः प्रक्रियाः प्रायः। (ना.च. - ग्रन्थप्रतिज्ञा - २)।

केवलमात्रं नाटकलक्षणं विनिवेदयता कविना तत्सम्बन्धानाम् अङ्गोपाङ्गानां लक्षणं विहितम्। रूपकस्यान्यभेदानां प्रकरणादीनां केवलं नाम संकेतितमतः तत्र तत्र तस्य मतान्तरं नास्तीत्यनुमीयते।

केवलमत्र नाटकस्य लक्षणसिद्धान्ते यः भेदः आसीत्तदेव निराकर्त्तुं वैष्णवमतानुकूलञ्च व्याख्यां विधातुं कविना विहतमिदं शास्त्रम्।

साहित्यदर्पणे विशेषतः नायिकाभेदान्तर्गते गोपिकाभिलक्षिते परोढात्व-निर्वचनप्रसङ्गे विश्वनाथरूपगोस्वामिनोः वैमत्यं विचारणीयमेव। विश्वनाथस्तावत् कृष्णः गोपीनां उपपतिः गोप्यस्तावत्सर्वाश्च परोढाः मनुते। अतः श्रीकृष्णेन सह तासां रतिः न शृङ्गाररसं पुष्णाति अपि तु रसाभासेति वदति।[६९] अत्रैव श्रीमतः रूपगोस्वामिनः विरोधः। तन्मते तु गोपीकृष्णयोश्च परस्परानुरागः सर्वथा मधुररसं पुष्णाति।[७०]

स तु श्रीकृष्णे सृष्टिस्थितिसंहारकारकस्य आदिपुरुषस्य अंशिनि स्वयं भगवति लीलापुरुषोत्तमे नरवपुषि तथैव तदीयमहाशक्तिसमुदायपरममुख्यतमायां ह्लादिनीशक्तौ श्रीगोपिकारूपायां च तत्रैव सम्भवेत्। प्रत्युत महाफलप्राप्तिः। अतः तत्रैव तन्मते तस्य नायकोत्तमत्वं प्रतिपादितम्। अतएव नाटकचन्द्रिकायां श्रीरूप-गोस्वामिनोक्तम् —

"यत्परोढोपपत्योस्तु गौणत्वं कथितं बुधैः
तत्तु कृष्णं च गोपीश्च विनेति प्रतिपद्यताम्।"[७१]

इत्थं च राधाकृष्णयोः लीलायाः दर्शनेन श्रवणेन वा या परमानन्दस्योप-लब्धिः जायते सा रूपगोस्वामिनः मते साहित्यशास्त्रसम्मतैव।[७२]

---

६९. नेष्टा यदङ्गिनि रसे कविभिः परोढाः, तद्गोकुलाम्बुजदृशां कुलमन्तरेण। आशंसया रसविधेरवतारितानां, कंसारिणा रसिकमण्डलशेखरेण। रसविलासे सुदेवः।

७०. .... अत्रैव परमोत्कर्षः शृङ्गारस्य प्रतिष्ठितः लघुत्वमत्र यत् प्रोक्तं तत्तु प्राकृतनायके – न कृष्णे रसनिर्यासस्वादार्थमवतारिणि। उ.नी./ १६, १८।

७१. ना.च/१०।

७२. उ.नी. – भूमिकायां श्रीगोपालदत्तपाण्डेयः।

ग्रन्थेऽस्मिन् उनसप्तत्यधिकद्वेशताः कारिकाः एकचत्वारिंशदधिकशताः उदाहरणश्लोकाः सन्ति। अत्रत्यानि उदाहरणानि प्रायशः तस्य विदग्धमाधवललित-माधवनाटकयोरागतानि सन्ति। अतएवेदं शास्त्रं यद्यपि चैतन्याय नमस्कारं न वहति तथापि चैतन्य दर्शनात्परं रचितमित्युनमीयते।

११. पद्यावली —

कृष्णस्तवनपरा हारावलीव गुम्फिता इयं रचना किमपि वैशिष्टं भजन्ती कृष्णस्यमहिमानमेव द्योतयति। प्राक्तनानां कविवराणां रचनासु कानिचित् कानिचिच्च स्वरचनया सह समलंकृता इयं पद्यावली। ग्रन्थेऽस्मिन् ३८६ पद्यानि दृश्यन्ते। तेषु संख्याधिकानि पद्यानि पूर्वसूरीणां रचनानीति कविना स्वीकृतानि सन्ति। ते च कवयः नामतः अपराजिताभिनन्दामरू-इश्वरपुरी-उमापतिधर-औत्कल-कङ्क-कर्णपुर-कविचन्द्र-कविरत्न-कविशेखर-कविसार्वभौम-कुमार-केशवपुत्र-केशवभट्ट-केशवाचार्य-क्षेमेन्द्र-गोपालभट्ट-गोवर्द्धनाचार्य-गोविन्द-गोविन्दभट्ट-गोविन्दमिश्र-चक्रपाणि-चिरञ्जीव-जगदानन्द-जयनगन्नाथसेण-जीवदास-वाहिनीपति-तैरभुक्तकवि-त्रिविक्रम-दशरथ-दाक्षिणात्य-दामोदर-दिवाकर-दीपक-धनञ्जय-धन्य-नाशोक-नील-पञ्चतन्त्रकर्त्ता-पुरुषोत्तमदेव-श्रीवाण-श्रीभागवत-भट्टनारायण-भवभूति-भवानन्द-भीमभट्ट-मङ्गल-मनोहर-मयूर-रघुपति उपाध्याय-रङ्ग-रसभङ्ग-रामचन्द्रदाश-रामानन्द राय-रामानुज-रुद्र-लक्ष्मणसेनदेव-लक्ष्मीधर-वनमाली-वाणीविलास-वासुदेवसार्वभौम-विश्वनाथ-विष्णुपुरी-वीरसरस्वती-शङ्करशम्भु-शरण-श्रीवैष्णव-शष्ठीदास-षष्ठीभरदास-सञ्जयकविशेखर-समाहर्त्तृ-सर्वज्ञ-सर्वानन्द-सारङ्ग-सुबन्धु-सूर्यदास-सोनक-सालोक-हनुमत्-हर-हरि-हरिदास-हरिभट्ट-हरिहरेत्यादयः।

एतेषां रचनासु कृष्णकथामयानि पद्यानि संगृह्य स्वरचनाञ्च विनिवेश्य इयं पद्यावली रूपदेवेन सम्पादिता। पद्यावली एका संग्रहसम्पादनेति कविना ग्रन्थारम्भे प्रतिज्ञायां प्रस्तावितम्। तद्यथा —

''पद्यावली विरचिता रसिकैर्मुकुन्द-
सम्बन्धबन्धुरपदां प्रमदोर्मिसिन्धुः

रम्या समस्ततमसां दमनीक्रमेण
संगृह्यते कृतिककदम्बकौतुकाय॥ १ ॥''

पुनश्च ग्रन्थान्ते —

''जयदेवविल्वमङ्गलमुख्यैः
कृता येरत्र सन्ति सन्दर्भाः
तेषां पद्यानि विना
समाहृतानीतराणि अत्र।''

ग्रन्थेऽस्मिन् श्रीकृष्णस्य महिमानं, तस्यभजनमाहात्म्यं, प्रेम्णः सौभाग्यं, नाममाहात्म्यं, नामकीर्त्तनं, कृष्णकथामाहात्म्यं, ध्यानं, भक्तवात्सल्यं, द्रौपदीत्राणतद्वाक्यं, भक्तानां माहात्म्यं, तेषां दैन्योक्तिं, तेषां निष्ठां, तेषामेव सौत्सुक्यप्रार्थनां, तेषामुत्कण्ठां, मोक्षेऽनादरं, भगवद्धर्मतत्त्वं, नैवेद्यार्पणे विज्ञप्तिं, मथुरामहिमानं, वृन्दाटवीवन्दनं, नन्दप्रणामं, यशोदावन्दनं, श्रीकृष्णस्य शैशवं, शैशवे तारुण्यं, गव्यहरणं, हरेः स्वप्नायितं, पित्रोर्विस्मापनशिक्षणादीन्, गोरक्षादिलीलां, गोपीनां प्रेमोत्कर्षं, गोपिभिः सह खेलं, तासु कृष्णस्य भावं, श्रीकृष्णस्य प्रथमदर्शने राधाप्रश्नं, सख्या उत्तरं, श्रीराधायाः पूर्वरागं, अन्यथाचतुरसखीवितर्कं, राधां प्रति प्रश्नं, कृष्णं प्रति राधानुरागकरणं, राधां प्रति कृष्णानुरागं, राधाभिसारं, राधां प्रति सखीवाक्यं, क्रीडावर्णनं, सखीनां नर्मोक्तिं, मुग्धवालवाक्यं, राधया सह दिनान्तरकेलिं, तत्र सखीवाक्यं, तस्याः साकूतवाक्यं, सखीनर्मवाक्यं, पुनरन्येद्युः अभिसारिकां प्रति सखीवाक्यं, परीक्षणकारिणीं सखीं प्रति राधावाक्यं, वासकसज्जा-उत्किण्ठिता-विप्रलब्धा-खण्डितादीनां वर्णनं, खण्डनासनिर्वेदायाः तस्याः वाक्यं, सायमायाति माधवे सखीशिक्षां, मानिनीवर्णनं, निष्क्रमति कृष्णे सखीवाक्यं, कृष्णदूतीवाक्यं, दूतीप्रति राधावाक्यं, कलहान्तरितां, तां प्रति दूतीवाक्यं, कर्कशसखीं, तां प्रति च राधावाक्यं, क्षुभितराधिकोक्तिं, कृष्णविरहं, कृष्णं प्रति राधासखीवाक्यं, पुष्पच्छलेन कृष्णमन्वेषयन्तीं राधिकां प्रति कस्यचिदुक्तिं, यमुनातीरान्तर्गतया राधया सह संकथां, तत्र राधावाक्यं, स्वाधीनभर्त्तृकां, क्रीडानन्तरं कृष्णस्य स्वप्नायितं, वंशीचौर्यं, सायं हरेः ब्रजागमनं, राधायाः सौभाग्यं, कृष्णं प्रति चन्द्रावलीवाक्यं, गोवर्द्धनोद्धरणं,

नौक्रीडां, रासं, तत्रकृष्णवाक्यं, ब्रजदेवीनामुत्तरं, कृष्णान्तर्ध्याने तासां प्रश्नं, तत्र राधासखीवाक्यं, खेचराणामुक्तिं, जलक्रीडां, राधासखीं प्रति चन्द्रावलीसख्याः सासूयोऽक्तिं, राधासख्याः साकूतवाक्यं,, चन्द्रावलीं प्रति सखीवाक्यं, नित्यलीलां, भाविनि हरेर्मथुराप्रस्थाने राधासखीवाक्यं, हरेः मथुराप्रवेशं तत्र पुरस्त्रीवाक्यं, राधाविलापं, मथुरायां यशोदां स्मृत्वा कृष्णवाक्यं, श्रीराधां स्मृत्वा हरेर्वाक्यं, उद्धवेन हरेर्सन्देशं, वृन्दावनगच्छतः उद्धवस्य वाक्यं, ब्रजदेवीकुलप्रत्युद्धववाक्यं, उद्धवे दृष्टे सखीं प्रति राधावाक्यं, राधां प्रति उद्धववाक्यं, राधासख्याः कृष्णाय सन्देशं, ब्रजदेवीनां सन्देशं, द्वारावतीस्थस्य हरेर्विरहं, वृन्दावनाधीश्वरीविरहगीतं, ब्रजदेवीनां सन्देशं, सुदामानं प्रति द्वारकेश्वरवचनं, स्वगृहादिकं दृष्ट्वा तस्यवचनं, कुरुक्षेत्रे श्रीवृन्दावनाधीश्वरीचेष्टितं, रहस्यानुनयन्तं कृष्णं प्रति सखीवाक्यं, तत्रैव सखीं प्रति राधावचनं, समाप्तौ च मङ्गलाचरणादिकं मालायां ग्रथितपुष्पमिव कविना सुनियोजितं कृष्णचरितं पद्यमयं कृतमतः पद्यावली नामिकेऽयं कृतिः।

१२. संक्षेपभागवतामृतम् —

भगवल्लीलावर्णनपरं श्रीमद्भागवतसाररूपं ग्रन्थरत्नं चैतन्यवीथिपथिकानां कृते सर्वस्वभूतमेवेदं वर्त्तते। ग्रन्थस्य पूर्वभागः कृष्णामृतमपरञ्चोत्तरभागः भक्तामृत-नामध्येयोऽस्ति। पूर्वभागे भगवतः स्वयंरूपः तदेकात्मरूपश्च वर्णितः। तत्र भगवतः अवतारतत्वं सुष्ठु विकशितम्। तत्र त्रयविंशत्यधिकशतानां पुरुषावतारणां, पञ्चविंश-तीनां लीलावताराणां चतुःसन-नारद-मत्स्य-कच्छप-यज्ञ-नरनारायण-कपिल-दत्तात्रेय-दयशीर्षा-हंस-पृश्निगर्भ-ऋषभ-पुथु-नृसिंह-कुर्म-धन्वन्तरी-मोहिनी-वामन-भार्गव-राघवेन्द्र-व्यास-बलराम-श्रीकृष्ण-बुद्ध-कल्कीत्यादीनां पुनः गुणावताराणां ब्रह्माविष्णुरूद्राणां वर्णनं, तेन सह यज्ञ-विभु-सत्यसेन-हरि-वैकुण्ठ-अजित-वामन-सार्वभौम-ऋषभ-विश्वक्सेन-धर्म्मसेतु-सुधामा-योगेश्वर-वृहद्भानुप्रभृतीनां चतुर्द्दशमन्वन्तरावताराणां तेन सह चतुर्युगावताराणां च वर्णनमस्ति।

चोत्तरखण्डे भक्तामृते श्रीकृष्णस्य स्वयंरूपता, कृष्णे निखिलप्रवृत्तिः, भगवतः स्वरूपमात्रे पूर्णता, कृष्णलीलायाः नित्यता, प्रकटलीलारम्भप्रकारप्रादुर्भावः आगमनञ्च, भक्तपूजायाः आवश्यकता, भक्तेषु प्रह्लाद-पाण्डवगण-यादवगण-उद्धव-ब्रजदेवीगण-राधिका-इत्यादिनां च वर्णनं दृश्यते। तत्र चतुश्चत्वारिंशत्पदे

राधिकां वर्णयता कविनोक्तं यत् —

"तत्रापि सर्वगोपीनां राधिकातिवरीयसी
सर्वाधिक्येन कथिता यत्पुराणागमादिषु।" इति।

१३. भक्तिरसामृतसिन्धुः —

ग्रन्थोऽयं भक्तिरसस्य मूर्धन्यतां नाम्नैव सम्पादयति। ग्रन्थेऽस्मिन् भक्तिरसस्योपस्थापनं शास्त्रीयमर्यादासह वैष्णवसिद्धान्तप्रकाशनपरतया कविना कृतमस्ति। भक्तिरसस्य विवेचनं सप्रमाणं कुर्वन् कविनाऽत्र "विभावानुभावव्यभिचारिसंयोगाद्रसनिष्पत्ति" इति भरताचार्यसूत्रमभिलक्ष्य लोल्लट-शङ्कुक-भट्टनायकाभिनवगुप्तादीनां मतान्यपि सम्यग्विचार्य प्राकृताप्राकृतयोः रसयोर्मध्ये श्रीभगवदालम्बनकोऽप्राकृतरसः भक्तिरसनाम्ना अन्ते समुपस्थापितः। अत्र पूर्वदक्षिणपश्चिमोत्तराभिधेयाः चत्वारो विभागाः एकैकविभागे चानेकाः लहर्यः सन्ति। तत्र पूर्व विभागे चतस्रः लहर्यः सन्ति। प्रथमलहर्य्यां भक्तेः सामान्यलक्षणमस्ति। द्वितीयतृतीयचतुर्थे च साधनभावप्रेमाख्याः भक्तेर्भेदाः वर्णिताः सन्ति। दक्षिणविभागस्य पञ्चलहरीसु क्रमेण विभावानुभावव्यभिचारीसात्त्विकस्थायिभावानां वर्णनं दृश्यते। अन्ते च भक्तेः मुख्यत्वं गोणत्वञ्च कविना सम्पादितम्। पश्चिमविभागे पञ्चलहर्यः सन्ति। तत्र क्रमेण शान्तप्रीतिप्रेयवत्सलमधुरादिभक्तेः स्वरूपस्य विस्तृतवर्णनं ग्रन्थकारेण श्रीमतारूपगोस्वामिना कृतम्। उत्तरविभागे नवसु लहरीसु हास्योभ्दुतवीरकरूणरौद्रवीरवीभत्सभयानकादयः भक्तिरसाः वर्णिताः।

श्रीरूपगोस्वामिमहाभागः अत्र मधुरभक्ते प्राधान्यं तस्य च मुख्यरसत्वं स्वीकरोति। अन्ये च रसाः प्रकृतरसस्य विकाराः लहरीप्रक्षिप्ता इति तस्य मतिः। अतोऽयं ग्रन्थः भक्तिरसामृतसिन्धुर्नाम।

१४. उज्ज्वलनीलमणिः —

भक्तिरसामृतसिन्धोः पूरकग्रन्थोऽयं तस्यैव ग्रन्थस्थस्य मधुरापरनाम्नः श्रृंगाररसस्य आलम्बनादीनां विस्तृतवर्णनमावहति। अतएवेदं ग्रन्थरत्नं पूर्ववर्णितस्य रसशास्त्रस्य परिपूर्णत्वं विदधाति। श्रृंगारः तावन्मधुरः एवात्र रसराडिति श्रीरूपदेवेन वर्णितः। यदुक्तं तेनास्मिन् ग्रन्थे —

"मुख्यरसेषु पुरा यः संक्षेपेणोदितो रहस्यत्वात्
पृथगेव भक्तिरसराट् विस्तरेणोच्यते मधुरः।"[७३]

अतः मधुररसस्य साङ्गोपाङ्गविवेनमस्य ग्रन्थस्य मुख्यः विषयोऽस्ति। अत्र क्रमशः नायकभेदाः, तस्य सहायभेदाः, हरिवल्लभाः, हरिप्रियाराधा, अन्याश्च नायिकाः, युथेश्वरीभेदाः, दूतीभेदाः, सखीभेदाः, सखीविशेषाः, हरिवल्लभाप्रभृतयः आलम्बनाः उद्दीपनाश्च, अनुभावसात्त्विकव्यभिचारिणः, स्थायिभावाश्च वर्णिताः सन्ति। अन्ते च विप्रलम्भश्रृंगारस्य भेदाभ्यां सह संभोगस्य नानावस्थाः ग्रन्थकारेण समुपस्थापिताः सन्ति।

अत्र नायकप्रसिद्धधीरोदात्त–धीरोद्धत–धीरप्रशान्त–धीरललितादि–चतुर्भेदस्य पति–उपपतिभेदेन भेदद्वयं पुनस्तेषां पूर्णपूर्णतरपूर्णतमभेदेन विभागत्रयं दर्शितम्। पुनस्तत्र प्रत्येकभेदस्य दक्षिणधृष्टानुकूलशठत्वेन विभागं प्रदर्श्य नायकानां षण्णवतिभेदाः कथिताः। काव्यशास्त्रानुसारं मुग्धामध्याप्रगल्भेति नायिकाविभाग–त्रयं पुनः अष्टधा विभज्य उपस्थापयति कविरत्र। अभिसारिका वासकसज्जा–उत्कण्ठिता–खण्डिता–विप्रलब्धा–कलहान्तरिता–प्रोषितभर्तृका–स्वाधीनपतिका इति ताश्चाष्टधाः। पुनस्ताः स्वकीयापरकीया इति द्विभेदाः। स्वकीयास्तु चन्द्रावली–सत्यभामा–जाम्बवती–अर्कनन्दिनी–शैव्या–भद्रा–कौशल्या–माद्रीप्रमुखाः कृष्णस्त्रियः। परकीया तु प्रथमतः परोढा–कन्यकाभेदेन द्विधा। तासु ब्रजगोप्यः परोढाः। ताश्च साधनाप्रिया–देवी–नित्यप्रियादिभेदेन त्रिधाः। साधनपराः पुनः यौथि–क्यायौथिक्यभेदेन द्विधाः। यौथिक्यन्तु सर्वव्याप्यम्। यौथिक्यस्य मुन्युपनिषद्भेदेन द्विभेदम्। एताः पुनः मुग्धामध्याप्रगल्भाभेदेन त्रिधाः। पुनस्तासामभिसारिकाद्यष्टभेदेन षष्ठ्यधिकाः त्रिंशद्भेदाः नायिकाः अत्र कविना श्रीरूपेणोपन्यस्ताः।

अत्रापि श्रृंगाररसस्थायिभावस्य प्रेमारतेः स्नेह–मान–प्रणय–रागानुराग–भावादि षडभेदाः सुष्ठु उपस्थापिताः सत्यः ग्रन्थस्य सार्थकतां प्रकटयन्ति।

१५. प्रयुक्ताख्यातमञ्जरी —

इयं मञ्जरी विविधवैष्णवग्रन्थेषु प्रयुक्तानां क्रियापदानामर्थव्यवहारादिकं

---

७३. उ.नी./२।

प्रकाशयन्तीव सार्थकतां भजते। यदुक्तं ग्रन्थविज्ञप्तौ कविना —

"भट्टमल्लविरचितमाख्यातचन्द्रिकामनु
प्रयुक्ताख्यातमञ्जरी क्रियाकोषोऽयं प्रणीन्ये।"

अतः क्रियाकोषोऽयं व्याकरणशास्त्रम्। काण्डत्रयेषु विभक्तस्यास्य शास्त्रस्य प्रथमकाण्डः भावविकारबुद्धि–अन्तःकरणवृत्ति–वाक्क्रिया–ध्वनिक्रिया–दिभिः पञ्चभिर्वर्गैः विभक्तोऽस्ति। द्वितीयकाण्डस्तु मनुष्य–ब्रह्म–क्षत्रिय–वैश्य–शुद्रचेष्टादिभिः पञ्चभिः वर्गैः तृतीयकाण्डश्च प्रकीर्ण–सनाथ–नानार्थादिभिः त्रिवर्गैः विभक्तः भवति। नानार्थवर्गे च भुवादि–अदादि–दिवादि–तुदादि–रूधादि–क्र्यादि–चुरादि–स्वादि–तनादि तथाऽकर्मकधातूनां रूपं व्यवहारञ्च शास्त्रकारेण व्याकरण–सिद्धान्तानुसारेणोऽपस्थापितम्। अन्ते च ग्रन्थसमाप्तिविदधता कविना स्वीकृतमिदम्—

"भट्टमल्लैर्विरचिता याऽद्भूताख्यातचन्द्रिका
ततः संगृह्यते प्रायः प्रयुक्तो धातुसञ्चयः।"

अनेन भट्टमल्लानुसारेण प्रयुक्ताख्यातमञ्जर्य्याः रचनं कृतमिति न सन्देहः।

१६. उपदेशामृतम् —

काव्यमिदमुपदेशप्रधानं श्रीजीवाय समर्पितमभवत्। प्रथमप्रकाशनमस्य १९४२ खीष्टवर्षे सुन्दरानन्दविद्याविनोदेन अभूत्। अत्रैकादशाः श्लोकाः विद्यन्ते। अस्य प्रथमश्लोकानुरूपश्लोकाः महाभारतस्य शान्तिपर्वे युद्धिष्ठिरं प्रति भीष्मोपदेशे, पुनः हंसगीतायाः हारितगीते आश्वमेधिकपर्वे च श्रीकृष्णकर्त्तृकभक्तोपदेशे वर्णितोऽस्ति। तद्यथा उपादेशामृते प्रथमश्लोके —

"वाचोवेगं मनसः क्रोधवेगं
जिह्वावेगमुदरोपस्थवेगम्।
एतान्वेगान्यः विसहेत धीर
सर्वामपि मां पृथिवीं स शिष्येत्।"

पुनश्चात्र चतुर्थश्लोकः पञ्चतन्त्रानुरूपः। तद्यथा —

"ददाति प्रतिगृह्णाति गुह्यमाख्याय पृच्छति।

भुङ्क्ते भोजयते चैव एतन्मित्रस्यलक्षणम्।"

अतः संग्रहात्मकमिदं काव्यं श्रीरूपगोस्वामिना सम्पादितमिति अनुमीयते। अत्र प्राधान्येनानुष्टुप् - वसन्ततिलकादिवृत्ती व्यवहृते भवतः।

१७. शिक्षाष्टकः —

साधनपथपुस्तके उपदेशामृतेन सह प्रकाशितः अष्टकोऽयं भक्तिसिद्धान्त-सरस्वत्याः लघुविवरणीटीका-भक्तिविनोदठाकुरस्य सम्मोहनभाष्यद्वारा चालंकृतः साधनायाः शिक्षां ददाति। अत्राष्टाभिः श्लोकैः यथाक्रमं —

१. किं तावत् चरमसाधनम्?

२. कथं नामसाधनसुलभः?

३. का तावत् नामसाधनप्रणाली?

४. का तावत् साधककामना?

५. किं साधकस्य स्वरूपम्?

६. सिद्धेः किं वाह्यलक्षणम्?

७. किं पुनः सिद्धेरन्तः लक्षणम्?

८. कथं सिद्धेः निष्ठा?

इत्यादि प्रश्नानां सुसमाधानं श्रीमतारूपदेवेन विहितम्।

तत्र सिद्धेर्वाह्यलक्षणकथयता कविना यदुक्तम् षष्ठे श्लोके —

"नयनगलदश्रुधारया
वदनं गद्गदरुद्धयागिरा
पुलकैर्निचितं वपुः कदा
तवनामग्रहणे भविष्यति।" इति

एवमाध्यात्मिकभावविभाविनं काव्यमिदं वैष्णवशिक्षार्थं वैष्णवकुल-शेखरेण तेन विरचितम्।

१८. श्रीरूपचिन्तामणिः —

वीरभद्रगोस्वामीकृताटीकया समलंकृतमिदं काव्यं द्वात्रिंशत्श्लोकयुक्त-

मस्ति। अत्र राधामाधवयोः रूपचिन्तनं श्रीमतारूपदेवेन विहितम्। तत्र प्रथमश्लोकः यथा —

"चन्द्रार्द्धं कलसं त्रिकोणधनुषीं स्वं गोष्पदं प्रोष्टिका
संख्यं सव्यपदेऽथ दक्षिणपदे कोणोष्टकं स्वस्तिकम्।
चक्रं छत्रजवाङ्कुशं ध्वजपवीं जम्बूद्धर्वरेखाम्बुजम्
विभ्राणं हरिमूनविंशतिमहाल्क्ष्म्यार्चितांघ्रिं भजे।"[७४]

अन्ते च —

"श्रीराधिकामाधवरूपचिन्ता
मन्यो मनो द्विस्त्रिरथो चतुर्वा
आवर्त्तयेद् यो धृतिमान् शुभज्ञा
प्राप्नोति तद्दर्शनमात्र साक्षात्॥ ३२॥"

१९. सामान्यविरुदावलिलक्षणम् —

सप्ताधिकशतेन सूक्तिना विरचितमिदं लक्षणशास्त्रं विरूदस्य लक्षण-विभेदादीनां विवेचनं प्रस्तौति। ग्रन्थेऽस्मिन् विरुदस्य संक्षेपलक्षणं प्रकाशयितुं प्रतिज्ञारूढेन कविनोक्तम् मङ्गलश्लोके —

"प्रणम्य परमानन्दं वृन्दारण्यपुरन्दरं
लिख्यते विरूदावल्याः संक्षेपाल्लक्षणं मया।" इति

अत्र षड्त्रिंशच्चक्रवृत्तस्य, पञ्चविधायाः द्विगादिगणवृत्तकलिकायाः, षड्-विधायाः, त्रिभङ्गीवृत्तकलिकायाः, मिश्रगद्यादिकलिकायाश्च वर्णनं कुर्वन् विरुदं प्रदर्शयति कविः। तन्मते विरुदः यथा —

"वाशिकः कल्पितश्चेति विरुदः द्विविधः मतः
संसूक्तो नियमो ह्यत्र वर्णितः पूर्ववद् बुधैः॥
द्विचतुः षड्दशश्चात्र कलास्तु विरुदे मताः
दशभ्यो नासिकाः कार्याः कलास्तु विरुदे बुधैः॥

७४. रू.चि. - १।

कलिकाभ्यस्तु विरुदे भिदासावेव कीर्त्तिता
विरुदं कवयः प्राहुः गुणोत्कर्षादिवर्णनम् ॥
विरुदः कलिका चान्ते धीरवीरादिशब्दभाक्
न पञ्चत्रिकतो न्यूना नाधिका त्रिंशतस्त्रिका ॥
विरुदाली प्रकर्त्तव्या पौर्वापर्य विकल्पतः
रम्यया विरुदावल्याः प्रोक्तलक्षणसूक्तया ॥'' इति ।

२०. पद्यसरणी —

श्रीरूपदेवेन प्रपादितेयं सरणी । सा च उत्कलसंग्रहालये कीटदंष्टा विद्यते ।[७५] अस्याः विषये न कुत्रापि केनाप्युक्तम् । अत्र पञ्चात्रिंशत्पृष्ठाः विद्यन्ते । वंगाक्षरोपेता संस्कृतकृतिरियमुत्कलस्य जगत्सिंहपुरजिल्लायाः समाहृता । अन्ते चास्याः सरण्याः 'इति श्रीरूपदेवसंगृहीता पद्यसरणी' समाप्तेति उल्लेखमात्रं दृश्यते ।

२१. अष्टकाललीलाच्छन्दः —

एकादशश्लोकयुक्ता इयं रचना श्रीकृष्णस्याष्टकाललीलामाधुरिणा विभुषिता सती वैष्णवानां मनोहरति । एषा कृतिः श्रीरूपेण कृष्णदासाय प्रदत्ता इति कथा अस्ति ।[७६] अत्र श्रीकृष्णस्य रात्र्यन्त-स्नानान्त-पूर्वाह्न-अपराह्न-सायं-प्रदोष-निशाकालीनायाश्च लीलायाः क्रमेण वर्णनमस्ति । तद्यथा —

''कुञ्जाद्गोष्ठं निशान्ते प्रविशति कुरुते दोहन्नानाशनाद्यां
प्रातः सायं च लीलां विहरति सखीभिः सङ्गवे चारयन् गाः ।
मध्याह्ने चाथ नक्तं विलसति विपिने राधया वाऽपराह्ने
गोष्ठं प्रति प्रदोषे रमयति सुहयोः यः स कृष्णोऽवतोऽन्नः ।''

तत्र निशायां लीला यथा —

''ताम्बुलैर्गन्धमाल्यैः व्यजनहिमपयपादसम्बाहनाद्यैः

---

७५. A description catalogue of Sanskrit Manuscripts of Orissa. ORIYA SAHITYA ACADEMY edited by Shi K.N. Mohapatra. PP-68.

७६. वेष्णव इच्छाए एकादशश्लोक कैल, कृष्णदासकविराजे विस्तारिते दिल ।
अष्टकाललीला ताते अतिरसायन, भाग्यवन्त जन ये करये आस्वादन ॥ -भ.र.PP-58 ।

प्रेम्णा संसेव्यमानौ प्रणयिसहचरी सञ्चयेनाप्तसातौ।
वाचा कान्ते रणाभिर्निभृतरतिरसौ कुञ्जसुप्तालिसंस्थैः
राधाकृष्णौ निशायां सकुसुमशयने प्राप्ततल्पौ स्मरामि॥'' इत्यादयः

एतद्व्यतिरिक्ताः स्मरणमङ्गलस्तव-निकुञ्जरहस्यस्तव-आनन्दमहोदधी-प्रभृतयः रूपगोस्वामिना विरचिताः।

स्मरणमङ्गलस्तवः —

एकादशश्लोकात्मकः स्तवोऽयं पद्मपुराणस्य पातालखण्डस्य वृन्दावन-माहात्म्यवर्णनपरः तस्य चतुर्द्दशाध्याये वर्णितस्य सनत्कुमारस्य श्लोकानामनुकरणेन रूपदेवेन कीत्तितम्। अस्यप्रकाशनं २००१ सालवर्षे कृष्णदासवावाजीमहोदयेन कृतम्। मुधसूदनगोस्वामीकृतब्रजभाषानुवादसहितेऽयं कृतिः जातीयपाठागारे सुरक्षिता विद्यते।

निकुञ्जरहस्यस्तवः —

द्वात्रिंशच्छ्लोकानां संग्रहात्मकः परस्परसंसक्तयोः राधाकृष्णयोः विला-सात्मकस्य रहस्यस्य वर्णनात्मकः निबन्धस्वरूपः प्राकृतजडेन्द्रियाविष्टजनास्पृश्यः श्लाघ्यश्च वरीवर्त्ती।[७७]

आनन्दमहोदधिः[७८] —

नाटकचन्द्रिकायाः उपोद्घाते श्रीवावुलालशुक्लमहोदयेन अस्याः रचनायाः नाममात्रसूचनां प्रददाति। परन्त्वस्याः रचनायाः प्रमाणं न कुत्राप्यवशिष्यते।

३. तस्य कृतिषु विदग्धमाधवस्य स्थानम् —

श्रीविदग्धमाधवं वैष्णवतत्त्वगुम्फितं भक्तिरससम्बलितं राधामाधवकेलि-रहस्योद्घाटकमिदं प्रौढनाटकं श्रीरूपगोस्वामिना सम्पादितं कृतञ्चाभिनीतं केशी-तीर्थे।[७९] श्रीरूपगोस्वामिना प्रवर्त्तितस्य मधुरापरपर्य्यायस्य भक्तिरसस्य सफलोप-

---

७७. उ.नी. भूमिकायां श्रीगोपालदत्तपाण्डेयः -PP-8।

७८. ना.च. - उपाद्धाते - PP-13 चौखम्बा संस्कृत सीरीज -1st EDN - 1964।

७९. नान्द्यन्ते सूत्रधारः — ... वृन्दावनविलोकनोत्कण्ठया केशितीर्थोपकण्ठे समीयिवान्। स च धन्यः! वि.मा. 1/PP-3।

स्थापनं राधाकृष्णयोः मधुरलीलायाः वर्णनञ्चास्य नाटकस्य उद्देश्यमिति नान्द्याः अनुमीयते। हरिलीलाशिखरिणेः तृष्णाहरणक्षमत्वमस्य प्रमाणम्। तेन महानुभवेनो-पस्थापितानां श्रीहरिभक्तिरसामृतसिन्धु-उज्ज्वलनीलमणि-नाटकचन्द्रिकाप्रभृतीनां सुमहत्प्रमाणमिदं नाटकम्। साहित्यार्णवे भक्तिस्रोतस्विन्याः मिलनविधानेन नाटक-मिदं कलाकुशलतायाः स्वयमेव प्रमाणम्। नाटकस्य भावमयत्वं कलाकुशलत्वञ्च विज्ञानविधानम्। नाटकस्य लालित्यं वैदग्ध्यं रसमयत्वं च श्रीरूपगोस्वामिनः चरमभक्तेर्निदर्शनमेवास्ति।

सप्ताङ्कसम्बलितं लीलामयं कस्तुरिकागन्धमिव निगुढमपि राधाकृष्णयोः गुणगणं व्यनक्ति। अस्मिन्नेव प्रसङ्गे कृष्णस्य नाममाहात्म्यं वर्णयन् श्रीरूपगोस्वामी सर्वान् भक्तान् अतिशेते। कृष्णेति वर्णद्वयी कियद्भिरमृतैर्जनितेति व्यञ्जनया सोऽयं कविः हरिन्मणिमनोहरद्युतिभिरूज्ज्वलाङ्गस्य हरेरुत्कर्षं वर्णयन् हरिलीलायाः विलासं भक्तजनाह्लादकरं वैष्णवभक्तेः प्रधानमङ्गमङ्गीकरोति। तानि चाङ्गानि-वेणुनादविलासः, मन्मथलेखः, राधासङ्गः, वेणुहरणम्, राधाप्रसादनम्, शरद्विहारः, गौरीविहारश्चेति कविना उल्लिखितानि। एतान्यङ्गानि विभज्य सप्ताङ्केषु प्रदर्श्य नाटक-स्य परिसमाप्तिम् उद्घोषयति नाट्यकारः।

नाटकमिदं राधाकृष्णयोः वृन्दावनकेलिविलासगर्भितं योजनाबद्धं प्रयास-मेकम्। तयोर्मिलनं नाट्यकारस्य चरमलक्ष्यमिति अनुमीयते। सूत्रधारमुखेन श्लेषेण तदेव स्वीकरोति नाट्यकारः। तद्यथा —

"सोऽयं वसन्तसमयः समयाय यस्मिन्
पूर्णं तमीश्वरमुपोढनवानुरागम्।
गूढग्रहा रुचिरया सह राधयासौ
रङ्गाय संगमयिता निशि पौर्णमासी।"[८०]

पुनश्च नेपथ्यतः पौर्णमास्या मुखेन —

"अये नर्त्तकसामन्त सार्वभौम, कथ भवतः कर्णपुरीभूता वाढं निगुढेयं

८०. वि.मा. १/१०।

सन्दर्भमञ्जरी, यदहं राधया सार्द्धमीश्वरं तं सङ्गमयिष्यामी''ति।[८१] अतोऽन्येषां विषयाणां परिहारपूर्वकं तस्यैव मुख्यविषयस्य परिपुष्ट्यर्थमेव विहितविधानमङ्केषु दृश्यते।

अत्र प्रथमे अङ्के विष्कम्भकद्वारा राधाकृष्णयोः भावीप्रेमसूचनानन्तरं नाट्यकारेण पौर्णमासीमुखेन तयोर्मिलनप्रतिज्ञां विदधाति। अनन्तरं कंसभयेन राधिकायाः अभिमन्युना सह विवाहाभिनयं पुनरभिमन्युना राधा मथुरां गमिष्यतीति कृत्वा पौर्णमास्याः मनस्तापः। तन्मध्ये च नामगुणश्रवणेन राधाकृष्णयोः परस्परं प्रति प्रेमानुरागः सूत्रितः। अन्ते च वेणुवादनचतुरकृष्णस्य वंशीध्वनिना मुग्धायाः राधिकायाः कृष्णदर्शनेच्छा, विशाखया कृष्णचित्रफलकदर्शनञ्च वर्णितम्। अतः वेणुनादविलासोऽसं प्रथमोऽङ्कः। अस्याङ्कस्य प्रमुखघटनास्तावत् राधाकृष्णयोः परस्परगुणकीर्त्तनं, श्रवणं, कृष्णस्य वेणुवादनं, विशाखायाः श्रीराधायै कृष्णस्य चित्रपटदानमित्यादयः।

द्वितीये अङ्के श्रीकृष्णस्य चित्रदर्शनेन विरहाकुलितायाः राधायाः तापमोचनार्थं पौर्णमास्याः स्त्रीग्रहपीडनमिति चोपलक्षणमतः तस्याः पुनः श्रीकृष्णेन सह संगमनं विधातुं चेष्टा च। अवसरेस्मिन् ललितया राधायाः कृष्णं प्रति प्रेमलेखप्रेरणं सूत्रितम्। मधुमङ्गलद्वाराऽपि राधां प्रति मन्मथलेखप्रदानाग्रहः कृष्णस्य प्रकाशितः। अनन्तरं राधायाः प्रेमदशां निलीय पश्यतः कृष्णस्य प्रथमं तावत् राधादर्शनं राधायाश्च कृष्णदर्शनमङ्केस्मिन् सूत्रितम्। अत्र मुख्योद्देश्यः परस्परयोः राधाकृष्णयोः साक्षात्कार एवास्ति। तन्मन्मथलेखद्वारैव सम्भवतीति कृत्वाऽयं मन्मथलेखः।

तृतीये अङ्के पौर्णमास्याः प्रतीक्षितं कृष्णं प्रति राधायाः अभिसारसूचनानन्तरं प्रेमपरीक्षार्थं विशाखायाः कृष्णं प्रति 'राधा मथुरां गते'त्यनृतवाक्येन कृष्णस्य विरहः विशाखायाश्चाश्वासनं वर्णितम्। अनन्तरं राधाकृष्णयोः एकान्तसङ्गोऽत्रापि सुरचितः। अत्र राधासङ्गः एव प्रमुखघटनेतिकृत्वा राधासङ्गनामोऽयमङ्कः।

वेणुहरणनामे चतुर्थे अङ्के चन्द्रावलीकृष्णयोर्मिलनं कृष्णस्य गोत्रस्खलनेन तस्याः मानः–राधायाः आगमनं–तत्र चन्द्रावलीसह कृष्णस्य माधुर्यं दृष्ट्वा कोप–

---

८१. वि.मा. प्रथमोऽङ्कः PP-9 रमाकान्तझासम्पादितम्।

प्रकाशः-कृष्णस्यानुनयं-भ्रमवशतश्च तस्याः वस्त्राञ्चले पुष्पैः सह वेणुप्रदानं-राधायाः वेणुगोपनं-राधाकृष्णयोः पुनर्मिलनमन्तरा मुखरायाः आगमनं-रसभङ्गा-दयश्च विषयाः वर्णिताः। मुख्यप्रसङ्गश्चात्र वेणुहरणम्।

आरम्भे पञ्चमे अङ्के अभिमन्युना श्रीराधायाः मथुरागमनवार्त्तां प्राप्य पौर्णमास्याः चिन्ता, अनन्तरं कृष्णस्य वेणोः अपहरणसूचना राधायाश्च वेणुवादनम्। तच्छ्रुत्वा जटिलायाः आगमनं वेणुहरणं पुनश्च सुवलचातुर्य्येण वेणुप्राप्तिः, चण्डीपूजनव्याजेन मुखरायाः श्रीराधामन्यत्र नयनं, अतः विरहोत्कण्ठितस्य कृष्णस्य मनोविनोदाय वृन्दासुवलयोः सक्रमं ललिताराधयोः वेशधारणं, राधायाः मानं कृष्णस्य प्रसादनञ्चेत्यादयः वर्णिताः। अन्ते च राधायाः चन्द्रोपालम्भनं कृष्णेन मिलनञ्च। जटिलाऽगमनेन तदङ्गभङ्गरिति पञ्चमोऽङ्कः। अत्र मुख्यघटना राधाप्रसादनम्।

षष्ठोऽङ्कः अतीव रमणीयात्मकः। प्रथमं तावत् राधायाः अङ्के कृष्णस्य पीताम्बरं दृष्ट्वा जटिलायाः क्रोधः, सः तु विशाखा चातुर्य्येण निवारितः। अनन्तरं चन्द्रावलिसखिपद्माद्वारा कृष्णस्यैकं पत्रं ललिता अलभत्। राधायाः कृष्णस्य वंशीवादनेनोपालम्भः, राधाकृष्णयोः पुनर्मिलनं केलिक्रीडार्थं च सप्तपर्णकुञ्जप्रवेशः। अन्ते च जटिलाप्रवेशेन रसभङ्गः। अत्र राधाकृष्णयोः केलिगृहप्रवेशः मुख्यविषयत्वाद् शरद्विहारोनामोऽयमङ्कः।

आरम्भेऽस्मिन्नङ्के श्रीराधां मथुरां नेतुमभिमन्युः पौर्णमासीं पृच्छति तस्याः वारणेन चाववुद्ध्यते। अनन्तरं पद्मा चन्द्रावल्या सह कृष्णस्य मिलनं विधातुं तां गौरीतीर्थं नयति। अतः चिन्तिता ललिता राधिकामपि तत्र नेतुं व्यवस्थां विदधाति। तत्र राधायाः अभावे कृष्णस्य चन्द्रावल्या सह विनोदः भवति। करालाऽगमनेन कृष्णमुपरि आरोपः चानन्तरं ललिताचातुर्य्येण करालायाः चन्द्रावलिसह प्रस्थानं भवति। ततः परं लवङ्गलताकुञ्जे राधाकृष्णयोः रासक्रीडा। इत्यवसरे कृष्णस्य चन्द्रानामोच्चारणेन राधायाः मानं प्रस्थानञ्च। तदनन्तरं श्रीकृष्णस्य निकुञ्जविद्यावेशधारणं राधया सह शृंगारश्च। तत्र अभिमन्योः प्रवेशः गौरीपूजनव्रतां राधिकां च दृष्ट्वा तस्य दोषस्वीकारः। अन्ते च पौर्णमास्याः आगमनेन सदा गोकुले राधयासह श्रीकृष्णः वसत्विति भरतवाक्यम्। अत्र गौरीतीर्थे विहारः मुख्योद्देश्यः इतिकृत्वा गौरीविहारनामोऽयं सप्तमोऽङ्कः।

नाटकं ख्यातवृत्तं स्यादिति नियममवलम्ब्य नाट्यकारेणास्मिन् प्रसङ्गे भारतीयसंस्कृतेः सर्वाधिकप्रभावसम्पन्नैतिहासिकमहापुरुषस्य श्रीमतः श्रीकृष्णस्य वृन्दावनकेलिकथामुपरि नाटकमिदं विरचितम्। नायिका चात्र राधा। सा चाद्या-प्रकृतिः कृष्णवल्लभा। अतः पद्मपुराणस्य पातालखण्डे ६९ अध्याये 'न राधिका समानारी न कृष्णसदृशः पुमानि'ति विशेषोल्लेखोऽस्ति। पुनस्तयोः श्रीराधामाधवयोः इतिहासप्रसिद्धकथायाः सन्निवेशत्वादिदं दृश्यकाव्यं रूपकप्रमुखं नाटकमिति ज्ञेयम्। पुनश्चात्र पात्राणां संयोजनं विशेषरूपेण कविना विहितम्। नाटकस्यास्य सप्तप्रमुखविषयाणां परिपुष्ट्यर्थं कविना काऽपि चेष्टा कृता। तयोः श्रीराधामाधवयोः वृन्दावनकेलिविलासः एव काव्यस्य सीमेतिकृत्वा कविना तथैव विधातुं प्रमुखो-द्देश्यसिद्ध्यर्थञ्च घटनाक्रमं सज्जीकृतम्।

अत्र प्रथमाङ्कस्थस्य प्रमुखघटनात्रयस्य समुचितविनिवेशनं नाटकस्य पृष्ठभूमिं सज्जीकरोति। प्रारम्भे परस्परयोः राधाकृष्णयोः गुणकीर्त्तनश्रवणादयः चित्रपटदर्शनादिकञ्च पुनः वेणुनादः शृङ्गारस्य प्रारम्भिकशास्त्रीयचिन्तनञ्च स्पष्टी-करोति, ते च पूर्वरागापेक्षिताः सन्तः मधुरारतेः जाग्रतं कुर्वन्ति। पौर्णमास्याः उपस्थापनञ्च तत्र वाधापहारकं भवति। प्रथमाङ्कस्य पूर्वरागस्य साक्षात्कारद्वारैव अङ्कुरोद्गमः भवत्यालम्बनयोः। अतस्तयोर्भावनां मूर्त्तरूपं प्रदातुं चित्रदर्शनेन उत्कण्ठा, तत्र पुनः मन्मथलेखेन आग्रहातिशयः, अनन्तरं च परस्परयोः साक्षात्कारः कामप्य-पूर्वां शोभामाधत्ते। तत्र पौर्णमास्याः संयोजकत्वं रसपरकं भवति।

परस्परयोः साक्षादनन्तरं मिलनोत्कण्ठा तु स्वाभाविकी अवस्था। अतः पौर्णमासीद्वारा तृतीये अङ्के राधया सह कृष्णस्य मिलनप्रसङ्गः अतीवचमत्कारकरः। अत्र पुनः उपन्यस्ता प्रेमपरीक्षा तयोः प्रेमं प्रगाढयितुमेवास्ति।

कृष्णस्य प्रियतमासु चन्द्रावल्याः स्थानमपि उच्चतरम्। अत एवास्मिन् अङ्के समुचितावसरे चन्द्रावल्या सह कृष्णस्य मिलनं विदधता नाट्यकृता नाटक-चातुर्य्याः चरमसोपानमधिरूढम्। नायिकायाः राधायाः प्रतिनायिकाचन्द्रावलीं प्रति ईर्ष्या अत्र नाटकस्य स्वरूपे अपरां स्थितिमानयति। चन्द्रावलीप्रति कृष्णस्या-सक्तिः श्रीराधायाः मानवृद्धिं करोति। अतस्तयोः प्रीतिं प्रगाढयितुं चन्द्राचरितो-पन्यासः यथार्थोऽस्ति। पुनः कुत्र कृष्णस्य स्नेहाधिक्यमिति दर्शकानां मनसि

दृढतां प्रतिपाद्य अनुनयितकृष्णस्य राधावस्त्राञ्चले पुष्पैः सह वेणुविन्यासः राधायाश्च वेणुगोपनं पुनः भावम् अग्रे प्रसारयति। अतः अन्वर्थनामा अयमङ्कः।

पञ्चमे अङ्के अभिमन्योः राधिकामपसारणचिन्तनं समुचितम्। यतः गोकुले राधाकृष्णयोः प्रेमप्रसङ्गः नूनमालोचितः अभवत्। स च पौर्णमास्या बोधितः सन् राधायाः कृष्णसंगमाय पुनः पथं प्रस्तौति। अत्र हरेः हृतवेणुनादनपरा राधिका कृष्णमुद्दीपयति। पुनः जटिला चण्डीपूजाव्याजेन तामपसारयति। तस्याऽपसारणं विरहचिन्ताऽनयनं कृत्वा परस्परयोः मिलनेच्छां प्रगाढयति। ललितया तच्च सिध्यति। परं मानाधिरूढां प्रछन्नप्रणयिनीं तां श्रीकृष्णस्य प्रसादनमत्र शृङ्गारस्य सार्थकतामभिव्यनक्ति। चतुर्थे अङ्के गोत्रस्खलनकुपिता प्रियतमा प्रसाधनेन एव वशीकरणीया इति कृत्वा पञ्चमोऽङ्कः राधाप्रसाधनो नाम।

षष्ठे अङ्के प्रणयविह्वलराधाकृष्णयोः शरद्विहारप्रसङ्गः रसपुष्टिपरकोऽस्ति। पुनः जटिलायाः आगमनेन क्रीडाभङ्गत्वात् मनोरथपूरणे पथप्रस्तुतं करोति।

नाटकस्यास्यान्तिमाङ्कः नाट्यशास्त्रीयव्यवस्थानिर्वाहकोऽस्ति। अत्र कृष्णस्य वेशपरिवर्त्तनं, मानिनीराधायाः मानभञ्जनपरकं प्रसादनरूपं कमनीयमस्ति। गौरीवेशदर्शनेन राधायाः पूजनेन चाभिमन्योः भ्रमः शृगारस्य पथं च परिष्करोति। अन्ते च प्रतिनिधिपात्रपौर्णमास्या नित्यं राधाकृष्णयोर्मिलनपरं भरतवाक्यं नाटकस्य शास्त्रीयां परिसमाप्तिं विदधाति।

अत्र कविना राधायाः नित्यप्रियायाः परकीयात्वं खण्डितं तस्य च कृष्णे नित्यानुरक्तत्वं सूत्रितम्। सा कृष्णस्य नित्यसम्बन्धा कंसभयेन चाभिमन्योः पाणिगृहीतेति वर्णयित्वा स्ववचनस्य सत्यता तेन प्रतिपादिता। 'विदग्धमाधवम्' श्रीरूपगोस्वामिमहोदयस्य सफला कृतिः। अत्र नाट्यकृता तेन अनुभूतिपरकं भावपक्षं सुविन्यस्तम्। रसनिष्पत्तिदृष्ट्या स्पष्टं प्रतीयते यदत्र नाट्यकारेण रसभावा-दीनां विन्यासः यथास्थानं कृतः। तस्यालोचनं तृतीयोऽध्याये भविष्यति।

नाट्यशास्त्रानुसारं नाटकमिदं मुख्यभावेन श्रृंगाररसोपेतं भक्तेः परां पुष्टिं तनोति प्रथयति च नाट्यकारस्य श्रीरूपगोस्वामिनः पाण्डित्यपूर्णवैदग्ध्यमिति।

नाटकस्यास्य कलापक्षस्त्वधिकः रमणीयः। भावानामुपस्थापनप्रकारं तत्र

च सौन्दर्यबोधः कविनातिशयेन वर्णितम्। तत्रापि वर्णनाविलासस्य स्वरूपं सर्वान् काव्यानतिक्रामति। राधायाः विरहावस्थां वर्णयता कविना तत् स्पष्टीकृतम्। तद्यथा—

"दूरादप्यनुषङ्गतः श्रुतिमिते त्वन्नामधेयाक्षरे
सोन्मादं मदिरेक्षणा विरुवती धत्ते मुहुर्वेपथुम्।
आः किं वा कथनीयमन्यदपि ते दैवाद्धराम्भोधरे
दृष्टे तं परिरब्धुमुत्सुकमतिः पक्षद्वयीमिच्छति।"[८२]

पुनश्च राधायाः स्नेहस्य क्रोधस्य च एकत्रवर्णनेन नाट्यकारः स्वप्रतिभायाः प्रमाणं प्रस्तौति। तद्यथा —

"मुद्रां धैर्यमयीं क्षणं विवृणुते तारल्यलक्ष्मीं क्षणं
सोपेक्षाः क्षणमातनोति भणितीरौत्सुक्यभाजः क्षणम्।
शुद्धां दृष्टिमितः क्षणं प्रणयते प्रेङ्खत्कटाक्षां क्षणं
रोषेण प्रणयेन चाकुलितधी राधा द्विधा भिद्यते।"[८३]

नकेवलं सौन्दर्यवर्णनायां नाटकमिदं सीमितमपि तु नाटककाव्यस्य लोक-शिक्षारूपं यन्महत्वं तदपि नाट्यकारेण प्रस्तुतम्। नीतिशिक्षात्मकं लोककल्याणरूपं च वचनं नाटकस्य परमतत्त्वमितिकृत्वाऽत्र नाट्यकारः तन्निर्देशयति। उक्तञ्च —

"अप्रेक्ष क्लममात्मनो विदधति प्रीत्या परेषां प्रियं
लज्जन्ते दुरितोद्यमादिव निजस्तोत्रानुबन्धादपि।
विद्यावित्तकुलादिभिश्च यदमी यान्ति क्रमान्नम्रतां
रम्या कापि सतामियं विजयते नैसर्गिकी प्रक्रियाम्।"[८४]

पुनश्च योग्येन योग्यस्य मिलनं लक्षयता नाट्यकारेण सत्सङ्गाय सर्वान् प्रेरयति। उक्तञ्च —

---

८२. वि.मा. ३/२३।
८३. वि.मा. ४/५१।
८४. वि.मा. १/५।

"....... योग्येन सङ्गमिह गच्छतु वस्तु योग्यम्।"[८५]

पुष्पिकायां च अस्य ग्रन्थस्योल्लेखः जायते। कश्चित् 'शान्तिप्रियः वैगुण्यमपि वस्तुं सद्गुणयुक्तं विदधाती'ति कथयन् सर्वत्र शान्तिं स्थापयति कविः। यदुक्तं तेन —

"शान्तप्रियाः परमभागवताः समन्ताद्
वैगुण्यपुञ्जमपि सद्गुणतां नयन्ति।"[८६]

एवं नाटकमिदं लोकशिक्षापरकमस्ति।

गुणालंकारादीनां विनिवेशनञ्चास्य नाटकस्य नाटकीयत्वमभिव्यनक्ति। तेषां सुस्थानविन्यासेन नाटकमिदं रमणीयत्वमाधत्ते। एतेषां विचारस्तु तृतीयोऽध्याये सक्रमं भविष्यति।

पुनश्चात्र कुत्र कुत्रापि प्रहेलिकापद्यानां कूटपद्यानां च प्रयोगः नाटकीयकलाविलासस्य पूर्णतां सम्पादयति। षष्ठे अङ्के 'राधा निधीयतामि'ति कथयितुं प्रयासमेकं कूटपद्यमिदम्। तद्यथा —

"त्वया मुक्तगिरिः पाणौ ममातुच्छपदस्थितिः
निधीयतामधीराक्षि रागिधातुपरिच्छदः।"[८७]

वाच्यार्थस्तु 'हे चञ्चलनयने! त्वं मम हस्ते पर्वतशिखरवर्त्तिनं धातुरागं देहि।' परन्तु अत्र श्रीकृष्णः धातुरागार्थं न वदति। गुढार्थस्तु, हे चञ्चलनयने, "रागिधातुपरिच्छदः" इत्यतः "गिरिम् अतुच्छपदस्थिति"ञ्च मोचनं कृत्वा यदवशिष्टं (राधापद इति) तन्मम हस्ते देहि।

प्रहेलिकायाः उदाहरणं यथा —

"मम व्याहरवृन्दे प्रहेलिकां दीप्रहेलिविज्ञाने।
प्रियसखी किमभिख्यया लक्ष्यते माधवो भूवने।"[८८]

---

८५. वि.मा. ५/२२।

८६. वि.मा. पुष्पिका/३।

८७. वि.मा. ६/२।

८८. वि.मा. ६/२३।

इत्यत्र ललिता प्रहेलिकामाश्रित्य राधानाम लक्षयति।

तुकान्तपद्यानां प्रयोगोऽपि अत्र दृश्यते। तद्यथा —

"वदनदीप्ति–विधूत–विधूदया कुमुदधामधुरामधुरस्मिता
नखजितोडुरियं हरिणेक्षणा तृणयति क्षणदामुखमाधुरीम्।"[८९]

कुत्रचिदपि प्राचीनलोकप्रसिद्धानां रुढिवाक्यानां प्रयोगः सुन्दरतरेण विहितम्। तद्यथा —

"सखि विशाखे, चातुराधिकं प्रेक्षणमपि नास्ति। कुतः तावत् परितो रोधनम्।"[९०] इत्यत्र कृष्णवचनम्। चातुराक्षिकमिति प्रथमदर्शनं रूढौ प्रसिद्धम्।

छन्दसां प्रयोगेणापि नाटकमिदं प्रौढं प्रतीयते। अत्र शार्दूलविक्रीडितछन्दसः बहुलप्रयोगः दृश्यते। प्रायशः पञ्चसप्ततिः श्लोकाः शार्दुलविक्रीडितछन्दयुक्ताः सन्ति। एतद्व्यतिरिक्तानां क्रमशः शिखरिणी–आर्य्या–वसन्ततिलका–मालिनी–अनुष्टुप्–मन्दाक्रान्ता–सुन्दरी–पृथ्वीत्यादीनां छन्दसां प्रयोगोऽत्र बहुलभावेन दृश्यते। स्रग्धरावृत्याः एकवारप्रयोगः अत्र कौतुहलप्रदः। यद्भवतु नाम नाटकस्यास्य कलापक्षः चमत्कारकरः इति निस्सन्देहः।

एवमेव नाटकमिदं रूपगोस्वामिनः कृतिषु महत्वपूर्णं स्थानं स्वीकरोति प्रथयति च भक्तनाटककारस्यास्य नाटकीयत्वम्।

*****

---

८९. वि.मा. ३/२६।

९०. वि.मा. प्रथमोऽङ्कः, पृष्ठसंख्या – ७४, रमाकान्तझासम्पादितम्।

द्वितीयभागः

१. विदग्धमाधवस्य विषयवस्तु —

सप्ताङ्केषु निबद्धमिदं नाटकं राधाकृष्णयोः विलासलीलाप्रकाशनपरकमस्ति। अत्र हरिलीलाविलासं वर्णयता कविना नाटके भक्तजनाह्लादकरवैष्णवभक्तेः प्रधानत्वमङ्गीकृतम्। पुनस्तेन चातिरमणीयेन अङ्कानां प्रधानविषयमभिलक्ष्य तेषां नामकरणमपि कृतम्। ते च सप्ताङ्काः यथाक्रमं वेणुनादविलासः, मन्मथलेखः, राधासङ्गः, वेणुहरणम्, राधाप्रसादनं, शरद्विहारः, गौरीविहारश्चेति नाम्ना कविना स्थिरीकृताः विद्यन्ते।

प्रथमोऽङ्कस्तावद् वणुनादविलासः। तदेव प्रकाशयितुमत्र प्रयासः नाट्यकारेणारब्धः। पारम्परिकरीत्या प्रथमे नान्द्याः पठनम्। नान्द्यन्ते सूत्रधारः रङ्गमञ्चारूढः सन् केशितीर्थागतानां कृष्णविरहसन्तप्तभक्तानां मनोरञ्जनार्थं भगवतः श्रीशङ्करदेवस्याज्ञया कृष्णलीलापरकं नाटकं प्रदर्शयितुमुपक्रमं विदधाति।

प्रारम्भिक प्रस्तावनानन्तरं परिजनपरिवेष्टिता भगवती पौर्णमासी मञ्चारूढा सती परस्परनित्यानुरागिण्योः राधाकृष्णयोः मिलनमेव तस्याः महल्लक्ष्यमिति रहस्यमुद्घाटयन्ती तदर्थमुत्कण्ठां प्रकाश्य स्वशिष्यां नान्दीमुखीं वदति। तद्यथा —

> "सम्भाव्यते फलमलम्भितमूलपुष्टे-
> स्तत्तादृशं क्व मम भाग्यतरोर्वरोरू।
> येनानयोः सुभगयोः रूचिता भवेयं
> श्रृंगारमाङ्गलिकयोर्नवसङ्गमाय।"[१] इति।

पुनः कंसभयेन योगमायया राधायाः विवाहः अभिमन्युना गोपेन सह सम्पादितं इति रहस्यमुप्यद्घाटयति। वस्तुतः राधा कृष्णस्य नित्यप्रिया। विवाहोऽयं

---

१. वि.मा. १/१२।

केवलं प्रहसनम्। उक्तं च तया —

'तद्वञ्चनाद्यर्थमेव स्वयं योगमायया मिथ्यैव प्रत्यायितं तद्विधानामुद्वाहादि-कम्। नित्यप्रेयस्य एव खलु ताः कृष्णस्य।' इति[२]

अवसरेऽस्मिन् दुष्टबुद्धिः अभिमन्युः कृष्णभयेन राधां मथुरां नेतुं वाञ्छति। परन्तु पौर्णमास्याः वाक्छलेन आश्वस्तः भवति। स्वशिष्यां नान्दिमुखीं सा राधा-कृष्णयोर्मध्ये प्रेम्णः अङ्कुरणार्थं नियोजयति स्वयं च मोदकद्वारा कृष्णं रञ्जयित्वा राधानाम तं श्रावयितुं यत्नशीला भवति। पुनः सा नान्दीमुख्या कृष्णानुरक्तयोः राधिकाचन्द्रावल्योः यथाक्रमं चण्डांशुचण्डीपूजनविषये अवगच्छन्ती विशाखया श्रीकृष्णस्य चित्रपटं निर्माणं कृत्वा श्रीराधायाः उत्कण्ठा यथा भवेत्तथा कर्त्तुं स्वशिष्यामादिशति।

अनन्तरं नन्दयशोदाभ्यां सह कृष्णः प्रविशति। गोचारणगतं कृष्णमनु वृद्धपितरौ बहुदूरं गच्छतः कृष्णस्याग्रहेण प्रत्यावर्त्तनं कुरुतश्च। तदनन्तरं वृन्दावन-सौन्दर्यरञ्जितः कृष्णः वेणुवादनं करोति। तस्य वेणुवादनेन स्वाभाविकप्रक्रियायाः परिवर्त्तनं भवति। तद्यथा —

"जातस्तम्भतया पयांसि सरितां काठिन्यमापेदिरे
ग्रावाणो द्रवभावसंवलनतः साक्षादमी मार्दवम्।
स्थैर्यं वेपथुना जहुर्मुहुरगात् जाड्याद्गतिं जङ्गमा
वंशीं चुम्बति हन्त यामुनतटी क्रीडाकुटुम्बे हरौ।"[३]

देवा अपि वंशीस्वनमाकर्णयितुं मेघमार्गमवलम्बनं कुर्वन्ति। अतः श्रीराम-मधुमङ्गलौ वंशीध्वनेः वादकस्य चातिप्रशंसां कुरुतः। अत्र मधुमङ्गलस्य मूर्खता हास्योद्दीपनं करोति। अनन्तरं वनविहारोत्सुकेन कृष्णेन वृन्दावनस्य वासन्तीशोभा प्रकटिता। मधुमङ्गलस्तु लताः अञ्जलिवद्धहस्तेन लड्डुकं याचते। अस्मिन्नवसरे मोदकपात्रहस्ता श्रीपौर्णमासी तत्रागत्य अभिमन्युना सह राधायाः विवाहं वर्णयित्वा

---

२. वि.मा. नान्दीमुखीप्रति पौर्णमास्यारुक्तिरियम्। प्रथमोऽङ्कः, पृष्ठसंख्या-१२, रमाकान्तझा-सम्पादितम्।

३. वि.मा. - १/२५।

तस्याः विवाहोत्सवस्य शिष्टाचारस्वरूपं मोदकवण्टनं भवतीति कथयति। राधा-नामश्रवणेन कृष्णस्य मनसि विकारः परिस्फुरति। मधुमासे वृन्दावनात् गोपिभिः पुष्पचयनं न करणीयमिति तां कथयित्वा सः आत्मानं गोपायते। परन्तु कृष्ण-मधुमङ्गलयोः कथोपकथनात् सा राधां प्रति कृष्णस्यानुरागमाकलयति। चित्रपट-निर्माणं कार्यं प्रेक्षणीयमितिकृत्वा पौर्णमास्याः, तदनन्तरं रामस्य च प्रस्थानानन्तरं कृष्णः स्वमित्रैः सह राधासम्बन्धिनीम् आलोचनां विदधाति।

अनन्तरं ललितानुगम्यमाना राधा वृन्दावनं प्राप्नोति। तत्र वृन्दावनेन सह कृष्णस्य महान् सम्बन्धविषये तां ललिता सूचयति। श्रीकृष्णचन्द्रस्य नामश्रवणेन राधा संकुचितां तिष्ठति। अवसरेऽस्मिन् वंशीध्वनिः श्रुयते। अतः वेदनाविह्वला राधा मोहनवंशीवादकं द्रष्टुमिच्छति। इत्यवसरे श्रीकृष्णचित्रपटहस्ताविशाखा तत्र प्रविश्य वेदनाविध्वंस्यौषधसेवनार्थं तां कथयति स्वहस्तगतं चित्रपटमेव च परम-मौषधमितिकृत्वा तां दर्शयति। कर्णिकारकुञ्जे उपविश्य तद् द्रष्टुं राधिका सखिभिः सह तत्र गच्छतीति प्रथमोऽङ्कः वेणुनादविलासः।

आरब्धे द्वितीये अङ्के नान्दीमुखी राधायाः असुस्थतायाः सूचनां प्रददाति। पुनः राधागृहं गत्वा समाचारं ज्ञातुमभिलषति। समयेऽस्मिन् रुदिता मुखरा तत्रागत्य राधायाः असुस्थतायाः प्रलापस्य च वर्णनां विदधाति। तच्छ्रुत्वा नान्दीमुखी राधादर्शनाय गच्छति मुखरा च पौर्णमासीं द्रष्टुं प्रस्थानं करोति।

तत्र वेतसलताकुञ्जे ललिताविशाखाभ्यां सेव्यमाना राधा यद्यपि कृष्णानुरागं न प्रकाशयति तथापि तस्याः स्वाभाविकी चेष्टा तद्रहस्यमुद्घाटयति। असुस्थतायाः वास्तवकारणे पृष्टे राधिका कृष्णचित्रपटस्यालोचनं विदधाति। तत्र कृष्ण-वैणविक-श्यामलकिशोरेति त्रिषु पुरुषेषु अनुरक्तं स्वहृदयं निन्दति। उक्तं च —

''एकस्य श्रुतमेव लुम्पति मतिं कृष्णेति नामाक्षरं
सान्द्रोन्मादपरम्परामुपनयत्यन्यस्य वंशीकलः।
एष स्निग्ध घनद्युतिर्मनसि मे लग्नः सकृद्वीक्षणात्
कष्टं धिक्पुरुषत्रये रतिरभून्मन्ये मृतिः श्रेयसि।''[४]

४. वि.मा. - २/९।

परन्तु सख्यः भ्रमं निवारणं कृत्वा ते न त्रयः एकैव सः नन्दनन्दनः कृष्ण इति वदन्ति। तत्रावसरे नान्दिमुखी प्रविश्य असुस्थतायाः कारणं पृच्छति। राधायाः चेष्टां विलोक्य सा कामदशेति वदति। अनन्तरं मुखरानुगम्यमाना पौर्णमासी तत्र प्रविश्य स्त्रीग्रहेण राधिका ग्रस्तास्तीति वदति। तदुपचारार्थं दानवारेः कृष्णस्य दृष्टिः एव प्रधानमौषधमिति वदति। जटिला एवं कर्त्तुं नाभिनन्दयिष्यतीति मुखरायाः शङ्कां विमोचनं कृत्वा योगविद्यया उत्पन्नेन कृष्णेन सह स्वयं राधिकायाः मिलनं विधास्यति इति वार्त्तां मुखरया जटिलां प्रति प्रेषयति। मुखरायाः प्रस्थाने सा राधायाः अनुरागं परीक्ष्य तस्याः कृष्णे मिलनार्थमाशीर्वचनं ददाति पुष्पेषु लेखमेकं निर्माणं कृत्वा च सखिभिः कृष्णाय दातुमादिश्य स्नानाय निष्क्रामति।

अनन्तरं मधुमङ्गलमनुगम्यमानः राधाविरहकातरः कृष्णः मित्रेण सह राधाविषयस्यालोचनं करोति। राधायाः सौन्दर्यमेव तस्योदासस्य कारणमिति सः वदति। राधायाः असाधारणमाधुर्यं स्मारं स्मारं सः क्षिन्नः भवति। उक्तं च राधा-माधुर्यं तेन यथा —

"तस्याः कान्तिद्युतिनि वदने मञ्जुले चाक्षियुग्मे
तत्रास्माकं यदवधि सखे दृष्टिरेषा निविष्टा।
सत्यं ब्रूमस्तदवधि भवेदिन्दुमिन्दीवरं वा
स्मारं स्मारं मुखकुटिलताकारिणीयं हृणीया।"[५]

इत्यवसरे विशाखाललिते कृष्णमुपागत्य प्रेमपत्रं दत्तः। तेन परमानन्दोऽपि कृष्णः उदासं नाटयति। एतेन दुःखिते विशालाललिते क्षुब्धे च राधायाः विषम-दशायाः कृष्ण एव कारणम् इति दोषं आक्षिपयन्तौ तस्य गले राधया प्रदत्तं गुञ्ज-मालमर्पयतः। परन्तु कपटेर्ष्यया अजानन्निव स्वकण्ठाद्रङ्गणमालं समर्पयति कृष्ण-चन्द्रः। रङ्गणमालं वस्त्रान्तरे संवृत्य स्वेष्टसाधनार्थं सख्यौ गच्छतः। अनन्तरं कृष्णः पश्चात्तापं कृत्वा मदनलेखप्रस्तुत्यर्थं पुष्करतीर्थं गच्छति।

राधां साम्प्रप्य विशाखा कृष्णस्य रङ्गणमालं तस्यै ददाति। अनन्तरं राधा सख्या सह सूर्यपूजनार्थं यदा सूर्यतीर्थं गच्छति तदा मदनलेखार्थं साधनमन्वेषयन्

---

५. वि.मा. - २/३१।

कृष्णः तत्र नूपुरध्वनिं श्रुत्वा निलीय तिष्ठति। तत्र कृष्णस्य तटस्थस्वभावं चिन्तयन् राधा यमुनायां प्रविश्य जीवनस्यान्तं विदधातुं विशाखां सूचयति। इत्यवसरे कृष्णः तयोरग्रे प्रविशति। दर्शनमात्रेण तयोः राधाकृष्णयोर्विह्वलता जायते। परन्तु ताटस्थ्यं प्रकटयन् कृष्णः स्वरङ्गणमालस्यापहरणकुर्वन्तीं विशाखिकां खिद्यति। अवसरेऽस्मिन् जटिला प्रविशति। तत्र कृष्णस्य उपस्थितिं सा शङ्कते। योगविद्यायाः प्रभाव इति मत्वा सा कृष्णमपसारयति। प्रकृतिस्थां राधिकां दृष्ट्वा सा आनन्दिता भवति। सूर्यपूजनार्थञ्च सहसा विशाखाराधिकाभ्यां सह निष्क्रामति। कृष्णोऽपि मधुमङ्गलेन सह पौर्णमासीं द्रष्टुं गच्छतीति मदनलेखः नाम द्वितीयोऽङ्कः।

तृतीयोऽङ्कस्यारम्भे कृष्णः मधुमङ्गलललिताभ्यां सह आलापयन्तीं पौर्णमासीं पश्यति। परस्परं मधुरालापानन्तरं पौर्णमासी राधिकायाः उन्मादावस्थां मधुमङ्गलं सूचयति। तन्निवारणार्थं च काऽपि सखी आगत्य तं सङ्केतस्थानं प्रति नेष्यतीति सा कृष्णे आज्ञां प्रसारयति। तच्छ्रुत्वा कृष्णः मधुमङ्गलेन सह निष्क्रामति पौर्णमासी च राधादर्शनाय तथा करोति। अनन्तरं ललितया सह स्ववेदनाविषये आलापयन्त्याः राधायाः प्रेमपरीक्षणार्थं पौर्णमासी माधवस्यौदासीन्यं कपटेन नाटयति वेदनायाः उपशमनार्थञ्चापरं कञ्चिदुपायं करणीयमिति तर्कयति। तच्छ्रुत्वा राधा विलापयन्ती स्वासामर्थ्यं प्रकटयति मूर्च्छिता च भवति। तन्मनोभावं दृष्ट्वा पौर्णमासी कृष्णे संगमनाय तां प्रतिश्रृणोति पुनः यावत् कृष्णमनुगम्यमाना विशाखा नायाति तावत् पर्यन्तं तत्र कर्णिकारकुञ्जे राधायाः सुरक्षाकर्मणि ललितां विनियोज्य सा नित्यकर्म विधातुं गच्छति।

तत्र कृष्णमानयितुं गच्छन्ती विशाखा वृन्दावने कृष्णं विलोक्य तस्य प्रेमानुरागं परीक्षितुं मौना तिष्ठति। प्रश्ने पृष्टे सा 'राधिकाऽभिमन्युना मथुरा प्राप्ता' इति अनृतं वदति। तदाकर्ण्य विरहविधुरः कृष्णः मूर्च्छितः भवति। अनन्तरं विशाखायाः सान्त्वनया प्रकृतिस्थः कृष्णः राधायाः प्रणयचिह्नादिविषये पृच्छति। विशाखातः राधाविरहं श्रुत्वा सहसैव तां द्रष्टुं तया (विशाखया) सह गच्छति ललितासेव्यमानां राधां च पश्यति। कृष्णदर्शनेन लज्जितां राधां ललिता कृष्णसमीपं नयति। परस्परप्रेमालापानन्तरं कृष्णः ललितासंकेतेन राधिकां हस्ते धृत्वा नयति। परन्तु लज्जिता राधा तत्र वृक्षान्तरे आत्मानं संगोपायते। तत्र कृष्णस्य उद्वेगः

वर्द्धते। पुनः प्रविश्य राधिका मानारुढा सती कृष्णं निवारयति सखिभ्याम्। तस्याः मानभञ्जनार्थं सखिभ्यां सह कृष्णः चेष्टते। यदुक्तं तेन —

"किं चन्दनेन कुचयोः रचयामि चित्रं
उत्तंसयामि कवरीं तव किं प्रसूनैः।
अङ्गानि लङ्गिमतराणि करेण किं वा
सम्बाहयाम्यतनुखेदकरम्बितानि।"[६]

इत्यवसरे मुखरायाः आगमनेन कृष्णः तस्याः निलीयते। परन्तु मुखरा तस्योपस्थितिं ज्ञातुं पारयति। अतः कृष्णः गोपयुवतिषु सम्मोहनम् आच्छादयतीति आरोपः करोति। परन्तु कृष्णः भद्रभावेन तां बोधयति। अनन्तरं मुखरा आनन्दा सती विश्रामार्थं व्रजति। एकान्तमवाप्य विशाखा कृष्णे संगमनाय राधिकां प्रेरयति। इत्यवसरे पुनः मालापरिवर्त्तनप्रसङ्गः राधाकृष्णाभ्यामालोच्यते। कृष्णः गुञ्जाहार-समर्पणव्याजेन राधाकञ्चुकाञ्चलं स्पृशति। एतेन शङ्किता विपरीतता गता चापि राधा सखिभ्याम् अवबुध्या अनुकुला च भवति। अनन्तरं सख्यौ अन्तर्हितौ सत्यौ तयोः प्रेमालापः अनन्तरञ्च सम्भोगार्थं लताकुञ्जप्रवेशः अङ्कस्यास्य सार्थकतां व्यनक्तीति राधासङ्गो नाम तृतीयोऽङ्कः।

चतुर्थोऽङ्कस्य प्रारम्भे नान्दीमुखी प्रविश्य कृष्णस्य गोवर्द्धनगमनस्य सूचनां ददाति पद्मा च कृष्णविरहिण्याः चन्द्रावल्याः दुरवस्थां सूचयन्ती दुःखिता भवति। राधा इव सर्वाः गोप्यः श्रीकृष्णस्यातिप्रियाः सन्तीति नान्दीमुखी तां प्रबोधयति सत्वरं गत्वा चन्द्रावलीमेतेन बोधयितुं च कथयति। अनन्तरं नेपथ्ये मूरलीरवं श्रुत्वा सा कृष्णस्य वनगमनवार्त्तां सुवलाय दातुं प्रस्थानं करोति। अवसरेऽस्मिन् वृन्दयाऽनुगम्यमाना चन्द्रावली आगत्य पद्मां पश्यति। तस्याः कृष्णे अतीवानुरागः लक्ष्यते। इत्यवसरे सुवलस्य आग्रहातिशयत्वात् चन्द्रावलीमन्वेषयन् कृष्णः वंशी-ध्वनिं करोति। वंशीध्वनिं श्रुत्वा चन्द्रावली अवशं नाटयति। इत्यवसरे तत्र कृष्णः चन्द्रावलीं प्रेक्ष्य तस्या नामसार्थकतां प्रतिपादयति। तद्यथा —

"चन्द्रस्तव मुखबिम्बं चन्द्रा

६. वि.मा. - ३/४४।

नखराणि कुण्डले चन्द्रौ।
नवचन्द्रस्तु ललाटं
सत्यं चन्द्रावली त्वमथ।''[७]

तत्र कृष्णचन्द्रावल्योः प्रेमपूर्णकथनं प्रचलति कृष्णश्च तामालिङ्गितुमिच्छति। इत्यवसरे सः 'धारा' इति स्थाने राधेति यदा वदति तदा चन्द्रावली अप्रसन्ना भवति गृहं गन्तुञ्चेच्छति। परन्तु कृष्णः स्वावाक्च्छलेन काममनुनयं कुर्वन्नपि सा भद्रकालीदर्शनव्याजेन तस्मात् वृन्दावनात् गच्छति। तेनाकुलः कृष्णः खिन्नमना भवति। तं सुवलः चाश्वासयति।

अवसरं प्राप्य सुवलस्तं राधिकया सह सङ्गमयितुं केशरकुञ्जं नयति। तत्र कृष्णानुरोधेन राधामाज्ञापयितुं सः गच्छति। अनन्तरं पद्मामधुमङ्गलौ तत्र प्रविश्य अन्यमानसं कृष्णं विलोक्य तस्य अर्द्धवाक्यं श्रुत्वा चन्द्रावल्याः विरह इति चिन्तयन् चन्द्रावलीमानयतः। परन्तु केसरकुञ्जशय्यायां कृष्णः राधां भावयन् आकुलः तिष्ठति। अतः राधेति सम्बोधनं करोति। एतेन कुपितां चन्द्रावलीं मधुमङ्गलः राधाशब्दस्य अपरमर्थं[८] कथयति। तेन लज्जिता सती चन्द्रावली कृष्णस्य गले रञ्जनमालमर्पयति। इत्यवसरे पद्मामधुमङ्गलौ तत्र स्थानात् वहिर्गच्छन्तौ सन्तौ कृष्णः राधायाः आगमनमाशङ्क्य नागकेशरकुञ्जं प्रति चन्द्रावल्या सह गच्छति।

अनन्तरं ललिताऽनुगम्यमाना राधा संकेतस्थले कृष्णमनवाप्य स एव निलीय तिष्ठतीति चिन्तयति अन्वेषयति च कुञ्जे कुञ्जे कुञ्जनायकम्। ललिता तत्र केलिकुञ्जं विरचियति। शनैः शनैः कृष्णविरहेण राधा व्यकुलिता भवति। इत्यवसरे कृष्णः आगत्य सूर्योपासनवेदिकामुपरि उपविश्य राधायाः विरहमनुचिन्तयति। व्याकुलिता राधा केसरकुञ्जतः ललिताविशाखाभ्यां सह प्रत्यागमनकाले तत्र कृष्णं पश्यति। लम्पटनागरः कृष्णः तत्र केसरकुञ्जस्थाने नागकेसरकुञ्जस्य सूचनां प्रददाति। सः नागकेसरकुञ्जतः राधां स्मारं स्मारमागच्छतीति वदति। परन्तु कुपिता राधा कृष्णे चन्द्रावल्याः सम्भोगम् आरोपयति। चतुरकृष्णः वाक्च्छलेन विषयं परिवर्त्तयति

---

७. वि.मा. - ४/८।

८. चन्द्रावल्याग्रतः कृष्णस्य मङ्गलभा राधिका इति वचनं मधुमङ्गलः मङ्गलमाराधिकाशब्देन चन्द्रावलीं बोधयति।

तां च नागकेसरपुष्पाणि दातुमिच्छति। पुष्पप्रदानकाले भ्रमवशः कृष्णः पुष्पैः सह मोहनवेणुमपि प्रददाति। एतेन कृतकृत्या राधा वस्त्राञ्चले वेणुं संगोप्य तिष्ठति। इत्यवसरे कृष्णमन्वेषयन्मधुमङ्गलः तत्र प्रविशति। तस्य मूर्खतायाः राधिका कृष्णस्य तद्रात्रौ चन्द्रावल्या सह संगमविषये सूचनां प्राप्नोति कृष्णं छलयति च। परन्तु कृष्णः सर्वेष्ववतारेषु तां प्रति अनुरक्तः इति कथयति। यदुक्तं तेन —

"चञ्चन्मीनविलोचनासि कमठोत्कृष्टस्तनी संगता।
क्रोडेन स्फुरता तवायमधरः प्रह्लादसम्बर्धनः॥
मध्योऽसौ वलिबन्धनी मुखरुचा रामास्त्वया निर्जिता।
लेभे श्रीघनताद्य मानिनि मनस्यङ्गीकृता कल्किता॥"[१]

ललिताऽपि ललितया गिरा कृष्णे अवतारचिह्नानि दर्शयति। इत्यवसरे मुखरा तत्र प्रविशति। सहसैव वृद्धायाः आगमने मधुमङ्गलः तत्स्थानं परित्यक्तुं कृष्णं वदति। परन्तु कृष्णः वेणुं न नीत्वा गमनं निवारयति राधया च मुरली अपहृता इति वदति। परन्तु राधा तन्निराकरोति। तत्र मुखराकृष्णयोरुक्तिप्रत्युक्तिः भवति। अतः क्रुद्धा मुखरा कंसराजदरवारे कृष्णं दण्डयितुं कथयति ताभिश्च सह गृहं गच्छति। तदनन्तरं मधुमङ्गलसहायः कृष्णः गोकुलमाकलयितुं यमुनातटं प्रविशतीति वेणुहरणम्।

पञ्चमोऽङ्कस्यारम्भे राधायाः कृष्णानुरागं तर्कयन्तीं पौर्णमासीं वृन्दामधुमङ्गलौ प्रणमतः। तत्र पौर्णमासी तौ राधायाः अभिमन्युना सह मथुरागमनानुचिन्तनविषये कथयति। तत्र राधामाधवयोः प्रेमप्रसङ्गः आलोच्यते। अवसरेऽस्मिन् सुवलः तत्रागत्य मुखरागृहोपान्तवर्त्तिनः रसालस्य मूले राधा अस्तीति प्रकाशयति। तच्छ्रुत्वा पौर्णमासी सहसैव मधुमङ्गलं तां प्रति प्रेषयति कृष्णाभिसारस्यायोजनं कुर्वन्ती च सा सत्वरमेव स्वप्रवेशोऽपि तां निवेदयितुमादिशति। अनन्तरं वृन्दासुवलौ कदम्बकुञ्जे स्थातुं निर्दिश्य राधाभिसारस्यायोजनार्थं गच्छति। तदा पथि ललितापौर्णमासीमवाप्य कृष्णस्य धूर्त्ततां तथा च राधायाः अवमाननाविषये कथयति। इतिमध्ये रसालतलगता राधा कृष्णविरहेण कातरभावगता किमपि जल्पति। ललितापौर्णमास्यौ उभौ तत्र

१. वि.मा. – ४/४१।

दूरे स्थित्वा तस्या प्रलापम् आकर्णयन्त्यौ तिष्ठतः। तस्याः विरहाभिव्यञ्जिकाम् उत्कण्ठा श्रुत्वा सत्वरमेव राधिकायाः कृष्णसम्भोगविषयं पौर्णमासी चिन्तयति। राधासमीपमागता विशाखा तां प्रसादयति। इत्यवसरे विशाखा सुवलहस्ततः एकं पत्रमानीय प्रविशति ललिता च तत् पाठयति। पत्रवाचनं श्रुत्वा राधिका अतीव भावविह्वला भवति। परन्तु चन्द्रेण चन्द्रिकायाः मोक्षः असम्भवः इति कथयित्वा पौर्णमासी तामाश्वासयति। उक्तं च —

"नहि चन्द्रेण चन्द्रिकायाः मोक्षः कदापि सम्भवतीति।"[१०]

विशाखा अपि कृष्णप्रसादनार्थं नान्दिमुखी मया प्रेषिता इति कथयित्वा तां बोधयति। इत्यवसरे नान्दीमुखी आगत्य कृष्णचन्द्रस्य राधाविरहसम्वादं तत्र निवेदयति। तदाकर्ण्य राधा स्वमूर्खतायाः तर्कणां करोति।

इत्यवसरे नेपथ्यतः कृष्णवेणुनादः न श्रुयते इति सूचनां श्रुत्वा राधास्व-वस्त्राभ्यन्तरतः वेणुमुद्घाट्य वादयितुमिच्छति। परन्तु वहिर्निर्गता वंशी मरुत्संसर्ग-तया स्वयमेव ध्वनति। तच्छ्रुत्वा क्रुद्धा जटिला इतस्ततः भ्रमन्ती तत्रागच्छति। दूरतः राधाहस्तगतं वेणुं नेतुमिच्छति। सहसैव सा तत्र प्रविश्य राधाहस्ततः मुरलीं नीत्वा भगवत्यै पौर्णमास्यै दातुमिच्छति। जटिले भगवतीकुटिरे गते पौर्णमासी चिन्तिता तिष्ठति। परन्तु ललिता जटिलामवाप्य एषा एव कालिन्दीकूले ताभिः लब्धेति कथयति। इत्यवसरे तत्रागतः सुवलः जटिलायाः गृहे वानर्य्याः प्रवेशं तर्कयति। तच्छ्रुत्वा मुखरा धाविता सती प्रक्षिप्तेन वेणुना मर्कटीं ताडयति।

मर्कटी च वेणुं गृहीत्वा कदम्बमारोहति। वेण्वन्वेषणव्याजेन ललिता राधाकृष्णयोः मिलनमिच्छति। परन्तु मुखरा तत्र प्रविष्य चण्डीपूजनाय पूजाद्रव्येण सह राधिका चैत्यवृक्षं गच्छतु इति आदिश्य गच्छति। अतः ललिता राधया सह पूजनोपहारं सम्पादयितुं गच्छति।

अनन्तरं पौर्णमास्या कृष्णप्रसादनार्थं प्रेषितौ वृन्दासुवलौ यथाक्रमं ललिताराधिकयोः वेशेन मधुमङ्गलसेवितमपेक्षितं कृष्णं प्रेक्षितुं गच्छतः। तौ दूरतः दृष्ट्वा कृष्णमधुमङ्गलौ राधाललिताविति तर्कयतः। इत्यवसरे नेपथ्ये कङ्कणझङ्कारेण

---

१०. वि.मा. - पौर्णमासीवचनम्, पृष्ठसंख्या-२०९, रमाकान्तझासम्पादितम्।

सह स्त्रीस्वरस्याभासं श्रुत्वा मधुमङ्गलः तां विशालगोपभगिनी सारङ्गीति वदति। साऽपि सारङ्गी मुखरायाः वेणुप्रक्षेपणस्य सूचनां प्रददाति। इत्यवसरे ललितया प्रेरिता राधा वेणुं प्रक्षिपति। तत्क्षणमेव प्रविश्य जरती जटिला प्रकम्पन्ती सती ललिताराधिकावेषयुक्तौ वृन्दासुवलौ नीत्वा गृहं गच्छति। भेदस्तु मधुमङ्गलेन कृष्ण अवधारितः भवति। अनन्तरं कृष्णस्य वेणुध्वनिं श्रुत्वा यदा ललिताराधिके पुंनागवृक्षतलम् आगच्छतः तदा ते वेषधारिणे इति कृष्णः तर्कयति। परन्तु वृन्दायाः आगमनेन भ्रमं नश्यति। तत्र राधा मानाधिरूढा जायते। तां प्रसादयितुं कृष्णः अनुनयति। तद्यथा —

> "निष्ठुरा भव मृद्वी वा प्राणास्त्वमसि राधिके।
> अस्ति नान्या चकोरस्य चन्द्रलेखां विना गतिः।"[११]

कृष्णास्यानुनयेन भावविह्वला राधा सस्वरं क्रन्दति कृष्णश्च तदा स्वकरेण तस्याः अश्रुविन्दुनपसारयति। इत्ययवसरे ललितामधुमङ्गलौ परस्परमारोपप्रत्यारोपं कृतवन्तौ। नेपथ्यतोऽपि शुकसारिके तथा आलापं कुरुतः। अतः क्रुद्धस्य मधु-मङ्गलस्य दण्डाघातेन शुकसारिके उड्डीयमाने पलायिते भवतः।

अनन्तरं कृष्णः वृन्दाप्रदत्ताभ्यां कमलपुष्पाभ्यां राधिकायाः कर्णे रञ्जयति। सहसा कमलगतभ्रमरः राधिकायाः कर्णेस्थिकमलतः मधुमङ्गलं पातुमिच्छति। कृष्णवचनेन क्रुद्धः मधुमङ्गलः भ्रमरं दण्डेन ताडयति। इत्यववसरे कृष्णः अन्तर्हितः भवति। अन्तर्हिते कृष्णे राधा व्याकुलिता भवति। तदाकर्ण्य कृष्णः पुनरागत्य तां हस्ते धृत्वा सान्त्वनां विदधाति। अनन्तरमुभौ राधाकृष्णौ प्रतीकात्मकं प्रेमालापं कुरुतः। इत्यवसरे लगुडमन्वेषयन्ती जटिला तत्र प्रविशतीति दृष्ट्वा वृन्दाललिताभ्यां सह राधा झटिति निष्क्रामति। तत्र राधा इव वेशं धारयन् सुवलः तां प्रतारयतीति वदति पुनः श्रीकृष्णं धूर्त्तराडेति कथयित्वा प्रस्थानं करोति। कृष्णश्चानन्तरं मधु-मङ्गलेन सह गोकुलं प्रविशति इति राधाप्रसादनम्।

षष्ठोऽङ्कस्यारम्भे जटिला पीताम्बरेणोत्तरीयेणाच्छादिता राधा गृहे अस्तीति सूचनां ददाति। एतस्य रहस्यमवगन्तुं, सा उत्सुका भवति अग्रे विशाखां वीक्ष्य

---

११. वि.मा. – ५/३१।

राधामाह्वयितुं च वदति। आगता राधा अग्रे जटिलां दृष्ट्वा इतस्ततः भवति। विलासो-त्सवे सखिभिः प्रक्षिप्तेन हरिद्राद्रवयुक्तेन तोयेन इदमुत्तरीयं पीतं सञ्जातमिति विशाखा कथयित्वा जटिलायाः भ्रमापनोदनं करोति। तत्र जटिला गोपयुवतिभिः सह राधाया क्रीडाकौतुकादिकार्यविषये विशाखां दूषयति। विशाखा च दीपमालिकापर्वमुपलक्ष्य दोषमुक्ता भवति। अनन्तरं प्रस्थिते जटिले ललितापद्मे प्रविशतः। पद्मा ललितायै कृष्णस्य साङ्केतिकं पत्रं ददाति। तद्वाचयित्वा "राधां प्रेषय" इति ललिता अवबुद्-ध्यति। पद्मा तु राधिकायाः पीताम्बरं दृष्ट्वा उपहासं करोति। ललिता तां स्वाक्छलेन निवारयति। प्रसङ्गवशतः आगते तु चन्द्रावलीचरिते सखिषु महान् वितर्कः जायते। राधापक्षे विशाखाललिते चन्द्रावल्याः पक्षे तु पद्मा। अनयोः पक्षयोः कृष्णसम्भोग-मधिकृत्य वितर्कं श्रुत्वा श्रीराधिका पद्मां चन्द्रावलीसमीपं प्रेरयति। प्रस्थिते पद्मे ललिता पत्रानुसारं राधाभिसारस्यायोजनं करोति।

अनन्तरं मधुमङ्गलसहायः कृष्णः वृन्दावनसौन्दर्यावलोकनेन अत्यधिक उन्मादितः सन् ललितया कथं राधाप्रवेशः भविष्यतीति चिन्तयन् संकेतसूचक-वंशीकलं करोति। वंशीध्वनिं श्रुत्वा राधा विह्वला भवति। अतः सख्यौ परिहासं कुरुतः। पुनः विरहाकुलितेन कृष्णेन मुरलीध्वनिः क्रियते। तद्ध्वनिना आकुलिता राधा मुरल्याः निन्दनं करोति। अनन्तरं सखिभ्यां सह उपसर्पन्तीं राधां कृष्णः पश्यति गच्छति च तस्यान्तिकम्। कृष्णदर्शनेन कम्पिता राधा यमुनाकूलं गन्तुं सखौ वदति। परन्तु मार्गरोधनं कृत्वा कृष्णः तामभिनन्दयति। तदा राधाकृष्णयोर्मध्ये कपटोत्तरपुत्युत्तराणि भवन्ति। अनन्तरं राधामुकुरसंरचनार्थं कृष्णः चन्द्रिकानाहरति। इत्यवसरे राधिका कुञ्जे आत्मगोपनं करोति। कृष्णः मुकुरहस्ते प्रविश्य राधामदृष्ट्वा इतस्ततः अन्वेषयति। राधागृहं गतेति ललिता वचनमाकर्ण्य सः गोपिकानां मानसि-कतां ज्ञातुं मधुमङ्गलेन सहात्मानं गोपायते। अतः राधा तमन्वेषयन्ती तत्र प्रविशति। अनन्तरं राधाकृष्णौ केलिक्रीडार्थं सप्तपर्णकुञ्जं गच्छतः। सख्यौ तत्र प्रतीक्षितौ तिष्ठतः। केलिक्रीडानन्तरं कृष्णः आत्मानं गोपायते। तदा सख्यौ केलिकुञ्जे प्रविश्य कृष्णमन्वेषयन्त्यौ अपि राधिका का तं जानाति इति वदति। अतस्ते राधाशरीरे केलिचिह्नानि उद्घाटयन्तौ तामुपहसतः। तद्यथा —

"कचमुक्तावलिरपि ययौ निर्गुणदशां

विशुद्धं ते दन्तच्छदयुगमभूद्दान्तहृदये।
अबन्धासीत्काञ्ची तदिव सखि युक्तासि हरिणा
सतीनां वः कृत्यं किमुचितमिदं गोकुलभुवाम्॥''[१२]

अनन्तरं कृष्णः आत्मप्रकाशं कृत्वा राधिकायाः प्रेमोन्मादत्वं वाचयति दर्शयति च स्वशरीरे तस्याः प्रेमवैकल्यम्। इत्यवसरे जटिलायाः नेपथ्यवचनेन सर्वे भीताः भवन्ति। सखिभिः सह राधिका तस्मात् स्थानात् झटिति प्रस्थानं करोति। कृष्णश्च जटिलायाः आगमनं विचिन्त्य सखायं द्रष्टुं गच्छतीति शरद्विहारः नामोऽयमङ्कः।

गौरीविहारेऽस्मिन् अङ्के नाटकमिदं अन्तिमपर्य्याये प्रविशति। प्रथमतः राधिकां मथुरां नेतुमिच्छताऽभिमन्युना सहालापयन्तीं पौर्णमासीं दृष्ट्वा वृन्दा क्षणं तिष्ठति। तत्र अभिमन्युं बोधयन्ती पौर्णमासी मथुराधिपस्य कंसस्य भयङ्करात्याचार-विषये कथयति। अनन्तरं वृन्दामुखतः पौर्णमासी राधाकृष्णयोः सम्भोगविषयं पृच्छति। वृन्दा तयोः शृंगारसफलतां तदग्रे चित्रयति। तदा ललिता प्रविश्य राधया गौरपटसूत्रग्रथिता कृष्णे समर्पिता च दिव्यमालिका पद्माधमिल्ले अस्तीति सूचनां खेदोक्त्या ददाति। परन्तु कृष्णस्य स्नानकाले कदम्बवृक्षतः इयं माला पद्मया चौर्येण गृहीतेति वृन्दा कथयति। तत्र पौर्णमासी पूर्णिमायां छलपूर्णेन वाणिना प्रतार्य वृन्दा चन्द्रावलीं गौरीतीर्थं नीत्वा ललितादीनामुद्योगमसफलं करिष्यतीति सूचयति। तदा विशाखा आगत्य करालायाः आदेशविषये कथयति। सौभाग्यपूर्णिमायां चन्द्रावली स्वस्वामिना गौवर्द्धनमल्लेन सहान्तः पुरे स्थास्यतीति करालायाः आदेशं श्रुत्वा सर्वाः पुलकिलाः भवन्ति ललिता च राधिकां गौरीतीर्थं नेतुमुपक्रमं करोति। वृन्दा ललितया सह कृष्णसमीपं गच्छति। कीयद्दूरे शैव्यया सहालापयन्तीं पद्मां ललिता पश्यति। अनन्तरं ते सख्यौ गङ्गातीरे पौर्णमास्या सह मिलितुं गच्छतः। तत्र कराला नेपथ्यतः चन्द्रावलीं गोवर्द्धनं निकषा नेतुं पद्मामाज्ञापयति। पद्मा तु गोवर्द्धनपर्वतं निकषा चन्द्रावलीं नेतुं वाञ्छति। यतस्तत्र गौरीतीर्थं वर्त्तते। अतः सानन्दा पद्मा चन्द्रावलीं गौरीतीर्थं प्रति नेतुमुपक्रममारभते।

---

१२. वि.मा. - ६/३४।

अनन्तरं कृष्णः गौरीतीर्थगन्तुमनायाः चन्द्रावल्याः मार्गरोधनं करोति। तत्र कपटरोषेण चन्द्रावली कृष्णं निवारयत्यपि सः अनुनयं कृत्वा चन्द्रावलीं मोदयति। अनन्तरं कृष्णेन सह चन्द्रवल्याः तत्सखीनाञ्च व्यङ्गपूर्णप्रेमालापः प्रचलति। तदा वृन्दाललिते प्रविशतः। तत्र राधाचन्द्रावल्योः सखिषु कृष्णमवलम्ब्य उत्तरप्रत्युत्तरं जायते। सहसा तत्र कराला प्रविश्य सर्वानाक्रामति आरोपयति च कृष्णे सर्वदोषम्। परन्तु ललिता स्वललितया गिरा करालां प्रभावयति। अतः कराला सर्वं दोषं पद्मायै ददाति स्ववध्वा सह गृहं गच्छति च। पद्मा च क्रोधान्धा सती ललितायाः दुष्कर्म कथयितुं जटिलां प्रतिगच्छति। तदा वृन्दा राधापक्षतः एकां चम्पकमालां कृष्णाय ददाति सूचयति च गौरीतीर्थगमनविषयम्। अनन्तरं कृष्णः गोचारणे मित्राणि संयोज्य गमिष्यामीति कथयन् निष्क्रामति। तत्र सख्यौ तमालतलगतां राधिकां प्राप्य परिहासं कुरुतः वृन्दावनसौन्दर्यमवलोकयतश्च। तत्र राधामाधवविरहे कुञ्जानाम–सौन्दर्यञ्च पर्य्यालोचयतः। इत्यवसरे कृष्णः आगत्य राधां वासन्तीकुसुमैः रञ्जयति। तद्दृष्ट्वा सख्यौ प्रशंसयतः। तत्र कृष्णः चन्द्रा इति कथयित्वा भीतः तिष्ठति। तत् श्रुत्वा राधा मानारूढा सती पराङ्मुखा तिष्ठति। अतः स्त्रीवेशं धारयन् तां प्रसादयितुं गोविन्दः चिन्तयति। इत्यवसरे मधुमङ्गलः प्रविश्य गौरीतीर्थे वेशसामग्री अस्तीति सूचयति। अतः गौरीतीर्थे पुनर्मिलनं भविष्यति इति सूचयन् कृष्णः प्रस्थानं करोति। अनन्तरं वृन्दा सर्वाः नीत्वा गौरीतीर्थं गच्छति। तत्र श्रीकृष्णः निकुञ्जविद्यावेशेन राधामालिङ्गति। तत्र राधामन्वेषयन्तौ जटिला–भिमन्यू गौरीतीर्थे प्रविश्य तत्र राधाकृष्णौ लक्षयितुं चेष्टितौ भवतः। परन्तु तत्र श्रीकृष्णं गौरीवेशे दृष्ट्वा तौ भवपत्नीति भ्रमवशेन दण्डवत्प्रणमतः। अग्रे अभिमन्यु–जटिले प्रेक्ष्य राधा मूर्च्छिता भवति। ललिताविशाखिके राधा गौरीं प्रणम्य तव जीवनभिक्षां करोतीति अभिमन्युं सूचयतः। अपि च गोवर्द्धनेन त्वं भैरवाय समर्पितः भविष्यति इति कृत्वा सा राधा गौरीमर्च्चयन्ती तव प्राणान् रक्षयतीति कथयतः। कदाचित् अपि राधिकां मथुराभिमुखीं न कर्त्तुं स इच्छति। जटिला च स्ववधुं सहर्षमालिङ्ग्य तत्स्थानं त्यजति। तदा भगवती पौर्णमासी गतक्लेशा सती गोपपुरे वृन्दावने च कुञ्जे कुञ्जे सराधमाधवः केलिं कल्पयत्विति आशीर्वचनेन सह भरतवाक्यं प्रस्तूयते।

२. पात्राणां संयोजनपरिपाटी —

विदग्धमाधवं सप्ताङ्केषु निबद्धं नाटकमेकम्। अत्र नवसंख्याकानां पुरुषपात्राणां चतुर्दशसंख्यकानां स्त्रीपात्राणां च सन्निवेशः दृश्यते। तानि च पुरुषपात्राणि यथा —

१. सूत्रधारः
२. पारिपार्श्विकः
३. कृष्णः
४. नन्दः
५. मधुमङ्गलः
६. रामः
७. श्रीदामः
८. सुबलः
९. अभिमन्यु इत्यादिनि।

स्त्रीपात्राणि यथा —

१. पौर्णमासी
२. नान्दीमुखी
३. यशोदा
४. राधिका
५. ललिता
६. विशाखा
७. मुखरा
८. जटिला
९. चन्द्रावली
१०. पद्मा
११. शैव्या
१२. वृन्दा

१३. सारङ्गी

१४. कराला प्रभृतिनि।

तत्र पुरुषपात्राणां संयोजनप्रकारं यथा —

१. सूत्रधारः[१३] —

नाटककथावस्तुनः सफलोपस्थापकः भवति सूत्रधारः। प्रथमं तावत्तस्य उपक्रमः क्षेत्रप्रस्तुतिश्च सर्वानाकर्षति। संक्षेपेण सः नाटकस्य सिद्धिविषये सूचनां प्रददाति इति कृत्वा स एव प्रधाननटः। अतः नाटकेऽस्मिन् तस्यावश्यकता। समयनिर्देशयता तेनात्र प्रस्तावनायाः प्रवर्त्तकत्वं[१४] सूचितम्। तत्कथामुपलक्ष्यात्र पात्रप्रवेशोऽस्ति। गान्धर्वब्रह्मविद्यायाः आद्योन्मेषोऽत्र सूत्रधाराद्वारा एव भवति।

२. पारिपार्श्विकः —

नाटकेऽस्मिन् सूत्रधारस्य प्रधानसहायः अभिज्ञोऽपि जिज्ञासुः परिलक्ष्यते पारिपार्श्विकः। पात्राणां प्रस्तुतिविषये स एव सूचयति। सोऽपि नाटकस्यारम्भाय क्षेत्रप्रस्तुतिं करोति इतिकृत्वाऽत्र तस्य सञ्योजनं दृश्यते।

३. श्रीकृष्णः —

विदग्धमाधवनाटकस्य दिव्यधीरललितनायकः नन्दयशोदयोः प्रियतमपुत्रः श्रीकृष्णः नाटकेऽस्मिन् वर्णितस्य मधुररसस्य विषयालम्बनः[१५] वृन्दावननिहारी सफलवेणुवादकश्च। प्रथमे अङ्के विष्कम्भकान्तरमेवास्य दर्शनं लभ्यते। तस्य वंशीध्वनिना सर्वाः प्रकृतयः प्रभाविताः सत्यः स्वाभाविकतां त्यजन्ति। यदुक्तं नाटके —

---

१३. सूत्रधारः —
नाट्योपकरणादिनि सूत्रमित्यभिधीयते सूत्रधारयतीत्यर्थे सूत्रधारो निगद्यते।

१४. आक्षिप्तः कालसाम्येन प्रवेशः स्यात् प्रवर्त्तनम्। ना.च. /२४
तद्यथा —
सोऽयं वसन्तसमयः समयाय यस्मिन् पूर्णं तमीश्वरमुपोढनवानुरागम्।
गूढग्रहारुचिरया सह राधयासौ रङ्गाय संगमयिता निशि पौर्णमासी। वि.मा. १/१०।

१५. कृष्णश्च कृष्णभक्ताश्च बुधैरालम्बना मताः रत्यादेर्विषयत्वेन तदाधारतयापि च।
दक्षिणविभागे प्रथमलहरी भ.र.सि./१४।

"जातस्तम्भतया पयांसि सरितां काठिन्यमापेदिरे
ग्रावाणो द्रवभावसम्बलनतः साक्षादमी मार्दवम्।
स्थैर्यं वेपथुना जुहुर्मुहुरगाज्जाड्याद् गतिं जङ्गमां
वंशीं चुम्बति हन्त यामुनतटी क्रीडाकुटुम्बे हरौ।"[१६]

श्रीराधिका तस्य नित्यप्रिया। तस्याः नामश्रवणेनैव स उत्कण्ठितः भवति। सः चतुरनागरः वाकपटुश्च राधासक्तोऽपि सः वाक्पाटवेन पौर्णमास्याग्रतः स्वं भावं गोपायते। राधाभावस्य च परीक्षां करोति। एतदतिरिक्तः सः प्रणयविधुरः राधां स्मारं स्मारं कामपि दशां लभते। राधासङ्गरङ्गाय सः सततं यतते।

राधासक्तोऽपि सः प्रतिनायिकया चन्द्रावल्या सह मनोविनोदं कुरुते। अतस्तस्य दाक्षिण्योऽपि सूच्यते।[१७] कृष्णः विदग्धप्रेमिकः। ज्ञातेन चन्द्रावल्याः नामोच्चारणेन राधां मानवतीं कृत्वा प्रीतेरुत्कर्षं जनयति। राधाप्रणयः तस्य परमाभिलाषः तथापि तस्य एवमाचरणं विदग्धभावस्योदाहरणम्। सः राधाप्रति अतिशयानुरक्तः अस्ति। त्रिभुवनं तं राधामयमिति दृश्यते। यदुक्तं —

"राधा पुरः स्फुरति पश्चिमतश्च राधा
राधाधिसव्यमिह दक्षिणतश्च राधा
राधा खलु क्षितितले गगने च राधा
राधा-मयी मम बभूव कुतस्त्रिलोकी।"[१८]

राधासङ्गप्राप्यर्थं सः वेशपरिवर्त्तनं करोति। अत्र तस्य नागरत्वं च सिद्ध्यति। गौरीवेशेन सः जटिलाऽभिमन्यू प्रतार्य्य राधायाः नित्यसङ्गं लभते। तस्यैवाश्रयेण अङ्गिनः मुधरश्रृंगारस्य पुष्टता इतिकृत्वा कृष्णचरित्रम् एवात्र नाट्यकारेणापन्यस्तम्।

---

१६. वि.मा. - १/२५।

१७. ये गौरवं भयं प्रेम दाक्षिण्यं पूर्वयोषिति न मुञ्चत्यन्यचित्तोऽपि ज्ञेयोऽसौ खलु दक्षिणः। उ.नी. (नायकभेदः)/२९
यथा वा — नायिकास्वप्यनेकासु तुल्यो दक्षिण उच्यते। उ.नी. (नायकभेदः)/३१।

१८. वि.मा. ५/१८।

४. नन्दः —

गोपशेष्ठः कृष्णजनकः नन्दः। विष्कम्भकानन्तरोऽप्यस्य दर्शनं नाटके लभ्यते। प्रथमे अङ्के केवलमस्य स्थितिः। सः कृष्णैकप्राणः दृश्यते। वृन्दाकानन-गतस्य कृष्णस्य अनुसरणं सः करोति। कृष्णस्यालिङ्गनेन सः चन्द्रिकाचन्द्रपराग-चन्दनेभ्यः अधिकशीतलतां प्राप्नोति। कृष्णस्य निवृत्त्या सः कृष्णमवलोकयन् गृहं गच्छति। एवं वात्सल्यस्नेहस्य प्रतीकोऽयं नन्दः। वनगमने मधुरिपौ तस्य मनसि भावान्तरः जायते। क्षणमपि कृष्णं परित्युक्तुमसमर्थः सोऽङ्गस्य वत्सलस्य रसस्य नितरां पुष्टिं विधत्ते। तमवलम्ब्य गोष्ठगमनकाले नाट्यकारेण वात्सल्यं विनिवेशितम्।

५. मधुमङ्गलः —

सान्दीपनिपुत्रः बटुकः मधुमङ्गलः श्रीकृष्णस्य प्रियवयस्यः विदुषकश्च भवति।[१९] समग्रे नाटके तस्य वैदुष्यं दृश्यते। सः कृष्णस्य प्रणयसहायः। मूलतः शेषं यावत्सः प्रेमप्रसङ्गे कृष्णस्य सहायकरूपेणावतीर्णः सन् तस्य मनोरञ्जनं करोति। न केवलं मनोरञ्जनम् एव सः करोति अपि तु सः कृष्णाय सत्परामर्शं ददाति।

सः कृष्णस्यान्तरङ्गः अस्ति। कृष्णस्य मनोगतं सर्वं सः ज्ञातुं समर्थः दृश्यते। एतद्व्यतिरिक्तः सः भयाकुलः तिष्ठति। वंशीध्वनिना प्रभावितान् गगनचारी-देवान् राक्षसा इति मत्वा आत्मानं निलीयते। तत्र तस्य वाचालता हासं जनयति। उक्तं च — 'रे रे दुष्टा असुराः, निष्ठत तिष्ठत। एषोऽहं शापेन चापेन वा युष्माकं मुण्डानि खण्डयामि।' इति। वाचालताकारणात् कुत्र कुत्रापि च रहस्योद्घाटनेन कृष्णः लज्जते।

नाटकेऽस्मिन् मोदकप्रियः सः मोदकान् प्रति लालायितः सन् लतायाः वन्दनं करोति। उक्तञ्च — "भो वल्लर्य्यः, एषोऽहं वन्दे। वुभुक्षितो मे वयस्यः। तद्ददन्तु खण्डलड्डुकानि।" इति।

---

१९. वसन्ताद्यभिधो लोको भोजने कलहप्रियः विकृताङ्गवचोवेषैर्हास्यकारी विदूषकः। विदग्धमाधवे ख्यातो यथासौ मधुमङ्गलः। उ.नी. (सहायभेदाः)/७।

कृष्णस्य परमसहायः सः प्रणयपत्रप्रदानार्थं कृष्णाय निवेदयति। राधिकायाः प्रेमपत्रं स्वयमपि वाचयति। सर्वदैव राधासङ्गप्रसङ्गे स एव कृष्णस्य सहायतां करोति। समये समयेऽपि राधासखिभिः सह वाग्युद्धरतः दृश्यते। जटिलां प्रति तस्य महान् प्रकोपः। कदाचित् अपि तां शापयितुं सः यतते। इतिकृत्वा हास्यरसिकः मधुमङ्गलः कृष्णस्य परमसहायकः भवति। तमवलम्ब्य न केवलं राधाकृष्णमिलनं भवति अपि तु रूपकस्य परमाङ्गस्य हासस्य स एव प्रधानाश्रयः। अतोऽस्य चरित्रं नाटके अविस्मरणीयम्।

६. श्रीरामः —

नन्दनन्दनः श्रीरामः कृष्णस्याग्रजः गम्भीरः कृष्णवत्सलः दृश्यते। सः कृष्णैकप्राणः कृष्णस्य आनन्दमेव विदधाति। प्रथमे अङ्के एव तस्याविर्भावः दृश्यते। कृष्णस्य वंशीध्वनेः सः भूयसीं प्रशंसां कुरुते। परमभागवतः सः ब्रह्मारुद्रादयः सुरगणाः वंशीनादेन कथं विमोहिताः भवन्ति तद्वर्णयति। पुनः प्रकृत्याः विपर्य्ययस्य मनोवैज्ञानिकरीत्या वर्णनं करोति। उक्तं च —

"जातस्तम्भतया पय्यांसि सरितां काठिन्यमापेदिरे
ग्रावाणं द्रवभावसम्बलनतः साक्षादमी मार्दवम्।
स्थैर्यं वेपथुना जहुर्मुहुरगाद् जाड्याद्गतिं जङ्गमां
वंशीं चुम्बति हन्त यामुनेतटी क्रीडाकुटुम्बे हरौ॥"[२०]

सः कदापि कृष्णस्य असुस्थतां न सहते। स्वयं गोरक्षणादि सम्पाद्य सानुजं विश्रामयति इति कृत्वा नाटके तस्य महान् आवश्यकता दृश्यते। पुनः वंशीविनोदस्य प्रथम अङ्कस्योत्कर्षं तदेव चरित्रमवलम्ब्य कामं पुष्पाति।

७. श्रीदामः —

नाटकेऽस्मिन् अतीवगौणचरित्रं श्रीदामगोपस्य। सोऽत्र श्रीकृष्णस्य गोष्ठसखा राधिकायाः भ्रातृकल्पः चित्रितः। प्रथमे अङ्के गोचारणावसरे तस्य दर्शनं लभ्यते। मात्र तस्य नात्र किमपि वैशिष्ट्यं परिलक्षते। सः कृष्णस्य राधाप्रति आकर्षणं जानन्नपि विरुद्धाचरणं न करोति। सलज्जं स्थित्वा तत् केवलं स्वीकरोति।

---

२०. वि.मा. १/२५।

८. सुवलः —

श्रीकृष्णस्य मित्रेष्वन्यतमः नर्मसचिवः सुवलः प्रथमे अङ्के दृष्टिपथारूढो भवति। चतुर्थे अङ्के चन्द्रावलीकेलिक्रीडाप्रसङ्गे सः सहायकः भवति। सोऽपि चतुरः चन्द्रावलीमाकर्षयितुं वंशीनिनादनार्थं कृष्णे निवेदयति। उक्तञ्च —

"तदाकर्षणं वंशीकलमुल्लासय"[२१] इति। कृष्णस्य मनोरञ्जनमस्य मुख्योद्देश्यम्। सः राधावेशं धृत्वा विरहकातरं कृष्णमानन्दयति। प्रणयप्रसङ्गे तस्य साचिव्यमत्युत्तममितिकृत्वा नाटकेऽस्मिन्नेतस्य चरित्रस्य प्रयोगः नाटकीयपरिपूर्त्तिं विदधाति।

९. अभिमन्युः —

जटिलापुत्रः राधापतिः अभिमन्युः प्रस्तुतनाटकस्य प्रतिनायकः सिद्ध्यति। कंसभयात् राधां त्रातुं तेन सह राधायाः उद्वाहः सम्पादितोऽभूत्। यदि कदाचित् सः राधाकृष्णयोः परस्परानुरागविषये श्रुणोति तदा सहसैव तां मथुरां नेतुमिच्छति। भयविह्वलोऽयं मूर्खश्च। पौर्णमास्यां तस्य अचलविश्वासः। राधायाः मथुरास्थानान्तरणविषये सः सदैव पौर्णमास्याः परामर्शं वाञ्छति। शेषं यावत् तस्याः (पौर्णमास्याः) उद्देश्यं बोद्धुमक्षमः भवति। अन्ते च गौरीवेशिना कृष्णेनालिङ्गितां राधां प्रेक्ष्य किञ्चिदपि ज्ञातुं न पारयति। पुनः देव्याः प्रसादनाय किमपि प्रणामादिकं कार्य्यं करोति। गौरीवेषधारिणः कृष्णस्य अनृतवाक्येन प्रभावितो भूत्वा गौर्य्याः सम्यगाराधनार्थं राधिकामुपदिशति। राधां मथुरां न नेतुं च सकल्पं करोति। उक्तं च —

"अयि भक्तजनवत्सले, कदापि मथुराभिमुखी मया न राधिका कर्त्तव्या" इति।[२२]

अयं निष्कपटः गोपः पौर्णमासीकृष्णयोः वागाडम्बरे विडम्बितः सन् स्वपरिणीतामपि रोद्धुं न शक्नोति। अतः नाटकेऽस्मिन् प्रतिनायकोऽयं अभिमन्युः विडम्बितपात्ररूपेण विद्यते। तस्य प्रातिकूल्यं राधामाधवयोः प्रेमपरिपाकस्यान्यतम-

---

२१. वि.मा. चतुर्थोऽङ्कः पृष्ठसंख्या-१५३।

२२. वि.मा. सप्तमोऽङ्कः, पृष्ठसंख्या - ३६५।

कारणमितिकृत्वा नाट्यकारेणात्र तत् चरित्रं सन्निवेशितम्।

तत्र स्त्रीपात्राणां संयोजनपरिपाटी —

१. पौर्णमासी —

देवर्षिनारदशिष्यायाः सान्दिपनीमुनिमातुः पौर्णमास्याः चरित्रं नाटकेऽस्मिन् गुरुत्वपूर्णमस्ति। सा उज्ज्वयिनीनगरनिवासिनी कषायवस्त्रपरिहिता तपस्विनी राधा-कृष्णमिलनविधायिनी देवदूतीव स्वगुरुणा प्रेरिता सती गोकुलमागच्छति। राधा-कृष्णयोर्मिलनात्मिका सेवा जीवनस्य परमसार्थकतेति सा मनुते। अतः समग्रे नाटकेऽस्मिन् तत्कृते सा यत्नवती दृश्यते। प्रस्तावनानन्तरमेव तस्याः आविर्भावः दृश्यते।

तयोः प्रकृतिपुरुषयोर्मिलनाय कृतप्रतिज्ञा सा स्वाभीष्टं पूरणाय यत्नं करोतीति लक्ष्यते। उक्तञ्च — "यदहं राधया सार्द्धमीश्वरं तं संगमयिष्यामीति।"[२३] अतःसा तयोः मिलनाय पृष्ठभूमिं निर्माति। राधाकृष्णयोः प्रेमोन्मेषः स्वयमपि विदधाति। मोदकदानव्याजेन कृष्णाय राधानाम सा निवेदयति।[२४] नान्दीमुखीविशाखाप्रभृति-गोपी नियुज्य राधामुच्चाटयति मिलनमार्गं प्रस्तौति च। विघ्नानि यथाशक्ति दूरीकृत्य सखिभिः कार्यसाधनाय प्रयत्नं करोति। पुनः स्त्रीग्रहावेशोऽस्तीति उक्त्वा सा राधाकृष्णयोः नेत्रमिलनं प्रथमतया कर्त्तुं गुरुजनान् कथयति। सा अभिमन्युं प्रभावयति राधायाः मथुरागमनस्य विरोधं च करोति। योगमायया सा जटिलादिगुरुजनात् वशीकरोति। तयोः मिलनं विधाय स्वजन्मस्य सफलतां चोद्घोषयन्ती भरतवाक्यं प्रस्तौति। उक्तञ्च —

> "गोकुलबन्धो, वाढमबन्ध्यजन्मास्मि कृता। तथापि किञ्चिदभ्यर्थये-
> प्रथयन् गुणवृन्दमाधुरीम् अधिवृन्दावनकुञ्जकन्दरम्।
> सहराधिकया भवान् सदा शुभमभ्यस्यतु केलिविभ्रमम्।"[२५]

राधाकृष्णमिलनार्थं सर्वाण्यपि पात्राणि तस्याः निर्द्देशेन एव कार्यं कुर्वन्ति।

---

२३. वि.मा. प्रथमे अङ्के श्रीपौर्णमासीवचनम्, पृष्ठसंख्या – ९।

२४. पौर्णमासी–राधाभिधानी काचिदानन्दकौमुदी। वि.मा. प्रथमोऽङ्कः, पृष्ठसंख्या–३३।

२५. वि.मा. – ७/६१।

तामेव शक्तिकेन्द्रमिति मत्वा सर्वे गतिशीला: भवन्तीति दृश्यते। सा गोपयुवती-नामाधारशिला, गोपनगरस्य माननीया कृष्णकेलिकथाया: संयोजिका च तिष्ठति। नाट्यकारस्य प्रतिनिधिरूपेण सा राधाकृष्णयो: प्रणयपोषिका इव कार्यं करोति। पौर्णमास्या: चरित्रं सर्वाणि पात्राणि अत्र नाटके संयोजयति। तच्चरित्रं विना न कुत्रापि कार्यकारणभाव:। अत: चरित्रमिदं नाटकस्य पूर्णतमसंयोजनं भावपक्षस्य सूत्रधारकत्वमिति शेष:।

२. नान्दीमुखी —

पौर्णमासीशिष्या नान्दिमुखी राधासखी भवति। पौर्णमास्या: आदेशेन सा राधाकृष्णयोर्मिलने सहायिकाकार्यं करोति। सा भगवत्या: पौर्णमास्या: आज्ञां गोपीषु प्रसारयतीति लक्ष्यते। प्रथमोऽङ्कत: तस्या: दर्शनं लभते। सा ललिता-विशाखाप्रभृतिभि: सखिभि: सह राधामाराधन्ती तिष्ठति। सर्वदैव राधाया: सुख-दु:खादीनां सम्बादं पौर्णमासीं सा निवेदयति। इति कृत्वा सा सन्देशहारिका संयोग-सहायिकारूपेण नाटकेऽस्मिन् दृश्यते। राधाकृष्णयो: मिलने चरित्रस्यास्य परमा-वश्यकता लक्ष्यते।

३. यशोदा —

कृष्णजननी नन्दपत्नी यशोदा वात्सल्यस्य मूर्तिस्वरूपेति नाटके दृश्यते। विष्कम्भकानन्तरं गोष्ठगतं कृष्णमनुसृत्य सा आगच्छति। कृष्णैकप्राणा सा सर्वदैव स्वपुत्रे कृष्णे शैशवमारोपयति। वत्सस्योद्वाहार्थं नन्दे पृष्टे सति सा खण्डयति। उक्तं च —

"दुग्धमुखस्य वत्सस्येदानीं क: खलु उद्वाहावसर:।" इति[२६]

कृष्णे दृष्टे सा वात्सल्यमयी सती निरन्तरं सहर्षं क्षीरधारां विमुञ्चति। तामधिकृत्यात्र नाटके वत्सलस्य अंगभूतस्य परमपुष्टि: भवति इति कृत्वा तस्या-विर्भाव: समुचित:।

---

२६. वि.मा. - प्रथमोऽङ्क:, पृष्ठसंख्या - २३।

४. श्रीराधिका —

नन्दनन्दननेत्राराधिका श्रीराधिका विदग्धमाधवस्य नायिका। परमसुन्दरी षोडशवार्षिकी साऽभिमन्युना उद्वाहिताऽपि कृष्णस्य नित्यप्रिया तस्य ह्लादिनीशक्ति-रूपिणी चास्ति। कृष्णप्रति तस्याः स्वाभाविकी उन्मादना अस्ति। अतः कृष्णस्य नामश्रवणेनैव सा उत्कण्ठिता सती किमपि दशावस्यं प्राप्नोति। तथापि स्वकुलशीलतां न त्यजति। उक्तं च —

"सा कल्याणी कुलयुवतिभिः शीलिता धर्मशैली
द्रागस्माभिः कथनविनयोत्फुल्लमुल्लङ्घनीया।"[२७]

कृष्णप्रणयविधुरा सा अतीव दुःखिता सती पीडाग्रस्ता तिष्ठति। वृन्दावने कृष्णस्य प्रथमदर्शनं सा स्वप्नमिति मनुते। अतीव लज्जाशीला सा अग्रे कृष्णं प्राप्तवत्यपि स्वावस्थाविषये न वक्ति, न वा तस्य प्रेमानुरागं स्वीकरोति। प्राप्ते कृष्णे भयभीता सती तद्दूरे तिष्ठिति। प्रणयाकुलिता सा तदनन्तरं मुहुर्लुठति। अतीव-मानवती सा कृष्णस्य गोत्रस्खलनेन कुपिता भवति।

अतीवचतुरा सा सप्तमे अङ्के गौरीवेषिणं कृष्णं विज्ञायापि अभिमन्योः प्राणरक्षार्थं अभिनयं कृत्वा जटिलादीन् मोहयति। इति कृत्वा परमसुन्दरी षोडशवार्षिकी कुलीना लज्जाशीला मानवती भुवनमोहिनी च सा राधिका नाटकस्य अङ्गिनः रसस्य मधुरश्रृंगारस्य आश्रयालम्बनरूपा अस्ति। सा कृष्णानन्ददायिनी प्रेमरसमयी कादम्बिनी कृष्णरत्याः सर्वोत्तमाभिव्यक्तिः दृश्यते। महाभावस्वरूपा आह्लादिनीशक्तिमयी सा कृष्णवल्लभा अत्र वर्णनीया अस्ति। इति कृत्वाऽत्र नाटके राधा एव आधाररूपा प्रतिभाति।

५-६. ललिताविशाखे —

द्वे राधायाः प्रमुखसख्यौ ललिताविशाखिके राधासुखदुःखयोः सह-भागिन्यौ स्तः। स्वनामसिद्धे एते सख्यौ राधानन्दविधायिके सत्यौ राधाकृष्णयोः प्रेमपरिपाकार्थं नियोजितवत्यौ दृश्यते। एतयोः मननशीला मार्गनिर्देशिका भवति ललिता। सा राधायाः मनोभावं सहसा एवावगम्य कृष्णे संगमनाय प्रयत्नं करोतीति

२७. वि.मा. - २/२४।

लक्ष्यते। सा तु राधापक्षस्य प्रवलसमर्थनं कृतवती विचक्षणा सखीति लक्ष्यते। सा राधामानपोषिका वाक्पटुः नवयूवती। राधामनोभावं सम्यग्व्यञ्जयन्ती सा प्रति-नायिका चन्द्रावलीतः स्ववाक्छलेन श्रीकृष्णमुन्मोचयति।

विशाखाऽपि राधामनोरञ्जनार्थं प्रयत्नं करोति। सर्वप्रथमं श्रीकृष्णस्य चित्रपटं निर्माप्य सा स्वसखिं समर्पयति। सदैव राधादुःखसागरमवगाहयन्ती सा तयोः मिलनार्थं प्रयत्नं विदधाति। परिहासकुशला विशाखा स्ववाक्पाटवेन श्रीकृष्णस्य राधायाः वा परिहासं कर्त्तुं तेनैव च तयोः मनोरञ्जनाय चेष्टते। व्यवहारज्ञानकुशला सा राधिकायै व्यावहारिककौशलस्य शिक्षां ददाति इति कृत्वा इमे सख्यौ राधा-कृष्णमिलनस्य चरमसाधिके नाटके सन्निवेशिते भवतः। मिलनकार्यसंवाहनाय इमे सदासंचरणशीले दृश्यते। इमे प्रणयस्य निरवच्छिर्णप्रवाहमावहयन्त्यौ दृश्येते।

७-८. जटिलामुखरे —

नायिकाश्रीराधायाः गुरुजनेषु इमे द्वे यथाक्रमं तस्याः शवस्रूमातामह्यौ भवतः। एते कृष्णसम्पर्कात् राधिकां दूरे रक्षतः। मुखरायाः दर्शनं द्वितीयोऽङ्कस्य प्रारम्भे सर्वप्रथमं लभ्यते। पुनः तृतीयचतुर्थाङ्कयोः शेषभागे तस्याविर्भावः भवति। आत्मनः नप्त्रीं राधिकां सा कृष्णतः दूरे रक्षितुं वाञ्छति। अतीवकठोरेयं वृद्धा कृष्णं राधासमीपे दृष्ट्वा कुपिता भवति। जटिलाऽपि अपरेका मूढा वृद्धा गोपी भवति। कृष्णं सा धूर्त्तराड्विभूतिना भूषयति। राधाकृष्णयोः परस्परव्यवहारविषये सम्यगवगम्य मिलनसमये सहसैव उपस्थिता सती विघ्नं विदधाति। सैका मूढा कोपना च वृद्धा अस्ति। अतः पौर्णमासीललिताकृष्णादिभिः सदैव प्रतारिता भवति। नाटकस्यान्ते च कृष्णः तां पूर्णं प्रतारयति। अतः एतयोः विघ्नव्यापारः तयोः प्रणयं परिपाचयतीति दृश्यते। एतयोर्माध्यमेन प्रणयप्रवाहः सुष्ठु परिचालितः भवति।

९. चन्द्रावली —

प्रस्तुतनाटकस्य प्रतिनायिका गोवर्द्धनपरिणीता षोडशी चन्द्रावली कृष्णा-नुरक्ता सर्वदैव कृष्णे संगमनाय इच्छति। नाटकस्य चतुर्थे अङ्के तस्याः प्रथमाविर्भावः दृश्यते। मूरलीरवमाकर्णिता सा कथमपि वृन्दावनं प्रासवती सती कृष्णं पश्यति। तथापि सा आत्मानं संकोचयति। सा धीरा संयमशीला च प्रतिभाति। भगवान्

श्रीकृष्णः स्वमुखनैव तस्याः संयमनस्य प्रशंसां करोति। उक्तं च —

"न्यविशत नयनान्ते कापि सारल्यनिष्ठा
वचसि च विनयेन स्तोत्रभंगी न्यवात्सीत्।
अजनि च मयि भूयान् सम्भ्रमस्तेन तस्या
व्यवृणुत हृदि मन्युं सुष्ठु दाक्षिण्यमेव॥"[२८]

सा राधां नैव सहते। राधानाम श्रवणेन सा इर्षान्विता भवति। स्वसखिभ्य शैव्यापद्माभ्यां सा श्रीकृष्णं प्राप्तुं सततं चेष्टते। तस्य ग्रहणार्थमपि सा चण्डिक पूजयति। श्वसरि कराले तस्याः अतीव भीतिः। सप्तमे अङ्के करालायाः उपस्थित्य सा भीता दुःखिता च भवति। उक्तं च —

"हन्त हन्त, अकाण्डे कर्कशायाः भवितव्यता चण्डाल्याश्चण्डिमा।"[२

इति।

नाटकान्ते सा उपेक्षिता भवति। तथापि सा कृष्णवल्लभा नाटकस्य प्रति नायिका। राधायाः अभावे सा कृष्णस्य विनोदनं विदधाति। तस्यां विरहस तीव्रानुभूतिः दृश्यते न तु मिलनस्य माधुरिमा। सरला सा चतुर्थे अङ्के कृष्णं स्वा त्मानं समर्पयति।

नाटकस्य पौराणिकपूर्णतां विधातुं एतस्याः प्रतिनायिकायाः मह आवश्यकताऽस्ति। पुनः राधाप्रणयस्यपरिपाकः अनेनैव चरित्रमाध्यमेन नित सिद्ध्यतीतिकृत्वा अस्याः उपन्यासः महत्वपूर्णः दृश्यते।

१०-११. शैव्यापद्मे —

चन्द्रावल्याः इमे सख्यौ अतीवक्रियाशीले दृश्येते नाटके। चन्द्रावल्य मनोवाञ्छापूरणाय द्वे सततं चेष्टेते। एताभ्यां पद्मा वाक्पटुः चतुरी च लक्ष्यते। कृष्णप्राप्तिनिमित्तमुपायं चिन्तयति। कदा कुत्र किं करणीयमितिविषये सा द दृश्यते। चन्द्रावल्याः प्रवलसमर्थनं कृतवती सा चन्द्रावलीं कृष्णेन सह सङ्गमन कायमनोवाक्येन यतते। चतुर्थोऽङ्कस्य प्रारम्भे अस्याः दर्शनं लभ्यते। परन्तु शैव्या

२८. वि.मा. - ४/१२।

२९. वि.मा. - सप्तमे अङ्के, पृष्ठसंख्या - ३३२।

आविर्भावः सप्तमे अङ्के भवति। राधाप्रति यथा विशाखा तथा सा चन्द्रावल्याः विरहावस्थायां सहायिका भवति। समदुःखिनी सा चन्द्रावल्याः कृष्णमिलनाय पद्मया सह प्रयत्नं कुरुते। सा राधातः चन्द्रावल्याः उत्कर्षं प्रकाशयन्ती दृश्यते। पद्मा इव तस्यां तत्परता नास्ति तथापि एतयोः उद्यमः नाटके अविस्मरणीयः दृश्यते।

१२. वृन्दा —

वृन्दावनस्याधिष्ठात्री देवी वृन्दावती राधाकृष्णमिलनविधायित्री अपरैका दृश्यते। सा वृन्दावनस्य वातावरणं राधाकृष्णमिलनयोग्येनोद्दीपनेनोद्दीपयति। पुनः राधाविरहिणः कृष्णस्य मनोरञ्जनाय सुवलेन सह ललितावेशं धारयन्ती दृश्यते। कृष्णस्य वेशपरिवर्त्तने सा सहायिका सती राधाप्रसादनस्य सरलं उपायं करोति। राधाकृष्णयोर्मिलनं तस्याः महदुद्देश्यमपि चन्द्रावल्या सह कृष्णस्य मिलनेन सेर्षान्विता न भवति। भगवत्याः पौर्णमास्याः परमशिष्या सा राधाकृष्णमिलनस्यापरेका अनुपेक्षणीया सहायिका दृश्यते।

१३. सारङ्गी —

विशालगोपस्य भगिनी बालिका सारङ्गिकेऽयं पञ्चमे अङ्के वृन्दावने कृष्णसम्मुखे आविर्भूता सती जटिलायाः आरोपविषये कथयति। पुनः सा ललितावचनेन उत्क्षिप्ता राधाकृष्णप्रणयविषयं जटिलायै निवेदयितुं सक्रोधं कथयति। परन्त्वस्याः आवश्यकता केवलं जटिलायाः आरोपं कृष्णे निवेदनाय दृश्यते। अत्र वारमेकं सा नाटके आविर्भवतीति नाट्यकारेण सूत्रितम्।

१४. कराला —

चन्द्रावल्याः श्वश्रूः मल्लमाता काराला सप्तमे अङ्के गौरीतीर्थगमनमार्गे आविर्भवति। सौभाग्यपूर्णिमायां चन्द्रावली स्वपुत्रं गोवर्द्धनमल्लं निकषा नूनं तिष्ठेदिति कृत्वा सा तत्कर्त्तुं पद्मामादिष्टवती। परन्तु पद्मा तां गोवर्द्धनपर्वतं निकषा आनयित्वा कृष्णेन सह संगमयतीति दृष्ट्वा सा क्रोधान्विता भवति। तां यष्टिमुद्यम्य प्रहर्त्तुं चेच्छति। एवं कृष्णेन सह एकान्तमिलनं सा न सहते। अतः सा उच्चैः चन्द्रावलीं निन्दति। चन्द्रावलीमुपरि चाकौमारशिक्षितकृष्णाभिसारकौशलतायारारोपं करोति।

सा कृष्णं तर्जयति। ललितावचनं बोद्धुमक्षमा सा तत्स्थानात् सहसैव स्वबधुं नीत्वा अपसरति गौरीतीर्थे राधामाधवयोः विहारार्थं मार्गञ्च परिष्करोतीतिकृत्वा सा संयोजिता दृश्यते।

एतानि पात्राणि यथाकालं सुष्ठु क्रियाशीलानि नाटकस्य चरमोद्देश्यं मधुरश्रृंगारं परिपाचयन्तीति दृश्यते।

३. अलंकारस्य संयोजनम् —

शब्दार्थशरीरमयस्य काव्यस्य अनुप्रासोपमादयः कटककुण्डलादिवत् शोभाधायकाः अलंकाराः काव्यस्य कमपि सौन्दर्यं प्रकटयन्ति।[३०]

वैदिककालादारम्भः अलंकाराणां प्रयोगः दृश्यते।[३१] तत्र उपमाऽतिशयो-क्त्युत्प्रेक्षादीनामलंकाराणां संयोजनं बहुषु स्थानेषु दृश्यते।[३२] अलंकारस्यैतस्य चर्च्चा अग्निपुराणे दृश्यते।[३३] अतः अलंकारस्य विवेचनं प्राचीनकालादेव भवतीति परिलक्ष्यते।

आलंकारिकपरम्परायाः प्राचीनतमग्रन्थे नाट्यशास्त्रे भरतमुनिना उपमा-दीपकरूपकयमकादयः चत्वारः अलंकाराः प्रकाशिताः।[३४] तदनन्तरं भामहः स्व-काव्यालङ्कारग्रन्थे अष्टत्रिंशदलंकाराणां विचारं कृतवान्।[३५] ग्रन्थेऽस्मिन्नलङ्काराणां

३०.(i) उपकुर्वन्ति तं सन्तं येङ्गद्वारेण जातुचित् हारादिवदलंकारा स्तेऽनुप्रासोपमादयः–६/७ का.प्र.

(ii) शब्दार्थयोरस्थिरा ये धर्माः शोभातिशायिनः रसादीनुपकुर्वन्तोऽलंकारास्तेऽङ्गदादिवत्। सा.द.

३१. संस्कृत साहित्यर इतिहास – डॉ. हरेकृष्ण शतपथी, पृष्ठसंख्या – २४३–२४४, किताबमहल, तृतीयसंस्करणम्, १९९८.

३२.(i) उपमा – अभ्रातेन पुंसा एति प्रतीची गर्त्तारुगिव सनये धनानाम्
जायेव पत्या उशती सुवासा उषा हस्तेव निरीणिते अप्सः। ऋग्वेदः १/१२४/७।

(ii) अतिशयोक्तिर्यथा –
द्वा सुपर्णा सयुजा सखाया समानं वृक्षं परिषष्वजाते
तयोरेकः पिप्पलं स्वाद्वत्त्यनश्नन्नन्यो अभिचकाशीति। ऋग्वेदः १/१६४/२०।

३३. संस्कृत साहित्यर इतिहास, डा. हरेकृष्ण शतपथी, पृष्ठसंख्या–६६५, किताबमहल, तृतीयसंस्करणम्, १९९८।

३४. ना.शा. – भरतमुनिः – प्रथमोऽध्यायः।

३५. काव्यालंकारः – भामहः – द्वितीयोऽध्यायः।

सुव्यवस्थितः विचारः तेन प्रथमतया विहित इति कृत्वा काव्यालंकारस्य आद्यप्रवर्त्तकभावेन स एव ख्यातः। तन्मते अलंकारस्याभावेन काव्यस्य काव्यत्वहानिः भवति।[३६] तत्परवर्त्तिनः उद्भट्टरुद्रटजयदेवाप्पयदीक्षितादयः अलंकारस्य प्राधान्यमङ्गीकृत्य तेषां विस्तृतविवेचनमकुर्वन्। रीतिवादिनोऽपि दण्डीवामनादयः आलंकारिकाः अलंकारस्यास्य प्राधान्यं काव्ये अपरिहार्यमिति स्वीकृतवन्तः।[३७]

अलंकारवादी उद्भटः स्वग्रन्थे काव्यालंकारसारसंग्रहे एकचत्वारिंशदलंकाराणां विचारं कृतवान्। तन्मते रस एव अलंकारः। अतः रसवत्प्रेयउर्ज्वस्वीसमाहितादयः तेन स्वीकृताः। अलंकारवादस्य अन्यतमप्रतिभावान् ग्रन्थकर्त्ता रुद्रटः काव्यालंकारग्रन्थे अलंकाराणां सुमहद्विचारं कृतवान्। एकपञ्चाशदलंकाराणामुपस्थापनं तेन कृतम्। सः वास्तवौपम्यातिशयश्लेषभेदेनालंकाराणां श्रेणीविभागं कृतवान्। तदनन्तरं अलंकारसर्वस्वग्रन्थे श्रीरुय्यकः अष्टसप्ततिनामलंकाराणां विचारं कृतवान्। पीयूषवर्षी जयदेवः तस्य चन्द्रालोकग्रन्थे एकशतानामलंकाराणां विचारं करोति। तन्मते अलंकारा एव काव्ये समवायसम्बन्धेन तिष्ठन्ति यथा अग्नावुष्णता। उक्तं च —

> "अङ्गीकरोति यः काव्यं शब्दार्थावनलंकृती
> असौ न मन्यते कस्मादनुष्णमनलंकृती।"[३८]

अप्पयदीक्षितश्च कुवलयानन्दनामके अलंकारग्रन्थे पञ्चविंशत्यधिकशतानामलंकाराणां विचारं कृतवान्। एतद्व्यतिरिक्ताः राजशेखरमुकुलभट्टभोजराजमम्मटविश्वनाथपण्डितराजगन्नाथवाग्भट्टरामचन्द्रगुणचन्द्रौ – शारदातनयविद्याधरविद्यानाथकर्णपूरकेशवमिश्रविश्वेश्वररघुनाथादयः अलङ्काराणां गहान्तं विचारं कृतवन्तः।[३९]

---

३६. न कान्तमपि निर्भूषं विभाति वनिताननम्।

३७.(i) काव्यशोभाकरान् धर्मान् अलंकारान् प्रचक्ष्यते।
ते चाद्यपि विकल्प्यन्ते कस्तान् कात्स्न्येन वक्ष्यति। का.द.

(ii) काव्यं ग्राह्यमलंकारात्। सौन्दर्यमलङ्कारः। का.सू. वामनाचार्यः।

३८. च.लो. १/८।

३९. राजशेखरः – काव्यमीमांसा।
मुकुलभट्टः – अभिधावृत्तिमातृका।

ते चालंकाराः शब्दार्थभेदेन द्विविधाः।[४०] केचित्तु उभयाऽलंकारमपि स्वीकुर्वन्ति। शब्दाश्रिता अनुप्रासादय अर्थाश्रिताश्चोपमादयः भवन्ति। एतेषां शब्दालंकाराणामर्थालंकाराणाञ्च प्रयोगेण काव्यपुरुषः अलंकृतः भवति। यदुक्तं राजशेखरेण स्वकाव्यमीमांसा ग्रन्थे — "अनुप्रासोपमादयश्च त्वामलंकुर्वन्ति।"

कदाचित् कवयः तेषां काव्यरचनावेलायां केषांचित् काव्यतत्त्वानामपि विवेचनं कुर्वन्ति। न केवलमस्मिन् प्राच्यखण्डे अपि तु पाश्चात्यजगति वर्डस्वर्थ, शेली, वाइरन्, यीट्सप्रभृतयः कवयः स्वकीयेषु काव्येषु काव्यस्य शोभाधायकतत्त्वानां विवेचनं कुर्वन्ति।[४१]

नाटकमिदमलङ्करणसमृद्धमस्ति। नाट्यकारस्यात्रालंकरणचातुर्य्यं सुष्ठु अवगम्यते। नाटकमिदं पद्यबहुलमितिकृत्वाऽलंकारणा स्वाभाविकसञ्जोजनमङ्केषु दरीदृश्यते। शब्दालंकाराणामर्थालंकाराणां च समुचितविन्यासः पद्यानां कथाभागस्य च नाटकीयत्वं स्पष्टीकरोति। अत्रालंकाराणां स्वच्छन्दः रसपरकश्च प्रयोगः अलंकारस्यालंकरणत्वं सिद्ध्यति। नाटकेऽस्मिन् शब्दालंकारेषु अनुप्रासस्य श्लेषस्य च बहुलप्रयोगः दृश्यते। कुत्र कुत्रापि यमकस्य प्रयोगोप्यस्ति। पुनरत्र सर्वेषामर्थालंकाराणां प्रमुखतमानां संयोजनं विद्यते। तेष्वर्थालंकारेषु रूपक–उपमा–उत्प्रेक्षा–

भोजराजः – सरस्वतीकण्ठाभरणम्।
मम्मटः – काव्यप्रकाशः।
विश्वनाथः – साहित्यदर्पणः।
पण्डितराजन्नाथः – रसगंगाधरः।
वाग्भट्टः – वाग्भट्टालंकारः।
रामचन्द्रगुणचन्द्रौ – नाट्यदर्पणः।
शारदातनयः – भावप्रकाशनम्।
विद्याधरः – प्रतापरुद्रयशोभूषणम्।
कर्णपुरः – कुवलयानन्दः।
केशवमिश्रः – अलंकारशेखरः।
विश्वेश्वरपण्डितः – अलंकारप्रदीपः।
रघुनाथदासः – साहित्यरत्नाकरः।

४०. शब्दाभिधेयाऽलंकारभेदादिष्टं द्वयं तु नः। का.प्र., षष्ठोल्लासः।

४१. प्रा.पा.का.वि.धा. – डा. अद्वैतचरण धल, साम्बिदी प्रकाशन, पुरी, १९९२।

समासोक्ति–दृष्टान्तार्थान्तरन्यासादीनां बहुलप्रयोगः काव्यस्य कामपि शोभामभि–व्यनक्ति।

तत्र शब्दालंकाराणां प्रयोगः यथा —

प्रथमाऽङ्कस्य सूत्रधार वाक्ये —

"तदानीमेतस्य भक्तवृन्दस्य मुकुन्दविश्लेषोद्दीपनेन बहिर्भवन्तः प्राणाः कामपि तस्यैव केलिसुधाकल्लोलिनीमुल्लासयता परिरक्षणीया भवता।" इत्यत्र 'त'कार 'क'कार 'ल'काराणामनुप्रासत्वं सुविदितमेवास्ति। एवमनेकत्र कथाभागे अनुप्रासप्रसङ्गोऽस्ति।[४२] पद्यभागे चानुप्रासस्य महान्प्रयोगः दृश्यते। तद्यथा —

"तुण्डे ताण्डविनीरतिं वितनुते तुण्डावलीलब्धये
कर्णक्रोडकडम्बिनी घटयते कर्णार्वुदेभ्यः सृहामित्यादौ।"[४३]

इत्यत्र 'त'कार 'व'कार 'क'कार 'ड'काराणामनुप्रासत्वम्। पुनश्चान्यत्र प्रथमोऽङ्कस्य सप्तदशोनविंशपञ्चविंशतिस्त्रयस्त्रिंशद्षड्त्रिंशत्सप्तत्रिंशत्प्रभृतयः श्लोकाः, द्वितीयोऽङ्कस्य षट् – एकादश–पञ्चदश–पञ्चविंशतितमाः श्लोकाः, चतुर्थोऽङ्कस्य द्विपञ्चाशत् श्लोकः, षष्ठोऽङ्कस्य च त्रयविंशतिषड्विंशतिप्रभृतयः श्लोकाः अनुप्रासपरकाः सन्ति। अनुप्रासस्त्वत्र सर्वत्र विद्यते इति न बाहुल्यम्।[४४]

श्लेषाऽलंकारस्य प्रयोगरत्र कथाभागे पद्यभागे च दृश्यते। श्लिष्टशब्दानां अपरूपसंयोजनमत्र नाट्यकारस्य प्रतिभायाः व्यञ्जकमिति मन्यते। तत्र श्लेषस्य उदाहरणं यथा —

४२.(i) पौर्णमासी – वत्से, तत्र मया प्रतिभुवा भवन्त्या युक्तिमाधुरीमेदुरेण वाग्गर्गलेन निसर्गादगम्भीरोऽयं विष्कम्भितोऽस्ति। प्रथमोऽङ्कः। पृष्ठसंख्या–१५।

(ii) पौर्णमासी – (परिक्रम्य) नान्दिमुखी, कृष्णोऽपि नातिदूरे भविष्यति। यदत्र दक्षिणतो नैचिकीनिकुरम्बस्य हम्बारवाडम्बरोऽयमम्बरमाक्रामति। द्वितीयोऽङ्कः। पृष्ठसंख्या–६४।

(iii) तदेतां वासन्तिककान्तिमण्डलमण्डितमण्डलस्य चन्द्रमसश्चन्द्रिकाचक्रचुम्बितां विचरावो निकुञ्जचन्द्रशालिकाम् – इति। वि.मा. तृतीयोऽङ्कः। पृष्ठसंख्या–१४७।

४३. प्रथमोऽङ्कः १/१५।

४४. यथा – कनकाद्रिनिकेतकेतकीकलिकाकल्पकलेवरद्युतिः
हृदि सा मुदिरालिमेदुरे चपला मां किमलंकरिष्यति। वि.मा. २/२६।

"मित्रे विचित्रमनुरागभरं वहन्ती संबर्द्धितालिनिकरा स्वरसोदयेन
सत्कर्णिकोज्ज्वलरूचिर्भुवने समन्ताल्लक्ष्मीं तनोति भवतीव सरोजिनीयम्।"[४५]

पद्येऽस्मिं न्मित्र" "आलिनिकरा" "स्वरस" "सत्कार्णिका" "भुवना' दिपदाः श्लिष्टाः सन्तः कमलिन्याः मित्रप्रीतीव चन्द्रावल्याः कृष्णे रतिं द्योतयन्ति।

पुनः चतुर्थोऽङ्के चन्द्रावलीप्रसादनप्रसङ्गे यमकस्य प्रयोगः दृश्यते। तद्यथा—

"चन्द्रावलीवदनपुष्करसङ्गिगण्ड
चन्द्रावलीकतरतर्ककलङ्कितांङ्गी।
शंकाकुलोऽत्र कलयन्कमलायताक्षि
शं काकुलोलहृदयःप्रविशमि नाहम्।"[४६]

इत्यत्र चन्द्रावलीशंकाकुलशब्दौ यम्येते। एवमनेकत्र शब्दाडम्बराडम्बितानामलंकाराणां प्रयोगः नाट्यकारेण सम्यक् कृतः। सर्वेषामर्थालंकाराणां प्रयोगरत्र दृश्यते इति यत् कथितं न तदसमीचीनम्। अत्र रूपक–उपमा–उत्प्रेक्षार्थान्तरन्यास–समासोक्तिविरोधदृष्टान्तातिशयोक्ति–प्रभृतिनामलंकाराणां समुचितविन्यासः विद्यते। तेषु रूपकालंकारस्य बहुलप्रयोगः विद्यते। तत्र कथाभागे पद्यभागे च तेषां प्रयोगः नाट्यकारस्य रूपकप्रियतां प्रमाणयति। तत्र कथाभागे रूपकस्य प्रयोगः यथा सप्तमोऽङ्के पौर्णमासीवाक्ये — 'वत्स येन लावण्यगन्धलवलुब्धेन कंसशार्दुलेन स्वयमेव राधामृगी मृग्यते .....।' इति। अत्र राधे मृगस्य कंसे च शार्दुलस्यारोपः सफलोऽस्ति। एवमनेकशः नाट्यकृता कथाभागे रूपकः सन्तिवेशितः।[४७]

पद्यभागे चैतस्यालंकारस्य सर्वत्र प्रयोगः दृश्यते। काव्यस्यारम्भे शेषे च रूपकालंकारच्छटा दृश्यते। एतत् तस्य नाट्यकृतः रूपकप्रियतायाः प्रमाणम्।[४८]

---

४५. वि.मा. ७/१३, कृष्णस्य चन्द्रावली चाटुप्रसङ्गः।

४६. इत्यत्रापि श्लेषस्य।

४७.(i) वल्लवी चेतोवृत्तिमकरीविहारमकरालयस्य - वि.मा. प्रथमोऽङ्कः, पृष्ठसंख्या - ३।

(ii) अये वराङ्गनातरङ्गिणीनां महासागर–वि.मा. द्वितीयोऽङ्कः।

(iii) यदयं त्वदास्यचन्द्रो मे हृद्वृत्तितरङ्गेषु विम्बितश्चन्द्रावली वभूव - वि.मा. षष्ठोऽङ्कः–इत्यादौ।

४८. काव्यारम्भे यथा —

सुधाना चान्द्रीणामपि मधुरिमोन्मादमनी

तत्र रूपकस्योदाहरणं यथा प्रथमोऽङ्के —

"वल्लवी नवलतासु रङ्गिणं कृष्णभृङ्गमधिगत्य मत्सरी
राधिकापुरटपद्मिनीमयं नेतुमिचछति पुनर्वनान्तरम्।"[४९] इति।

अत्र वल्लवीसु नवलतायाः कृष्णे भृङ्गस्य राधिकायां च पुरटपद्मिन्याः आरोपः रूपकं पुष्णाति। एवमनेकत्र रूपकस्य संयोजनं तेन कृतम्।

यथा — "तयोरस्तटमण्डलं धृतिनदीरोधक्रियापण्डितं
वक्त्रेन्दुः कुलधर्मपङ्कजवनीसंकोचदीक्षाव्रती।
दौर्युपौ नितरामुदञ्चितचिरव्रीडाभिचाराध्वरौ
हा कष्टं निखिलं गिला सखि दृशोर्भङ्गी भुजङ्गी तु सा।"[५०]
परम्परितमिदं रूपकम्।

तत्र मालारूपकस्योदाहरणं यथा —

"त्रपाभिचरणक्रमे परमसिद्धिराथर्वणी
स्मरानलसमिन्धने सपदि सामिधेनीध्वनिः।
तथात्मपरमात्मनोरूपनिषन्मयी संगमे
विलासमुरलीभवा विरुतिरद्य वैरायते।"[५१]

अत्र 'मुरलीभवा विरुतिः' उपमेयः। आथर्वणीसिद्धिः, सामिधेनीध्वनिः,

---

दधाना राधादि प्रणयघनसारैः सुरभिताम्।
समन्तात्संतापोद्गमविषगरांसारसरणि-
प्रणीतां ते तृष्णां हरतु हरिलीला शिखरिणी। वि.मा. १/१।

काव्यशेषे यथा —
अन्तः कन्दलितादर श्रुतिपुटीमुद्घाटन् सेवते
यस्ते गोकुलकेलिनिर्मलसुधासिन्धुत्थविन्दूनपि।
राधामाधविकामधो मधुरिमा स्वाराज्यमस्यार्जयन्
साधीयान् भवदीयपादकमले प्रेमोर्मिरुन्मीलतु। वि.मा. ७/६२।

४९. वि.मा. – १/१४।
५०. वि.मा. – २/४५।
५१. वि.मा. – ६/११।

उपनिषद् चोपमानानि। इमानि त्रीणि विरुतेरुपरि आरोपितानीति मालाकृतानि सन्ति। अतः मालारूपकम्। एवं रूपकालंकारस्य रूपाणि काव्येऽस्मिन् सन्निवेशितानि सन्ति।[५२]

अर्थालकारेषु उपमायाः महत्वपूर्णस्थानमस्ति। एतस्यालंकारस्य प्रयोगः काव्यस्य काव्यत्वं प्रतिपादयति। नाटकेस्मिन् कथाभागे पद्यभागे चैतस्य बहुलप्रयोगः दृश्यते। तत् यथा —

"दशेयं दन्त त्वां ज्वलयति हिमानीव नलिनीम्।"[५३]

यथा हिमानी नलिनीं विमर्दयति तथेयं दशा त्वामिति उपमाऽलंकारः। पुनः यथा —

"यदवधि तदकस्मादेव विस्मायिताक्षं
नवतडिदभिरामं धाम साक्षाद्बभूव।
तदवधि चिरचिन्ताचक्रसक्ता विरक्तिं
मम मतिरूपभोगे योगिनीव प्रयाति।"[५४]

एवं बहुषु स्थानेषु उपमायाः प्रयोगः दृश्यते। कथाभागेऽपि उपमायाः सम्यक् प्रयोगः तेन विहितः। तद्यथा —

"यस्मादेषः वञ्चितनिद्रो योगीन्द्र इव एकाग्रचित्त एनामेव सर्वदा चिन्तयति।"[५५]

५२.(i) एष स्थैर्यभुजङ्गसङ्घदमनासङ्गे विहङ्गेश्वरो
व्रीडाव्याधिधुराविधूननविधौ तन्वङ्गि धन्वन्तरिः।
साध्वीगर्वभराम्बुराशिचुलुकारम्भे तु कुम्भोद्भवः
कालिन्दी तटमण्डलीषु मुरलीतुण्डाद् ध्वनिर्धावति। वि.मा. १/३७।

(ii) आडम्बरोज्ज्वलगतिर्वरकुञ्जबद्धः स्वैरी परिस्फुरितपुष्करचारुहस्तः।
धन्यासि सुन्दरि यया मृदुलं हसन्त्या बन्दीकृतस्तरलवल्लवकुञ्जरोऽयम्। वि.मा. ६/२१।

५३. त्वयानीतो वामः फलकमिलदङ्गी मधुरिपुः
सुखाशाभिः क्रीडाकुतुकिनि कुतो नेत्रपदवीम्।
कुकूलाग्निज्वाला पटलकटुकेलिर्यदधुना
दशेयं दन्त त्वां ज्वलयति हिमानीव नलिनीम्। वि.मा. - २/२२।

५४. वि.मा. - २/२४।

५५. वि.मा. - तृतीयोऽङ्के - कृष्णविरह वर्णयता मुधमङ्गलेनोक्तम्। पृष्ठसंख्या - १०५।

एवमनेकत्र उपमायाः प्रयोगः दृश्यते। एतद्व्यतिरिक्तेष्वलंकारेषु बहुषु स्थितेषु अपि ग्रन्थगौरवभयात् केषाञ्चिदलंकाराणामेवोदाहरणं दीयते।

तत्र उत्प्रेक्षायाः यथा —

"श्रेणीभूतवपुः श्रियामभिमुखे गोमण्डलीनां क्रमात्
आसां स्फटिकगण्डशैलपटली पाण्डुत्विषां व्याजतः।
शङ्के ज्ञातगुणा पुरन्दरपुराच्चस्कन्द मन्दाकिनी
वृन्दारण्य विहारिधन्य यमुना सेवाप्रमादार्थिनी।"[५६]

तत्र विभावनायाः यथा —

"अजडः कम्पसंपादी शस्त्रादन्यो निकृन्तनः
तापनोऽनुष्णताधारः कोऽयं वा मुरलीरवः।"[५७]

इत्यत्र कारणाभावे कार्योत्पत्तिः।

तत्रातिशयोक्त्याः यथा —

"वलादक्षणोर्लक्ष्मीः कवलयति नव्यं कुवलयं
मुखोल्लासः फुल्लं कमलवनमुल्लङ्घयति च।
दशां कष्टामष्टापदमपि नयत्याङ्गिकरुचिः
विचित्रं राधायाः किमपि किल रूपं विलसति॥"[५८]

समासोक्त्याः यथा —

"चन्द्रिका चन्द्रलेखायाश्चकोरे पातुमुद्यते
पिधानं विदधे हन्त शरदम्भोधरावली॥"[५९]

यथा वा —

"प्रणयिषु मिलितेषु प्रेमभाजामुपेक्षा
घटयति कटुपाकान्युच्चकैर्दुषणानि

---

५६. वि.मा. - १/१८।
५७. वि.मा. - १/३५।
५८. वि.मा. - १/३२।
५९. वि.मा. - २/५२।

दिनमणिरनुरागी प्रोज्झ्य संध्यां हि रक्तां
तमसि निखिलमुग्रे भञ्जयत्येष लोकम्।''[६०]

तत्रार्थान्तरन्यासस्य —

''ममास्मिन्संदर्भे यदपि कविना नातिललिता
मुदं धास्यन्त्यस्यां तदपि हरिगन्धाद् बुधगणाः।
अपः शालग्रामप्लवनगरिमोद्गारसरसाः
सुधी को वा कौपीरपि नमितमूर्धा न पिबति।''[६१]

तत्र विरोधस्य —

''रागिणमपि सुकठोरं सुवृत्तमपि मुहुरुदीर्णमालिन्यम्।
युवतीनामिव भावं न हि गुञ्जाहारमिच्छामि।''[६२]

तत्र सन्देहस्य —

''किं वा पामर कामकार्मुकपरित्रस्ता विमोक्ष्यत्यसून्।
हा मौग्ध्यात्फलिनी मनोरथलता मृद्वी मयोन्मूलिता।''[६३]

तत्र व्याजस्तुतेः —

''स्पृशन्तं यो मेघानघमनघकर्मा तमवधीद्
विषज्वालाजालोन्मदमदमयत् कालियमहिम्।
अकार्षीद् गोपेन्द्र द्रुहमजगरं दिव्यपुरुषं
भुजङ्गाचार्येऽस्मिन्किमिव घटते यन्नगघटः।''[६४]

तत्र स्वभावोक्त्याः —

''क्वचिद्भृङ्गीगीतं क्वचिदनिलभङ्गीशिशिरता

---

६०. वि.मा. - ३/११।

६१. वि.मा. - १/४।

६२. वि.मा. - २/३६।

६३. वि.मा. - २/४०।

६४. वि.मा. - ३/३१।

क्वचिद्वल्लीलास्यं क्वचिदमलमल्लीपरिमलः।
क्वचिद्धाराशाली कनकफलपाली रसभरो
हृषीकाणां वृन्दं प्रमदयति वृन्दावनमिदम्।''[६५]

एवं सर्वेषामप्यलंकाराणां विनियोजनेन ग्रन्थमिदम् अलंकारसमृद्धमिति मन्यते। अपरेषामवशिष्टानामलंकाराणामुपन्यासोऽत्र ग्रन्थगौरवभयात् न कृतः।

४. रीतेः परिपाटी —

कथा अनन्ता। कथनप्रकारं चानन्तम्। तदेव कथनप्रकारं मार्गः इति प्राचीनैः भामहादिभिः कीर्त्तितम्। परवर्तीकाले तन्मार्गपदं रीतिरूपेण प्रकाशितम्। तथा च भामहेन द्वौ मार्गौ उपस्थापितौ। वैदर्भः गौडश्च।[६६] अनन्तरं श्रीदण्डीमहाभागः स्वकाव्यादर्शे तं मार्ग इति उक्त्वा अनेकानां मार्गाणां सूचनां प्रादात्। तत्र तु वैदर्भगौडौ स्फुटमार्गाविति सोऽवदत्। उक्तञ्च —

''अस्त्यनेक गिरां मार्ग सूक्ष्मभेदः परस्परम्
तत्र वेदर्भगौडीयौ वर्ण्यते प्रस्फुटान्तरौ।''[६७]

तत्र सोऽपि मार्गद्वयः स्फुट इति कथयति। परन्तु तस्यानन्त्यं स्वीकरोति। अनन्तरं रीतेरात्मत्वमुद्घोषयता वामनेन मार्गपदं रीतिरूपेण उपस्थापितम्। तत्र तासां त्रैविध्यं च स्वीकृतम्। उक्तं च काव्यालंकारसूत्रौ ''सा त्रिधा वैदर्भी गौडीया पाञ्चाली चेति।''[६८]

तासु समस्तगुणयुक्तायाः वैदर्भ्या एव ग्रहणाय तेनोपदिष्टमुक्तञ्च —

---

६५. वि.मा. - १/३१।

६६. वैदर्भमन्यदस्तीति मन्यन्ते सुधीयो परे, तदेव च किल ज्यायः सदर्थमपिनापरम्। ३१।
गौडीयमिद भेदस्तु वैदर्भमिति किं पृथक्, गतानुगतिकन्यायान्नानाख्येयममेधसाम्। ३२।
ननु चाश्गकवंशादि वैदर्भमिति कथ्यते, कामं तथास्तु प्रायेण संज्ञेच्छातो विधीयते। ३३।
अपुष्टार्थमवक्रोक्तिः प्रसन्नमृजु कोमलम्, भिन्नं ज्ञेयमिवेदं तु केवलं श्रुति पेशलम्। ३४।
अलंकारवदग्राम्यमर्थ्यं न्याय्यमनाकुलम्, गौडीयोमपि साधीयो वैदर्भमिति नान्यथा। ३५।
काव्या. - भामह.

६७. का.द. - ४०।

६८. का.सू. - प्रथममधिकरणम् - वामनः।

"तासां पूर्वा ग्राह्या गुणसाकल्यात् न पुनरितरे स्तोकगुणत्वात्।" वैदर्भ्याः यथा-योग्यप्रशंसा अपि तत्र तेनैव विहिता।[६९] तन्मते गुणयोजनेन पदानां विशेषत्वं जायते। तानि एव विशिष्टपदानि काव्यशोभां प्रतिपादयन्ति। यतस्ते गुणाः काव्यशोभायाः कर्त्तारो धर्मा इति तेन विनिश्चिताः।[७०] गुणाश्च दशसंख्यकाः शब्दार्थरूपाः सन्ति। गौडीपाञ्चालयोरपि गुणमयत्वं तेन उक्तम्। यथा —

"ओज कान्तिमती गौडीया।"[७१] "माधुर्य सौकुमार्योपपन्ना पाञ्चाली।"[७२]

अतस्तस्य वामनस्य गुणमयी रीतिः काव्यात्मारुपेति कथञ्चित् समयेऽस्मिन् विद्वद्भिः चर्च्चिता। तदन्तन्तरं रीतेः स्वरूपविषये आचार्यैः पुनर्विचारः कृतः। तत्र न केनापि वामनमतं स्वीकृतम्। सर्वैरेव वचनविन्यासक्रमं रीतिपदेन व्यवहृतम्।

चतुर्थ्याः रीत्याः लाट्याः प्रथमोपस्थापकः रूद्रटः रीतिनामाधाररूपेण समासं मन्यते।[७३] तन्मते समासरहिता वैदर्भी। द्वित्रिपदा रचना पाञ्चाली। पञ्चसप्तपदा रचना लाटी (लाटिया)। समासबहुला च गौडीया भवति।

आचार्यराजशेखरोऽपि काव्यमीमांसायां तिस्रः रीतीः प्रतिपादयति। सः च वचनविन्यासः रीतिश्चेति उद्घोषयति। पुनः कर्पुरमञ्जर्य्यां तेन मागधीरीतिः स्वीकृता।

कुन्तकः सुकुमारविचित्रमध्यमपदेन यथाक्रमं वैदर्भीगौडीपाञ्चालीं उपस्थापयति। एताश्च तन्मते कविस्वभावसम्बन्धाः मार्गाः सन्ति।

भोजराजस्तु श्रृंगारप्रकाशे वैदर्भीगौडीपाञ्चालीलाटीया इति चतस्रः रीतीः स्वीकरोति। पुनस्तस्य सरस्वतीकण्ठाभरणे आवन्तिका मागधी चेति रीतिद्वयं सः

---

६९. अस्पृष्टा दोषमात्राभिः समग्रगुणगुम्फिता विपञ्चीस्वरसौभाग्या वैदर्भी रीतिरीष्यते।

७०. काव्यशोभायाः कर्त्तारः धर्माः गुणाः ....।

७१. का.सू. - १२।

७२. का.सू. - १३।

७४. 'वृत्तेरसमासायां वेदर्भीरीतिरेकैव'

पुनश्च - लघुमध्यायतविरचनं समासभेदादिमास्तत्र।
द्वित्रिपदापाञ्चाली लाटिया पञ्चसप्त वा यावत्
शब्दासमासवन्तौ भवति यथाशक्ति गौडीया। इति काव्या. - रुद्रटः।

प्रतिपादयति।[७५]

एतदतिरिक्ताः वाग्भट्टजयदेवविद्याधरकेशवमिश्रादयः आलंकारिकाः स्वग्रन्थे रीतेः यावदुक्तं स्वरूपं विवेचयन्ति।

ध्वनिवादीनां तु रीतिः पृथक्। आचार्यः श्रीआनन्दवर्द्धनः पदसंघटनारूपेण रीतिं विचारयति।[७६] परन्तु वाग्देवतावतारः वर्णविन्यासक्रमं रीतेः आधारमिति घोषयित्वा उपनागरिकापरुषाकोमलेति तिस्रः ताः वृत्तय इति कथयति।[७७]

विश्वनाथकविराजः रीतिं पदसंघटनारूपेण विचारयति दर्पणग्रन्थे। पण्डितराजोऽपि रसगङ्गाधरे वर्णरचनाक्रमः रीति इति विचारयति। रीतिमार्गस्य प्रकाशकः वामनः यद्यपि रीतेरात्मत्वं स्वीकरोति पुनश्च तस्याः महत्वं प्रतिपादयति तथापि नव्यालंकारकारैः विशेषतः ध्वनिवादिभिः तन्न स्वीकृतम्। ध्वनिवादीनां मते तु रस एव आत्मा। गुणाः रसधर्माः। ते समुचितवर्णैः व्यज्यन्ते। ते एव गुणाः माधुर्य्यौजः प्रसादभेदेन त्रिधाः। यदुक्तं श्रीवाग्देवतावतारेण —

"माधुर्य्योजः प्रसादाख्याः त्रयस्ते न पुनर्दशः।"[७८]

तत्र विशिष्टानां केषाञ्चिद्वर्णानां प्रयोगे माधुर्यस्य, केषाञ्चिद् प्रयोगे ओजसः पुनः केषांचिच्च प्रयोगे प्रसादस्य प्रकाशः इति काव्यप्रकाशे लिखितमस्ति।[७९]

---

७५. वैदर्भी साऽथ पाञ्चाली गौडियाऽवन्तिका तथा
लाटिया मागधी चेति षोढा रीतिर्निगद्यते। स.क. - भोजराजः।

७६. ध्व.लो. - आनन्दवर्द्धनः।

७७-७८. का.प्र. - अष्टमोल्लासः - मम्मटः।

७९. तत्र माधुर्यस्य —
मूर्ध्नि वर्गान्त्यगाः स्पर्शाः अटवर्गाः रणौ लघु
अवृत्तिर्मध्यवृत्तिर्वा माधुर्ये घटना मता।
तत्र ओजसः —
योग आद्यरतृतीयाभ्यां अन्त्ययोः रेण तुल्ययोः
टा दि शषौ वृत्तिदैर्घ्यं गुम्फमुद्धत ओजसि।
तत्र प्रसादस्य —
श्रुतिमात्रेण शब्दात्तु येनार्थप्रत्ययो भवेत्
साधारणं समग्राणां सः प्रसादो गुणो मतः। का.प्र. - अष्टमोल्लासः।

एतैः माधुर्यौजः प्रसादव्यञ्जकैः वर्णैः क्रमेणोपनागरिकापरुषाकोमलादि-वृत्तयः प्रतिपादिताः भवन्ति। ताः एव वृत्तयः यथाक्रमं वैदर्भीगौडीपाञ्चालीति नाम्ना प्राचीनप्रसिद्धाः रीतयः सन्ति।

वामनादयस्तु गुणे रसस्य स्थितिं विचारयन्ति। यथा दीप्तरसत्वं कान्तिः इति। परन्तु ध्वनिवादीनां मते रसे एव गुणस्य स्थितिः।

एवमुपर्य्युक्तविचारमवलम्ब्य वचनविन्यासक्रमः रीतेराधार इति अनुमीयते। सा च रीतिः माधुर्योजः प्रसादगुणगुम्फिता क्रमेण वैदर्भीगौडीपाञ्चालीति नामयुक्ता भवति।

विदग्धमाधवं रचनाशैलीदृष्ट्या वैदर्भीरीतिप्रधानं नाटकम्। तथापि गौडी-पञ्चालीप्रभृतीनां प्रयोगरत्र दृश्यते। कथाभागे अत्र वचनरचनाचातुर्य्याः प्रवाहः सरलः सुकुमारश्च। कुत्र कुत्रापि च दीर्घसमासः स्वाभाविकरूपेणात्र विनिवेशितः। परन्तु पद्यभागे समासबहुलविकटबन्धस्य प्रयोगः कदाचित् दृश्यते। तत्तु नाट्यकारेण सावहितमुपस्थापितम्। अस्मिन् पद्यभागे प्रसङ्गानुसारं सरलं भावपूर्णञ्च सरसविरचनं नाट्यकारस्य अद्भूतप्रतिभायाः व्यञ्जकं भवति। पद्यभागस्य पाण्डित्यपूर्णं वैदग्ध्यं च सञ्योजनं मनोरञ्जयति। भावमभिलक्ष्य तेन सफलनाट्यकारेण श्रीरूपगोस्वामिना पदसञ्योजनं विहितम्।

तत्र वैदर्भ्याः प्रयोगः यथा —

वृन्दावनस्य वासन्तीमाधुरीं वर्णयता कविना प्रयुक्तं यत् —

"क्वचिद् भृङ्गीगीतं क्वचिदनिलभंगी शिशिरता
क्वचिद्वल्लीलास्यं क्वचिदमलमल्लीपरिमलः।
क्वचिद्धाराशाली कनकफलपाली रसभरो
हृषीकाणां वृन्दं प्रमदयति वृन्दावनमिदम्।"[८०]

यथा वा राधादर्शनविह्वलकृष्णस्यावस्थावर्णनावसरे द्वितीये अङ्के —

"फुल्लप्रसूनपटलैः तपनीयवर्णाम्

---

८०. वि.मा. – १/३१।

आलोक्य चम्पकलतां किल कम्पतेऽसौ।
शङ्के निरङ्कनवकुङ्कुमपङ्कगौरी
राधाऽस्य चित्तफलके तिलकीवभूव।"[८१]

पुनश्च राधागले रङ्गणमालिकां दृष्ट्वा कृष्णस्य भावनावर्णनावसरे यथा —

"शङ्के चिरात् किमपि रङ्गणपुस्पसङ्घः,
पुण्यं पुरा परमतीर्थवरे व्यधत्त।
यस्मान्ममात्यसुलभे मदिराक्षि साक्षात्,
अङ्गीचकार तव वक्षसि संगसौख्यम्।"[८२]

एवं यथाभावं तेन नाट्यकारेण प्रायशः वैदर्भ्याः सुसञ्योजनं कृतम्।

तत्र गौडी यथा — वृन्दावनवर्णनावसरे

"तव स्तवकवल्लरीचटुलगन्धवन्दीकृत-
भ्रमद्भ्रमरझंकृतिप्लुतमुदग्रगुञ्जार्बुदम्।
शरत्कृशकलिन्दजापुलिनवन्दसंबर्धितं
परिस्फुरति चन्द्रकस्थगितमद्य वृन्दावनम्।"[८३]

यथा वा —

"अयं नयनदण्डितप्रवरपुण्डरीकप्रभः
प्रभाति नवजागुडब्रजविडम्बिपीताम्बरः।
अरण्यजपरिष्क्रियादमितदिव्यवेषादरो
हरिन्मणिमनोहरद्युतिभिरुज्ज्वलाङ्गो हरिः।"[८४]

एवं समासबहुला रचना पद्यभागे प्रायशः दृश्यते।

पुनः पाञ्चालीरीत्याः प्रयोगस्तु सर्वत्र नाटकेऽस्मिन् दृश्यते।[८५] तथापि

---

८१. वि.मा. – २/२५।
८२. वि.मा. – ३/४६।
८३. वि.मा. – ६/३।
८४. वि.मा. – १/१६।
८५. तत्र पाञ्चाली यथा —

नाटकमिदं प्राधान्येन वैदर्भशैल्या विरचितमिति न सन्देहः। तत्र भवतु नाम दीर्घ-समासस्य समासहीनस्य वा बन्धस्य प्रयोगः तथापि नास्ति काचित् बाधा। अत्र भावविमुग्धः नाट्यकारः स्वच्छन्दभावेन वर्णविन्यासः करोति। अतः मधुरभाव-गर्भकमिदं नाटकं माधुर्यस्य व्यञ्जकमिति वक्तुं युक्तम्। समग्रे नाटके कुत्रापि समासस्यासमासस्य वा बलपूर्वकप्रयोगः न दृश्यते। अतः वर्णविचारप्रसङ्गे इदं वक्तुं शक्यते यदिदं काव्यमेतस्य च गद्यपद्यमयी रचना सहृदयाह्लादकारीति शेषः।

५. रसस्य परिपाटी —

वाक्यं रसात्मकं काव्यम्। शब्दार्थशरीरमयस्य काव्यस्यात्मभूतः रसः। यथा पञ्चभूतात्मकेऽस्मिन् शरीरे अजरामरशाश्वतब्रह्मरूपात्मा तथैव शब्दार्थशरीरे रसः स्वप्रकाशाखण्डसच्चिदानन्दमयब्रह्मरूपश्चास्ति। यदुक्तं श्रीविश्वनाथेन —

"सत्वोद्रेकादखण्डस्वप्रकाशानन्दचिन्मयः
वेद्यान्तरः स्पर्शशून्यो ब्रह्मास्वादसहोदरः।"[८६]

अतः नाट्यशास्त्रस्य प्रवक्ता रसतत्त्वस्य प्रथमाविष्कर्ता भरतः कथयति—

"नहि रसादृते कश्चिदर्थः प्रवर्त्तते।"[८७] रसः मुख्यः।

"तन्मते विभावानुभावव्यभिचारिसंयोगाद्रसनिष्पत्तिः।"[८८]

यद्यपि काव्यमीमांसाग्रन्थे श्रीराजशेखरः रसाधिकारिकं नन्दीकेश्वरमुद्घोष-यति तथापि तत्र न किमपि प्रमाणमवशिष्यते। अतः नाट्यशास्त्रप्रणेता भरतः रसतत्त्वस्याद्यप्रवर्त्तक इति सर्वैः स्वीकृतः। तत्कृतस्य रससूत्रस्य व्याख्यानेन भट्ट-लोल्लटश्रीशङ्कुकभट्टनायकाभिनवगुप्तादय आचार्याः रससिद्धान्तिन इति प्रसिद्धाः भवन्ति। भरत इव सर्वे रसस्य प्राधान्यं स्वीकुर्वन्ति। अर्वाचीनेषु विश्वनाथकविराज-

---

नादः कदम्बविटपान्तरतो विसर्पन्, को नाम कर्णपदवीमविशन्न जाने।
हा हा कुलीनगृहिणीगणगर्हणीयां येनाद्यकामपि दशां सखि लम्भितास्मि।

वि.मा. - १/३४।

८६. सा.द. - ३/२।

८७. ना.शा. - ६/४।
Vol. II, Dr. N.P. Unni, Nag Publishers, 2nd EDN 2003.

८८. तत्रैव।

पण्डितराजजगन्नाथादयः रसतत्त्वस्यानुगामिनः रसस्य सर्वप्राधान्यं स्वीकुर्वन्ति।

एवमेव बहुप्राचीनकालात् भारतीयसाहित्ये रसतत्त्वस्यालोचनं दृश्यते। भारतीयसाहित्यशास्त्रजगति अलंकाररीत्यौचित्यवक्रोक्तिध्वनिप्रभृतयः अन्ये सम्प्रदायाः स्व स्व विचारमवलम्ब्य प्रतिष्ठिताः दृश्यन्ते। तथापि सर्वे रसतत्त्वस्य विचारसमये औदार्यं प्रकटयन्ति तस्य माहात्म्यम् उच्चैः घोषयन्ति च। अतस्तत्त्वमिदं सर्ववादीसम्मतमद्यापि वर्त्तते।

भरतकृतनाट्यशास्त्रानुसारं रसा अष्टधा। ते च शृगांरहास्यकरुणरौद्रवीर-भयानकवीभत्साद्भुतभेदात् भिन्नाः रत्यादिस्थायिभावमूलाः सन्ति। स्थायिभावास्तु विभावादि संयोगात् रसत्वं भजन्ते। ते च क्रमात् रतिहासशोकक्रोधोत्साहभयजुगुत्साविस्मयाभिधाः। एतद्व्यतिरिक्तः नवमो नाम शमस्थायिभावात्मकः शान्तरसः भट्टोद्भट्टेन प्रतिपादितः काव्यप्रकाशकारेण श्रीमता श्रीवाग्देवतावतारेण च स्पष्टीकृतः। उक्तञ्च —

"निर्वेदः स्थायिभावोऽस्ति शान्तोऽपि नवमो रसः इति।"[८९]

अनन्तरं श्रीमता श्रीविश्वनाथकविराजेन वात्सल्यस्थायिभावात्मकः वत्सलरसः अङ्गीकृतः। यदुक्तं तेन साहित्यदर्पणे —

"स्फुटं चमत्कारितया वत्सलं च रसं विदुः
स्थायी वत्सलता स्नेहः पुत्राद्यालम्बनं मतम्।"[९०]

तत्र तेनैव महात्मना वात्सल्यस्य आलम्बनोद्दीपनानामनुभावानां व्यभिचारीणाञ्च निर्णयः कृतः।

एतद्व्यतिरिक्तस्य प्रेयाख्यस्य रसस्यावतारणा नवमशताब्द्यां श्रीरूद्रट-महोदयेन कृता। एवमेकादशरसाणां साङ्गोपाङ्गविवेचनं भारतीयसाहित्यशास्त्रेषु अभवत्। परवर्त्तिनी काले पूर्णतमस्य भक्तिरसस्य उदयः रसतत्त्वे पूर्णतामानीतः। श्रीमत् श्रीरूपपगोस्वामिप्रभुपादः श्रीहरिभक्तिरसामृतसिन्धुग्रन्थे भक्तितत्त्वस्य

---

८९. का.प्र. ४/४७।

९०. सा.द. ३/२५।

रहस्योपस्थापनमकरोत्। मधुरभक्तिरसः रसराडिति च तेन उज्जलनीलमणिग्रन्थे प्रति-पादितः। उक्तञ्च —

"मुख्यरसेषु पुरा यः सक्षेपेणोदितो रहस्यत्वात्
पृथगेव भक्तिरसराट् विस्तरेणोच्यते मधुरः।"[९१]

एवं द्वादशानां रसानां विचारः भारतीयसाहित्यजगति अद्यापि प्रचलत्ति। एतेषां सर्वेषामेव भक्तौ पर्य्यवसानः इति श्रीरूपगोस्वामी कथयति। तस्यालोचनं चतुर्थाध्याये गौडीयसाहित्यतत्त्वविचारप्रसङ्गे भविष्यति।

आलोच्यकाव्यं श्रीविदग्धमाधवं मधुररसमयमस्ति। राधाकृष्णयोः लीला काव्ये आलोचिता। वैष्णवोक्तस्य मधुररसस्य अङ्गीत्वं हासवत्सलप्रेयादीनाञ्च अङ्गत्वमत्र काव्ये परिलक्ष्यते विभावानुभाव्यभिचारीणां संयोगात् रतिश्च मधुररस-रूपेण परिणमते। अतः काव्यमिदं मधुररससिक्तं भवति।

साहित्यशास्त्रानुसारं नाटके शृंगारो वीरो वा एकः रसः अङ्गीकर्त्तव्यः।[९२] श्रीविदग्धमाधवं साहित्यशास्त्रीयनियमानुसारमुपनिबद्धं नव्यनाटकम्। नाट्यकारः श्रीरूपः राधाकृष्णयोर्नित्यसञ्योगं नाटकस्यान्तिमफलरूपेण प्रस्तौति। अतः सम्भोग अत्र अङ्गी। अस्य अङ्गिनः सम्भोगमधुरस्य परिपुष्ट्यर्थं विप्रलम्भस्य प्रयोगः नाट्यकारेण विहितः। विप्रलम्भस्य बहुलप्रयोगः सम्भोगस्यात्र परां पुष्टिं तनोति। यदुक्तं तेन उज्ज्वलनीलमणौ —

"न विना विप्रलम्भेन शृंगारः पुष्टिमश्नुते
कषायिते हि वस्त्रादौ भूयान् रागो विवर्धते।"[९३]

प्रिलम्भस्य कारुण्यं मधुरेण शाम्यति। अत्र प्रिलम्भस्य पूर्वरागमानकरुणा-दीनामङ्गानां समावेशः दृश्यते। नायककृष्णस्य प्रवासवर्णनमत्र नास्ति तथापि एकस्थानावस्थितयोरपि अनयोर्मध्ये महान् दूरत्वस्य वर्णनं प्रवासस्य रूपान्तरमिव लक्ष्यते।

---

९१. उ.नि. /२।

९२. (i) एको रसोऽङ्गीकर्त्तव्यो वीरः शृंगार एव वा। द.रू. – धनञ्जयः।

(ii) एक एव भवेदङ्गी शृंगारो वीर एव वा। सा.द. – कविराजः।

(iii) शृंगारवीरान्यतरमुख्यं रम्येतिवृत्तयुक्। ना.च. /४ – श्रीरूपः।

९३. उ.नी. – शृंगारभेदः /३।

अङ्गिनः मधुरश्रृंगारस्योपकारिणः हासवात्सल्यादयः अत्राङ्गभूताः भवन्ति। तेषां प्रयोगप्रकारः क्रमेण आलोच्यते।

तत्र अङ्गिनः श्रृंगारस्य परिपाटी यथा —

नाटकेऽस्मिन् रतिः विभावानुभावव्यभिचारिसंयोगात् श्रृंगाररसरूपेण परिणमते। तत्र संयोजितानां विभावादीनां स्वरूपं यथा —

तत्र विभावः —

तत्र विभावः द्विविधः। आलम्बनोद्दीपनभेदात्। आलम्बनस्तु आश्रया-लम्बनं विषयालम्बनञ्चेति द्विधा। नाटकेऽस्मिन् आश्रयालम्बनरूपा कृष्णप्रेयसी परकीया श्रीराधा। सा विदग्धमाधवे मधुरनायिकारूपेण चित्रिता। सा च विनीता नर्मपण्डिता पाटवान्विता भवति। परकीयात्वेपि तस्याः नात्र रसाभासत्वम्। सा दिव्यनायिका महाभावस्वरूपा। यदुक्तम् —

> "नेष्टा यदङ्गिनि रसे कविभिः परोढा-
> स्तद्गोकुलाम्बुजदृशां कुलमन्तरेण।
> आशंसया रसविधेरवतारितानां
> कंसारिणा रसिकमण्डलशेखरेण।"[९४] इति आर्षप्रमाणम्।

पुनश्च श्रीरूपेण उज्ज्वलनीलमणौ उक्तम् —

> "लघुत्वमत्र यत्प्रोक्तं तत्तु प्राकृतनायके
> न कृष्णे रसनिर्य्यास स्वादार्थमवतारिणि।"[९५]

अतः अप्राकृतप्रेममयी परकीया मधुरनायिकाऽत्र श्रीराधा। सा यथा —

> "वलादक्ष्णोर्लक्ष्मीः कवलयति नव्यं कुवलयं
> मुखोल्लासः फुल्लं कगलवनमुल्लङ्घयति च।
> दशां कष्टामष्टापदमपि नयत्याङ्गिकरुचिः

---

९४. र.वि. – सुदेव (नाटकचन्द्रिकायां नायकनिर्वचनप्रसङ्गे उद्धृतम्)।

९५. उ.नी. / १८।

विचित्रं राधायाः किमपि किल रूपं विलसति।''[९६]

एतद्भिन्ना प्रतिनायिकारूपेण चन्द्रावली अत्र चित्रिता।

विषयालम्बनस्त्वत्र पुरुषोत्तमः श्रीकृष्णः। स च रसघनविग्रहः ऐश्वर्य-माधुर्यादिगुणमयः धीरललितः दक्षिणनायकः। स च उज्ज्वलरसमयः। यदुक्तम्—

''अयं नयनदण्डितप्रवरपुण्डरीकप्रभ
प्रभाति नवजागुडब्रजविडम्बिपीताम्बरः।
अरण्यजपरिष्क्रियादमितदिव्यवेषादरो
हरिन्मणिमनोहरद्युतिभिरुज्ज्वलाङ्गो हरिः।''[९७]

उद्दीपकाः ते तावत् गुणनामचरित्रमण्डनसम्बन्धिनः तटस्थाश्चात्र शृंगार-मुद्दीपयन्ति। गुणास्तु कायिकवाचिकमानसिकभेदेन त्रिधाः। कायिकास्तु रूप-लावण्यादयः। वाचिकाः हासपरिहासरूपाः। मानसाः कृतज्ञताक्षमात्यागप्रभृतयः। परस्परनामसंकीर्त्तनचरितश्रवणादयः मण्डनानि च रसमुद्दीपयन्ति। एतद्व्यक्तिरिक्ताः चन्द्रचन्दनवृन्दावनयमुनाकुञ्जवर्हगुञ्जादयः तटस्थाः रसोद्दीपकाः भवन्ति। नाटके-ऽस्मिन् एतेषाम् उद्दीपकानां सुसंयोजनं दृश्यते। यथास्थानविन्यासेन ते रसोद्दीपकाः भवन्ति। तेषा दिङ्मात्रमुदाहरणं दीयते।

तत्र कायिकस्य रूपस्य यथा —

''नीतं ते पुनरूक्ततां भ्रमरकैः कस्तुरिकापत्रकं
नेत्राभ्यां विकलीकृतं कुवलयद्वन्द्वं च कर्णार्पितम्।
हारश्च स्मितकान्तिभङ्गिभिरलं पिष्टानुपेषीकृतः
किं राधे तव मण्डनेन नितरामङ्गैरसि द्योतिता।''[९८]

तत्र संनिहितस्य वर्हगुञ्जस्य यथा —

''अग्रे वीक्ष्यशिखण्डखण्डमचिरादुत्कम्पमालम्बते
गुञ्जानान्तु विलोकनान्मुहुरसौ सास्रं परिक्रोशति।

९६. वि.मा. - १/३२।

९७. वि.मा. - १/१७।

९८. वि.मा. - ७/४७।

नो जाने जनयन्नपूर्वनटनक्रीडाचमत्कारितां
बालायाः किल चित्तभूमिमविशत्कोऽयं नवीनग्रहः ॥''[९९]

तत्र वंशीध्वनिः यथा —

''अजडः कम्पसम्पादी शस्त्रादन्यो निकृन्तनः
तापनोऽनुष्णताधारः कोऽयं वा मुरलीरवः ।''[१००]

तटस्थेषु वृन्दावनसौन्दर्यम् यथा —

''क्वचिद् भृङ्गीगीतं क्वचिदनिलभङ्गी शिशिरता
क्वचिद् वल्लीलास्यं क्वचिदमलमल्लीपरिमलः ।
क्वचिद्धाराशाली कनकफलपाली रसभरो
हृषीकाणां वृन्दं प्रमदयति वृन्दावनमिदम् ॥''[१०१]

एवमेव अत्रवर्णिता उद्दीपकाः रसमुद्दीपयन्तः तिष्ठन्ति। प्रायशः उद्दीपनानां विभावानां वर्णनमत्र विद्यते। ग्रन्थगौरवभयात् दिङ्मात्रमत्रोदाहरणं प्रस्तुतम्।

तत्रानुभावाः — शृंगाररसमनुभावयतां हावभावहेलाशोभाकान्तिमाधुर्य-प्रागल्भ्यौदार्यधैर्यलीलाविलासविच्छित्तिविभ्रमचकितोद्भास्वरादीनामनुभावानां वर्णनेन भावस्यावबोधः सुगमः भवति। नाटके अनुभावास्तु चित्तस्थभावानामव-बोधकाः भवन्ति। अतः एतेषामनुभावानां सफलसञ्जोजनं नाटकेऽस्मिन् विहितम्। तेषामुदाहरणं संक्षेपेण दीयते।

तत्र औदार्यम् —

''न्यविशतनयनान्ते काऽपि सारल्यनिष्ठा
वचसि च विनयेन स्तोत्रभङ्गीन्यवात्सीत्।
अजनि च मयि भूयान् सम्भ्रमस्तेन तस्यो
व्यवृणुत हृदि मन्युं सुष्ठु दाक्षिण्यमेव ॥''[१०२]

---

९९. वि.मा. – २/१५।

१००. वि.मा. – १/३५।

१०१. वि.मा. – १/३१।

१०२. वि.मा. – ४/१३।

तत्र उद्धास्वरासु नीविविस्रंसनं यथा —

"नैरञ्जन्यमुपेयतुः परिगलन्मोदाश्रुणी लोचने
खेदोद्भूतविलेपनं किल कुचद्वन्द्वं जहौ रागिताम्
योगौत्सुक्यमगादुरः स्फुरदिति प्रेक्षोदयं संगिनां
राधे नीविरियं तव श्लथगुणा शङ्केमुमुक्षां दधे ॥"[१०३]

तत्र सात्विकाः — सत्त्वसम्भवाः शारीरिकविकृतयः सात्त्विकभावरूपाः भवन्ति। विदग्धमाधवनाटके एतेषां स्थितिः सुरक्षिता दृश्यते।

उदाह्रियते यथा —

"क्षौणिं पङ्किलयन्ति पङ्कजरुचोरक्ष्णोः पयोविन्दवः
श्वासास्ताण्डवयन्ति पाण्डुवदने दूरादरोजांशुकम्
मूर्त्तिं दन्तुरयन्ति सन्ततममी रोमाञ्च पुञ्जाश्चते
मन्ये माधवमाधुरीश्रवणयोरभ्यासमभ्या ययौ ॥"[१०४]

अत्राश्रुवैवर्ण्यरोमाञ्चादयः वर्णिताः।

तत्र व्यभिचारिणः — विशेषेणाभिमुख्येन ये वागङ्गसत्त्वसूच्याः भावस्य गतिं संचारयन्ति ते तावत् त्रयत्रिंशद्भावाः व्यभिचारिणः कथ्यन्ते। नाटकेऽस्मिन् शृंगार-रसद्योतकाः व्यभिचारिणः प्रायशः संयोजिताः सन्तः स्थायीभावस्य वृद्धये सहायकाः भवन्ति। तेषां वर्णनप्रकारं संक्षेपेण उच्यते। तद्यथा —

तत्र निर्वेदः —

"यस्योत्सङ्गसुखाशया शिथिलता गुर्वी गुरुभ्यस्त्रपा
प्राणेभ्योऽपि सुहृत्तमाः सखि तथा यूयं परिक्लेशिता।
धर्मः सोऽपि महान्मया न गणितः साध्वीभिरध्यासितो
धिग्धैर्यं तदुपेक्षितापि यदहं जीवामि पापीयसी ॥"[१०५]

---

१०३. वि.मा. – ७/४०।
१०४. वि.मा. – १/३६।
१०५. वि.मा. – २/४१।

तत्र विषादः —

''पीतं न वागमृतमत्रहरेरशङ्कं
न्यस्तं मयास्यवदने न दृगञ्चलञ्च
रम्ये चिरादवसरे सखि लब्धमात्रे
हा दुर्विधिर्विरुरुधे जरती छलेन॥''[१०६]

तत्र गर्वः —

''सहचरिवृषभानुजया प्रादुर्भावे वरत्विषोपगते
चन्द्रावलीशतान्यपि भवन्ति निर्धूतकान्तिभिः॥''[१०७]

तत्र शङ्का यथा —

''व्यक्तिं गते मम रहस्यविनोदवृत्ते
रुष्ट लघिष्ठहृदयस्तरसाभिमन्युः
राधां निरुध्यसदने विनिगूहते वा
हा हन्त लम्भयति वा यदुराजधानीम्॥''[१०८]

तत्र त्रासः यथा —

''कर्णोत्तंसितरक्तपङ्कजजुषो भङ्गीपतेर्झक्रिया
भ्रान्ते नाद्यदृगञ्चलेन दधती भृङ्गावलीविभ्रमम्।
त्रासान्दोलितदोर्लतान्तविचलच्चूडाझणत्कारिणी
राधे व्याकुलतां गतापि भवती मोदं ममाध्यस्यति॥''[१०९]

तत्र मोहः यथा —

''दरोन्मीलन्नीलोत्पलदलरुचस्तस्य निविडात्
विरूढानां सद्यः करसरसिजस्पर्शकुतुकात्
वहन्ती क्षोभाणां निवहमिव नाज्ञासिषमिदं

---

१०६. वि.मा. – २/५६।
१०७. वि.मा. – ७/२६।
१०८. वि.मा. – ५/२३।
१०९. वि.मा. – ५/४४।

क्व वाहं का बाहं चकर किमहं वा सखि तदा॥''[११०]

तत्र जाड्यम् —

''अहो धन्याः गोप्यः कलितनवनर्मौक्तिभिरलं
विलासैरामोदं दधति मधुरैर्या मधुभिदः।
धिगस्तु स्वं भाग्यं यदिह मम राधा प्रियसखी
पुरस्तस्मिन्प्राप्ते जडिमनिविडाङ्गी विलुठति॥''[१११]

तत्र ह्रिया यथा —

''भजन्त्याः सव्रीडं कथमपि तदाडम्बरघटा-
मपह्नोतुं यत्नादपि नवमदामोदमधुरा।
अधीरा कालिन्दीपुलिनकलभेन्द्रस्य विजयं
सरोजाक्ष्याः साक्षाद्वदति हृदि कुञ्जे तनुवनी॥''[११२]

तत्र वितर्कः —

''विघुर्णन्तः पौष्पं न मधु लिहतेऽमी मधुलिहः
शुकोऽयं नादत्ते कलितजडिमा दाडिमफलम्।
विवर्णापन्नाग्रं चरति हरिणीयं न हरितं
पथानेन स्वामी तदिभवरगामी ध्रुवमगात्॥''[११३]

तत्र चिन्ता —

''अक्ष्णोर्द्वन्द्वं प्रसरति दरोद्घूर्णोतारं मूरारेः
श्वासाः क्लृप्तां किलविचकिलैर्मालिकां प्लावयन्ति।
केयं धन्या वसति रमणी गोकुले क्षिप्रमेतां
नीतस्त्रीब्रामयमपि यया कामपि ध्याननिष्ठाम्॥''[११४]

---

११०. वि.मा. - २/६।
१११. वि.मा. - ३/२८।
११२. वि.मा. - २/१६।
११३. वि.मा. - ६/२९।
११४. वि.मा. - ४/३९।

तत्रामर्षः —

''वाले गोकुलयौवतस्तनतटीदन्तार्धनेत्रादितः
कामं श्यामशिलाविलासिहृदयाच्चेतः परावर्तय।
विघ्नः किं नहि यद्विकृप्यकुलजाः केलीभिरेष स्त्रियो
धूर्त्तः संकुलयन् कलङ्कततिभिर्निशङ्कमुन्मुञ्चति॥''[११५]

एवमेतैः विभावानुभावसात्त्विकव्यभिचारिभिः मधुरा रतिः उज्ज्वलरसरूपेणात्र परिणमते।

तत्र स्थायिभावस्याभ्युदयपरिपाटी यथा —

''नादः कदम्बविटपान्तरतो विसर्पन्
को नाम कर्णपदवीमविशन्न जाने।
हा हा कुलीनगृहिणीगणगर्हणीया
येनाद्य कामपि दशां सखि लम्भितास्मि॥''[११६]

पुनश्च —

''एकस्य श्रुतमेव लुम्पति मतिं कृष्णेतिनामाक्षरं
सान्द्रोन्मादपरम्परामुपनयत्यन्यस्य वंशीकलः।
एष स्निग्धघनद्युतिर्मनसि मे लग्नः सकृद्वीक्षणात्
कष्टं धिक् पुरुषत्रये रतिरभुन्मन्ये मृतिः श्रेयसी॥''[११७]

स्थायीभावः विभानुभावव्यभिचारिसंयोगाद्रसरूपेण परिणमते। एवमेवास्मिन् नाटके सम्भोगशृंगारस्य पुष्टिः भवति। सम्भोगस्योदाहरणं यथा —

''भ्रुभेदः स्मितसंवृतो नहि नहीत्युक्तिर्मदेनाकुला
विश्रान्तोद्धति पाणिरोधनचनं शुष्कं तथा क्रन्दनम्।
सृष्टो यः सखि राधया मुहुरयं संगोपनोपक्रमो

११५. वि.मा. - १/३४।
११६. वि.मा. - २/९।
११७. वि.मा. - ७/३८।

भावस्तेन हृदि स्थितो मुरभिदि व्यक्तः समन्तापभूत् ॥''[११८]

पुनश्च —

''प्रातिकूल्यमिव यद्विवृण्वती राधिका रदनखार्पयोद्धुरा।
केलिकर्मणिगता प्रगल्भतां तेन तुष्टिमतुलां हरिर्ययौ ॥''[११९] इत्यत्र

संभोगस्य।

एवमेव स्थायीभावोऽत्र भरतवाक्ये पूर्णतां प्राप्नोति। तद्यथा —

''प्रथयन् गुणवृन्दमाधुरीमधिवृन्दावनकुञ्जकन्दरम्।
सह राधिकया भवान् सदा शुभमभ्यस्यतु केलिविभ्रमम् ॥''

एवमस्मिन् काव्ये शृंगारस्य परां पुष्टिं तनोति कविः। एतस्य सम्भोगमधुराख्यस्य रसस्य परिपुष्ट्यर्थं तेन विप्रलम्भस्य सुष्ठु योजनं विहितम्। पूर्वरागमानकरुणादीनां विप्रलम्भभेदानां बहुलविनिवेशनेन अत्र उज्ज्वलरसः परिपक्वः भवति। तस्योदाहरणं दिङ्मात्रं प्रदर्श्यते। तद्यथा —

''शिशिरय दृशौ दृष्ट्वा दिव्यं किशोरमितीक्षितः
परिजनगिरा विश्रम्भात्त्वं विलासफलाङ्कितः।
शिव शिव कथं जानीमस्त्वामवक्रधियो वयं
निविडवडवावह्निज्वालाकलापविकासिनम् ॥''[१२०]

इत्यत्र पूर्वरागः।

''मुक्तान्तर्निमिषं मदीयपदवीमुद्वीक्षमाणस्य ते
जाने केशव वेणुभिर्निपतितैः श्रेणीकृते लोचने।
शीतैः काननवायुभिः विरचितो विम्बाधरे च व्रणः
सङ्कोचं तयज देव दैवहतया न त्वं मया दूष्यसे ॥''[१२१]

अत्राङ्गभूतानां हासवात्सल्यादीनां परिपाटी लक्षणीया इति कृत्वा अत्र

---

११८. वि.मा. – ७/३९।

११९. वि.मा. – ३/४।

१२०. वि.मा. – २/२३।

१२१. वि.मा. – ४/४०।

तत् तत् अङ्गानां प्रयोगप्रकारमुच्यते। तत्र हासः यथा —

"रे रे दुष्टा असुराः, तिष्ठत तिष्ठत। एषोऽहं शापेन चापेन वा युष्माकं मुण्डानि खण्डयामि।" इति[१२२] (दण्डमुद्यम्य मुहुरुद्ध्वं कूर्दति)

मधुमङ्गलस्योक्तिरियम्। स एवालम्बनमत्र। पश्यन्तः सखायः उद्दीपनम्। तस्य दण्डमुद्यम्य उद्ध्वर्वकूर्दनम् प्रगल्भवचनञ्चानुभावः। आवेगगर्वोन्मादादयः व्यभिचारिणः। हासः स्थायिभावः।

तत्र वात्सल्यस्य यथा —

"अहह कमलगन्धेरत्र सौनदर्यवृन्दे
विनिहितनयनेयं त्वन्मुखेन्दोर्मुकुन्द।
कुचकलशमुखाभ्यामम्बरक्रोपमम्बा
तव मुहुरतिहर्षाद्वर्षति क्षीरधाराम्॥"[१२३]

आलबनेषु आश्रयरूपाऽत्र यशोदा। कृष्णश्च विषयः। अपरूपसौन्दर्य-युक्तं श्रीकृष्णचन्द्रवदनमुद्दीपनम्। तन्मुखदर्शनं क्षीरधारावर्षणञ्चानुभावः। हर्षा-वेगजडतौन्मादादयः व्यभिचारिणः। वात्सल्योऽत्र स्थायिभावः। न केवलं रसानामत्र स्थितिरपितु भावादीनां सम्यग्योजनमत्रास्ति।

तत्र भावेषु मोहः यथा —

"दरोन्मीलन्नीलोत्पलदलरुचस्तस्य निविडात्
विरूढानां सद्यः करसरसिजस्पर्शकुतुकात्
वहन्ती क्षोभाणां निवहमिह नाज्ञासिषमिदं
क्व वाहं का वाहं चकर किमहं वा सखि तदा॥"[१२४]

भावसन्धेः यथा —

"मुद्रां धैर्यमयीं क्षणं वितृणुते तारल्यलक्ष्मीं क्षणं

---

१२२. वि.मा. - प्रथमोऽङ्कः। पृष्ठसंख्या २८।

१२३. वि.मा. - १/२१।

१२४. वि.मा. - २/६।

सोपेक्षाः क्षणमातनोति भणितीरौत्सुक्यभाजः क्षणम्।
शुद्धां दृष्टिमितः क्षणं प्रणयते प्रेङ्खत्कटाक्षा क्षणं
रोषेण प्रणयेन चाकुलितधी राधा द्विधा भिद्यते॥''[१२५]

अत्र स्नेहरोषयोः।

तत्र शावल्यस्य —

''धन्यास्ताः हरिणीदृशः स रमते याभिर्नवीनो युवा
स्वैरं चापलमाकलय्य ललिता मां हन्त निन्दिष्यति।
गोविन्दं परिरब्धुमिन्दुवदनं हा चित्तमुत्कण्ठते
धिग्वामं विधिमस्तु येन गरलं मानाभिधं निर्ममे॥''[१२६] इति दिक्।

६. प्रान्तीयप्रभावः —

समाजस्यरूपान्तरं साहित्यम्। यतः दर्पणमिति समालोचकाः साहित्यं व्याहरन्ति। तत् तत् देशकालरीतिनीत्यादीनां सुसमन्वयेन साहित्यं रूद्धिमन्तं भवति। देशकालपात्ररीतिनीत्यादीनां प्रभावेण साहित्यस्य नूननत्वं च सम्यक् अवलोकित-मस्माभिः। आलोच्यकाव्यं विदग्धमाधवम् अपि तत् तत् देशकालरीत्यादीनां प्रभावेण कियत्प्रभावितं तदालोच्यते।

विदग्धमाधवनाटकं श्रीरूपगोस्वामिना नीलाचल-गमनकाले सुरचितम्। षोडशशताब्द्याः प्रथमभागे एवैतत् काव्यं रचितमभवत्। समयेऽस्मिन् मुसलमान्-शासकानामत्याचारः भारतीयधर्मदर्शनसाहित्यसामाजिकरीतिनीत्यादीन् प्रभाविता-नकरोत्। जनाः प्रपीडिताः भवन्ति स्म। हिन्दुदेवदेवीनां नामोच्चारणमपि राजद्रोह आसीत्। तस्मिन्नेव अवक्षये काले श्रीचैतन्यदेवेन प्रचारितः भक्तिधर्मः जनमनसि नवजागरणं समानीतवान् अतस्तस्मिन् समये न केवलं वङ्गप्रदेशस्यापितु भारतवर्षस्य संस्कृतिः भुलुण्ठिता अभवत्। गौडराजस्य हुसेनशाहस्य सभाविमण्डितः नाम-संकीर्त्तनजनितकृतापराधोऽयं कविः तात्कालिकसमाजस्य स्वरूपविषये नाटकेऽ-स्मिन् सम्यक् सूचना प्रददाति। तात्कालिकसमाजस्य चित्रं नाटकस्य नाटकीयत्वमत्र

१२५. वि.मा. - ४/५।
१२६. वि.मा. - ५/७।

प्रतिपादयति। तदत्र आलोचनीयमिति क्रमेण धर्मदर्शन–रीतिनीत्यादीनामालोचनं क्रियते।

तत्र शासनप्रकारम् —

समयेऽस्मिन् शासनस्यात्याचारविषयः सूचयति कविः। तद्यथा —

"....... शास्ति खलः क्षितिम् ....।"[१२७]

तत्काले राजानाम मृत्योः अवतारमिति समाजे प्रतिष्ठितमासीत्। राजदर–वारवार्त्ताश्रवणमात्रेण जनानां मनसि भयं जातमभूत्। तस्य सूचना नाट्यकारेण सुस्थाने प्रदत्ता। यदुक्तम् —

"पथि कियति हंहो मधुपुरी।"[१२८]

जटिला कृष्णं सूचयति। यदित्वम् अलिन्दात् दूरं न गछसि तर्हि मथुरा न दूरे वर्त्तते। श्रीघ्रं राजसभां गत्वा तव वर्त्मरोधनविषये विनेदयिष्यामीति भावः। दरवारनामस्मरणमात्रेण मार्गपरिष्करणं तात्कालिकशाननस्यात्याचारविषये सम्यक् अवबोधयति। यवनशासनस्य निष्ठुरता धर्मान्धता च तत्काले प्रवला आसीत्। तस्य प्रभावोऽत्र परिलक्ष्यते। यदुक्तं तेन — "तस्य दारुणस्य कंसशार्दूलस्य ....।"[१२९]

कर्मचारिणोऽपि उत्कोचप्रिया आसन्। तत् प्रमाणयति नाट्यकारः — "कथयोत्कोचं यत्र ते तुष्टिः" इत्यादिना कृष्णवाक्येन।[१३०]

धर्मस्य प्रभावः यथा — यवनस्य धर्मान्धतां विनाशनाय कालेऽस्मिन् श्रीचैतन्य–देव आविर्भूतोऽभवत्। प्रेममयभक्तितत्त्वस्य प्रचारः धर्मभावनामुपरि युगान्तरप्रभावं प्रादात्। जनाः शासनात् दूरे स्थित्वा धर्मानुष्ठानमाचरितुमिच्छां कृतवन्तः। एतस्य सूचना नान्दीश्लोकादेवानुमीयते। यदुक्तं तेन —

---

१२७. वि.मा. – २/३६।

१२८. वि.मा. – ४/५०।

१२९. वि.मा. – सप्तमोऽङ्कः, पृष्ठ संख्या–३०४।

१३०. वि.मा. – षष्ठोऽङ्कः, पृष्ठ संख्या–२८३।

"समन्तात् सन्तापोद्गमविशमसंसारसरणिप्रणीतां ते तृष्णाम् ....।"[१३१] इति।

परमभागवतश्रीचैतन्यदेवप्रचारितं नामसंकीर्त्तनं तत्र मूलमन्त्रमासीत्। नामस्य माहात्म्यवर्णनावसरे श्रीपौर्णमास्याः मुखेन अतीव चत्मत्कारेण विधिना कविः कथयति —

"तुण्डे ताण्डविनी रतिं वितनुते तुण्डावली लब्धयेत्यादिश्लोके।"[१३२]

तत्र वैष्णवीयभावना एव धर्मतन्त्रस्य मुख्यविषयः आसीत्। हरेः स्मरण-कीर्त्तनादिना अनुभावेन जनाः परमानन्दं लब्धवन्तः इति लीलाशिखरिणी पदेन नाट्यकारेण नान्दीश्लोके सूत्रितम्। स्वयं श्रीनाट्यकारः परमवैष्णवः इतिकृत्वा वैष्णवीयसिद्धान्ततत्त्वप्रभावितनाटकमिदम्। इत्येव तत्कालधर्मव्यवस्थायाः प्रमाणम्।

श्रुतिस्मृतिपुराणेतिहासकाव्यादीनां प्रभावः — कलापक्षस्य वर्णनया नाटक-मिदं शवलितं दृश्यते। काव्यस्य कथावस्तु प्रथमतः भागवतपुराणानुसारेण प्रसिद्धम् इति पुराणादिभिः पूर्णप्रभावितमिदं लक्ष्यते। वेदादिधर्मशास्त्रपुराणादीनां संयोजनं तत्र च तत्त्वनिरूपणं नाटकस्यास्य विषयः। एतेन तच्छमये अखिलशास्त्रपुराणा-दीनां सुमहदालोचनमभूदिति गम्यते।

तत्र नाट्यशास्त्रस्य प्रभावः यथा — भरतकृतनाट्यशास्त्रस्यालोचनेन स्वकृत-नाटकचन्द्रिकायाश्च मार्गदर्शनेन नाटकमिदं परिपुष्टमस्ति। एतस्य प्रयोगात्मक-वैशिष्टयं तच्छमयस्य उन्नतायाः नाट्यकलायाः प्रमाणम्। तद्विषये सम्यक् सूचयति नाट्यकारः। उक्तञ्च — "अये ताण्डवकलापण्डित।"[१३३]

पुनश्च — "तदारभ्यतां सामाजिकचेतश्चमत्काराय गान्धर्वब्रह्मविद्या"[१३४]। इत्यादिना गान्धर्ववेदस्य उपस्थितिं सूचयति कविः।

---

१३१. वि.मा. – ४/५०।

१३२. वि.मा. – ४/५०।

१३३. वि.मा. – प्रथमोऽङ्कः, पृष्ठसंख्या – ३।

१३४. वि.मा. – प्रथमोऽङ्कः, पृष्ठसंख्या – ८।

आयुर्वेदस्य प्रभावः — आयुर्वेदः तात्कालिकसमाजे चिकित्साप्रणाल्याः एका एव व्यवस्था आसीत्। जनाः आयुर्वेदपद्धत्या उपचारं कृतवन्तः। धन्वन्तर्य्याः प्राधान्यमुक्तवता कविनाऽत्र आयुर्वेदस्य प्रभावं सूचयति।

"व्रीडाव्याधिधुराविधूननविधौ तन्वङ्गि धन्वन्तरी।" इति[१३५]

कामशास्त्रस्य प्रभावः — कामशास्त्रस्य प्रभावमप्यत्र परिलक्ष्यते नाटके। मोहनमन्त्रपाठेन युवावशीकरणविषयोऽत्र कविना सूचितः। तद्यथा —

"स्फुट मेष केनापि महानागरेण,
कोऽपि मोहनमन्त्रः पठ्यते।[१३६]"

मन्त्रतन्त्रादिनामपि प्रभावः अस्मादेव विचार्यः।

एवं धर्मशास्त्रादीनां प्रसारः प्रचारश्च तत्काले अचलदिति।

सामाजिकव्यवस्थायां धर्मः — समयेऽस्मिन् यवनशासनमचलत्। शासनस्यात्याचारेण जनाः भीता आसन्। अतः तात्कालिकसामाजिकव्यवस्था प्रभाविताऽपि मौलिकतां न त्यक्तवती। धर्मपालनावसरे सर्वे परम्परामनुसृतवन्तः। तस्य सम्यक् सूचना नाटके दृश्यते। मध्याह्नस्य आसन्नं दृष्ट्वा जटिला त्वरया सूर्यपूजनार्थं प्रस्थानं करोति।[१३७] पुनः सूर्यपूजार्थं वेदिकानिर्माणं परम्परायाः स्पष्टनिदर्शनम्। यदुक्तं तेन विदग्धमाधवनाटके —

"सूर्यदेवस्य पूजाकृते एषा तमालतले वेदिकां निर्माति।"[१३८]

पारम्परिकरीत्याऽपि स्वाभीष्टपूरणार्थं देवीपूजनमत्र नाट्यकारेण बहुधा प्रस्तुतम्। नाटकान्ते च गौरीपूजनेनास्य समाप्तिः भवति।

तत्र लोकविश्वासः — तात्कालिकगंभीरलोकविश्वासविषयेऽपि सावहितः नाट्यकारः तद्विषये नाटकेऽस्मिन् सम्यक् व्यवस्थाविधानं करोति। दुष्टग्रहपीडा–

---

१३५. वि.मा. – १/३७।

१३६. वि.मा. – प्रथमोऽङ्कः, पृष्ठसंख्या – ४२।

१३७. अतिक्रमते मध्याह्नः, तत्त्वरितं सूर्यमण्डपं प्रविशामः इति। वि.मा. – द्वितीयोऽङ्कः।, पृष्ठसंख्या – ९७।

१३८. वि.मा. – प्रथमोऽङ्कः, पृष्ठसंख्या – ३८।

विषयः समाजे अद्यापि लोकमुखे दृश्यते। पुनः ग्रहावेशः अपरा एका जनश्रुतिः। तद्विषये कथयति नाट्यकारः —

"वालायाः किलचित्तभूमिमविशत् कोऽयं नवीनग्रहः।"[१३९]

स्पष्टीकरोति तत् पौर्णमासीमुखेन। तद्यथा — "मुखरे साधु विज्ञातम्। तदत्र दानवकुलावतंसाः कंसादयो राधामन्विषन्ति तेन कोऽप्यङ्गनाग्रहो वालामाविवेश" इत्यादिना।[१४०]

देवशापविश्वासः तत्कालस्य अन्यतमसामाजिकरीतिरासीत्। नाट्यकारेण कदाचित् गोभ्यः कदाचिद्वा देवानां शापग्रहणं विश्वासस्यान्यतममाध्यमरूपेण प्रस्तौति। उक्तं च मधुमङ्गलमुखेन —

"गोभ्यः शपे किमपि दूषणमस्य नास्ति।"[१४१] इत्यादिना श्लोकेन।

पुनश्च —

"गायत्र्यै शपामि" इत्यादिना मधुमङ्गलवाक्येन।[१४२]

ब्राह्मणान् तोषयितुं तदा जनाः पारितोषिकमददुः। तस्य सूचना अपि लक्ष्यतेऽत्र। तद्यथा —

"तद्देहि मे पारितोषिकम्"[१४३] इति मधुमङ्गलस्योक्तिरियम्।

एतद्व्यतिरिक्तः सौभागयपूर्णिमायां स्त्रिणां स्वामिसह एकत्रवासः समाजे प्रथा आसीत्।[१४४] पुनः दीपमालिकापर्वणि विलासपुलिने हरिद्राद्रवप्रक्षेपणादयः तत्राचलन्।[१४५]

---

१३९. वि.मा. – २/१५।

१४०. वि.मा. – द्वितीयोऽङ्कः, पृष्ठसंख्या – ५९।

१४१. वि.मा. – १/२०।

१४२. वि.मा. – षष्ठोऽङ्कः, पृष्ठसंख्या – २८९।

१४३. वि.मा. – षष्ठोऽङ्कः, पृष्ठसंख्या – २९०।

१४४. विशाखा – गोकुलेश्वरी मुखतोऽद्य सौभाग्यपूर्णिमां श्रुत्वा चन्द्रावली आत्मभर्त्तुर्मल्लस्य पार्श्वे प्रस्थाप्यते। वि.मा. – सप्तमोऽङ्कः। पृष्ठसंख्या – ३१०।

१४५. मुद्रा क्षिप्तैः पर्वोत्तरलहृदयाभिर्युवतिभिः
पयः पूरैः पीतीकृतमतिहरिद्राद्रवमयैः

राधिकाशरीरे पीतवासं दृष्ट्वा क्रुद्धा जटिला दीपमालिकापर्वणः हरिद्रा-प्रक्षेपविषयं श्रुत्वा पारम्परिकरीतिरिति सा चिन्तयति।

व्यवहारः —व्यावहारिकव्यवस्थायाः एक एव विचारः नाटकम्। तद्तद्देशकाल-पात्राणां यः व्यवहारः तन्नाटके प्रतिफलितः भवति। नाटकमिदं व्यवहारज्ञानस्या-करमिव लक्ष्यते। अत्रोपस्थापितव्यवहारपद्धतिः प्रभाविता इति लक्ष्यते। विवाहः तत्र च मिष्टान्नवण्टनमस्योदाहरणम्। राधानाम श्रावयितुं पौर्णमासी मिष्टान्नहस्ता कृष्णं प्राप्य उद्वाहावसरे मिष्टान्नवण्टनं भवतीति कथयति। यदुक्तम् — "तदुत्स-वाभिरूपः समुदाचारोऽयमनुसस्त्रे।"[१४६]

समाजे स्त्रियः प्रशंसिता अभवन्। परस्त्री सर्वादौ सम्माननीया आसीदिति अनुमीयते। कृष्णमुखेनैवेतत्प्रमाणयति नाट्यकारः। उक्तञ्च —

"यावदेतां ते वधूमाकर्ण्य तावन्मान्यां भावयामीति।"[१४७]

तत्र पातिव्रत्यमभिनन्दनीयं परकीयत्वञ्च निन्दनीयमासीत्। तस्योदाहरणं तु काव्यमेतत्। उदाह्रियते यथा —

"ध्यात्वा धर्मं धृतिमुदयिनीं किं वबन्धाद्य राधा
तीव्राक्षेपैः किमुत गुरुभिर्लम्भिता वा निवृत्तिम्।
किं वा कष्टमभजत दशां तामविस्पन्दमन्दा-
मिन्दौ विन्दत्युदमपि च यन्नाजगामाद्य दूती।"[१४८]

पुनश्च — "कुलस्त्रियः धर्मभीरवो भवन्ति"[१४९] इत्यादिना स्त्रीणां तात्कलिकसामा-जिकस्थितिविषये नाट्यकारः सूचनां प्रददाति।

एतद्व्यतिरिक्तः खाद्यालंकारवेशविन्यासादिविषयस्य प्रभावः नाटकतः

दुकूलं दोर्मूलोपरिपरिदधानां प्रियसखीं
कथं राधामार्ये कुटिलितदृगन्तं कलयति। वि.मा. – ६/१।

१४६. वि.मा. प्रथमोऽङ्कः। पृष्ठसंख्या – ३२।

१४७. वि.मा. द्वितीयोऽङ्के कृष्णः कथयति। पृष्ठसंख्या – ९४।

१४८. वि.मा. – ३/२१।

१४९. वि.मा. द्वितीयोऽङ्कः, कृष्णवाक्यम्। पृष्ठसंख्या – ७३।

सम्यक् अनुमीयते। तत्र खाद्येषु रसवती[१५०] मौक्तिकम्[१५१] इत्यादिनां वर्णनं विद्यते। अलंकारेषु नूपुर - एकावलीमाला - रक्तमणिमाला - पद्मरागहीरामोति - वैजयन्तीमाला - नीलरत्न - चूडामणि - कुङ्कुम - यावकादीनां प्राधान्यं ध्वनति। कौस्तुभकज्जलादिभिः धातुरागैश्च चित्रनिर्माणपद्धतिः तात्कालिककलायाः गौडीय-संस्कृतेश्च प्रमाणपदवीमारोहति।

पुनश्च प्रथमोऽङ्कवर्णितायाः गोशालायाः प्रकारं गौडप्रभावस्य समुचितनिदर्शनम्। यदुक्तम् —

"विशालैर्गोशालैर्वहुशिखरशाखावितितिभिः
परीतैः संवाधीकृतसविधमम्भोधिगहनम्।
समृद्धामागोवर्धनकटकमाकालियह्रदं
श्रियं विभ्रद्गोष्ठं स्फुरति परितस्तावकमिदम्॥"[१५२]

एवं प्रान्तीयप्रभावयुक्तं काव्यमिदं समाजस्यप्रतिबिम्बमिव भाति।

७. समकालिककविनामाचार्याणां च प्रभावः —

वैष्णवसिद्धान्तप्रक्षमिदं काव्यं हरिकथासम्बलितं भागवतमूलं चास्ति। काव्यस्य भावपक्षविचारः सर्वशास्त्रमयत्वमित्यवगमयति। कलापक्षीयविचारस्तु तस्य तस्य भावस्य प्रयोगप्रकारविषये सम्यक् सूचयति। एवं भावपक्षकलापक्षौ विहितसमृद्धौ कथं परिपुष्टौ कस्माद् वा गृहीताविति विचार्यमाणौ भवतः। अतः काव्यकृतः समकालीनां पूर्वकालीनाञ्च कविनामाचार्य्याणां तेषां च कृत्तीना कः प्रभावः यत् परवर्तिनी काले एवंविधिं भक्तिसाहित्यं विसृष्टवान्। तदेवात्रालोचनीयम्।

पूर्वमुक्तं यदिदं काव्यं भागवतकथामूलकमस्ति। अतः भागवतसिद्धान्तानुकूलाः शास्त्रपुराणेतिहासग्रन्थाः काव्यस्य भावद्योतकाः प्राचीनताप्रख्याः पूर्ववर्त्तीप्रभावविषयाः भवन्ति। पुनः समकालीनकाव्यानां काव्यकृताञ्च प्रभावः काव्येऽस्मिन् दृश्यते। यद्यपि काव्यमिदं मौलिकं तथापि पाण्डित्पग्रहणविधिना

१५०. रसवती - चतुर्विधै रत्नैर्निर्मितं मिष्टान्नम्।

१५१. मौक्तिकम् - लड्डुकप्रकारम्।

१५२. वि.मा. - १/१९।

प्रभावितमत्र न सन्देहः। अतः तत्प्रभावविषये आलोचनं क्रियते।

विदग्धमाधवनाटकं भक्तिसाहित्यस्य चरमनिदर्शनम्। नाटकेऽस्मिन् चैतन्योक्तस्य प्रेमभक्तिरसस्य परां पुष्टिः भवति। कथा भागवतमूलाऽस्ति। अत एव भागवतपुराणस्य चरमप्रभावोऽत्रानुमीयते।

श्रीमद्भागवतस्य प्रभावः यथा — वेणुगीतस्य वर्णनावसरे श्रीमद्भागवते यथा —

"नद्यस्तदा तदुपधार्यमुकुन्दगीतम्
आवर्त्तलक्षितमनोभवभग्नवेगाः .....।"[१५३]

वेणुगीतवर्णनावसरे विदग्धमाधवे यथा —

"जातस्मम्भतया पयांसि सरितां काठिन्यमापेदिरे ....।"[१५४]

पुनश्च श्रीमद्भागवते दृश्यते —

"देव्यो विमानगतयः स्मरनुन्नसारा
भ्रश्यत्प्रसूनकवरा मुमुहुर्विनीयः।"[१५५]

विदग्धमाधवे श्रीरूपगोस्वामी लिखति —

"कथमेते वेणुनादमाधुरीभिराकृष्टाः,
पयोदवीथीमवगाहन्तेदिशामधीशाः।"[१५६]

श्रीगीतगोविन्दस्य प्रभावः यथा — वृन्दावनसौन्दर्यवर्णनायां जयदेवः कथयति—

"दूरविगलितमल्ली वल्ली चञ्चत्परागः"[१५७]

वृन्दाटवीवर्णनावसरे श्रीरूपः कथयति —

---

१५३. श्री.भा. – १०/२१/१५।
१५४. वि.मा. – १/२५।
१५५. श्री.भा. – १०/२१/१२।
१५६. वि.मा. – प्रथमोऽङ्कः, पृष्ठसंख्या – २८।
१५७. गी.गो. – १/३६।
१५८. वि.मा. – १/३१।

"..... क्वचिद्वल्लीलास्यं क्वचिदमलमल्लीपरिमलः।"[१५८]

पुनश्च कृष्णस्य राधाप्रसादनवेलायां जयदेवः गीतगोविन्दे कथयति —

"रचय कुचयोः पत्रं चित्रं कुरुष्व कपोलयोः ...."[१५९]

तद्वत् राधाप्रसादनाय विदग्धमाधवे श्रीकृष्णः कथयति —

"किंचन्दनेन कुचयोः रचयामि चित्रम्।
उत्तंसयामि कवरीं तव किं प्रसूनैः ....."[१६०]

न केवलमेतत् अपितु प्रायशः पूर्ववर्त्तीकवीनां प्रभावः तस्य काव्येषु दृश्यते। पद्यावलीग्रन्थे तेनोपस्थापिताः सप्ताशीतिकवयः तस्य प्रतिभायाः स्फुरणाय सहायकाः सन्तीति न बाहुल्यम्। तेषां पद्यानामनुशीलनेन एतज्ज्ञायते। कृष्ण-नाममाहात्म्यवर्णनावसरे तत्र केषांचित् पूर्ववर्त्तीकवीनां संरम्भः विचारणीय एव। तद्यथा —

तत्र आनन्दाचार्यः कथयति —

"कृष्णनाम जगदेकममलं कण्ठपीठमुररीकरोति चेत्।"[१६१]

अस्मिन् प्रसङ्गे श्रीलक्ष्मीधरः कथयति —

"नो दीक्षां न च दक्षिणां न च पुरचर्य्यामनागीक्षते
मन्त्रोऽयरसनास्पृहेव फलति श्रीकृष्णनामात्मकः।"[१६२]

तत्रापि कविरत्नस्य संरम्भः अनुपेक्षणीय एव। तद्यथा —

"यान्तु कण्ठविवरं दिने दिने
कृष्णकेलिचरितामृतानि च।"[१६३]

एतेषां पूर्ववर्त्तीनां कथनप्रकारस्य विकाशः विदग्धमाधवे दृश्यते। तद्यथा —

---

१५९. गी.गो. – १२/२५।

१६०. वि.मा. – ३/४४।

१६१. पद्या – २१, पृष्ठसंख्या – ९।

१६२. पद्या – २९, पृष्ठसंख्या – १२।

१६३. पद्या – ४०, पृष्ठसंख्या – १७।

"तुण्डे ताण्डविनीरतिं वितनुते तुण्डावलीलब्धये
कर्णक्रोडकडम्बिनी घटयते कर्णार्वुदेभ्यः स्पृहाम्।"[१६४]

८. गौडीयसाहित्यतत्त्वानां विचारः —

गौडीयवैष्णवसम्प्रदायस्य अयमारम्भः षोडशशताब्द्याः प्रथमतः भारतवर्षे अभवत्। श्रीचैतन्यमहाप्रभोः आविर्भावः तदनन्तरं श्रीरूपदेवस्य अन्येषां गोस्वामिपादानाञ्च मार्गदर्शनेन सम्प्रदायोऽयं वर्द्धितः अभवत्। चैतन्यवीथीपथिकत्वात् चैतन्यसम्प्रदायः इति तस्य नामान्तरम्।

श्रीचैतन्यरामानन्दयोः कथोपकथनं तावत् गौडीयवैष्णवदर्शनम्। रामानुजाचार्यस्य प्रभावेणैतत् प्रभावितमितिमनुमीयते। तच्च वैष्णवदर्शनं पञ्चरात्राल्वारप्रभृतिभिः दाक्षिणात्यवैष्णवसम्प्रदायैः परिपोषितं लक्ष्यते।[१६५]

गौडीयवैष्णवसमाजः भगवत्तत्त्वस्यानुसन्धानवेलायां पञ्चरात्रधर्मधारामनुसरति। गौडीयवैष्णावानां मते गोपालः श्रीकृष्णः परम्ब्रह्म। श्रीराधा तस्य ह्लादिनीशक्तिः। ब्रह्म वृहत्। ज्ञानवलशक्त्यैश्वर्यतेजवीर्यादिषड्गुणोपेतः। अतएव सगुणः। सः सच्चिदानन्दमयः घनरसविग्रहः। तस्य सदंशे सन्धिनी, चिदंशे संवित्, आनन्दांशे च ह्लादिनी शक्तिरस्ति। ह्लादिनीशक्तिस्तु प्रेमभक्तेर्मूला। श्रीकृष्णमाधुर्यविकाशकारिणी श्रीराधा ह्लादिनीशक्तिमयी। सा नित्यप्रिया। परन्त्वऽत्र तस्याः उपपतिग्रहणप्रकारं रसस्यानिर्वचनीयत्वमप्राकृतत्वञ्च द्योतनाय कारणमस्ति। कृष्णेन सह राधायाः गोपीनाञ्च या रतिः सा परकीयास्वभावतः मधुरं कामं रञ्जयति। अत्रोच्यते — रसस्तु परकीयायाम्।

यदुक्तं उज्जलनीलमणौ — "अत्रैव परमोत्कर्षः शृंगारस्य प्रतिष्ठितः।"[१६६]

पुनश्चात्र लीलावपुषि भगवति हरौ रसस्य यत् गोणत्वविचारं तदसमीचीनम्। यदुक्तम्—

---

१६४. वि.मा. – १/१५।

१६५. The Cultural Heritage of India - Vol. IV - Dr. H.D. Bhatacharya, ११th EDN., १९६५।

१६६. उ.नी. नायकभेदः – १६।

"तत्तु स्यात् प्राकृतक्षुद्रनायिकाद्यनुसारतः।"[१६७]

तथा चोक्तम् —

"नेष्टा यदङ्गिनि रसे कविभिः परोढाः
तद्गोकुलाम्बुजदृशां कुलमन्तरेण
आशंसया रसविधेरवतारितानां
कंसारिणा रसिकमण्डलशेखरेण।"[१६८]

एवमप्राकृतयोः राधाकृष्णयोः प्रेममययुगलस्वरूपस्योपासना रागानुगा-प्रेमभक्तेः प्रतिष्ठा च गौडीयवैष्णवसाहित्यतत्त्वम्। काव्यद्वये रागानुगाप्रेमभक्तेः परिस्फुरणं भवतीतिशेषः।

अत्र काव्यद्वये राधामाधवयोः प्रेमलीला वैष्णवानां मनांसि कामं रञ्जयति। तत् दर्शनेन कृष्णरतिः पुष्टा भवति मधुरभक्तिरसरूपेण च परिणमते। तत्तु रसतत्त्व-विचारप्रसङ्गे अस्मिन् अध्याये एवाग्रे भविष्यति।

तत्र रूपगोस्वामिनः नाट्यतत्त्वविचारः —

भरतकृतनाट्यवेदानुकरणेन रसार्णवसुधाकरस्य व्याख्यानेन च परिपुष्टा नाटकचन्द्रिका श्रीरूपेण विरचिता। ग्रन्थेऽस्मिन् नाटकस्य लक्षणं विदधता कविना तस्य साङ्गोपाङ्गविवेचनं विहितं प्रकाशितं च भक्तिरसस्य नाट्यशास्त्रीयस्वरूपम्। पूर्वसूरीणां ये लक्षणभेदादयः ते एवात्र शास्त्रकृता गृहीताः। परन्तु ग्रन्थकारः साहित्यदर्पणकारोक्तं मतखण्डनपुरःसरं शास्त्रीयभङ्ग्या कृष्णस्य औपपतित्वेऽपि नात्र रसत्वहानिः इति प्रमाणयति। तत्तु प्राकृतनायके सम्भवात्। यदुक्तं तेन नाटक-चन्द्रिकायाम् —

"यत्परोढोपपत्यस्तु गौणत्वं कथितं बुधैः
तत्तु कृष्णं च गोपीश्च विनेति प्रतिपाद्यताम्।"[१६९]

एतद्व्यतिरिक्ताः रूपकस्य ये भेदाः तेनैवाङ्गीकृताः। स्वमतस्य परीक्षण-

१६७. उ.नी. नायिकाभेदः – २-३।

१६८. सुदेवकृते रसविलासे – नाटकचन्द्रिकायां नायकभेदवर्णनावसरे समुद्धृतम्।

१६९. ना.च. – १०।

मपि विदग्धमाधवललितमाधवनाटकयोः तेन विहितम्।

तन्मते नाटकं यथा —

"दिव्येन दिव्यादिव्येन तथा दिव्येन वा युतम्
धीरेणाढ्यमुदात्तेन कृष्णश्चेल्ललितेन च।
शृंगारवीरान्यतरमुख्यं रम्येतिवृत्तयुक्
प्रस्तावनान्तसम्बन्धं सन्धिसन्ध्यङ्गसङ्गतम्।
सन्ध्यन्तरैकविंशत्या षट्त्रिंशद् भूषणैर्युतम्
पताकास्थानकैर्युक्तमर्थोपक्षेपकैस्तथा।
भाषाविधानसंयुक्तं सत्काव्यगुणगर्भितम्
नाटकं दोषरहितं सर्वानन्दप्रदायकम्।"[१७०]

एतत्तत्त्वयुक्तस्य नाटकस्य सत्काव्यत्वं तेन संवादितम्। अतस्तेषां तत्त्वानां विदग्धमाधवदिशा आलोचनं क्रियते।

शास्त्रीयशैल्या ग्रथितं नाटकमिदं पारम्परिकरीतिमनुसरति। इतिवृत्तमत्र ख्यातं पुराणप्रसिद्धञ्च। यदुक्तं तेन नाटकचन्द्रिकायाम् —

"इतिवृत्तं भवेत् ख्यातम् क्लृप्तं मिश्रमिति त्रिधा
शास्त्रप्रसिद्धं ख्यातं स्यात् .... ।"[१७१]

राधाकृष्णयोः विलासलीलाप्रकाशनपरं इतिवृत्तमत्र शास्त्रप्रसिद्धम्। नायकश्च दिव्यः धीरललितः श्रीकृष्णः नायिका महाभावस्वरूपिणी श्रीराधा। नाटकस्यास्य अङ्गीरसरूपेण शृंगारः मधुरो वा ध्वन्यते। परन्त्वस्मिन् प्रसङ्गे प्राक्तनानां विश्वनाथादीनां कतिपयानामाचार्य्याणां वैगत्यग्। ते तु उपपतिसंस्थायां या रतिः तत्र रसाभासः न तु रस इति कथयन्ति। यदुक्तम् —

"उपनायकसंस्थायां मुनिगुरुपत्नीगतायां च
बहुनायकविषयायां रतौ च तथानुभवनिष्ठायाम्।"[१७२]

---

१७०. ना.च. ३-६।

१७१. ना.च. १२।

१७२. सा.द. विश्वानाथ।

इत्यादौ रसाभासः। परन्तु श्रीरूपमते गोपीकृष्णयोः केलिविलासे रसाभासत्वस्य नैव सम्भवः। परम्ब्रह्मस्वरूपिणि भावनायके श्रीकृष्णे महाभावरूपासु च गोपीसु तत्र सम्भवात्। यदुक्तं श्रीसुदेवेन रसविलासे ग्रन्थे —

"नेष्टा यदङ्गिनि रसे कविभिः परोढाः
तद्गोकुलाम्बुजदृशां कुलमन्तरेण
आसंशया रसविधेरवतारितानां
कंसारिणा रसिकमण्डलशेखरेण।"[१७३]

अतरत्र मुख्यरूपेण उज्ज्वलरसस्य एव प्रकाशोऽस्ति।

नाटकस्य कलाकुशलता नान्दीप्रस्तावनादीनां सुस्थानविन्यासेन सम्यक्‌प्रकाशिता भवति। अतः नाटकचन्द्रिकाऽधारेण तेषां विचारः क्रियते।

तत्र नान्द्याः लक्षणं (नाटकचन्द्रिकायां) यथा —

"आशीर्नमस्क्रियावस्तुनिर्देशान्यतमान्विता
अष्टाभिर्दशभिर्युक्ता किं वा द्वादशभिः पदैः।
चन्द्रनामाङ्किता प्रायो मङ्गलार्थप्रदोज्ज्वला
मङ्गलं चन्द्रकमलचकोरकुमुदादिकम्।"[१७४]

उदाहरणं यथा विदग्धमाधवे —

"सुधानां चान्द्रीणामपि मधुरिमोन्माददमनी
दधाना राधादि प्रणयघनसारैः सुरभिताम्।
समन्तात् सन्तापोद्गमविषमसंसारसरणि-
प्रणीतां ते तृष्णां हरतु हरिलीलाशिखरिणी।"[१७५] वस्तुनिर्देशात्मिकेयम्।

प्रस्तावनालक्षणं यथा नाटकचन्द्रिकायाम् —

---

१७३. सुदेवकृते रसविलासे - नाटकचन्द्रिकायां नायकभेदवर्णनावसरे समुद्धृतम्।

१७४. ना.च. १५-१६।

१७५. वि.मा. - १/१।

मधुराख्यो भवेद् भक्तिरसोऽसौ मधुरारतिः।"[१८४]

सा च रतिः साधारणीसमञ्जसासमर्थाभेदेन त्रिधा। तत्र प्रथमा साक्षाद्दर्शन-सम्भवा सम्भोगेच्छानिदाना अतः नातिसान्द्रा। सा च कुब्जादिषु प्रसिद्धा। द्वितीया पत्नीभावाभिमानात्मा क्वचिद्भेदितसम्भोगतृष्णा सान्द्रा कृष्णसम्भोगसम्बन्धा तादात्म्यमापन्ना ब्रजदेवीषुप्रसिद्धा। अत्र तस्याः रतिः कृष्णसौख्यार्थमेव नतु स्वात्मसुखार्थम्। यदा इयं रतिः स्नेहमानादि भावमापन्ना सती अनुरागावस्थां प्राप्नोति तदा सा दृढा भवति। सा एव दृढा रतिः प्रेमा इति कथ्यते। स च प्रेमा विद्वद्भिः प्रेमभक्तिरिति परिचिता अस्ति। एतस्यैव प्रेमतत्त्वस्योपस्थापनं नाट्यकारेणात्र विहितम्। स प्रेमा न देहस्य बन्धनमपि तु भावबन्धनविशेषः। यदुक्तमुज्ज्वलनीलमणौ —

"सर्वथा ध्वंसरहितं सत्यपि ध्वंसकारणे
यद्भावबन्धनं यूनोः स प्रेमा परिकीर्त्तितः।"[१८५]

भावबन्धनविशेषरेव प्रेमा। नतु देहस्य। देहेन्द्रियसंयोगात् सम्भोगमात्रं कामशब्दभाक्। अयं तु प्रेमा देहातीतः कोऽपि अलौकिकः सम्बन्धः। अतः बंगभाषाविरचिते श्रीचैतन्यचरितामृते कामप्रेमयोरन्तरं प्रदर्शयता श्रीकृष्णदास-कविराजेनोक्तम् —

"आत्मेन्द्रियप्रीति इच्छा तारे वलि काम
कृष्णेन्द्रियप्रीतिवाञ्छा धरे प्रेम नाम।
अतएव कामप्रेमे बहुत अन्तर
काम अन्धतगः प्रेग निर्मलभास्कर।"[१८६]

काम अन्धतमः प्रेमा निर्मलभास्करः। अयमाशयः देहेन्द्रियप्रीतिः काम-शब्देन कृष्णेन्द्रियप्रीतिस्तु प्रेमशब्देन उच्यते। अतः कामः तमान्धः प्रेमा च निर्मल-भास्करः। नाटकेऽस्मिन् कृष्णसौख्यार्थमेव सर्वेषां प्रयत्नः प्रेम्णः सार्थकतां भजते।

---

१८४. भ.र.सि. मधुररसलहरी – १।

१८५. उ.नी. स्थायिभावप्रकरणम् – ५७।

१८६. चै.च. मध्यलीला।

पुन: ध्वंसकारणे स्थितेऽपि प्रीति: ध्वंसरहिता। अत: अव्यय-अक्षय-शाश्वत: चिन्मयश्च। अतस्तस्यैवालौकिकप्रेम्ण: परिप्रकाशनार्थमत्र सफला चेष्टा विहिता।

अलौकिकरसस्य मूर्त्तिमन्तप्रतीकौ राधामाधवौ। तयो: नित्यगोलकस्य नित्यप्रेमा अव्यक्त: अप्रकाश्यश्च। परन्तु वृन्दावनलीला तस्य प्रकटा। तां च प्रकटां लीलां स्वपाण्डित्यबलेनात्र नाट्यकार: दिव्यभावेनोपस्थापयति। तेनात्र प्रस्तावित प्रेम्ण: मानवीयरूपमलौकिकत्वमभिव्यनक्ति। अतस्तयोरप्राकृतप्रेममय-राधा-माधवयो: विलासलीला महाभावत्वमापन्ना सती आनन्दं जनयति। अत एवोच्यते 'रसो वै स:'।

अत: विगतसहस्त्राब्द्या: परमतत्त्वमिदं प्रचलितसहस्त्राब्द्यां मार्गदर्शक: भविष्यतीति कृत्वा समयेऽस्मिन् एतस्य महती चर्च्चा साहित्यक्षेत्रे नूनं प्रचलि-ष्यतीति।

सा च रति: विप्रलम्भसम्भोगभेदेन द्विधा। विप्रलम्भसतु पूर्वराग-मान-प्रवासादिभि: विभक्त:। सम्भोगस्तावन्मुख्यगौणभेदेन द्विविध:। मुख्यसम्भोगश्च संक्षिप्तसंकीर्णसम्पन्नसमृद्धिमान्भेदेन चतुर्विध:। तत्र संपन्न: आगतिप्रादुर्भावभेदेन द्विविध:। एवंविधस्य मधुररसस्य परिपाक: तेन विहित:। हरिभक्त: एव रसस्या-स्वादक: भविष्यति। यदुक्तं तेन श्रीहरिभक्तिरसामृतसिन्धौ दक्षिणविभागे पञ्चमे लहर्य्याम् —

"नवे रत्यङ्कुरे जाते हरिभक्तस्य कस्यचित्
विभावत्वादिहेतुत्वं किञ्चित्तत् काव्यनाट्ययो:
हरेरीषच्छ्रुतिविधौ रसास्वाद: सतां भवेत्।"[१८७]

भक्तजनहृदयस्थिता रति: विभावादिभि: चर्व्यमाणा तदा भवति यदा रजस्तमसि अभिभूय सत्त्वं प्रादुर्भूयते। एवं सर्वे एव स्थायिभावा: कृष्णभक्तौ पर्यवसिता: सन्त: भक्तिरसं द्योतयन्ति। गौणाश्च सर्वे मुख्याश्रिता: सन्त: भक्तिरसं पुष्णान्ति।

---

१८७. भ.र.सि. - दक्षिणविभागे पञ्चमे लहर्य्याम्, ७७-७८।

९. संस्कृतरीतियुगस्य क्रमविकाशः —

पदसंघटना रीतिः। भारतीयसाहित्यशास्त्रेषु सा प्रवृत्तिमार्गगुणादिनाम्ना वा व्यवह्रियते। भारतीयसाहित्यशास्त्रस्य इतिहासे रीतेः सुदीर्घविचारः दृश्यते। प्रथमं तावन्नाट्यशास्त्रप्रणेता प्रवृत्तिपदेन रीतेः उपस्थापनं करोति। तदनन्तरं भामहः मार्गपदेन वैदर्भगौडयोः विचारं प्रस्तौति। आचार्य दण्डी अपि मार्गपदेन रीतिं विवेचयति। तदनन्तरं रीतेः आत्मत्वमुद्घोषयता वामनेन तस्याः सुदीर्घविचारः कृतः। तत्परवर्त्तिनः रुद्रटोद्भटराजशेखरभोजराजहेमचन्द्रादयः रीतेरात्मत्वं न स्वीकुर्वन्ति। तथापि रीतेः स्वरूपसाधनायै तैः चेष्टाः कृताः।

तदनन्तरं ध्वनिवादीनामाविर्भावः रीतेः स्थानं स्पष्टीकरोति। सा च पद-संघटनारूपा अङ्गस्थानीया चेति सर्वै ध्वनिवादिभिः अङ्गीकृता भवति। ताश्च माधुर्यौजः प्रसादगुणयुक्ता त्रिविधा इति परां सिद्धिं प्राप्य साहित्यजगति तत्त्वरूपेणा-द्यापि विराजते।

अयं विचारः भरतादारभ्यः प्रचलति। भरतस्तां प्रवृत्तिविचारमाध्यमेन उपस्थापयति। सः नाट्यशास्त्रे स्थानभिन्ने सति प्रवृत्तेः भिन्नत्वं पुनस्तासां आवन्ती-दाक्षिणात्यापाञ्चालीगौडी-उड्रमागधीभेदेन भिन्ना इति आलोचयति।

तत्परवर्त्ती भामहः मार्गपदेन रीतिं विचारयति। तत्र वैदर्भगौडमार्गौ काव्यालङ्कारग्रन्थे समालोचितौ भवतः।

दण्डी काव्यादर्शग्रन्थे रीतेः विशद्विचारं प्रस्तौति। तत्र मार्गपदेन रीतेः विचारः तेन विहितः। तस्याः आनन्त्यञ्च तेनाङ्गीकृतम्। स्फुटभेदौ वैदर्भगौडौ तेनोपस्थापितौ भवतः। रीतितत्त्वस्योपस्थापनं तत्र तस्याः सुमहद्विचारं चावलोक्यते। रीतेः आत्मत्वं व्याहरता वामनेन रीतिविचारः सुदीर्घः कृतः। वैदर्भीगौडीपाञ्चाली-प्रभृतीनां रीतीनां विचारः पुनस्तासां मध्ये वैदर्भ्याः महत्वञ्च तेनाङ्गीकृतम्। रीतेः सर्वाङ्गीणविचारस्तेन काव्यालंकारसूत्रग्रन्थे विहितः।

यद्यपि वामनः रीतेरात्मत्वं स्वीकृत्य काव्ये तस्याः प्राधान्यमङ्गीकरोति तथापि परवर्त्तिनः सर्वे आचार्याः तन्मतं खण्डयन्ति। केषाचिन्मते रीतिः गुणाधारेण केषाञ्चिन्मते समासाधारेण केषाञ्चिद्वा मते गुणसमासवर्णानामाधारेण काव्ये

प्रतितिष्ठति। अनन्तरं रीतेः सुदीर्घविचारोऽभूत्, परन्तु तत्र काव्यालंकारसंग्रहग्रन्थ-कर्त्तारममृतानन्दयोगिनं विहाय सर्वे वामनस्य विरोधं कृतवन्तः। अमृतानन्दयोगीस्तु एकैवाचार्यः यः गुणसमासवर्णानामाधारेण रीतिचतुष्टयं विचार्य्य काव्ये तासामा-त्मत्वमुद्घोषयति। उक्तञ्च —

"रीतिरात्माऽत्र काव्यस्य कथ्यते सा चतुर्विधा।" इति।

एतद्व्यतिरिक्तः न कोऽपि वामनमतमङ्गीकरोति।

आलङ्कारिकः रुद्रटः वैदर्भीगौडीपाञ्चालिभिः सह लाटियां रीतिं विवेचयति काव्यालङ्कारग्रन्थे। समासाधारेण रीतिं विवेचयता तेन रीतेः गुणाधारकत्वं खण्डितम्।

काव्यमीमांसायां श्रीराजशेखरः रीतीनां भौगालिकविवेचनं प्रस्तौति। वर्णसमासरचनारूपा रीति इति सः मनुते। स काव्यमीमांसायां पूर्वोक्तानां तिसृणां रीतीनां विवेचनं करोति। पुनः कर्पूरमञ्जर्य्यां मागधीरीतेः विचारं प्रस्तौति।

मार्गपदेन कुन्तकः रीतिं विचार्य्य ताः वैदर्भीगौडीपाञ्चालीप्रभृतीः क्रमेण सुकुमारविचित्रमध्यमनाम्ना विवेचयति। तन्मते एताः रीतयः कविस्वभावसम्बन्धाः भवन्ति।

शृंगारप्रकारे भोजरातः वैदर्भीगौडीपाञ्चालीलाटियाप्रभृतीः रीति उपस्था-पयति। पुनः सरस्वतीकण्ठाभरणे आवन्ती मागधी च द्वे रीती उपस्थापयति। गुण-समासौ च रीतिनामाधारौ इति सः स्वीकरोति।

सिंहभूपालः अपि रसार्णवसुधाकरग्रन्थे भोजराजानुसारं रीतिं विवेचयति।

वाग्भटः स्वालंकारग्रन्थे रीतिद्वयं स्वीकरोति। तन्मते रीतयः समासाधारेण प्रतिष्ठिताः भवन्ति। अतस्तेन वैदर्भगौडौ असमासदृढसमासौ क्रमेण स्थिरीकृतौ।

समासाधारेण श्रीजयदेवः चन्द्रालोकग्रन्थे रीतिचतुष्टयं विवेचयति। ताश्च पाञ्चालीगौडीयालाटियावैदर्भी प्रभृतयः।

विद्याधरेण एकावलीग्रन्थे प्रथमतः वैदर्भीगौडीयापाञ्चालीति तिस्रः रीतयः वर्णिताः दृश्यन्ते। पुनस्तासां सांकर्य्यात् आवन्तिकालाटियामागधीप्रभृतयः रीतयः आविर्भवन्तीति सः विवेचयति।

केशवमिश्रोऽपि स्वालंकारशेखरे तत्तद्देशसम्भवाः वैदर्भीगौडीपाञ्चाली-प्रभृतयः रसोपकारिण्यः रीतय इति विवेचयति। तन्मते एताः समासाधारेण जायन्ते।

भावप्रकाशने शारदातनयः वचनविन्यासस्वरूपाः रीतय इति कथयति। वैदर्भीगौडीपाञ्चालीलाटीसौराष्ट्रीद्राविडीचेति षड्रीतीः सः स्वीकरोति।

कविकर्णपूरः स्वालंकारकौस्तुभे गुणहेतुका वर्णविन्यासविशेषा रीति इति व्याहरति। रसाधारेण तासां स्थितिमपि सः निरुपयति। वेदर्भीगौडीपाञ्चाली-लाटियाप्रभृतीनां चतसृणां रीतीनां विचारः तत्र तेन विहितो दृश्यते।

ध्वनिवादिनोऽपि रीतेः सुमहान्तं विचारं कृतवन्तः, रीतेः स्थानं च निर्द्धारितवन्तः। सा च संघटनारूपा गुणानाश्रित्य रसान् व्यनक्तीति आनन्दवर्द्धनः कथयति।

यदुक्तं तेन ध्वन्यालोके —

"गुणानाश्रित्य तिष्ठन्ती माधुर्य्यादीन् व्यनक्ति सा रसान् ...।"[१८८] इति।

मम्मटस्तु वर्णविन्यासक्रमं रीतेराधारत्वेन विभावयति। वृत्तौ एव सः रीतिं विवेच्य उपनागरिकापरुषाकोमलेति नाम्ना ताः त्रिधा इति स्वीकरोति। एताः एव वृत्तयः केषाञ्चिन्मते वैदर्भीप्रमुखाः रीतयः भवन्तीति कथयति।

पण्डितराजः मम्मटवत् उपनागरिकादीनां वृत्तीनां वैदर्भ्यादिरीतीनाञ्च अभिन्नत्वं मानयति। स एकाम् एव वैदर्भीं गणयति।

विश्वनाथः दर्पणग्रन्थे वर्णविन्यासं समासञ्चाधारीकृत्य रीतेः विवेचनं करोति। तन्मते रीतयः पदसंघटनारूपाः रसादीनामुपकारकाश्च भवन्ति।

एवं सर्वैः प्रायशः आलंकारिकैः रीतेः सुमहत् विवेचनं सम्पादितम्। शेषे च तस्याः गुणमयत्वं सर्वैः स्वीकृतम्। माधुर्य्यौजःप्रसादादिगुणयुक्ताः ताः क्रमेण वैदर्भीगौडीपाञ्चाल्याख्याः भवन्तीति सर्वैः गृहीताः।

एवं रीतेः पारम्परिकी आलोचना भारतीयसाहित्यशास्त्रेषु दृश्यते। लक्ष्यग्रन्थेष्वपि कवीनां रीतिकाव्यरचनायां संरम्भः बहुशः विलोक्यते। वैदर्भकाव्य-

---

१८८. ध्व.लो. – ३/६।

रचनायां कालिदासप्रभृतीनां गौडकाव्यरचनायां बाणभट्टप्रभृतीनां पाञ्चालकाव्यरचनायां च प्रसिद्धिः सुविदिमेवास्ति।

आलोच्य विदग्धमाधवं नाटकं वैदर्भमार्गस्य द्योतकं नव्यकाव्यमस्ति। अत्र कालिदासीयवैदर्भीरीतिप्रधानसुकुमारशैल्याः भवभूतेः शब्दप्रौढतायाश्च प्रभावः दृश्यते। नाटकीया शैली तु पाञ्चाली। तत्र प्रसङ्गानुसारं वर्णविन्यासः रीतेः वैचित्र्यमत्र उपस्थापयति। अतः भावानुसारं भाषाविन्यासेनात्र काऽपि रमणीयता द्योत्यते। समुचितशब्दप्रयोगेणात्र माधुर्य्यं च प्रतितिष्ठति।

संस्कारवशतः गौडबन्धस्य क्लिष्टता यद्यपि बहुत्र पद्यभागे सन्निवेशिता दृश्यते तथापि तत्र रचना प्रवाहपूर्णा सहृदयाह्लादिका च भवति। अनेन क्लिष्टं गौडबन्धमपि सहृदयाकर्षकं माधुर्य्यव्यञ्जकं च भवति। एवमत्र सञ्योजिताः रीतयः सर्वाः सुस्थानप्रयुक्ताः सत्यः सहृदयेषु माधुर्य्यं जनयन्त्यः तिष्ठन्ति। अतः संघटनायाः विचारे काव्यमिदं अतुलनीयमस्ति।

रीतियुगीयकाव्यकारेषु श्रीरूपगोस्वामिनः स्थानम् —

श्रीविदग्धमाधवनाटकरचयितुः श्रीमच्छ्रीरूपगोस्वामिप्रभुपादस्य ध्वनिप्रस्थापनपरमाचार्यस्य रसतत्त्वं संस्कृतसाहित्यजगति भिन्नमेकमान्दोलनमिति सर्वैः स्वीकृतम्। पूर्वोक्तानां साहित्यतत्त्वानामनुशीलनेन शास्त्रीयप्रभावेण च प्रभावितोऽयं कविः शास्त्रीयग्रन्थरचनायां स्वजीवनं नियोजितवान्। भक्तेः रसरूपत्वं व्याहरता तेन महात्मना भक्तिरसामृतसिन्धु – उज्ज्वल नीलमणि–नाटकचन्द्रिका–प्रभृतयः ग्रन्थाः प्रकाशिताः। भक्तेः कथं रसत्वमिति प्रश्नस्य सुसमाधानेन उपस्थापनेन च तस्य प्रतिभा सुष्ठु अवलोकिता। पुनः नाटकचन्द्रिकायामभिनयस्य स्वरूपं तत्र दृश्यकाव्यस्य निरूपणं च तस्य महत्याः प्रतिभायाः परिचयमददात्। अतः शास्त्रीयतत्त्वानां विचारेण अयमाचार्यः दक्षः आसीत्। लक्षणग्रन्थगत–सिद्धान्तानां परीक्षां च सः स्वलक्ष्यग्रन्थे अकरोत्। विदग्धमाधवं शास्त्रीयतत्त्वयुक्तं तस्य नवीननाटकम्। नाटकेऽस्मिन् शास्त्रीयपद्धत्या भक्तेः रसत्वं तेन निर्विवादमुप–स्थापितम्। एवमन्यं तस्य ललितमाधवं नाम नाटकमपि भक्तेः रसत्वमभिव्यनक्ति।

नाट्यकारः श्रीरूपः न केवलं भावपक्षीयविचारे सीमितः अपितु कला–

पक्षीयविचारस्तस्य सर्वान् पूर्ववर्तीन् काव्याकारानतिक्रामति। रसपरकवर्णविन्यास-चतुरः श्रीरूपः सर्वत्रैव तस्य महत्याः कलाकुशलतायाः परिचयं प्रस्तौति। भवभूतेः गौडीप्रधानशब्दप्रौढतया प्रभावितोऽपि सः कालिदासीयवैदर्भमार्गं न मुञ्चति। अतस्तस्य वाणी प्रसादमयी अस्ति। तत्र स्वाभाविकसरसतायाः प्रवाहः तस्य कृतौ परिलक्ष्यते। श्लेषशब्दानां प्रयोगः, अलंकाराणां सुस्थानोपन्यासः, रसभावादीनां समुचितविन्यासश्च तस्य अन्यतमं वैशिष्ट्ययम्।

पुनः राधाकृष्णयोर्लीलाविलासं काव्ये नाटके वा रूपायितं कर्त्तुं तस्य प्रबला इच्छा दृश्यते। सरससुन्दरसुकुमारशैल्या राधामाधवयोः लीलावर्णनेन सः शतमुखरः दृश्यते। अनेकशास्त्रावगाही सः राधाकृष्णयोर्प्रेमोल्लासार्थं सर्वदैव चेष्टितवान्। लीलापुरुषश्रीकृष्णस्य रासेश्वरीराधायाश्च भक्तिभावनायां प्रौढां वाणीं विनियुज्य आत्मानं भक्तिमार्गसाधनायाम् उत्सर्गीकृतवान्। अतः सोऽत्र संस्कृत-साहित्ये भक्तनाटककाररूपेण ख्यातिं लभते। विदग्धमाधवमस्य भक्तनाटककारस्य अनवद्यभक्तिपुष्पाञ्जलि इति।

संस्कृतसाहित्यजगति श्रीरूपः न केवलं नाटककृद्रूपेण प्रसिद्धिं प्राप्नोति अपि तु सः सफलः आलङ्कारिकः, ध्वनिप्रस्थापनपरमाचार्यः गौडीयवैष्णवसाहि-त्यस्य भगीरथश्च। तस्य महती चेष्टा अद्यापि वैष्णवसाहित्यं समृद्धं करोति विश्वे विश्वे च भक्तेः अविच्छिन्नां धारां प्रवाहयतीति अलमति विस्तरेण।

*****

श्रीश्रीलरूपगोस्वामिप्रभुपाद-प्रणीतम्

विदग्धमाधव-नाटकम्

प्रथमः अंकः

सुधानां चान्द्रीणामपि मधुरिमोन्माददमनी
दधाना राधादिप्रणयघनसारैः सुरभिताम्।
समन्तात् सन्तापोद्गमविषमसंसारसरणि-
प्रणीतां ते तृष्णां हरतु हरिलीलाशिखरिणी॥ १॥ १॥

अपि च — अनर्पितचरीं चिरात्करुणयावतीर्णः कलौ
समर्पयितुमुन्नतोज्ज्वलरसां स्वभक्तिश्रियम्।
हरिः पुरटसुन्दरद्युतिकदम्बसंदीपितः
सदा हृदयकन्दरे स्फुरतु वः शचीनन्दनः॥ २॥ २॥

(नान्द्यन्ते)

सूत्रधारः — अलमतिविस्तरेण। भोः भोः! समाकर्ण्यताम्। अद्याहं स्वप्रान्तरे समादिष्टोऽस्मि भक्तावतारेण भगवता श्रीशंकरदेवेन, यथा — 'अये ताण्डवकलापण्डित!' इह किल बल्लवीचक्रचेतोवृत्तिमकरीविहारमकरालयस्य निरवद्यवेणुवादनविद्यास्वाध्यायसिद्धीनां प्रथमाध्यापकस्य सुगन्धिपुष्पावलीसौन्दर्यतुन्दिलायामरविन्दबान्धवनन्दिनीतीरान्तकाननलेखायामवलम्बितमत्तपुंस्कोकिललीलस्य परमानन्दवर्धिनि गोवर्धननितम्बे संभृतनवाम्बुदाडम्बरस्य किशोरशिरोमणेर्नन्दनन्दनस्य प्रेमभराकृष्टहृदयो नानादिग्देशतः सांप्रतं रसिकसंप्रदायो वृन्दावनविलोकनोत्कण्ठया केशितीर्थोपकण्ठे समीयिवान्। स च धन्यः —

कृतं गोपीवृन्दैरिह भगवतो मार्गणमभू-
दिहासीत्कालिन्दीपुलिनवलये रासरभसः।

इति श्रावं श्रावं चरितमसकृद्गोकुलपते-
र्लुठन्नुद्वाष्पोऽयं कथमपि दिनानि क्षपयति॥ ३॥ ३॥

तदिदानीमेतस्य भक्तवृन्दस्य मुकुन्दविश्लेषोद्दीपनेन बहिर्भवन्तः प्राणाः कामपि तस्यैव केलिसुधाकल्लोलिनीमुल्लासयता परिरक्षणीया भवता। मत्कृपैव ते सामग्रीं समग्रयिष्यति, इति। तेनाद्य जगद्गुरोरादेशमेवानुवर्तिष्ये॥ ४॥

(प्रविश्य) — पारिपार्श्विकः — भावः! भवता निबद्धस्य विदग्धमाधवनाम्नो नवीन-नाटकस्य प्रयोगानुसारेण गृहीतभूमिकाः कुशीलवा रङ्गप्रवेशाय तत्र भवन्तमनुज्ञापयन्ति॥

सूत्रधारः — मारिष! निर्मितः किमिति तन्नाटकपरिपाटीभिर्वर्णिकापरिग्रहः? (क्षणं विमृश्य।) भवतु,

ममास्मिन् संदर्भे यदपि कविता नातिललिता,
मुदं धास्यन्त्यस्यां तदपि हरिगन्धाद्बुधगणाः।
अपः शालग्रामाप्लवन-गरिमोद्गारसरसाः,
सुधीः को वा कोपीरपि नमितमूर्धा न पिबति?॥ ४॥ ६॥

पारिपार्श्विकः — भाव! रंगलक्ष्मीकौशलस्तुतिभिरेव सभ्यानभ्यर्थयामहे, यदमी विद्यादिभिर्देवानपि तानुपालब्धुमुत्सहन्ते, किमुत नटानस्मान्॥ ७॥

सूत्रधारः — मारिष! कृतमेतया वृथोपचारचर्यया। यतः,

अप्रेक्ष्य क्लममात्मनो विदधति प्रीत्या परेषां प्रियं,
लज्जन्ते दुरितोद्गमादिव निजस्तोत्रानुबन्धादपि।
विद्यावित्तकुलादिभिश्च यदमी यान्ति क्रमान्नम्रतां,
रम्या कापि सतामियं विजयते नैसर्गिकी प्रक्रिया॥ ५॥ ८॥

(समन्तादवलोक्य सहर्षमुच्चैः) हंहो बल्लवसिंहप्रियाः, भगवद्धर्मज्ञगोष्ठीगुरुणामपि युष्माकं समक्षं किमप्येष विवक्षमाणस्ताण्डविको निरपत्रपाणां पदवीमारोढुमुपक्रमते। तदिमां क्षमध्वं चापलारभटीम्। (इति सप्रणामं पश्यन्)॥ ९॥

अभिव्यक्ता मत्तः प्रकृतिलघुरूपादपि बुधा
विधात्री सिद्धार्थान् हरिगुणमयी वः कृतिरियम्।
पुलिन्देनाप्यग्निः किमु समिधमुन्मथ्य जनितो
हिरण्यश्रेणीनामपहरति नान्तःकलुषताम्?॥ ६॥ १०॥

तदिदानीमभीष्टदेवं भगवन्तमनुस्मृत्य नृत्यमाधुरीमुल्लासयामि। (इत्यंजलिं बद्ध्वा)

प्रपन्नमधुरोदयः स्फुरदमन्दवृन्दाटवी-
निकुजमयमण्डपप्रकरमध्यबद्धस्थितिः।
निरङ्कुशकृपाम्बुधिर्व्रजविहाररज्यन्मनाः
सनातनतनुः सदा मयि तनोतु तुष्टिं प्रभुः॥ ७॥ ११॥

पारिपार्श्विकः — भाव, पश्य पश्य, —

भक्तानामुदगादनर्गलधियां वर्गो निसर्गोज्ज्वलः
शीलैः पल्लिवितः सबल्लववधूबन्धोः प्रबन्धोऽप्यसौ।
लेभे चत्वरताञ्च ताण्डवविधेर्वृन्दाटवीगर्भभू-
र्मन्ये मद्विधपुण्यमण्डलपरीपाकोऽयमुन्मीलति॥ ८॥ १२॥

तत्त्वरस्व रसमाधुरीपरिवेषणाय॥ १३॥

सूत्रधारः — मारिष, नीरसावलीवैमुख्याद्विशंकमानो मन्थर इवास्मि॥ १४॥

पारिपार्श्विकः — भाव, कृतमत्र शंकया। यतः,

उदासतां नाम रसानभिज्ञाः
कृतौ तवामी रसिकाः स्फुरन्ति।
क्रमेलकैः काममुपेक्षितेऽपि पिकाः
सुखं यान्ति परं रसाले॥ ९॥ १५॥

तदारभ्यतां सामाजिकचेतश्चमत्काराय गान्धर्वब्रह्मविद्या॥ १६॥

सूत्रधारः — मारिष, पश्य पश्य,

सोऽयं वसन्तसमयः समयाय यस्मिन्
पूर्णं तमीश्वरमुपोढनवानुरागम्।
गूढग्रहा रुचिरया सह राधयासौ
रंगाय संगमयिता निशि पौर्णमासी॥ १०॥ १७॥

(नेपथ्ये) अये नर्त्तकसामन्तसार्वभौम, कथं भवतः कर्णपूरीभूता बाढं निगूढेयं सन्दर्भ-मञ्जरी, यदहं राधया सार्धमीश्वरं तं संगमयिष्यामीति?॥ १८॥

सूत्रधारः — (सविस्मयं नेपथ्याभिमुखमवलोक्य) अहो, कथमित एव भगवती पौर्णमासी? पश्य पश्य।

वहन्ती काषायाम्बरमुरसि सान्दीपनिमुनेः
सवित्री सावित्रीसमरुचिरलं पाण्डुरकचा।

सुरर्षेः शिष्येयं परिजनवती नन्दभवना-
दितो मन्दं मन्दं स्फुटमुटजवीथीं प्रविशति॥ ११॥ १९॥

तदावामप्यग्रतः करणीयं वर्णिकांगीकारमालोचयावः॥ २०॥ (इति निष्क्रान्तौ)

प्रस्तावना

(ततः प्रविशति सपरिजना पौर्णमासी)

पौर्णमासी — ('अये नर्तकसामन्त-' इति पठित्वा) हन्त वत्से नान्दीमुखि, किमपि कमनीयं गायता स्फुटमानन्दितास्मि नटेन्द्रेण॥ २१॥

नान्दीमुखी — भअवदि, किं क्खु जहत्थं एदम्। (भगवति, किं खलु यथार्थमेतत्)॥

पौर्णमासी — संभाव्यते फलमलम्भितलमूलपुष्टे-
स्तत्तादृशं क्व मम भाग्यतरोर्वरोरु।
येनानयोः सुभगयोरुचिता भवेयं
श्रृंगारमांगलिकयोर्नवसंगमाय॥ १२॥ २३॥

नान्दीमुखी — भअवदि, जइ विसहाणुणन्दिणी राहिआ तुए कण्हेण सगमणिज्जा, तदो संगमाणुऊलवासं गोउलं उज्झिअ सन्तणुवाससण्णे भाणुतिथे किंत्ति एषा संगोविअ रक्खिदा आसी। (भगवति! यदि वृषभानुनन्दिनी राधिका त्वया कृष्णेन संगमनीया, तदा संगमानुकूलवासं गोकुलमुज्झित्वा शान्तनुवाससंज्ञे भानुतीर्थे किमित्येषा संगोप्य रक्षितासीत्)॥ २४॥

पौर्णमासी — वत्से, नृशंसतः कंसभूपतेः शंकया॥ २५॥

नान्दीमुखी — भअवदि, तहवि कहं रण्णा विण्णादा राहा? (भगवति! तदपि कथं राज्ञा विज्ञाता राधा?)॥ २६॥

पौर्णमासी — राधासौन्दर्यवृन्दमेव विज्ञापने निदानम्; यतः,

लोकात्तरा गुणश्रीः प्रथयति परितो निगूढमपि वस्तु
पिहितामपि प्रयत्नाद्व्यनक्ति कस्तूरिकां गन्धः॥ १३॥ २७॥

नान्दीमुखी — भअवदि, जसो आधत्तीए मुहराए अत्तणो णत्तिणी राहिआ गोउलमज्झे आणीअ जडिलापुत्तस्स अहिमण्णुणो हत्थे उव्वाहिता त्ति, तादिसं जेव्व असमज्जसं अपाडिदम्, जं कण्हादो अण्णेण पुरिसेण तादिसीणं करप्फंसणं असज्जम्, तदो कधं तुम णिच्चिन्दा विअ दीससि? (भगवति, यशोदाधात्र्या मुखरया आत्मनो नप्त्री राधिका

गोकुलमध्ये आनीय जटिलापुत्रस्याभिमन्योर्हस्ते उद्वाहितेति, तादृशमेवासमंजसमापतितम्। यस्मात्कृष्णतोऽन्येन पुरुषेण तादृशीनां करस्पर्शनं असह्यम्, तस्मात्कथं त्वं निश्चिन्ता इव दृश्यसे?) ॥ २८ ॥

पौर्णमासी — तस्यैव हेतोः ॥ २९ ॥

नान्दीमुखी — कहं विअ? (कथमिव?) ॥ ३० ॥

पौर्णमासी — (विहस्य) तद्विश्चनाद्यर्थमेव स्वयं योगमायया मिथ्यैव प्रत्यायितं तद्विधानामुद्वाहादिकम्। नित्यप्रेयस्य एव खलु ताः कृष्णस्य ॥ ३१ ॥

नान्दीमुखी — (सहर्षम्) ता णूणं तुमं निच्चिन्दासि संवुत्ता, जं एसा अज्ज गोउलमज्झे आणीदा। (तस्मात् नूनं त्वं निश्चिन्तासि संवृत्ता, यदेषाद्य गोकुलमध्ये आनीता।) ॥

पौर्णमासी — वत्से, सत्यं ब्रवीषि। कंसतश्चिन्ता मे शैथिल्यमिवोपलब्धा, किंतु दुष्टाभिमन्युतः स्फुटमन्या सांप्रतमजनिष्ट ॥ ३३ ॥

नान्दीमुखी — केरिसी सा? (कीदृशी सा?) ॥ ३४ ॥

पौर्णमासी — **बल्लवीनवलतासु रंगिणं कृष्णभृंगमधिगत्य मत्सरी।**
राधिकापुरटपद्मिनीमयं नेतुमिच्छति पुनर्वनान्तरम् ॥ १४ ॥

नान्दीमुखी — तत्थवि जोअमाआ जेव्व समाहाणं करिस्सदि। (तत्रापि योगमायैव समाधानं करिष्यति।) ॥ ३६ ॥

पौर्णमासी — पुत्रि, को जानाति स्वतन्त्रायास्तस्याश्चरित्रम्, यदीदृशेऽर्थे सा तटस्थायते?

नान्दीमुखी — अण्णो वा एत्थ कोवि उवाओ त्थि, जेण एसो पडिबद्धो भवे? (अन्यो वात्र कोऽप्युपायोऽस्ति येनैष प्रतिबद्धो भवेत्?) ॥ ३८ ॥

पौर्णमासी — वत्से, तत्र मया प्रतिभुवा भवत्या युक्तिमाधुरी-मेदुरेण वागर्गलेन निसर्गादगम्भीरोऽयं विष्कम्भितोऽस्ति। ॥ ३९ ॥

नान्दीमुखी — (सहर्षम्) भअवदि, कंसस्स गोमण्डलज्झगखो गोअडढणो कण्हाणुसारिणा चन्दाअलीचरित्तेण कुदो ण कुप्पइ? (भगवति, कंसस्य गोमण्डलाध्यक्षो गोवर्धनः कृष्णानुसारिणा चन्द्रावलीचरित्रेण कुतो न कुप्यति) ॥ ४० ॥

पौर्णमासी — पुत्रि, राजकुलोपलब्धेन गौरवेण गर्वितोऽयं व्यक्तमपि तत्र श्रद्दधाति ॥

नान्दीमुखी — कहं कण्हेण पढमं से संगमो संवृत्तो। (कथं कृष्णेन प्रथममस्याः संगमः संवृत?) ॥ ४२ ॥

पौर्णमासी — पुत्रि, संगमे खलु गाढानुरागितैव दूती वभूव। मदुद्यमानां केवलमजनिष्ट पिष्टपेषिता ॥ ४३ ॥

नान्दीमुखी — अज्जे, तुह कहं एरिसी भाअविसेसभाविदा गाढाणाराइदा उपण्णा, जं अप्पणो अहिष्ठुदेअम्हि अणुप्पण्णे कण्हे उज्जइणीं उज्झिअ पढमं च्चेअ गोउलं लद्धासि। (आर्ये, तव कथमीदृशी भावविशेषभाविता गाढानुरागितोत्पन्ना, यदात्मनोऽभीष्टदेवेऽनुत्पन्ने कृष्णे उज्जयिनीमुज्झित्वा प्रथममेव गोकुललब्धासि?) ॥ ४४ ॥

पौर्णमासी — पुत्रि, गुरुपादानामुपदेशप्रसादेन ॥ ४५ ॥

नान्दीमुखी — एत्थ वसन्तीं तुमं महाभाओ संदीवणी किं क्खु जाणादि? (अत्र वसन्तीं त्वा महाभागः सांदीपनिः किं खलु जानाति?) ॥ ४६ ॥

पौर्णमासी — अथ किम्। यतस्तेन मधुमगलाभिधः स्वपुत्रो ममात्र परिचर्यार्थं प्रेषितः ॥ ४७ ॥

नान्दीमुखी — मधुमंगलो तुए सुट्ठु अणुग्गहीदो जं एसो णन्दणअणेन्दीअरचन्दस्स सहअरदामहूसवे णिउत्तो। (मधुमंगलस्त्वया सुष्ठु अनुगृहीतो यदेष नन्दनयनेन्दीवरचन्द्रस्य सहचरता महोत्सवे नियुक्तः?) ॥ ४८ ॥

पौर्णमासी — पुत्रि, मम सर्वस्वरूपाया राधायाः कृष्णेऽनुरागविस्ताराय त्वञ्च नियुज्यसे ॥ ४९ ॥

नान्दीमुखी — (सानन्दम्) भअवदि, अदिभूमिं गदोसे कण्हे अणुराओ। (भगवति, अतिभूमिं गतोऽस्याः कृष्णेऽनुरागः) ॥ ५० ॥

पौर्णमासी — कथमेतल्लक्षितम् ॥ ५१ ॥

नान्दीमुखी — जदा कहापसंगे एषा कण्हत्ति णामं सुणादि, तदा रोमाञ्चिदा कंपि भाअं विन्दइ। (यदा कथाप्रसंगे एषा कृष्णेति नाम शृणोति, तदा रोमाञ्चिता कमपि भावं विन्दति) ॥ ५२ ॥

पौणमासी — पुत्रि, युक्तमिदम्। तथाहि —

> **तुण्डे ताण्डविनीरतिं वितनुते तुण्डावलीलब्धये**
> **कर्णक्रोडकडम्बिनी घटयते कर्णाबुदेभ्यः स्पृहाम्।**
> **चेतः प्रांगणसंगिनी विजयते सर्वेन्द्रियाणां कृतिं**
> **नो जाने जनिता कियद्भिरमृतैः कृष्णेति वर्णद्वयी ॥ १५ ॥ ५३ ॥**

नान्दीमुखी — अज्जे! दोहिं ललिदाविसाहाहिं सहीहिं सद्धं राहा सूरं आराहेहि। चन्दाअली

उण पउमासेब्बापहुदीहिं सद्धं चण्डिअम्। ता तक्केमि देअदापसाअणिप्पदिओ इमाणं ईरिसो कण्हे अणुराओ। (आर्ये! द्वाभ्यां ललिताविशाखाभ्यां सखीभ्यां सार्धं राधा सूर्यमाराधति। चन्द्रावली पुनः पद्माशैब्याप्रभृतिभिः सार्धं चण्डिकाम्। तस्मात्तर्कयामि देवताप्रसादनिष्पादित आसामीदृशः कृष्णेऽनुरागः) ॥ ५४॥

पौर्णमासी — दैवतसेवा केवलमिह वनयात्रानुसारिणी मुद्रा।
व्रजसुभ्रुवां तु कृष्णे सहजप्रेमा स जागर्ति॥ १६॥ ५५॥

नान्दीमुखी — सच्चं राहाए साहाविअं चेअ पिम्मं तत्थवि सहीणं कोसलं उद्दीअणम्। (सत्यं राधायाः स्वाभाविकमेव प्रेम तथापि सखीनां कौशलमुद्दीपनम्) ॥ ५६॥

पौर्णमासी —पुत्रि! मद्गिरा संदिश्यतामालेख्यविचक्षणा विशाखा यथेयं स्वसखीनेत्रारविन्दयोरानन्दनाय नन्दसूनोः प्रतिच्छन्दं निर्माति॥ ५७॥

नान्दीमुखी — जह आणवेदि भअवदी। (यथाज्ञापयति भगवती) ॥ ५८॥

पौर्णमासी — मयापि मोदकवृन्ददानापदेशाद्वृन्दाटवीमध्यमासाद्य राधेति मंगलाक्षरमाधुर्येण माधवकर्णयोर्द्वन्द्वमानन्दनीयम्॥ ५९॥

नान्दीमुखी — अज्जे! पेक्ख एसो राममहुमंगलसिरिदामपहुदीहि सहअरेहिं सद्धं गोउलादो णिक्किमिअ वृन्दावनं गच्छन्तो कण्हो सिणिद्धेहिं पिदरेहिं जसो आनन्देहिं लालिज्जइ। (आर्ये! पश्यैष राममधुमंगलश्रीदामप्रभृतिभिः सहचरैः सार्धं गोकुलान्निष्क्रम्य वृन्दावनं गच्छन्कृष्णः स्निग्धाभ्यां पितृभ्यां यशोदानन्दाभ्यां लाल्यते) ॥ ६०॥

पौर्णमासी — (विलोक्य सहर्षम्)

अयं नयनदण्डितप्रवरपुण्डरीकप्रभः
प्रभाति नवजागुडव्रजविडम्बिपीताम्बरः।
अरण्यजपरिष्क्रियादमितदिव्यवेषादरो
हरिन्मणिमनोहरद्युतिभिरुज्ज्वलांगो हरिः॥ १७॥ ६१॥

तदहं मोदकसंपादनाय गच्छेयम्। त्वं विशाखां याहि॥ ६२॥ (इति निष्क्रान्ते)

विष्कम्भकः।

(ततः प्रविशति यथानिर्दिष्टः कृष्णः)।

श्रीकृष्णः — (पुरस्तादवलोक्य सानन्दम्)

श्रेणीभूतवपुः श्रियामभिमुखे गोमण्डलीनां क्रमा-
दासां स्फाटिकगण्डशैलपटलीपाण्डुत्विषां व्याजतः।

शंके ज्ञातगुणा पुरंदरपुचाच्चस्कन्द मन्दाकिनी
वृन्दारण्यविहारिधन्ययमुनासेवाप्रमोदार्थिनी ॥ १८ ॥ ६३ ॥

श्रीनन्दः — वत्स! साधु वर्णितम्। किं तु गोष्ठलक्ष्मीरपि पृष्ठतः प्रेक्ष्यतामिति ॥ ६४ ॥ (परावृत्य)

विशालैर्गोशालैर्बहुशिखरशाखावितितिभिः
परीतैः संबाधीकृतसविधमम्भोधिगहनम्।
समृद्धामागोवर्धनकटकमाकालियह्रदं
श्रियं बिभ्रद्गोष्ठं स्फुरति परितस्तावकमिदम् ॥ १९ ॥ ६५ ॥

श्रीकृष्णः — सखे मधुमंगल ! दूरमनुयातोऽस्मि तातेन। तदविलम्बमम्बया सार्धं गोष्ठं प्रविश्यताम् ॥ ६६ ॥

यशोदा — जाद! किंति अवरण्हे वि गोट्ठंण सुमरसि, जं परमादरेण मए रन्धिदाइं पच्चहं सीअलीहोन्ति मिट्ठण्णाइं। (जात! किमित्यपराह्णेऽपि गोष्ठं न स्मरसि? यत्परमादरेण मया रन्धितानि प्रत्यहं शीतलीभवन्ति मिष्टान्नानि) ॥ ६७ ॥

मधुमंगल — गोउलेस्सरि, सुणाहि। (इति संस्कृतेन) (गोकुलेश्वरि, शृणु)

गोभ्यः शपे किमपि दूषणमस्य नास्ति
(इति वागुपक्रमे कृष्णः सस्नेहमेनं पश्यति)
ताभिर्यदेष रभसादभिकृष्यमाणः।
कुञ्जं विशत्यधिककेलिकलोत्सुकाभिः ॥ ६८ ॥ (इति वागसमाप्तौ)

श्रीकृष्णः — (सापत्रपमात्मगतम्) व्यक्तमेष बालिशो बल्लवीभिरिति वक्ष्यति। तदेनं भ्रुसंज्ञया निवारयामि। (इति शिरस्तिरो धूनयति) ॥ ६९ ॥

मधुमंगलः — भो वअस्स! किंति मं निवारेसि जं णिच्चिदं अज्ज अज्जाया अग्गदो एदं विण्णविस्सम्। (भो वयस्य! किमिति मां निवारयसि यन्निश्चितमद्य आर्याया अग्रत इदं विज्ञापयिष्यामि) ॥ ७० ॥

श्रीकृष्ण — (स्वगतम्) हन्त, लज्जाजाले जाल्मधियाहं पातितोऽस्मि ॥ ७१ ॥

मधुमंगलः — **पीताम्बरस्त्वरितमम्ब सुहृद्भिराभिः ॥ २० ॥ ७२ ॥**

श्रीकृष्ण — (सानन्दमात्मगतम्) कथमन्यदेवास्य हृद्गतम् ॥ ७३ ॥

यशोदा — वच्छ मधुमंगल! सच्चं ललिदापहुदीओ ओववालिआओ अ मह इद कहेन्ति ता डिम्भए हदम्हि। (वत्स मधुमंगल, सत्यं सत्यम् ललिताप्रभृतयो गोपबालि-

काश्च मम इदं कथयन्ति, तड्डिम्भैर्हतास्मि) ॥ ७४ ॥

श्रीनन्दः — कुटुम्बिनि! कच्चिदनुरूपा निरूपितास्ति गोकुले काचिद्बालिका यामुद्वाहयामो वत्सम् ॥ ७५ ॥

यशोदा — अज्ज, दुद्धमुहस्स वच्छस्स दाणिं को क्खु उद्वाहाओसरो। (आर्य, दुग्धमुखस्य वत्सस्येदानीं कः खलु उद्वाहावसरः) ॥ ७६ ॥

मधुमंगल — (अपवार्य) वअस्स, सच्चं दुद्धमुहोऽसि जंदुद्ध लुद्धाइं गोवकिसोरी-सहस्साइं तुज्झ मुहं पिअन्ति। (वयस्य! सत्यं दुग्धमुखोऽसि यद्दुग्धलुब्धानि गोपकिशो-रीसहस्राणि तव मुखं पिबन्ति) ॥ ७७ ॥

(कृष्णः स्मितं करोति)

श्रीनन्दः — वत्स, पश्य पश्य —

अहह कमलगन्धेरत्र सौन्दर्यवृन्दे,
विनिहितनयनेयं त्वन्मुखेन्दोर्मुकुन्द।
कुचकलशमुखाभ्यामम्बरक्रोपमम्बा
तव मुहुरतिहर्षाद्वर्षति क्षीरधाराम् ॥ २१ ॥ ७८ ॥

(इति कृष्णमालिंग्य सानन्दम्)

जितचन्द्रपरागचन्द्रिकानलेन्दीवरचन्दनश्रियम्।
परितो मयि शैत्यमाधुरीं वहति स्पर्शमहोत्सवस्तव ॥ २२ ॥ ७९ ॥

श्रीकृष्णः — तात, बुभुक्षाकृष्टमपि मत्प्रतीक्षया स्वयं तस्तम्भे गोकदम्बकम्। तन्निवर्तेतां तत्रभवन्तौ ॥ ८० ॥

श्रीनन्दः — यथाह वत्सः। (इति सस्नेहं कृष्णमवलोकयन्सभार्यो निष्क्रान्तः) ॥

श्रीकृष्णः — (पुरोऽवलोक्य) —

सुगन्धौ माकन्दप्रकरमकरन्दस्य मधुरे
विनिस्यन्दे बन्दीकृतमधुपवृन्दं मुहुरिदम्।
कृतान्दोलं मन्दोन्नतिभिरनिलैश्चन्दनगिरे-
र्ममानन्द वृन्दाविपिनमतुलं तुन्दिलयति ॥ २३ ॥ ८२ ॥

रामः — श्रीदामन्, पश्य पश्य —

वृन्दावनं दिव्यलतापरीतं लतास्तु पुष्पस्फुरिताग्रभाजः।
पुष्पाण्यपि स्फीतमधुव्रतानि मधुव्रताश्च श्रुतिहारिगीताः ॥ २४ ॥ ८३ ॥

श्रीकृष्णः — सखे मधुमंगल, भवद्विधानामासत्तिशंसिभिर्वंशीगीतैरानन्दयामि वृन्दाटवीवास्तव्यान्। (इत्यधरे वेणुं विन्यस्यति) ॥ ८४ ॥

रामः — (साश्चर्यम्) हन्त, परस्परविपर्यस्तस्वभावानामपि भावानां धर्मविपर्ययः पश्यत ॥ ८५ ॥

जातस्तम्भतया पयांसि सरितां काठिन्यमापेदिरे
ग्रावाणोद्रवभावसंवलनतः साक्षादमी मार्दवम्।
स्थैर्यं वेपथुना जहुर्मुहुरगाज्जाड्याद्गतिं जंगमां
वंशीं चुम्बति हन्त यामुनतटीक्रीडाकुटुम्बे हरौ ॥ २५ ॥ ८६ ॥

मधुमंगल — ही ही अच्चरिअम् —

पउरदरगलन्दच्छीरकल्लोलिणीहिंण-
अकुसुमलदाणं हन्त सेअं कुणन्ती।
पिविअ महुरवंशीणादपीऊसपूरं
फुरइं गरुअसौक्खत्थम्भिदा घेणुपत्ती ॥ २६ ॥ ८७ ॥

(ही ही आश्चर्यम् !

प्रचुरतरगलत्क्षीरकल्लोलिनीभि
र्नवकुसुमलतानां हन्त सेकं कुर्वती।
पीत्वा मधुरवंशीनादपीयूषपूरं
स्फुरति गुरुसौख्यस्तम्भिता धेनुपंक्तिः ॥) २६ ॥ ८७ ॥

(इति कृष्णं हस्तेन चालयन्) भो पिअवअस्स, कीस णिब्भरं गव्वाएसि। एदाए च्चेअ वेणुजादीए एसा उन्मादिआ पइदी। एत्थ उण णिमित्तमेतं क्खु तुमम्।

(भो प्रियवयस्य, कस्मान्निर्भरं गर्वायसे। एतस्या एव वेणुजातेरेषोन्मादिका प्रकृतिः। अत्र पुनर्निमित्तमात्रं खलु त्वम्) ॥ ८८ ॥

(आकाशे)

रुन्धन्नम्बुभृतश्चमत्कृतिपरं कुर्वन्मुहुस्तुम्बुरुं
ध्यानादन्तरयन्सनन्दनमुखान्विस्मापयन्वेधसम्।
औत्सुक्यावलिभिर्बलिं चटुलयन्भोगीन्द्रमाघूर्णय-
न्भिन्दन्नण्डकटाहभित्तिमभितो बभ्राम वंशीध्वनिः ॥ २७ ॥ ८९ ॥

रामः — (सहर्षम् ऊर्ध्वमवलोक्य स्वगतम्) कथं मेघान्तरितोऽयं सुरर्षिः पद्मनमुप-

वीणयामास ॥ ९० ॥ (पुनराकाशे कलकलः)

मधुमंगलः — (ऊर्ध्वमवलोक्य सभयम्) अब्बम्हण्णं अब्बम्हण्णम्। भो भो, पलाअम्ह पलाअम्ह। (अब्रह्मण्यमब्रह्मण्यम्। भो भोः, पलायामहे पलायामहे।) ॥ ९१ ॥

श्रीदामः — वाउल, किंति णिरग्गलं पलवसि। (वातुल, किमिति निरर्गलं प्रलपसि) ॥

मधुमंगलः — (ऊर्ध्वमवलोक्य सभयम्) अरे मुक्ख गोआलिआ, किं ण पेक्खसि। एसो समारूढहंसो णग्गेण भुअंगधारिणा केणवि वेदालेण सद्धं चउम्मुहो को वि जक्खो रक्खसो वा आअच्छदि। (पुनर्वीक्ष्य सोत्कम्पम्) ही माणहे, एदे अ अच्छीहिं पूरिदसव्वंगं कंपि दाणअं अग्गेकदुअ अवरे असुरा गअणं आक्कमन्दि। ता संकेमि हदकंसस्स किकरा हुविस्सन्दि। (अरे मूर्ख गोपाल, किं न पश्यसि। एष समारूढहंसो नग्नेन भुजंग धारिणा केनापि वेतालेन सार्धं चतुर्मुखः कोऽपि यक्षो राक्षसो वागच्छति। ही मन्यामहे, एते चाक्षिभिः पूरितसर्वांगं कमपि दानवमग्रेकृत्य अपरेऽसुरा गगनमाक्रमन्ति। तच्छंके हतकंसस्य किंकरा भविष्यन्ति) ॥ ९३ ॥ (इति सत्रासं कृष्णकक्षान्तरे शिरस्तिरयति)

कृष्णः — (स्वगतम्) कथमेते वेणुनादमाधुरीभिराकृष्टाः पयोदवीथीमवगाहन्ते दिशामधीशाः ॥ ९४ ॥ (इति पुनर्वेणुं क्वणयति)

मधुमंगलः — (वलोक्य सोच्छ्वासमात्मगतम्) एदे दुट्ठदाणआ वअस्सस्स वेणुसद्दमेत्तेण विम्हला भविअ सज्झसेण मुज्झन्ति। ता जीइदो म्हि। (इति साटोपं परिक्रम्य प्रकाशम्) रे रे दुट्ठा असुरा, चिट्ठध चिट्ठध। एसो हं सावेण चावेण वा तुम्हाणं मुण्डाइं खण्डेमि। (एते दुष्टदानवा वयस्यस्य वेणुशब्दमात्रेण विह्वला भूत्वा साध्वसेन मुह्यन्ति। तज्जीवितोऽस्मि। रे रे दुष्टा असुराः! तिष्ठत तिष्ठत। एषोऽहं शापेन चापेन वा युष्माकं मुण्डानि खण्डयामि) (इति दण्डमुद्यम्यमुहुरूर्ध्वं कूर्दति) ॥ ९५ ॥

रामः — (विहस्य) वयस्य, मैवं ब्रवीः। एतौ भगवन्तौ हरहिरण्यगर्भौ। सव्यतश्चामी पुरंदरादयो वृन्दारकाः ॥ ९६ ॥

मधुमंगलः — सुट्ठु (समाश्वस्य) भो! जाणन्तेण च्चेअ मए एदं पडिहसिदम्। तदो तुम्हेहिं क्खु रक्खसबुद्धीए भीलुएहिं पलाइदुं पउत्तम्। (सुष्ठु। भोः, जानतैव मयेदं परिहसितम्। ततो युष्माभिः खलु राक्षसबुद्ध्या भीरुभिः पलायितुं प्रवृत्तम्) ॥ ९७ ॥

श्रीकृष्णः — (स्मित्वा) हंहो देवानांप्रिय निजामेव जाल्मतां तेषु संक्रामयसि ॥ ९८ ॥

रामः — पश्यत पश्यत।

अष्टाभिः श्रुतिपुटकैर्नववैणवकाकलीं कलयन्।
शतधृतिरपि धृतिमुक्तो मरालपृष्ठे मुहुर्लुठति॥ २८॥ ९९॥ (आकाशे पुनर्वीणागीतिः)

उदिते हरिवक्रेन्दौ वेणुनादसुधामुचि।
हन्त रुद्रसमुद्रेण स्वमर्यादा विलंघिता॥ २९॥ १००॥

रामः —**सोत्कण्ठं मुरलीकलापरिमलानाकर्ण्य घूर्णत्तनो-**
रेतस्याक्षिसहस्रतः सुरपतेरश्रूणि सस्रुर्भुवम्।
चित्रं वारिधरान्वितानि तरसा यैरद्य धारामयै-
र्दूरात्पश्यत देवमातृकमभूद्वृन्दाटवीमण्डलम्॥ ३०॥ १०१॥

श्रीकृष्णः — (स्वगतम्) पुराणानाममीषां पुरस्ताद्विहारे संकुचन्ति मे चेतोवृत्तयः। तदग्रे यामि। (इति तरूणामन्तरमासाद्य प्रकाशम्) सखे मधुमंगल, पश्य माधवीयां वनमाधुरीम्॥ १०२॥

क्वचिद्भृंगीगीतं क्वचिदनिलभंगीशिशिरता-
क्वचिद्वल्लीलास्यं क्वचिदमलमल्लीपरिमलः।
क्वचिद्धाराशाली कनकफलपालीरसभरो
हृषीकाणां वृन्दं प्रमदयति वृन्दावनमिदम्॥ ३१॥ १०३॥

मधुमंगलः — भो वअस्स, एदा पदुट्ठभंगभअंकरिए किं मे कौदूहलं तुज्झ वुन्दाटईए। अहं क्खु चउव्विहेहिं अण्णेहिं सव्विन्दिअहारिणीं गोउलेसरीए रसवइं ज्जेव्व दट्ठूण रञ्जेमि। (भो वयस्य, एतत्प्रदुष्टभंगभयंकर्या किं मे कौतूहलं तव वृन्दाटव्या। अहं खलु चतुर्विधैरन्नैः सर्वेन्द्रियहारिणीं गोकुलेश्वर्या रसवतीमेव दृष्ट्वा रञ्ज्यामि)॥ १०४॥

श्रीकृष्णः — वयस्य, वन्दस्व वृन्दाटवीमेव। स्फुटमस्याः पुराणवल्लरीभिरपि तवाभीष्टं फलमुल्लासयितुं समर्थ्यते॥ १०५॥

मधुमंगलः — भो पिअवअस्स! तुमं सच्चवादित्ति सव्वलोएहिं भणिज्जसि। ता इमस्स तुज्झ वअणस्स मए परीच्छा कादव्वा। (इत्यञ्जलिं बध्वा) भो वल्लरीओ, एसोहं वन्दामि। बुहुक्खिदो मे वअस्सो, ता देन्तु खण्डलड्डुआइं। (भोः प्रियवयस्य! त्वं सत्यवादीति सर्वलोकैर्भण्यसे, तदेतस्य तव वचनस्य मया परीक्षा कर्त्तव्या। भो वल्लर्यः, एषोऽहं वन्दे, वुभुक्षितो मे वयस्यः, तद्दीयन्तां खण्डलड्डुकानि)॥ १०६॥

(प्रविश्य मोदकपूर्णपात्रहस्ता पौर्णमासी)

पौर्णमासी — चन्द्रानन कृष्ण! गृहाण रसज्ञामोदकानमून्मोदकान्॥ १०७॥

रामः — (सस्मितम्) वयस्य! दृष्टा जरद्वल्लरीवदान्यता?॥ १०८॥

पौर्णमासौ — संकर्षण! जरद्बल्लवीवदान्यतेति भण्यताम्॥ १०९॥

श्रीकृष्णः — आर्ये! केयं जरद्बल्लवी?॥ ११०॥

पौर्णमासी — चन्द्रमुख! मुखरा॥ १११॥

श्रीकृष्णः — तया किमकाण्डे खण्डलड्डुकानि समर्पितानि॥ ११२॥

पौर्णमासी — नप्त्री तावदेतया अभिमन्योः पाणौ परिणायिता। तदुत्सवाभिरूपः समुदाचारोऽयमनुसस्रे॥ ११३॥

श्रीकृष्णः — केयं नप्त्री॥ ११४॥

पौर्णमासी — राधाभिधाना काचिदानन्दकौमुदी॥ ११५॥

श्रीकृष्णः — (सरोमांचम् स्वगतम्) श्रुतं नूनमम्बयोः संवादे शश्वदस्याः सौष्ठवम् (इति कम्पमानो व्रीडां नाटयति)॥ ११६॥

पौर्णमासी — (स्वगतम्) कृष्णं विलक्षमवेक्ष्य नूनं रामः सव्याजमसौ सव्यतः प्रयाति॥ ११७॥

श्रीकृष्णः — (पुनरात्मगतम्) विक्रियां संगोपयितुं प्रसंगान्तरमंगीकुर्याम्। (प्रकाशम्) आर्ये! अद्य खलु मधुवासरे त्वयापि काचिन्महोत्सवलक्ष्मीरलक्रियताम्। पश्य जरद्वल्लीश्रेणीयं फुल्ला पल्लविता च॥ ११८॥

पौर्णमासी — (सस्मितम्) नागर, तवैव महोत्सवानामवसरोऽयं संवृत्तः। यदत्र पुष्पाणां पल्लवानाञ्च तृष्णया बल्लवानां विलासिन्यः समेष्यन्ति॥ ११९॥

श्रीकृष्णः — (सस्मितं तिर्यगवेक्ष्य) आर्ये, ततः किम्? ॥ १२०॥

पौर्णमासी — (विहस्य) विलासिन्, स्ववासनानुसारतोऽयथा मा शंकिष्ठाः। परमेव-मभिप्रायास्मि। ततस्तासां शून्येषु सद्मसु सखिभिस्ते सुखमपहर्तव्यानि गव्यानि॥ १२१॥

श्रीकृष्णः — धूर्ते! किं परिहस्यते। पश्य, कोमलमंजरीमवचिन्वतीनां बल्लवीनां मण्डलेन खण्डितानि मे वृन्दाटवीशाखिविटपानि। तदेतास्ते निवारणीयाः॥ १२२॥

पार्णमासी — मोहन! नव्यस्तबकोत्तंसिना भवतैव समुल्लासितोऽयं कुसुमेषुरागो बल्लवीनाम्। ताः कथमितो निवार्यन्ताम्॥ १२३॥

श्रीकृष्णः — (स्मित्वा) अयि बलाकावलक्षकेशि! कथोपक्रमाद्वक्रमेव पन्थानमधिरूढासि। यदपराधिकास्वपि बल्लवीषु पक्षपातं न मुंचसि॥ १२४॥

पौर्णमासी — सुन्दर! संप्रति सराधिकाः खलु बल्लव्यः कथमपराधिकाः सन्तु। तेन ते प्रियस्य पुन्नागस्यापि सुमनःस्तेयं हठेन करिष्यन्ति॥ १२५॥

श्रीकृष्णः — (स्वगतम्) हन्त, कथं मनोहारिणी सैव दैवात्पुनरावर्त्तते राधिकावार्ता!॥

मधुमंगल — (स्वगतम्) कहं राहीत्ति णाममेत्तेण उन्मणाएदि एसो? (प्रकाशम्) भो वअस्स! मा क्खु इमाए उवरि निर्भरं सतिण्णो होहि। (कथं राधेति नाममात्रेणोन्मनायते एषः? भो वयस्य, मा खल्वेतस्या उपरि निर्भरं सतृष्णो भव)॥ १२७॥

श्रीकृष्णः — (सप्रणयरोषम्) धिग्वाचाल! कुत्राहं सतृष्णः॥ १२८॥

मधुमंगलः — भो मा कुप्प। सरसाए, मनोहरालीए उवरित्ति भणामि। (भो मां कुप्य, सरसाया मनोहराल्या उपरीति भणामि)॥ १२९॥

श्रीकृष्णः — सखे, भ्रान्तोऽसि। नेमानि मनोहराख्यानि, किंतु मौक्तिकाख्यानि लड्डुकानि॥ १३०॥

मधुमंगलः — (विहस्य) पिअवअस्स, ण क्खु अहं भमिसीले राहाचक्के वट्टामि, कुदो भमिस्सम्! (प्रियवयस्य! न खल्वहं भ्रमिशीले राधाचक्रे वर्त्ते, कुतो भ्रमिष्यामि?)॥ १३१॥

पौर्णमासी — (स्वगतम्) सत्यं परिहस्यते बटुना, यदेष भावोद्वृत्तचेतोवृत्तितया वैलक्ष्यभागभिलक्ष्यते तदद्य, पूर्णकामास्मि। (प्रकाशम्) सुन्दर! कृतगत्रोत्कण्ठया। सा विष्णुपदवीथीसंचारिणी राधा नृलोके केन लभ्यताम्॥ १३२॥

श्रीकृष्णः — (सस्मितं विष्णुपदवीथीमवेक्ष्य राममनुसर्पन्) आर्य! व्यतीतेयं मध्याह्नमर्यादा। ततः कालिन्दीतीरेऽवतीर्य समापयन्तु भवन्तः पशूनां पानीयतृष्णाम्। स्वादयन्तु च स्वादूनि लड्डुकानि। मया तु सुहृत्तमाभ्यां श्रीदामसुबलाभ्यां सह मुहूर्त्तमग्रतो विश्रमितव्यम्॥ १३३॥ (रामः सखिभिः सह निष्क्रान्तः)

पौर्णमासी — (स्वगतम्) मयापि प्रतिच्छन्दस्य सिद्धिमवधारयितुं गन्तव्यम्। (इति कृष्णमभिनन्द्य परिक्रामति)॥ १३४॥

श्रीकृष्णः — (पदान्तरे स्थित्वा) सखे श्रीदामन्, किं दृष्टपूर्वा ते जगदपूर्वा राधा?॥ १३५॥ (श्रीदामा सलज्जस्मितं मुखमवांचयति)

सुबलः — वअस्स, दिट्ठपूव्वेत्ति किं एत्तिअं भणासि। णं इमस्स वाहिणी क्खु

एसा। (वयस्य, दृष्टपूर्वेति किमेतावद्भणसि। ननु एतस्य भगिनी खलु एषा) ॥ १३६ ॥

श्रीकृष्णः — तदेहि। क्षणमत्र कदम्बसंबाधे रोधसि निविश्य राधानुधावनादुद्वेगि चेतो वंशीवादनविनोदेनान्यतः क्षिपामि ॥ १३७ ॥ (इति निष्क्रान्तः)

पौर्णमासी — (परिक्रम्य पुरः पश्यन्ती सानन्दम्) कथमित एव वयस्या विहस्यमाना विक्रीडति मे वत्सेयं राधिका? (इति लतान्तरे स्थित्वा) ॥ १३८ ॥

बलादक्ष्णोर्लक्ष्मीः कवलयति नव्यं कुवलयं
मुखोल्लासः फुल्लं कमलबनमुल्लंघयति च।
दशां कष्टामष्टापदमपि नयत्यांगिकरुचि-
विचित्रं राधायाः किमपि किल रूपं विलसति ॥ ३२ ॥ १३९ ॥

तदतयोर्निर्मलनर्मगोष्ठीप्रतिबन्धं परिहरन्ती वीरुन्निरुद्धेनाध्वना विशाखां यामि ॥ १४० ॥ (इति निष्क्रान्ता) (ततः प्रविशति ललितयानुगम्यमाना राधिका)

श्रीराधिका — हला ललिदे, किं करेदि अज्जिआ? (हला ललिते किं करोति आर्या?) ॥ १४१ ॥

ललिता — सहि! तुह सुरदेअस्स पूआकिदे एसा तमालतले वेदिअं णिम्मादि। (सखि, तव सूर्यदेवस्य पूजाकृते एषा तमालतले वेदिकां निर्माति) ॥ १४२ ॥

श्रीराधिका — (पुरोऽवलोक्य) हला ललिदे, संकेमि सा च्चेअ एसा वुन्दाडई जाए माहुरी तुए पुणो पुणो मम वण्णीअदि। (हला ललिते, शंके, सैवैषा वृन्दाटवी, यस्या माधुरी त्वया पुनः पुनर्मम वर्ण्यते) ॥ १४३ ॥

ललिता — हला! सा ज्जेव्व एसा कण्हस्स लीलारुक्खवाडिआ। (हला, सा एव एषा कृष्णस्य लीलावृक्षवाटिका) ॥ १४४ ॥

श्रीराधिका — (सौत्सुक्यमात्मगतम्) अहो महुरत्तणं दोणं अक्खराणम्। (प्रकाशम्) सहि, कस्स त्ति भणासि। (अहो मुधरत्वं द्वयोरक्षरयोः। सखि कस्येति भणसि?) ॥

ललिता — (साकूतस्मितम् हला! भणामि कण्हस्स त्ति हला) भणामि कृष्णस्येति ॥

श्रीराधिका — (पुनः स्वगतम्) हन्त! जस्स णामावि रामाचित्तं इत्थं मोहेदि, सो क्खु कीदिसो वा णामि त्ति। (इति सावहित्थं प्रकाशम्) हला, इमाइं णिउञ्जावरि पुञ्जिदाइं गुञ्जाफलाइं बिइणिस्सम्। (हन्त, यस्य नामापि रामाचित्तमित्थं मोहयति स खलु कीदृशो वा नामीति? हला, इमानि निकुञ्जोपरिपुंजितानि गुञ्जाफलानि विचेष्यामि) ॥ १४७ ॥

ललिता — (सपरिहासं संस्कृतेन)

देहं ते भुवनान्तरालविरलच्छायाविलासास्पदं
मा कौतूहलचञ्चलाक्षि! लतिकाजाले प्रवेशं कृथाः।
नव्यामञ्जनपुञ्जवञ्जुलरुचिः कुञ्जेचरी देवता
कान्तां कान्तिभिरंकितामिह वने निःशंकमाकर्षति॥ ३३॥ १४८॥

श्रीराधिका — (किंचिद्भीतेव परावृत्य सनर्मस्मितम्) सहि ललिदे, ताए देअदाए णणं तुमं आअङ्ढिदासि, जं एदं जाणासि। (सखि ललिते, तया देवतया नूनं त्वमाकृष्टासि यदिदं त्वं जानासि) ॥ १४९ ॥

ललिता — (विहस्य) हला! मं कीस एषा आअट्ठदु। ण क्खु अहं तुमं विअ कन्तोहिं अंकिदा। (हला, मां कस्मादेषाकर्षतु ? न खल्वहं त्वमिव कान्तिभिरंकिता) ॥ १५० ॥ (नेपथ्ये वंशीध्वनिः)

श्रीराधिका — (निशम्य सचमत्कारं स्वगतम्) अम्महे ! इमस्स मोहणत्तणं सद्दस्स। (इति वैवश्यं नाटयति) (अमम्हे अस्य मोहनत्वं शब्दस्य) ॥ १५१ ॥

ललिता — (विलोक्य स्वगतम्) हुं ! एसा कोमलांगी कुरंगी पढमं जाले णिवडिदा। (हुं, एषा कोमलांगी कुरंगी प्रथमं जाले निपतिता) ॥ १५२ ॥

राधिका — (प्रयत्नेन धैर्यमालम्ब्य स्वगतम्) अवि णाम णं सद्दामिअपूरं उग्गिरन्तं जणं पेक्खिस्सम् ? (अपि नाम एनं शब्दामृतपूरमुद्गिरन्तं जनं प्रेक्षिष्ये) ॥ १५३ ॥

ललिता — (उपसृत्य) हला राहे, अत्थि मदुवरि तुह वीसद्धबुद्धी ? (हला राधे, अस्ति मदुपरि तव विश्रद्धबुद्धिः ?) ॥ १५४ ॥

राधिका — हला ! कीस एव्वं भणासि ? तुमं जेव्व तत्थ पमाणम्। (हला, कस्मादेवं भणसि। त्वमेव तत्र प्रमाणम्) ॥ १५५ ॥

ललिता — कधेदु पिअसही किंत्ति अकाण्डे विवसा असि तुमम्। (कथयतु प्रियसखी किमित्यकाण्डे विवशासि त्वम् ?) ॥ १५६ ॥

राधिका — (सलज्जम् संस्कृतेन)

नादः कदम्बविटपान्तरतो विसर्पन्
को नाम कर्णपदवीमविशन्न जाने।
हा हा कुलीनगृहिणीगणगर्हणीयां
येनाद्य कामपि दशां सखि! लम्भितास्मि ?॥ ३४॥ १५७॥

ललिता — हला! एसो मुरलीओ। (हला, एष मुरलीरवः) ॥ १५८ ॥

राधिका — (सव्यथं संस्कृतेन)

अजडः कम्पसंपादी शास्त्रादन्यो निकृन्तनः।
तापनोऽनुष्णताधारः को वाऽयं मुरलीरवः ?॥ ३५ ॥ १५९ ॥

(इत्युद्वेगं नाटयन्ती) हला! णाहं मुरलीणाअस्स अणहिण्णा। ता अलं विप्पलम्भेण। फुडं एसो केण वि महाणाअरेण कोवि मोहणमन्तो पढीअदि। (हला, नाहं मुरलीनादस्यानभिज्ञा। तदलं विप्रलम्भेन। स्फुटमेष केनापि महानागरेण कोऽपि मोहनमन्त्रः पठ्यते) ॥ १६० ॥ (प्रविश्य चित्रपटहस्ता विशाखा)

विशाखा — (राधामवधारयन्ती स्वगतम्) दाणिं अण्णादिसी एसा लक्खीअदि। ता णूणं कण्हस्स वंसिआए डंसिदा। होदु। पुच्छिस्सम्। (इदानीमन्यादृशी एषा लक्ष्यते। तन्नूनं कृष्णस्य वंशिकया दंशिता। भवतु, प्रक्ष्यामि) (इत्युपसृत्य प्रकाशम्) (संस्कृतेन) ॥

क्षौणीं पंकिलयन्ति पंकजरुचोरक्ष्णोः पयोबिन्दवः
श्वासास्ताण्डवयन्ति पाण्डुवदने दूरादुरोजांशुकम्।
मूर्तिं दन्तुरयन्ति संततमयी रोमांचपुंजाश्च ते
मन्ये माधवमाधुरी श्रवणयोरभ्यासमभ्याययौ ॥ ३६ ॥ १६२ ॥

राधिका — (अनाकर्णितकेनैव सोत्कम्पम्) ललिदे! पुणो वि एसो सो जेव्व कौवि सद्दो विक्कमदि। (ललिते, पुनरप्येष स एव कोऽपि शब्दो विक्रमते) ॥ १६३ ॥

ललिता — (संस्कृतेन)

एष स्थैर्यभुजंगसंघदमनासंगे विहंगेश्वरो
व्रीडाव्याधिधुराविधूननविधौ तन्वंगि धन्वन्तरिः।
साध्वीगर्वभराम्बुराशिचुलुकारम्भे तु कुम्भोद्भवः
कालिन्दीतटमण्डलेषु मुरलीतुण्डादध्वनिर्धावति ॥ ३७ ॥ १६४ ॥

राधिका — सहि! जादा मह हिअए कावि गुरुई वेअणा। ता गदुअ सुविस्सम्। (सखि, जाता मम हृदये कापि गुर्वी वेदना। तद्गत्वा स्वप्स्यामि) ॥ १६५ ॥

विशाखा — हला राहे, तुह वेअणाविद्धंसणं किंपि एदं ओसहं मह हत्थे वट्टदि। ता सेवहि णम् (हला राधे, तव वेदनाविध्वंसनं किमप्येतदौषधं मम हस्ते वर्त्तते। तत्सेवस्वैनम्।) ॥ १६६ ॥

राधिका — विसाहे, एहि। अंगणोवकण्ठे फुल्लकण्णिआरमण्डलीच्छाअं अज्झासिअ पेक्खम्ह (विशाखे! एहि अंगनोपकण्ठे फुल्लकर्णिकारमण्डलीच्छायामध्यास्य प्रेक्षामहे।) ॥ १६७ ॥ (इति निष्क्रान्ताः सर्वे)

इति विदग्धमाधवे वेणुनादविलासो नाम प्रथमः अंकः

द्वितीयः अंकः

(ततः प्रविशति नान्दीमुखी)

नान्दीमुखी — आदिट्ठम्हि तत्तहोदीए, पौणमासीए, जधा-अइ णन्दीमुहि, सुदं मए णिब्भरा असुत्थसरीरा मे वच्छा राही। ता गदुअ जाणेहि से तत्तं त्ति। तदो मुहराघरं गमिस्सम्। (इति परिक्रम्य पुरः पश्यन्ती) कधं इध जेव्व कन्दन्ती मुहरा आअच्छइ? (आदिष्टास्मि तत्रभवत्या पौर्णमास्या, यथा — 'अयि नान्दीमुखि! श्रुतं मया निर्भरा अस्वस्थशरीरा मे वत्सा राधा। तद्गत्वा जानीहि तस्यास्तत्त्वमिति। ततो मुखरागृहं गमिष्यामि कथमित एव क्रन्दन्ती मुखरा आगच्छति?') ॥ १ ॥ (प्रविश्य)

मुखरा — हद्धी हद्धी। हदम्हि मन्दभाइणी? (हा धिक् हा धिक्, हतास्मि मन्द-भागिनी) ॥ २ ॥

नान्दीमुखी — अज्जे मुहरे, कीस रोअसि? (आर्ये मुखरे! कस्मात् रोदिषि?) ॥ ३ ॥

मुखरा — (विलोक्य) वच्छे, राहीसंदावेण? (वत्से, राधासंतापेह्व) ॥ ४ ॥

नान्दीमुखी — केरिसं चेट्ठई राही? (कीदृशं चेष्टते राधा?) ॥ ५ ॥

मुखरा — वच्छे, वाउला विअ किंपि पलवइ। (वत्से, वातुला इव किमपि प्रलपति।) (इति संस्कृतेन) ॥ ६ ॥

> **क्रूराणामलिनां कुलैर्मलिनया कृत्यं न मे मालया**
> **बालाहं किमु नर्मणस्तव पदं दूरीभव प्रांगणात्।**
> **इत्यादीनि दुरक्षराणि परितः स्वप्ने तथा जागरे**
> **जल्पन्ती जलजेक्षणा क्षपयति क्लेशेन रात्रिंदिवम्॥ १ ॥ ७ ॥**

नान्दीमुखी — (स्वगतम्) उपसग्गकिदा ण क्खु एरिसी पलावमुद्दा। ता दिट्ठिआ विक्कमिदं एत्थ कण्हविलासेण। (उपसर्गकृता न खल्वीदृशी प्रलापमुद्रा। तद्दिष्ट्या विक्रान्तमत्र कृष्णविलासेन।) ॥ ८ ॥

मुखरा — वच्छे, अहं गदुअ भअवदीं विण्णविसम्। तुमं वदेसीकुङ्गं उपसप्पिअ राहिअं पेच्छ? (वत्से, अहं गत्वा भगवतीं विज्ञापयिष्यामि। त्वं वेतसीकुंजमुपसर्प्य राधिकां प्रेक्षस्व) ॥ ९ ॥ (इति निष्क्रान्ते)

(ततः प्रतिशति सखीभ्यामुपास्यमाना राधा)

राधा — (सोद्वेगं स्वगतम्) हदहिअअ, जस्स पडिच्छन्ददंसणमेत्तादो ईरिसी दुरूहसंगमा उवत्थिदा दे अवत्था तत्थ वि पुणो राअं विहसि। (हतहृदय! यस्य प्रतिच्छन्ददर्शनमात्रत ईदृशी दुरूहसंगमा उपस्थिता तेऽवस्था तत्रापि पुना रागं वहसि!) ॥

उभे — हला राहिए, आमयेहिन्तो विलक्खणो दे वेअणाणुबन्धो लक्खीअदि। ता कीस अम्हेसु तत्तं ण कधेसि? (हला राधिके, आमयेभ्यो विलक्षणस्ते वेदनानुबन्धो लक्ष्यते। तत्कस्मादस्मासु तत्त्वं न कथयसि?) ॥ ११ ॥

(राधिका निश्वस्य वक्त्रं व्यावर्तयति)

विशाखा — (पुरोऽभिगम्य संस्कृतेन)

> **चिन्तासंततिरद्य कृन्तति सखि स्वान्तस्य किं ते धृतिं**
> **किं वा सिञ्चति ताम्रमम्बरमतिस्वेदाम्भसां डम्बरः?**
> **कम्पश्चम्पकगौरि लुम्पति वपुः स्थैर्यं कथं वा बलात्**
> **तथ्यं ब्रूहि न मंगला परिजने संगोपनांगीकृतिः ॥ २ ॥ १२ ॥**

राधिका — (सासूयम्) अइ णिट्ठुरे विसाहे, तुमं एवं पुच्छन्ती वि ण लज्जसि? (अयि निष्ठुरे विशाखे, त्वमेवं पृच्छन्त्यपि न लज्जसे?) ॥ १३ ॥

विशाखा — (सशंकम्) हला, कहिंपि अवरद्धम्हि त्ति ण सुमराणि। हला, कर्हिचिद-प्यपराद्धास्मीति न स्मरामि ॥ १४ ॥

राधिका — अइ णिक्किवे, कीस एव्वं भणासि? सुमरिअ पेक्ख। (अयि निष्कृपे, कस्मादेवं भणसि? स्मृत्वा पश्य।) ॥ १५ ॥

विशाखा — हला, गरुएण वि पणिहाणेण ण मे सुमरणं होदि। (हला, गुरुणापि प्रणिधानेन न मे स्वरणं भवति) ॥ १६ ॥

राधिका — उम्मत्ते, गहणे इमस्सिं अच्चाहिदाणलकुण्डे तुमं जेव्व मह पक्खेवणी। (उन्मत्ते, गहने एतस्मिन्नत्याहितानलकुण्डे त्वमेव मम प्रक्षेपणी) ॥ १७ ॥

विशाखा — हला! कधं विअ? (हला! कथमिव?) ॥ १८ ॥

राधिका — (सेर्ष्यम्) अइ मिच्छासरले, आलेक्खगदभुअंगसंगिणि, चिट्ठ चिट्ठ।

(अयि मिथ्यासरले, आलेख्यगतभुजंगसंगिनि! तिष्ठ तिष्ठ।) (इति सवैवश्यं संस्कृतेन)॥ १९॥

वितन्वानस्तन्वा मरकतरुचीनां रुचिरतां
पटान्निष्क्रान्तोऽभूद्धृतशिखिशिखण्डो नवयुवा।

(इत्यर्धोक्ते वाक्स्तम्भ नाटयति) (सख्यौ सभ्रूभंगमन्योन्यं पश्यत:)

राधिका — भ्रुवं तेन क्षिप्त्वा किमपि हसतोन्मादितमते:
शशी वृत्तो वह्निः परमहह वह्निर्मम शशी॥ ३॥ २०॥

ललिता — हता, किं एसो सिविणस्स विलासो? (हला, किमेष स्वप्नस्य विलासः?)॥ २१॥

राधिका — (संस्कृतेन)

किं स्वप्नस्य विलक्षणा गतिरियं किं जागरस्याथवा
किं रात्रेरुपसक्तिरेव रभसादह्नः किमह्नाय वा।
इत्थं श्यामलचन्द्रिकापरिचयस्यन्देन संदीपितै-
रन्तःक्षोभकुलैरहं परिवृता प्रज्ञातुमज्ञाभवत्॥ ४॥ २२॥

विशाखा — (साकूतस्मितम्) हला राहे, णूणं एसो दे चित्तविब्भमो जेव्व क्खणिओ। (हला राधे! नूनमेष ते चित्तविभ्रम एव क्षणिक:)॥ २३॥

राधिका — (साभ्यसूयम्) अइ अवीसंद्धे, विरमेहि। कीस अप्पणो दोसं झम्पिदुं पउत्तासि? (अयि अविश्रद्धे, विरम। कस्मादात्मनो दोषमाच्छादयितुं प्रवृत्तासि?) (इति संस्कृतेन)॥ २४॥

कृतां भक्तिच्छेदैर्घुसृणघनचर्चामधिवहन्-
पुनलब्धो लुब्धः प्रियकतरुमूले चटुलधीः।
लपन्त्याः साक्षेपं न हि न हि न हीति स्मितमुखो
हठान्मे दुर्लीलः स किल भुजवल्लीदलमधात्॥ ५॥ २५॥

ततश्च —

दरोन्मीलन्नीलोत्पलदलरुचस्तस्य निबिडाद्
विरूढानां सद्यः करसरसिजस्पर्शकुतुकात्।
वहन्ती क्षोभाणां निवहमिह नाज्ञासिषमिदं
क्व वाहं का वाहं चकर किमहं वा सखि तदा॥ ६॥ २६॥

(इति वैवश्यं नाटयन्ती स्वगतम्) अइ दुट्ठहिअअ मक्कड! कण्हो वैणविओ सामलकिसोरो त्ति तिणेसु पुरिसेसु राअं वहन्तो वि तुमं ण लज्जसि। ता दाणिं अप्पाणं वावादिअ पामरं तुमं हदासं करिस्सम्। (अयि दुष्टहृदयमर्कट, कृष्णो वैणविकः श्यामलकिशोर इति त्रिषु पुरुषेषु रागं वहदपि त्वं न लज्जसे। तदिदानीमात्मानं व्यापाद्य पामरं त्वां हताशं करिष्ये) ॥ २७ ॥

ललिता — हन्त, हदमम्महसचिवस्स वसन्तस्स विप्फुज्जिदेण दूसिदा एदे परिसरा दीसन्ति। ता किं एत्थ सरणम्? (हन्त, हतमन्मथसचिवस्य वसन्तस्य विस्फूर्जितेन दूषिता एते परिसरा दृश्यन्ते। तत्किमत्र शरणम्?) ॥ २८ ॥

राधिका — (संस्कृतेन)

बिक्रीडन्तु पटीरपर्वततटीसंसर्गिणो मारुताः
खेलन्तः कलयन्तु कोमलतरां पुंस्कोकिलाः काकलीम्।
संरम्भेण शिलीमुखा ध्वनिभृतो विध्यन्तु मन्मानसं
हास्यन्त्याः सखि मे व्यथां परममी कुर्वन्तु साहायकम्॥ ७ ॥ २९ ॥

उभे — (सास्रम्) हला, एदाहिं घोरचिन्ताहिं कीस किलिम्मसि? अम्हेहिं तक्किदं अदिमेत्तदुल्लहो ण क्खु दे हिअअट्ठिदो अत्थो। (हला, एताभिर्घोरचिन्ताभिः कस्मात्क्लाम्यसि? अस्माभिस्तर्कितमतिमात्रदुर्लभो न खलु ते हृदयस्थितोऽर्थः) ॥ ३० ॥

राधिका — (निश्वस्य संस्कृतेन)

इयं सखि सुदुःसाध्या राधाहृदयवेदना।
कृता यत्र चिकित्सापि कुत्सायां पर्यवस्यति॥ ८ ॥ ३१ ॥

ता विण्णवेमि इमस्सिं ओसरे जधा सुदिढं एक्कं लदापासं लहेमि तथा सिणेहस्स णिक्किदिं करेध। (तद्विज्ञापयाम्येतस्मिन्नवसरे यथा सुदृढमेकं लतापाशं लभेय तथा स्नेहस्य निष्कृतिं कुरुथ) ॥ ३२ ॥

उभे — (सव्यथम्) हला, एवं दारुणं भणन्ती मा क्खु सहीणं जीविद लुम्पेहि। णूणं पच्चासण्णा दे अहिट्ठसिद्धी। (हला, एवं दारुणं भणन्ती मा खलु सखीनां जीवितं लुम्प। नूनं प्रत्यासन्ना तेऽभीष्टसिद्धिः।) ॥ ३३ ॥

राधिका — सहीओ, ण जाणीध इमाए हदराहीए हिअअदुट्ठत्तणम् जं एवं मन्तेध। (सख्यः, न जानीथ एतस्या हतराधाया हृदयदुष्टत्वम्, यदेवं मंत्रयथ।) ॥ ३४ ॥

उभे — कधिदं जेव्व सव्वं पिअसहीए। (कथितमेव सर्वं प्रियसख्या।) ॥ ३५ ॥

राधिका — णहु णहु, गुरुई लज्जा जेव्व णिवारेदि। (न हि न हि, गुर्वी लज्जैव निवारयति) ॥ ३६ ॥

सख्यौ — हला, अप्पसआसदो वि गुरुओ अम्हेसु तुह सिणेहो लक्खी अदि। ता बहिरंगाए लज्जाए को एत्थ अणुराहो? (हला आत्मसकाशतोऽपि गुरुकोऽस्मासु एव स्नेहो लक्ष्यते। तद्बहिरंगाया लज्जायाः कोऽत्रानुरोधः?) ॥ ३७ ॥

राधिका — (संस्कृतेन)

> **एकस्य श्रुतमेव लुम्पति मतिं कृष्णेति नामाक्षरं**
> **सान्द्रोन्मादपरम्परामुपनयत्यन्यस्य वंशीकलः।**
> **एष स्निग्धघनद्युतिर्मनसि मे लग्नः सकृद्वीक्षणात्**
> **कष्टं धिक्पुरुषत्रये रतिरभून्मन्ये मृतिः श्रेयसी॥ ९ ॥ ३८ ॥**

उभे — (सहर्षम्) हला, कथं तुम्हादिसीणं गोउलसुन्दरीणं गोउलिन्दन्णदणं उज्झिअ अवरस्सिं अणुराओ संभवदि? ता सुणाहि। एक्को ज्जेव्व सो एसो महाणाअरो कण्हो। (हला, कथं युष्मादृशीनां गोकुलसुन्दरीणामेनं गोकुलेन्द्रनन्दनं उज्झित्वा अपरस्मिन्ननुरागः सम्भवति? तच्छ्रणु। एक एव स एष महानागरः कृष्णः) ॥ ३९ ॥

राधिका — (सोच्छ्वासमात्मगतम्) हिअअ, समस्सस समस्सस दाणिं जादा तुह जीअलोअणिआसलालसा। (हृदय, समाश्वसिहि समाश्वसिहि। इदानीं जाता एव जीवलोकनिवासलालसा।) ॥ ४० ॥

उभे — (संस्कृतेन)

> **सा सौरभोर्मिपरिदिग्धदिगन्तरापि**
> **वन्ध्यं जनुः सुतनु गन्धफली बिभर्ति।**
> **राधे न विभ्रमभरः क्रियते यदंके**
> **कामं निपीतमधुना मधुसूदनेन॥ १० ॥ ४१ ॥**

नान्दीमुखी — (परिक्रम्य) कधं अग्गदो जेव्व एषा राही? (इत्युपसृत्य) जअदु जअदु पिअसही। (कथमग्रत एवैषा राधा? जयतु जयतु प्रियसखी) ॥ ४२ ॥

राधिका — (सावहित्थम्) सहि कुसलं भअवदीए। (सखि, कुशलं भवत्याः?) ॥

नान्दीमुखी — तुह उल्लाहत्तणे जादे (इति राधा निभाल्य स्वगतम्) अप्पेक्खिअ च्चेअ मए पढमं निट्टंकिदम्। तधावि पुच्छिस्सम्। (तव उल्लाघत्वे जाते अप्रेक्ष्यैव मया प्रथमं निष्टंकितम्। तथापि प्रक्ष्यामि।) ॥ ४४ ॥ (प्रकाशम् संस्कृतेन)

न मुग्धे वैदग्धीगरिमपरिदिग्धा तव मति-
र्विरामोनेदानीमपि वपुषि बाल्यस्य वयसः।
कमप्यन्तः क्षोभं प्रथयसि तथापि त्वमथ वा
सखि ज्ञातं वृन्दावनमदनविस्फूर्जितमिदम्॥ ११॥ ४५॥

ललिता — अइ अलिआसंकिणि, सीदलदक्खिणाणिलहेदुअं कम्पपुलअं पेक्खिअ कीस दूसहं परिवादं देसि? (अयि अलीकाशंकिनि, शीतलदक्षिणानिलहेतुकं कम्पपुलकं प्रेक्ष्य कस्मात् दुसहं परिवादं ददासि?)॥ ४६॥

नान्दीमुखी — (सस्मितं संस्कृतेन)

रोमांचः परिचेष्यते कथमयं नास्माभिरुत्कम्पवान्
दुष्कीर्तिं न हि दक्षिणाय मरुते दाक्षिण्यशून्ये वद।
एतन्मन्मथकोटिसंभ्रमभरैर्वम्भ्रम्यते सुभ्रुवः
स्वान्ते नागरचक्रवर्तिनयनप्रान्तस्य लीलायितम्॥ १२॥ ४७॥

ता सच्चं कहेहि। कदा एदाए पच्चक्खीकिदो गोउलाणन्दो? (तत्सत्यं कथय कदा एतया प्रत्यक्षीकृतो गोकुलानन्दः?)॥ ४॥

विशाखा — एवं णेदम्। (एवमेतत्)॥ ४९॥

नान्दीमुखी — (संस्कृतेन)

दरविचलितबाल्या वल्लभा बान्धवानां
विहरसि भुवने त्वं पत्युरामोदपात्री।
अहह पशुपरामाकामिनो मोहनत्वं
त्वमपि यदमुनान्तर्बाढमुन्मादितासि॥ १३॥ ५०॥

ता अहं भअवदीं तुवरेदुं गमिस्सम्। (तदहं भगवतीं त्वरयितुं गमिष्यामि।) (इति निष्क्रान्ता)॥ ५१॥

राधिका — (विमृश्य संस्कृतेन)

सा कल्याणी कुलयुवतिभिः शीलिता धर्मशैली
द्रागस्माभिः कथमविनयोत्फुल्लमुल्लंघनीया?॥ (इत्यर्धोक्ते पुनः सोत्कण्ठम्)
हा दृग्भंगीपरिमलकलाकर्मठोऽयं कथं वा
हातुं शक्यः पशुपनगरीनागरीनागरेन्द्रः॥ १४॥ ५२॥

(ततः प्रविशति नान्दीमुखीमुखराभ्यामनुगम्यमाना पौर्णमासी)

पौर्णमासी — मुखरे, किमदुःसाधबाधा तर्किता त्वया राधा? ॥ ५३ ॥

मुखरा — भअवदि, सुणाहि। (भगवति, शृणु।) (संस्कृतेन) —

अग्रे वीक्ष्य शिखण्डखण्डमचिरादुत्कम्पमालम्बते
गुंजानां च विलोकनान्मुहुरसौ सास्त्रं परिक्रोशति।
नो जाने जनयन्नपूर्वनटनक्रीडाचमत्कारितां
बालायाः किल चित्तभूमिमविशत्कोऽयं नवीनो ग्रहः ॥ १५ ॥ ५४ ॥

पौर्णमासी — (स्वगतम्) सोऽयमुद्दण्डस्य नवानुरागराशेः कोऽपि चण्डिमा। (प्रकाशम्) मुखरे, साधु विज्ञातम्, यदत्र दानवकुलावतंसाः कंसादयो राधामन्विष्यन्ति तेन कोऽप्ययमंगनाग्रहो बालामाविवेश ॥ ५५ ॥

मुखरा — भअवदि, को एत्थ पडिआरो? (भगवति, कोऽत्र प्रतीकारः?) ॥ ५६ ॥

पौर्णमासी — अपि दानवारेर्दृष्टिरेव ॥ ५७ ॥

मुखरा — भअवदि, कुडिला क्खु जडिला एदं णाहिणन्दिस्सदि। (भगवति, कुटिला खलु जटिला इदं नाभिनन्दिष्यति।) ॥ ५८ ॥

पौर्णमासी — मुखरे, सा खलु मद्गिरा संदिश्यताम् यथा — 'जटिले, मा शंकिष्ठाः। कृष्णमात्मविद्ययैव संघटयिष्यामि' इति ॥ ५९ ॥

(मुखरा नमस्कृत्य निष्क्रान्ता)

पौर्णमासी — (उपसृत्य) वत्से, निजाभीष्टलाभेन कृतार्थीभूयाः ॥ ६० ॥ (राधा सावहित्थं प्रणमति)

पौर्णमासी — (स्वगतम्)

भजन्त्याः सव्रीडं कथमपि तदाडम्बरघटा-
मपह्नोतुं यत्रानभिनवमदामोदमधुरा।
अधीरा कालिन्दीपुलिनकलभेन्द्रस्य विजयं
सरोजाक्ष्याः साक्षाद्वदति हृदि कुञ्जे तनुवनी ॥ १६ ॥ ६१ ॥

(पुनर्निरूप्य जनान्तिकम्) हन्त नान्दीमुखि, निर्भरगम्भीरप्रेमोर्मिनिर्मितमनः क्षोभा किमप्येषा विचेष्टते। तदियमवधार्यतामनुरागवीरस्य कापि दुर्विबोधगभीरविक्रमवैचित्री ॥ ६२ ॥ तथा हि, —

प्रत्याहृत्य मुनिः क्षणं विषयतो यस्मिन्मनो धित्सते
बालासौ विषयेषु धित्सति ततः प्रत्याहरन्ती मनः।

यस्य स्फूर्तिलवाय हन्त हृदये योगी समुत्कण्ठते
मुग्धेयं वत पश्य तस्य हृदयान्निष्क्रान्तिमाकाङ्क्षति॥ १७॥ ६३॥

नान्दीमुखी — भअवदि, ईरिसस्स भाअस्स विण्णाणे मूढम्हि। (भगवति, ईदृशस्य भावस्य विज्ञाने मूढास्मि।) ॥ ६४॥

पौर्णमासी — वत्से, सत्यमात्थ दुर्गमोऽयं गाढानुरागविवर्त्तः। श्रूयताम्॥ ६५॥

पीडाभिर्नवकालकूटकटुतागर्वस्य निर्वासनो
निःस्पन्देन मुदां सुधामधुरिमाऽहंकारसंकोचनः।
प्रेमा सुन्दरि नन्दनन्दनपरो जागर्ति यस्यान्तरे
ज्ञायन्ते स्फुटमस्य वक्रमधुरास्तेनैव विक्रान्तयः॥ १८॥ ६६॥

तदेहि भावमस्याः परीक्षेवहि। (इतयुपसृत्य) वत्से, किमपि प्रष्टव्यासि?॥ ६७॥

पतिः प्रेमोदात्तः सुचरितकथा गोकुलपुरे
प्रसिद्धा ते शुद्धे जनिरपि च लक्ष्मीवति कुले।
अपूर्वां कुर्वाणा मतिमिह महासाहसमयीं
सुहृद्भ्यस्त्वं लज्जामपि किमिव राधे न भजसि?॥ १९॥ ६८॥

(राधिका कातर्यमभिनीय सलज्जं ललिताकर्णमूले लगति)

ललिता — अज्जे, विण्णवेदि राही। (आर्ये, विज्ञापयति राधा।) (इति संस्कृतेन)—

दोषोद्गारं त्वमपि कुरुषे हा मयि व्याकुलायां
पादेभ्यस्ते भगवति शपे नापराध्यामि साध्वि।
पर्णैः कर्णोत्पलवलयिभिस्ताड्यमानोऽपि धूर्तो
न श्यामात्मा मम तनुपरिष्वंगरंगं जहाति॥ २०॥ ६९॥

पौर्णमासी — (सेर्ष्यमिवालोक्य) मुग्धे, किमन्यां प्रौढमुद्रां नोद्दण्डयसि?

राधिका — (सरोषम् संस्कृतेन)

क्रोशन्त्यां करपल्लवेन बलवान्सद्यः पिधत्ते मुखं
धावन्त्यां भयभाजि विस्तृतभुजो रुन्धे पुरः पद्धतिम्।
पादान्ते विलुठत्यसौ मयि मुहुर्दष्टाधरायां रुषा
मातश्चण्डि मया शिखण्डमुकुटादात्माभिरक्ष्यः कथम्॥ २१॥ ७१॥

पौर्णमासी — (स्वगतम्) निष्कम्पता बद्धमूलोऽयं प्रेमपलाशी॥ ७२॥

(प्रकाशम्)

त्वया नीतो वामः फलकमिलदंगो मधुरिपुः
सुखाशाभिः क्रीडाकुतुकिनि कुतो नेत्रपदवीम्?
कुकूलाग्निज्वालापटलकटुकेलिर्यदधुना
दशेयं दन्त त्वां ज्वलयति हिमानीव नलिनीम्॥ २२॥ ७३॥

राधिका — (कृष्णमुद्दिश्य सोपालम्भमात्मगतम्) संस्कृतेन —

शिशिरय दृशौ दृष्ट्वा दिव्यं किशोरमितीक्षितः
परिजनगिरां विश्रम्भात्त्वं विलासफलांकितः।
शिव शिव कथं जानीमस्त्वामवक्रधियो वयं
निबिडवडवावह्निज्वालाकलापविकाशिनम्॥ २३॥ ७४॥

पौर्णमासी — (सस्नेहमालोक्य) वत्से, क्षणमेकान्ते निविश्य पुष्पेखु लेखो निर्मीयताम्, यथायं कृष्णाय स्वसखीभ्यां समर्प्यते॥ ७५॥

(राधा सखीभ्यां सह निष्क्रान्ता)

पौर्णमासी — (परिक्रम्य) नान्दीमुखि, कृष्णोऽपि नातिदूरे भविष्यति, यदत्र दक्षिणतो नैचिकीनिकुरम्बस्य हम्बारवाडम्बरोऽयमम्बरमाक्रामति। तदहं स्नानार्थं व्रजामि॥ ७६॥

(इति निष्क्रान्ते)

(ततः प्रविशति कृष्णः)

कृष्णः — (सोद्वेगम्)

यदवधि तदकस्मादेव विस्मापिताक्षं
नवतडिदभिरामं धाम साक्षाद्बभूव।
तदवधि चिरचिन्ताचक्रसक्ता विरक्ति-
र्मम मतिरुपभोगे योगिनीव प्रयाति॥ २४॥ ७७॥

(पुरोऽनुसृत्य स्वगतम्) हन्त, रंगणमाल्यमुपनेतुं प्रस्थितो वयस्यः कथं विलम्बते॥ ७८॥ (प्रविश्य माल्यहस्तः)

मधुमंगलः — कथं अज्ज दुम्मणाएदि पिअवअस्सो? होदु। पसंगदो जाणिस्सम्। (कथमद्य दुर्मनायते प्रियवयस्यः। भवतु। प्रसंगतो ज्ञास्यामि।) (इति परिक्रम्य कृष्णं पश्यन् स्वगतम्। संस्कृतेन)॥ ७९॥

फुल्लप्रसूनपटलैस्तपनीयवर्णा-
मालोक्य चम्पकलतां किल कम्पतेऽसौ।

शंके निरंकनवकुङ्कुमपंकगौरी
राधास्य चित्तफलके तिलकीबभूव॥ २५॥ ८०॥

(इत्युपसृत्य) भो, गेण्ह। (भोः, गृहाण।) (इति माल्यं निवेदयति)॥ ८१॥

कृष्णः — (अनाकर्णितकेनैव)

कनकाद्रिनिकेतकेतकीकलिकाकल्पकलेवरद्युतिः।
हृदि सा मुदिरालिमेदुरे चपला मां किमलंकरिष्यति॥ २६॥ ८२॥

मधुमंगलः — (स्वगतम्) फलिदं मे तक्केण। (प्रकाशमुच्चैः) भो पिअवअस्स, संमुहे विक्कोसन्दं वि कीस मं ण पेक्खसि? (फलितं मे तर्केण। भोः प्रियवयस्य, संमुखे विक्रोशन्तमपि कस्मान्मां न प्रक्षसे?)॥ ८३॥

कृष्णः — (सावहित्थम्) सखे, चम्पकलताया लावण्याकृष्टेन मया नोपदृष्टोऽसि॥

मधुमंगलः — सच्चं जेव्व भणासि, किंतु संचारिणीए चम्पअलदाए (सत्यमेव भणसि, किंतु संचारिण्याश्चम्पकलतायाः।)॥ ८५॥

कृष्णः — सखे, काममसंभाव्यश्चम्पकलतायाः संचारः॥ ८६॥

मधुमंगलः — वअस्स, क्खणं विरमेदु रंगतणम्। उज्जुअं कहेहि कहं सुण्णहिअओसि त्ति? (वयस्य, क्षणं विरमतु वक्रत्वम्। ऋजुकं कथय कथं शून्यहृदयोऽसीति)॥ ८७॥

कृष्णः — (सस्मितम्) सखे, मालां विना॥ ८८॥

मधुमंगलः — बालां त्ति भणाहि। (बालामिति भण।)॥ ८९॥

कृष्णः — मुधेयं ते विशंका॥ ९०॥

मधुमंगलः — (संस्कृतमाश्रित्य)

न जानीषे मूर्ध्नश्च्युतमपि शिखण्डं यदखिलं
न कण्ठे यन्माल्यं कलयसि पुरस्तात्कृतमपि।
तदुन्नीतं वृन्दावनकुहरलीलाकलभ हे
स्फुटं राधानेत्रभ्रमरवरवीर्योन्नतिरियम्॥ २७॥ ९१॥

कृष्णः — (स्वगतम्) कथं निखिलमेव तर्कितं धूर्तेन? तदलं प्रतार्य। (प्रकाशम्) सखे यथार्थमात्थ। तदाकर्ण्यताम्॥ ९२॥

मम राधा निसर्गस्थं प्रतीपमनयन्मनः।
महाज्यैष्ठीव सहसा प्रवाहं सौरसैन्धवम्॥ २८॥ ९३॥

मधुमंगलः — णूणं अच्छीणं दे पच्चक्खीभूदा एसा। (नूनमक्ष्णोस्ते प्रत्यक्षीभूतैषा)॥

कृष्णः — अथ किम्। सुवलतः सा परिचिक्ये च (इत्यौत्सुक्यमभिनीय)॥ ९५॥

भ्रमद्भ्रूवल्लीकै प्रतिदिशमपांगस्य वलनैः
कुरंगीभ्यो भंगीभरमुपदिशन्तीमिव दृशोः।
ततस्तां बिम्बौष्ठीं कलयति मयि क्रोधविकटो
मनोजन्मा पौष्पं धनुरनुपमं सज्यमकरोत्॥ २९॥ ९६॥

मधुमंगलः — अवि णाम संवुत्तं अण्णोण्णदंसणम्। (अपि नाम संवृत्तमन्योऽन्य-दर्शनम्)॥ ९७॥

कृष्णः — नहि नहि।

तस्याः सखे मुखतुषारमयूखबिम्बे
दूरान्ममाक्षिपदवीमधिरूढमात्रे।
निर्बन्धतः शपथकोटिभिरम्बयाहं
नीतः क्षणादहह सद्मनि भोजनाय॥ ३०॥ ९८॥

मधुमंगलः — वअस्स, चिट्ठन्ति बहुलाओ बल्लवसुन्दरीओ, तहवि कीस तुमं एकाए राहीए णिब्भरं अणुरज्जसि? (वयस्य, तिष्ठन्ति बहुला बल्लवसुन्दर्यः, तदपि कस्मात्त्व-मेकस्यां राधायां निर्भरमनुरज्यसि?)॥ ९९॥

कृष्णः — सखे, राधायामसाधारणी कापि माधुरी। तथा हि।

तस्याः कान्तिद्युतिनि वदने मंजुले चाक्षियुग्मे
तत्रास्माकं यदवधि सखे दृष्टिरेषा निविष्टा।
सत्यं ब्रूमस्तदवधि भवेदिन्दुमिन्दीवरं वा
स्मारं स्मारं मुखकुटिलताकारिणीयं हृणीया॥ ३१॥ १००॥

मधुमंगलः — दसणदो पढमं जेव्व तत्थ तुज्झ राओ मए तक्किदो त्थि। ता किंत्ति लावण्णोवाहिओ त्ति भणासि। (दर्शनतः प्रथममेव तत्र तव रागो मया तर्कितोऽस्ति। तत्किमिति लावण्योपाधिक इति भणसि?)॥ १०१॥

कृष्णः — सखे, सत्यमात्थ। स्वचित्ताभिनिवेशादेव तस्यां कोऽपि महिमोन्नाहः प्रतीयते। तथा हि॥ १०२॥

यत्र प्रकृत्या रतिरुत्तमानां तत्रानुमेयः परमोऽनुभावः।
नैसर्गिकी कृष्णमृगानुवृत्तिर्देशस्य विज्ञापयति प्रशस्तिम्॥ ३२॥ १०३॥

(नेपथ्ये) सहि सारिए, दिट्ठो तुए एत्थ बल्लविन्दणन्दणो। (सखि सारिके, दृष्टस्त्वयात्र बल्लवेन्द्रनन्दनः।) ॥ १०४॥

श्रीकृष्णः — सखे, नेदीयानयं सुकुमारीकण्ठध्वनिरुदञ्चति। तदत्र तूष्णीमास्वहे ॥

(ततः प्रविशतो ललिताविशाखे)

ललिता — पेक्ख, एसो दिट्ठिआ पुरदो कण्हो। ता उपसप्पम्ह। (इत्युभे तथा कृत्वा) जअदु जअदु गोउलाणन्दो। (प्रेक्षस्व, एष दिष्ट्या पुरतः कृष्णः। तदुपसर्पावः। जयतु जयतु गोकुलानन्दः।) ॥ १०६ ॥

श्रीकृष्णः — सखि ललिते, शंके मनोहारिकुसुमपत्रमादातुमद्य वृन्दाटवीमध्येऽवतीर्णासि ॥ १०७ ॥

ललिता — विण्णादं वि णूणं आआरेण संगोवेसि जं दादुंत्ति ण भणासि। ता गेण्ह णं कण्णिआरकोरअपत्तम्। (विज्ञातमपि नूनमाकारेण संगोपयसि यद्दातुमिति न भणसि। तद्गृहाणैनं कर्णिकारकोरकपत्रम्।) (इत्यनंगलेखं कृष्णकरेऽर्पयति) ॥ १०८ ॥

श्रीकृष्णः — (स्वगतम्) चेतः, समाश्वसिहि समाश्वसिहि। त्वदभीष्टबीजस्याङ्कुरोऽयमिति शंके ॥ १०९ ॥

मधुमंगलः — भोदि ललिदे, किं इमिणा अक्खराणां पत्तेण ? सक्कराणं पत्तं समप्पेहि। (भवति ललिते, किमेतेनाक्षराणां पत्रेण। शर्कराणां पत्रं समर्पय) ॥ ११० ॥

श्रीकृष्णः — सखे, वाचय पत्रम्। कदाचिदेतन्नः कर्णरसायनस्य पात्रीभवेत् ॥ १११ ॥

मधुमंगलः — भो वअस्स, दिट्ठा तुम्ह गोआलजादीए वदाण्णदा। णं अम्हवम्हणजादिं जेव्व गोरएण वन्दामि, ज तहिं दिअहे जण्णिअवम्हणीहिं चउविहेण अण्णेण भोइदम्ह। (भो वयस्य, दृष्टा युष्मद्गोपालजातेर्वदान्यता। नन्वस्मद्ब्राह्मणजातिमेव गौरवेण वन्दे, यत्तस्मिन्दिवसे याज्ञिकब्राह्मणीभिश्चतुर्विधेनान्नेन भोजिताः स्मः।) (इति लेखं वाचयति) ॥ ११२ ॥

धरिअ पडिच्छन्दगुणं सुन्दर मह मन्दिरे तुमं वससि।
तह तह रुन्धसि वलिअं जह जह चइदा पलाएमि ॥
(धृत्वा प्रतिच्छन्दगुणं सुन्दर मम मन्दिरे त्वं वससि।
तथा तथा रुणत्सि वलितं यथा यथा चकिता पलाये)॥ ३३ ॥

श्रीकृष्णः — सखे, दुरधिगमार्था तावदियं गाथा। तेन पुनर्भण्यताम् ॥ ११४ ॥

(मधुमंगलस्तथा करोति)

श्रीकृष्णः — (सानन्दं स्वगतम्) कुलस्त्रियो हि धर्मभीरवो भवन्ति। तदुपेक्षया भावनिष्ठां निष्टंकयामि। (इति संरम्भमभिनीय प्रकाशम्) हंहो, पश्य पश्य॥ ११५॥

स्निग्धैरेभिः सखिभिरखिलैर्धेनुवृन्दानुसारी
नारीवार्ताविमुखहृदयः काननान्ते चरामि।
मां स्वैरिण्यस्तदपि यदिमा दूषयन्ति प्रकामं
तद्विज्ञप्तिं द्रुतमिह जरद्गोपगोष्ठ्यां करिष्ये॥ ३४॥ ११६॥

(इति कृत्रिमामर्षेण द्रुतं परिक्रामति)

मधुमंगलः — (स्मितमावृत्य) भो वम्हआरिसिहामणे! क्खणं णिवट्टिअ इमाओ दुम्मुहगोइआओ पच्चुत्तरेण णिज्जित्तिअ विड्डावेहि। अहं क्खु एदं सव्वं धिट्ठाणं वुत्तन्त गोउलेसरीए विण्णविस्सम्। (भो ब्रह्मचारिशिखामणे! क्षणं निवर्त्य इमा दुर्मुखगोपिकाः प्रत्युत्तरेण निर्जित्य विद्रावय। अहं खल्विदं सर्वं धृष्टानां वृत्तान्तं गोकुलेश्वर्यै विज्ञापयिष्यामि।)॥ ११७॥ (इति पाणौ धृत्वा व्यावर्त्तयति) (इति परस्परमवेक्ष्य वैलक्ष्यं नाटयतः)

श्रीकृष्णः — सखि विशाखे, चातुरक्षिकं प्रेक्षणमपि नास्ति। कुतस्तावत्परितो रोधनम्? तदुन्नयामि। केनाप्यपरेण नागरेण तस्याः स्वान्तमुच्चालितम्॥ ११८॥

विशाखा — (संस्कृतमाश्रित्य)

कस्तादृग्व्रजमण्डलेऽद्य वलते शक्यो गरीयानसौ
येनोच्चालयितुं बलात्कुलवतीचेतोगिरिग्रामणीः?
इत्यस्माभिरवक्रबिक्रमलवादुत्क्षिप्तगोवर्धनो
हेतुस्त्वं किल पंकजाक्ष यदुभिस्तत्रासि निष्टंकितः॥ ३५॥ ११९॥

मधुमंगलः — अइ वाआलिए, चिट्ठ चिट्ठ। दिट्ठो मए उक्खित्तदण्डमण्डलेहिं गोवेहिं गोवड्ढणो धरिदो। तुमं कीस एक्कं ज्जेव पिअवअस्सं संभावेसि। (अयि वाचालिके, तिष्ठ तिष्ठ। दृष्टो मया उत्क्षिप्तदण्डमण्डलैर्गोपैर्गोवर्धनो धृतः। त्वं कस्मादेकमेव प्रियवयस्यं संभावयसि।)॥ १२०॥

श्रीकृष्णः — ललिते, अलमतिप्रसंगेन। तन्निवर्तस्व॥ १२१॥

ललिता — सुन्दर, सव्वगोउलसुहआरिणो वि तुअत्तो कधं सा एका जेव्व दुक्खं अरिहदि वरिअसि? (सुन्दर, सर्वगोकुलसुखकारिणोऽपि त्वत्तः कथं सा एकैव दुःखमर्हति वरीयसि?)॥ १२२॥

श्रीकृष्णः —

संगी मे मधुमंगलो न सहते धर्माध्वनो विच्युतिं
श्रीदामा परिमार्गयन्मम न हि छिद्राणि निद्रायते।
कंसः शास्ति खलः क्षितिं कथमतो मुग्धे विधेयं मया
निःशंकं कुलसुन्दरीपरिभवज्वालामहासाहसम्?॥ ३६॥ १२३॥

ललिता — (सामर्षम् संस्कृतेन)

अन्तः क्लेशकलंकिताः किल वयं यामोऽद्य याम्यां पुरीं
नायं वञ्चनसंचयप्रणयिनं हासं तथाप्युज्झति।
अस्मिन्संपुटिते गभीरकपटैराभीरपल्लीविटे
हा मेधाविनि राधिके तव कथं प्रेमा गरीयानभूत्?॥ ३७॥ १२४॥

(इति रोदिति)

मधुमंगलः — अइ मुद्धे, सअलसत्थविसारओ जस्स अम्हारिसो अमच्चो होइ सो वि किं एदं धम्मं अदिक्कमिस्सदि। ता अलं वणरुदिदेण। (अयि मुग्धे, सकलशास्त्र-विशारदो यस्यास्मादृशोऽमात्यो भवति, सोऽपि किमिदं धर्ममतिक्रमिष्यति? तदलं वनरुदितेन।) ॥ १२५॥

विशाखा — (स्वगतम्) णं राहीए गुञ्जाअलिअं कण्हस्स देन्ती हं इंगिदं लक्खेमि। (एना राधाया गुञ्जावलीं कृष्णाय ददती अहमिंगितं लक्षयामि।) (प्रकाशम् संस्कृतेन) ॥

उदीर्णरागेण करम्बितान्तरा परिस्फुरत्कृष्णमुखी गुणाञ्चिता।
गुञ्जावली मञ्जुतरावलम्बतां सा राधिकेयं तव कण्ठसंगमम्॥ ३८॥

(इति कृष्ण कण्ठे स्वयमर्पयति)

श्रीकृष्णः — (स्मित्वा सकपटेर्ष्यम्)

रागिणमपि सुकठोरं सुवृत्तमपि मुहुरुदीर्णमालिन्यम्।
युवतीनामिव भाव न हि गुञ्जाहारमिच्छामि॥ ३९॥ १२८॥

(इत्यजानन्निव कण्ठादवतार्य रंगणमालिकामर्पयति)

विशाखा — (स्वगतम्) इमस्स भमो वि अम्हाणं मंगलो संवुत्तो। (एतस्य भ्रमोऽप्यस्माकं मंगलः संवृत्तः।) (इति वस्त्रेण संवृणोति) ॥ १२९॥

ललिता — हला, गोविआकोडिभुअंगस्स इमस्स अक्खलिदं अच्चरिअं वम्हचरिअं दिट्ठिआ पअडीभूदम्। ता अम्हे वि गदुअ तं अत्थाणाणुराइणीं राहिअं णिवट्टावेम्ह।

(हला, गोपिकाकोटिभुजंगस्य एतस्यास्खलितमाश्चर्यं ब्रह्मचर्यं दिष्ट्या प्रकटीभूतम्। तदावामपि गत्वां तामस्थानानुरागिणीं राधिकां निवर्त्तयावः।) ॥ १३० ॥

विशाखा — सहि, जुत्तं मन्तेसि। (सखि, युक्तं मन्त्रयसि।) ॥ १३१ ॥ (इत्युभे परिक्रामतः)

ललिता — विशाहे, तुमं गदुअ इमाए रंगणमालिआए पिअसहीं आसासेहि। अहं क्खु एदं वुत्तन्तं भअवदीए णिवेदिस्सम्। (विशाखे, त्वं गत्वानया रंगणमालिकया प्रियसखीमाश्वसिहि। अहं खल्विदं वृत्तान्तं भगवत्यै निवेदयिष्यामि।) ॥ १३२ ॥

(इति निष्क्रान्ते)

मधुमंगलः — भो, वअस्स आदरिज्जन्तं वि अप्पाणं कीस आदरावेसि। इदं क्खु पच्चादावपव्वदाहिरोहणस्स अहिरोहिणीणिम्माणं दाव। (भोः, वयस्य! आद्रियमाणमप्यात्मानं कस्मादादरयसि? इदं खलु पश्चात्तापपर्वताधिरोहणस्याधिरोहिणीनिर्माणं तावत्।) ॥ १३३ ॥

श्रीकृष्णः — सखे, सत्यं ब्रवीषि। साहसिक्यं हसितेनैवानुष्ठितम्॥ १३४ ॥

मधुमंगलः — पेक्ख गोईजुअलं णेत्तपहं अदिक्कमिदम्। (पश्य, गोपीयुगलं नेत्रपथमतिक्रान्तम्।) ॥ १३५ ॥

श्रीकृष्णः — (सानुतापम्)

> **श्रुत्वा निष्ठुरतां ममेन्दुवदना प्रेमाङ्कुरं भिन्दती**
> **स्वान्ते शान्तिधुरां विधाय विधुरे प्रायः पराञ्चिष्यति।**
> **किं वा पामरकामकार्मुकपरित्रस्ता विमोक्ष्यत्यसून्**
> **हा मौग्ध्यात्फलिनी मनोरथलता मृद्वी मयोन्मूलिता॥ ४० ॥ १३६ ॥**

मधुमंगलः — दाणिं किं एत्थ सरणम्? (इदानीं किमत्र शरणम्?) ॥ १३७ ॥

श्रीकृष्णः — सखे, प्रत्यनंगलेखं विना नान्यत्पश्यामि शरणम्॥ १३८ ॥

मधुमंगलः — किं एत्थ लेहसाहणम्। (किमत्र लेखसाधनम्।) ॥ १३९ ॥

श्रीकृष्णः — वशीकारक्रियाप्रशरतो रागवान् जवानिर्यासः ॥ १४० ॥

मधुमंगलः — एहि उड्डुमहाडइमण्डिदं णादिदूरे पक्खन्दणतित्थं गच्छेम्ह। (एहि, उड्रमहाटवीमण्डितं नातिदूरे प्रस्कन्दनतीर्थं गच्छावः।) ॥ १४१ ॥ (इति निष्क्रान्तौ)

(ततः प्रविशति विशाखया प्रबोध्यमाना राधा)

राधिका — (सखेदं संस्कृतेन)

यस्योत्संगसुखाशया शिथिलिता गुर्वी गुरुभ्यस्त्रपा
प्राणेभ्योऽपि सुहृत्तयाः सखि तथा यूयं परिक्लेशिताः।
धर्मः सोऽपि महान्मया न गणितः साध्वीभिरध्यासितो
धिग्धैर्यं तदुपेक्षितापि यदहं जीवामि पापीयसी॥ ४१॥ १४२॥

विशाखा — (ससंभ्रमम्) सहि, समस्सस समस्सस। (सखि, समाश्वसिहि समाश्वसिहि।) (इति रंगणमालां घ्राणेऽर्पयति)॥ १४३॥

राधिका — (संज्ञां लब्ध्वा) हला, किं एदं अच्चरिअं जं संमोहणं वि पवोदेहि। (हला, किमिदमाश्चर्यं यत्संमोहनमपि प्रबोधयति।)॥ १४४॥

विशाखा — (माल्यं निवेद्य संस्कृतेन)

अंगोत्तीर्णविलेपनं सखि समाकृष्टिक्रियायां मणि-
र्मन्त्रोहन्त मुहुर्वशीकृतिविधौ नामास्य वंशीपतेः।
निर्माल्यस्त्रगियं महौषधिरिह स्वान्तस्य संमोहने
नासां कस्तिसृणां गृणाति परमाचिन्त्यां प्रभावावलीम्॥ ४२॥ १४५॥

राधिका — (स्वगतम्) एव्वंगुणेण इंमिणा उवेक्खिदं वि णं हदसरीरं कधं अज्जवि णिल्लज्जाहं धारेमि। ता कालिअहदपवेसोवाअं अणुसरिस्सम्। (प्रकाशम्) विसाहे, विण्णवेहि गुरुअणं जं बारहाइच्चतित्थं गदुअ सूरं अच्चिदुकामम्हि। (एवं गुणेनानपेक्षितमपि इदं हतशरीरं कथमद्यापि निर्लज्जाहं धारयामि? तत्कालियह्रदप्रवेशोपायमनुसरिष्यामि। विशाखे, विज्ञापय गुरुजनं यद्द्वादशदित्यतीर्थं गत्वा सूर्यमर्चयितुकामास्मि।)॥ १४६॥

विशाखा — साहु सुमराइदं पिअसहीए जं अज्जाए जडिलाए वि इदं जेव्व दाणिं आदिट्ठम्हि। ता एहि। (साधु स्मारितं प्रियसख्या यदार्यया जटिलयापि इदमेवेदानीमादिष्टास्मि। तदेहि।)॥ १४७॥ (इत्युभे परिक्रामतः)

राधिका — (सव्यामोहम्)

मं परिहरइ मुउन्दो तहवि दुरासा विरोहिणी उहई।
मह सहि गहीरणीरा सगणं बहिणी किदन्तस्स॥
(मां परिहरति मुकुन्दस्तथापि दुराशा विरोधिनी दहति।
मम सखि गभीरनीरा शरणं भगिनी कृतान्यस्य)॥ ४३॥ १४८॥

विशाखा — हला, पेक्ख पत्थाणे मंगलसूअणाइं सउणाइं। ता एवं मा भण। (हला,

पश्य प्रस्थाने मंगलसूचनानि शकुनानि। तदेवं मा भण) ॥ १४९ ॥

राधिका — (पुरो दृष्ट्वा) हला, कथमेसा पुव्वदिसामुहे आआलिआ झा दीसइ। (हला, कथमेषा पूर्वदिशामुखे आकालिकी संध्या दृश्यते।) ॥ १५० ॥

विशाखा — ण क्खु संझा। पेक्ख पक्कन्दणे सूरस्स बल्लहा परिफुल्लिदा उड्डुराइ रेहदि। ता इमस्स अग्घं कादुं णं अवचिणम्ह। (न खलु संध्या पश्य प्रस्कन्दतीर्थे सूर्यस्य वल्लभा प्रफुल्लिता उड्डुराजी राजति। तदस्या अर्ध्यं कर्तुमेतदवचिन्वः।) ॥ १५१ ॥ (इत्युभे तथा कुरुतः) (ततः प्रविशति बटुना सह कृष्णः)

श्रीकृष्णः — सखे, सेयं राधाधरकान्तितस्करी जवाराजिः ॥ १५२ ॥

मधुमंगलः — अदो णं णिप्पीडिअ णिम्माहि पच्चणंगलेहम्। (अत एतन्निष्पीड्य निर्माहि प्रत्यनंगलेखम्।) ॥ १५३ ॥

श्रीकृष्णः — (परिक्रम्य सविस्मयम्)

> **एषा नान्तिकवर्तिनी सुरगिरेरैलावृती हन्त भू-**
> **रग्रे किं कलयामि काञ्चनरुचामुद्गारगौरीर्दिशः।**
> **आं ज्ञातं मणिनूपुरध्वनिभरादालीजनालंकृता**
> **कान्तीमां कुलदेवता विलसितुं वृन्दाटवीं विन्दति॥ ४४॥ १५४॥**

मधुमंगलः — हन्त भो, मग्गिज्जन्तम्मि वाउरासाहणे कुरंगी सअं हत्थं गदा। (हन्त भोः, मृग्यमाणे वागुरासाधने कुरंगी स्वयं हस्तं गता) ॥ १५५ ॥

श्रीकृष्णः — (सानन्दम्) सखे, साधु विज्ञातम्। तदत्र वृक्षान्तरितौ शृणुवः किमसौ प्रस्तौति॥ १५६ ॥ (इति तथा स्थितौ)

राधिका — (विशाखामालम्ब्य सास्रम्) हला, एसो जणो कधापसंगे सअं सुमरिदव्वो। (हला, एष जनः कथाप्रसंगे स्वयं स्मारितव्यः।) ॥ १५७ ॥

विशाखा — (सबाष्पम्) सहि, अच्छीणधीरत्तणादिगुणा भणिज्जसि। ता किंति एव्वं उव्विग्गासि। (सखि, अक्षीणधीरत्वादिगुणा भण्यसे। तत्किमित्येवमुद्विग्नासि।) ॥

राधिका — सहि, णिग्गुणीकिदम्हि तेण धत्तेण। (सखि, निर्गुणीकृतास्मि तेन धूर्तेन।) (इति संस्कृतेन)।

> **तस्योरस्तटमण्डलं धृतिनदीरोधक्रियापण्डितं**
> **वक्रेन्दुः कुलधर्मपंकजवनीसंकोचदीक्षाव्रती।**
> **दोर्यूपौ नितरामुदञ्चितचिरव्रीडाभिचाराध्वरौ**

हा कष्टं निखिलंगिला सखि दृशोर्भंगीभुजंगी तु सा॥ ४५॥ १५९॥

श्रीकृष्णः — प्रिये, त्वन्माधुर्येण माधवश्च जडीकृत्य निर्गुणामवस्थां नीतोऽयम्॥

राधिका — (आकाशे अंजलिं बद्ध्वा। संस्कृते) हन्त भो बकीहन्तः,

गृहान्तः खेलन्त्यो निजसहजबाल्यस्य वलना-
दभद्रं भद्रं वा किमपि नहि जानीमहि मनाक्।
वयं नेतुं युक्ताः कथमशरणां कामपि दशां
कथं वा न्याय्या ते प्रथयितुमुदासीनपदवीम्॥ ४६॥ १६१॥

श्रीकृष्णः — प्रिये कः खलु जिजीविषुर्जीवातुभूतायां सिद्धौषधिलतायामुदास्ते॥

राधिका — (निःश्वस्य) हला, एसा पिआ मे एकाअली तुए अप्पणो कण्ठे धारणिज्जा। (सखि, एषा प्रिया मे एकावली त्वया आत्मनः कण्ठे धारणीया।) (इति कण्ठादेकाव-लीमुत्तारयति) ॥ १६३॥

विशाखा — (हठान्निवार्य) हला, एव्वं अणुचिट्ठन्ती किंति मंडहसि जं ललिदं पडिक्खिअ णिरुज्जमम्हि। (हला, एवमनुतिष्ठन्ती किमिति मां दहसि यल्ललितां प्रतीक्ष्य निरुद्यमास्मि।) (इति रोदिति)॥ १६४॥

राधिका — (संस्कृतेन)

अकारुण्यः कृष्णो यदि मयि तवागः कथमिदं
मुधा मा रोदीर्मे कुरु परमिमामुत्तरकृतिम्।
तमालस्य स्कन्धे विनिहितभुजावल्लरिरियं
यथा वृन्दारन्ये चिरमविचला तिष्ठति तनुः॥ ४६॥ १६५॥

श्रीकृष्णः — (सास्रम्) सखे, दृष्टानुरागस्य साधिष्ठता॥ १६६॥

राधिका — (स्वगतम्) तुवरावेदि मं कावि घणुक्कण्ठा। (प्रकाशम्) हला, सूरमच्चिअ किं पि अब्भत्थिदुकामाम्हि। ता जाव सिणाणं कदुअ णिवुत्ता भवे ताव तुमं एत्थ पुप्फं अवचिणेहि। (इति तीर्थाभिमुखं द्वित्राणि पदानि गत्वा पुनरात्मगतम्) हन्त, सो तिल्लोकमोहणो मुहचन्दो पुणो मए ण दिट्ठो। (इति सोत्कण्ठं निवृत्य प्रकाशम्) हला, पसीद पसीद, दंसेहि तं पडिच्छन्दअम्। (त्वरयति मां कापि घनोत्कण्ठा। हला, सूर्यमर्चयित्वा किमप्यभ्यर्थयितुकामास्मि। तद्यावत्स्नानं कृत्वा निवृत्ता भवेयं तावत्त्वमत्र पुष्पमवचिनु। हन्त, स त्रैलोक्यमोहनो मुखचन्द्रः पुनर्मया न दृष्टः। हला, प्रसीद प्रसीद। दर्शय एनं प्रतिच्छन्दम्।)॥ १६७॥

विशाखा — सहि, णत्थि एत्थ चित्तफलअम्। (सखि, नास्त्यत्र चित्रफलकम्) ॥

राधिका — (सव्यथम्) तदो पणिहाणेण णं पच्चक्खीकरिस्सम्। (ततः प्रणिधानेनैनं प्रत्यक्षीकरिष्यामि।)

(इति ध्यानं नाटयति॥ १६९॥)

श्रीकृष्णः — सखे, पीतमपीतपूर्वमुन्मादकं श्रोत्रमाध्वीकम्। तदग्रतो गच्छावः॥ १७०॥ (इत्युभौ तथा कुरुतः)

विशाखा — (विलोक्य सानन्दं ससंभ्रमम्) सहि, दिट्ठिआ तुज्झ सुहज्झाणेण फलिदम्। ता झत्ति उग्धाडेहि लोअणम्। (सखि, दिष्ट्या तव सुखध्यानेन फलितम्। तज्झटिति उद्घाटय लोचनम्) ॥ १७१ ॥ (राधिका दृशं दरोन्मील्य चमत्कारं नाटयति)

विशाखा — (संस्कृतेन)

> **यदर्थं संकीर्णे पतसि हतकन्दर्पकदने**
> **मृदुं वा दुर्वारे ज्वलयसि तनुं प्रेमदहने।**
> **अखण्डेनापीडं सखि नवशिखण्डेन कलयन्**
> **विलासी सोऽयं ते स्फुरति पुरतो जीवितपतिः॥ ४॥ १७२॥**

राधिका — अम्महे सिविणस्स माहुरी। (अहो स्वप्नस्य माधुरी।) ॥ १७३ ॥

विशाखा — अविसद्धे, एसो दे अपुव्वो जो सिविणो णिद्दाए विणा वि णिप्पण्णो। (अविश्रब्धे, एष तेऽपूर्वः स्वप्नो यो निद्रया विनापि निष्पन्नः।)

श्रीकृष्णः —

> **असौ दृग्भंगीभिः कुसुमशरमंगीकृतशरं**
> **सृजन्ती दन्तीन्द्रक्रमणकमनीयालसगतिः।**
> **अदूरे रम्भोरूरिह वदनबिम्बस्य सुषमा**
> **समारम्भादम्भोरुहमधुरिमाणं दमयति॥ ४९॥ १७५॥**

राधिका —(कृष्णं दृगन्तं नर्तयन्ती स्वगतम् साहु रे हिअअ, साधु दिट्ठिआ मुहुत्तं विलम्बिदम्।) साधु रे हृदय, साधु। दिष्ट्या मुहूर्तं विलम्बितम्।॥ १७६॥

श्रीकृष्णः — (स्मित्वा) धूर्ते विशाखिके, समन्तान्मृग्यमाणा दिष्ट्या त्वमत्र दृष्टासि। यदद्य भवत्या रूपसादृश्यादपाकिमगुञ्जाहारेण मां प्रतार्य दुर्लभा मे रंगणमालिकापनीता॥

मधुमंगलः — भो, णं राहीए कण्ठादो दीसन्तीं अप्पणो रंगणमालिअं सअं जेब्ब आअडिअ गेण्ह। (भो, एनां राधायाः कण्ठतो दृश्यमानामात्मनो रंगणमालिकां

स्वयमेवाकृष्य गृहाण।) ॥ १७८ ॥

श्रीकृष्णः — सखे, जानतापि भवता किमिदमन्याय्यमुपन्यस्तम्। न खलु स्वप्नेऽपि मया कामिनीस्पर्शः स्मर्यते ॥ १७९ ॥

राधिका — (स्वगतम्) इमस्स परिहासो वि एसो संकिदाए मम सच्चो पडिभादि। (एतस्य परिहासोऽप्येष शंकिताया मम सत्यः प्रतिभाति।) ॥ १८० ॥

विशाखा — (विहस्य) अयि वरांगणातरंगिणीणं महासाअर, चिट्ठ चिट्ठ। दाणिं वि इमाइं दीसन्ति तुज्ज अंगेसु ताणं चिण्हाइं। (अयि वरांगनातरंगिणीनां महासागर, तिष्ठ तिष्ठ। इदानीमपीमानि दृश्यन्ते तव अंगेषु तासां चिह्नानि।) (इति संस्कृतेन) ॥ १८१ ॥

आकृष्टानि कटाक्षभंगिभिरलं गोपांगनानां त्वया
रक्तान्यत्र मनांसि यानि निमिषोन्मुक्तानि नेत्राण्यपि।
तान्येतानि भवान्नवाञ्जनतनो गुञ्जावलीनां छलात्
पिच्छानां च सदा प्रसाधनधिया संधारयन्नन्दसि ॥ ५० ॥ १८२ ॥

श्रीकृष्णः — (सहर्षमात्मगतम्)

प्रमदरसतरंगस्मेरगण्डस्थलायाः
स्मरधनुरनुबन्धिभ्रूलतालास्यभाजः।
मदकलचलभृंगीभ्रान्तिभंगीं दधानो
हृदयमिदमदाङ्क्षीत्पक्ष्मलाक्ष्याः कटाक्षः ॥ ५१ ॥ १८३ ॥

(नेपथ्ये) णत्तिणि विसाहे। (नप्त्रि विशाखे।)

श्रीकृष्णः — कथमकाण्डे जरापाण्डुरेयं जटिला ॥ १८४ ॥ (प्रविश्य)

जटिला — (पुरो दृष्ट्वा स्वगतम्) कहं एत्थ कण्हो। (प्रकाशम्) विसाहे, किंति इमाइं धूअगन्धरत्तचन्दनाइं तुए विसुमरिदाइं। (कथमत्र कृष्णः। विशाखे, किमित्येतानि धूपगन्धरक्तचन्दनानि त्वया विस्मृतानि।) ॥ १८५ ॥

श्रीकृष्णः — (स्वगतम्)

चन्द्रिकां चन्द्रलेखायाश्चकोरे पातुमुद्यते।
पिधानं विदधे हन्त शरदम्भोधरावली ॥ ५२ ॥ १८६ ॥

जटिला — मोहण, वल्लअकिशोरीउले अवंकदिट्ठी होहि। (मोहन बल्लवकिशोरीकुले अवक्रदृष्टिर्भव।) ॥ १८७ ॥

मधुमंगलः — (विहस्य) भो दधीचिहड्डुकक्कसे, एसो सव्वदो उदारदिट्ठी च्चेअ

मज्झ पिअवआस्सो। तुमं क्खु केअरच्छी। ता अप्पाणं आसंसेहि। (भो दधीच्यस्थिकर्कशे, एष सर्वदोदारदृष्टिरेव मम प्रियवयस्यः। त्वं खलु केकराक्षी। तदा आत्मानमाशंसय।) ॥ १८८ ॥

जटिला — भो किशोरी भुअंग कीस तुमं आअदोसि। (भो किशोरीभुजंग, कस्मात्त्वमागतोऽसि।) ॥ १८९ ॥

श्रीकृष्णः — आर्ये, लोकोत्तरानुरागचमत्कारिणीयं सुजवालक्ष्मीः कं वा नाकर्षति॥

जटिला — (स्वगतम्) णूणं भअवदीए विज्जापहावसंभाविदा इमस्स एत्थ उवसत्ती। (प्रकाशम्) मोहण, झत्ति इदो गच्छेहि। (नूनं भगवत्या विद्याप्रभावसंभाविता अस्यात्रोपसत्तिः। मोहन, झटिति इतो गच्छ।) ॥ १९१ ॥

श्रीकृष्णः — अयि जल्पाकि वृद्धे किमित्याकुलासि। स्वच्छन्दतो गच्छेयम्॥ १९२ ॥

जटिला — (कुटिलं विलोक्य संस्कृतेन)

> **निधौतानां निखिलधरमीमाधुरीणां धुरीणा**
> **कल्याणी मे निवसति वधूः पश्य पार्श्वे नवोढा।**
> **अन्तर्गोष्ठे चटुल नटयन्नत्र नेत्रविभागं**
> **निःशंकस्त्वं भ्रमसि भविता नाकुलत्वं कुतो मे॥ ५३ ॥ १९३ ॥**

श्रीकृष्णः — मृषाशंकिनि वृद्धे, मा प्रलापं कृथाः। यावदेतां ते वधूमाकर्णयं तावन्मान्यां भावयामि॥ १९४ ॥

जटिला — विसाहे, किं ति एत्तिअ विलम्बिदासि। (विशाखे, किमित्येतावद्विलम्बितासि।) ॥ १९५ ॥

विशाखा — (स्मित्वा) अज्जे, णं दुल्ललिदं कुरंगं पेक्खन्ती विम्हिदम्हि। (आर्ये, एतं दुर्ललितं कुरंगं पश्यन्ती विस्मितास्मि।) (इति सदृष्टिक्षेपम्) ॥ १९६ ॥

> **अकरुण मुक्किअ चंगं कुरंग पेम्मेण संगदं हरिणीम्।**
> **विहलं कूद्दणचडुलो तुमं बणादो बणं भमसि॥**
> **(अकरुणं त्यक्त्वा चंगं कुरंग प्रेम्णा संगतां हरिणीम्।**
> **विफलं कूर्दनचटुलस्त्वं वनाद्वनं भ्रमसि॥)॥ ५४॥ १९७॥**

जटिला — अइ अत्थाणदुग्गहे, मुञ्च कुरंगकोदूहलम्। (अयि अस्थानदुर्ग्रहे, मुञ्च कुरंगकौतुकम्।) ॥ १९८ ॥

मधुमंगलः — पिअवअस्स, पेक्ख। एसो सतिण्णो वि कीरजुआणो णं महुरं दाडिमीं

ण पडिज्जइ। (प्रियवयस्य, पश्य। एष सतृष्णोऽपि कोरयुवा इमां मधुरां दाडिमीं न प्रतिपद्यते।) ॥ १९९ ॥

श्रीकृष्णः — (स्मित्वा)

हृदि ताडितोऽपि दाडिमि सुमनोरागेण ते रुचिं वहता।
पक्विमरसासि किं वा नेति शुकः शंकयोदास्ते॥ ५५ ॥ २०० ॥

(विशाखा सदृग्भंगं राधिकामवलोकते)

राधिका — (स्वगतम्) हिअअ, समस्सस समस्सस। (हृदय, समाश्वसिहि समाश्वसिहि।) (इति सखेदमपवार्य। संस्कृतेन) ॥ २०१ ॥

पीतं न वागमृतमत्र हरेरशंकं
न्यस्तं मयास्य वदने न दृगञ्चलं च।
रम्ये चिरादवसरे सखि लब्धमात्रे
हा दुर्विधिः प्ररुरुधे जरतीच्छलेन॥ ५६ ॥ २०२ ॥

जटिला — (स्वगतम्) अम्हहे कण्हदिट्ठणो माहम्भं, जं वहुए सो उवसग्गो तह णत्थि (प्रकाशम्) विसाहे, पेक्ख। अदिक्कमदि मज्झण्हो। ता तुरिदं सूरमण्डपं पविसम्ह। अहो कृष्णदृष्टेर्माहात्म्यम्, यद्वध्वाः स उपसर्गस्तथा नास्ति। विशाखे, पश्य। अतिक्रमते मध्याह्नः। तत्त्वरितं सूर्यमण्डपं प्रविशामः ॥ २०३ ॥ (इति तिस्रो निष्क्रान्ताः)

श्रीकृष्णः — सखे, कौमुदीयं पौर्णमासीमनुवर्तते। तदेहि। तामेव प्रतिपद्येवहि॥ २०४॥ (इति निष्क्रान्तौ)

इति मन्मथलेखो नाम द्वितीयः अंकः

तृतीयः अंकः

(ततः प्रविशति ललितयानुगम्यमाना पौर्णमासी)

पौर्णमासी — वत्से, नूनं मत्तस्त्रपमाणो नाभिनन्दति नन्दकुमारस्ते सखीसंगमम्॥

ललिता — भअवदि, दुब्बोहं क्खु लोओत्तराणां चित्तं ण झत्ति विअसदि। (भगवति, दुर्बोधं खलु लोकोत्तराणां चित्तं न झटिति विकसति।) ॥ २ ॥

पौर्णमासी — (पुरोऽवलोक्य) वत्से, पश्य कदम्बवाटिकायां मधुमंगलेन सार्धं समंगलं वर्धते मधुमर्दनः। (पुनर्निरूप्य) ॥ ३ ॥

परामृष्टाङ्गुष्ठत्रयमसितरत्नैरुभयतो
वहन्ती संकीर्णौ मणिभिररुणैस्तत्परिसरौ।
तयोर्मध्ये हीरोज्ज्वलविमलजाम्बूनदमयी
करे कल्याणीयं विहरति हरेः केलिमुरली॥ १॥ ४॥

(ततः प्रविशति यथानिर्दिष्ट कृष्णः)

कृष्णः — (सानुतापम्)

त्रपया नितरां पराङ्मुखी सहसा स्मेरसखीधृताञ्चला।
गमिताद्य हठेन राधिका न कथं हन्त मया भुजान्तरम्॥ २॥ ५॥

(निश्वस्य) सखे मधुमंगल, खञ्जरीटदृशः सा विलासमञ्जरी चोरयति मे चित्त-चञ्चरीकम्॥ ६॥ (इत्यौत्सुक्यं नाटयन्।)

छिन्नः प्रियो मणिसरः सखि मौक्तिकानि-
वृत्तान्यहं विचिनुयामिति कैतवेन।
मुग्धं विवृत्य मयि हन्त दृगन्तभंगीं
राधा गुरोरपि पुरः प्रणयाद्यतानीत्॥ ३॥ ७॥

पौर्णमासी — (दूरत एव कृष्णं निर्वर्ण्य साशंकम्)

अक्ष्णोर्द्वन्द्वं प्रसरति दरोद्घूर्णतारं मुरारे
श्वासाः क्लृप्तां किल विचकिलैर्मालिकां म्लापयन्ति।
केयं धन्या वसति रमणी गोकुले क्षिप्रमेतां
नीतस्तीव्रामयमपि यया कामपि ध्याननिष्ठाम्॥

अथवा कृतं संदेहेन। वत्साः, राधिकैव खल्वत्र कारणम्॥ ४॥ ८॥

श्रीकृष्णः — (पौर्णमासीं पश्यन्नुपसृत्य) भगवति, प्रणगामि॥ ९॥

पोर्णमासी — नागर, गोपीस्तनतटीष्वलंपटीभव॥ १०॥

श्रीकृष्णः — (किंचिद्विहस्य) कृतं पिष्टपेषिणीभिराशीर्भिर्यदहमेव गोपीति प्रसिद्धां श्यामां वल्लीमपि न पाणिपल्लवेन स्पृशामि॥ ११॥

मधुमंगलः — ((विहस्य) भोः, किं अम्हाणं सामए, गौरी ज्जेव्व मग्गिज्जइ।) भोः, किमस्माकं श्यामया, गौर्येव मृग्यते॥ १२॥

पौर्णमासी — (सनर्मस्मितम्)

गोपेश्वरस्य तनयोऽसि नयोपपन्नः
ख्यातस्तथा व्रजकुले भुजयोर्बलेन।
लीलाशतैस्तदपि किं कुलयोषितस्त्व-
मुन्मादमुद्वहसि माधव राधिकायाः॥ ५॥ १३॥

मधुमंगलः — अइ विवरीदवादिणि बुड्डिए चिट्ठ चिट्ठ। (अयि विपरीतवादिनि वृद्धे तिष्ठ तिष्ठ।)।

तुज्झ राहिआए ज्जेब्ब एसो अम्ह पिअवअस्सो उम्मादिओ।
जं सेहरसिंगवेत्ताइ दाणिं कहिं विभट्टाइं ति ण जाणादि॥
(तव राधिकयैव एषोऽस्मत्प्रियवयस्य उन्मादितः।
यस्माच्छेखरशृंगवेत्राणीदानीं कस्मिन्विभ्रष्टानीति न जानाति)॥ ६॥

श्रीकृष्णः — (सलज्जम्) आर्ये, वाचाटोऽयं बटुर्मृषा जल्पति। किंतु निश्चितं ते व्याहरामि। न तासु मच्चित्तरागस्त्वद्गोपीषु। तदत्र तत्त्वतः पृच्छ्यतामयम्॥ १५॥

मधुमंगलः — अज्जे, सच्चं सच्चम्। अम्हपिअवअस्सहिअअस्स अज्जवि राओ तुम्हगोइआणं अंगेसु ण मए दिट्ठोत्थि। पत्थुद ताणं अंगराओ ज्जेब्ब इमस्स हिअये दीसइ। (आर्ये, सत्यं सत्यम्। अस्मत्प्रियवयस्यहृदयस्य अद्यापि रागो युष्मद्गोपिकानामंगेषु न मया दृष्टोऽस्ति। प्रत्युत तासामंगराग एवास्य हृदये दृश्यते॥ १६॥)

श्रीकृष्णः — (सप्रणयरोषम्) धिङ्मूर्ख, विश्रम्भादादृतोऽपि जिम्हतां न जहासि॥

पौर्णमासी — सत्यमाह बटुः। तथाहि।

कामं सद्गुणमण्डलाश्रयतया तन्वन्महिष्ठां रुचिं
वैचित्रीभरभाक्सदा शुभदशाश्रेणीश्रियामास्पदम्।
वंशीहुंकृतिलीलया शिथिलतामेणीदृशां नीयते
वासः कंसनिषूदनाद्य भवता देहेषु गेहेष्वपि॥ ७॥ १८॥

मधुमंगलः — अज्जे, किं वि जाणासि जं वंसीहुंकिदिलीलाएत्ति भणासि। दिट्ठं तहिं दिअहे कण्णआणं तीरट्ठिदाइं अम्बराइं अप्पणो हत्थेण उक्खिविअ इमिणा क्खन्धे णिक्खित्ताइं। (आर्ये, किमपि न जानासि यद्वंशीहुंकृतिलीला इति भणसि। दृष्टं तस्मिन्दिवसे कन्यकानां तीरस्थितान्यम्बराण्यात्मनो हस्तेनोत्क्षिप्यानेन स्कन्धे निक्षिप्तानि)॥

श्रीकृष्णः — (सभ्रूभंगं बटुमावार्य) आर्ये, हुंकारादपि तथाभावाद्भवद्गोपीनामभिव्यक्तः साध्वीभावप्रभावः॥ २०॥

ललिता — (संस्कृतेन)

केनापि धूर्तपतिना खलु शिक्षितोऽसि
मन्त्रं वशीकरणकारणमौषधं वा।
पुण्योज्ज्वलान्यखिलगोपविलासिनीनां
येन त्वया गृहसुखानि विलुण्ठितानि॥ ८॥ २१॥

मधुमंगलः — सच्चं कहेदि ललिदा। अण्णधा मन्तादिमन्तरेण पब्बदुत्तुगा महादाणआ णविन्दीवरादोवि सोम्मसीअलपइदिणा कधं इमिणा संहरिज्जन्ति। (सत्यं कथयति ललिता। अन्यथा मन्त्रादिमन्तरेण पर्वतोत्तुंगा महादानवा नवेन्दीवरादपि सौम्यशीतल-प्रकृत्या कथमनेन संह्रियन्ते।) ॥ २२॥

ललिता — अज्ज, जस्स सुमरणं वि तथा संतावणं त एद अप्पणो वअस्स मा क्खु सीअलं भण। (आर्य, यस्य स्मरणमपि तथा संतापनं तमेतमात्मनो वयस्यं मा खलु शीतलं भण।) ॥ २३॥

मधुमंगलः — भो वअस्स, पइदिसीअलो वि तुमं गोइआहिं उण्होत्ति भणिज्जसि। ता प्पंसिअ जाणिस्सम्। (इति कृष्णवक्षसि हस्तं न्यस्य ससंभ्रमम्) अहो, सच्चं ज्जेव्व कहेदि ललिदा। (क्षणं विमृश्य) ललिदे, विण्णादं विण्णादम्। तुअ राआ च्चेअ णूणं उण्णा जाए हिअअवट्टिणीए चन्दकोडिसीअलो वि एस उण्णीकिदो। (भो वयस्य, प्रकृतिशीतलोऽपि त्वं गोपिकाभिरुष्णरिति भण्यसे। तत्स्पृष्ट्वा ज्ञास्यामि। अहो, सत्यमेव कथयति ललिता। ललिते, विज्ञातं विज्ञातम्। तव राधिकैव नूनमुष्णा यया हृदयवर्तिन्या चन्द्रकोटिशीतलोऽप्येष उष्णीकृतः।) ॥ २४॥

ललिता — अज्ज, एत्थ राअपट्टपत्थरहिअए ताए दुरन्तपेम्मसौकुमज्जहदाए महसहीए कुदो पवेसो संभावीअदि। (आर्य अत्र राजपट्टप्रस्तरहृदये तस्या दुरन्तप्रेमसौकुमार्यहताया मत्सख्याः कुतः प्रवेशः संभाव्यते।) ॥ २५॥

मधुमंगलः — (सरोषम्) चवले, अम्हवअस्सो तदो वि तुम्हसहीदो णिब्भरं सिणेह-कोमलो जं एसो वञ्चिदनिन्दो जोइन्दो विअ एक्कग्गचित्तो णं ज्जेव्व सव्वदा चिन्तेइ। (चपले, मम वयस्यस्ततोऽपि तव सखीतो निर्भरं स्नेहकोमलो यस्मादेष वञ्चितनिद्रो योगिन्द्र इव एकाग्रचित्त एनामेव सर्वदा चिन्तयति।) ॥ २६॥

श्रीकृष्णः — (सापत्रपम्) धिग्बालिश, कृतमलीकेन नर्मपुञ्जेन॥ २७॥

ललिता — (स्वगतम्) दिट्ठिआ वड्ढदि पिअसही। (दिष्ट्या वर्धते प्रियसखी)॥

पौर्णमासी — सुन्दर, विश्राम्यतु नर्ममुद्रा। समाकर्णय मद्विवक्षितम्॥ २९॥

हित्वा दूरे पथि धवतरोरन्तिकं धर्मसेतो-
गर्भोदग्रा गुरुशिखरिणं रंहसा लंघयन्ती।
लेभे कृष्णार्णव नवरसा राधिकावाहिनी त्वां
वाग्वीचीभिः किमिव विमुखीभावमस्याः करोषि?॥ ९॥ ३०॥

मधुमंगलः — अइ शुद्धबुद्धिए अज्जवि एदं च्चेअ पुच्छसि। पेक्ख कूअताणं हदको-किलाणं वित्तासणत्थं मए एद पुप्फकोदण्डं णिम्मिदम्। (अयि, शुद्धबुद्ध्याद्यापीदमेव पृच्छसि। पश्य कूजतां हतकोकिलानां वित्रासनार्थं मयेदं पुष्पकोदण्डं निर्मितम्)॥

पौर्णमासी — चन्द्रानन, सापि वत्सा -

आलीनां प्रतिहाररोधनविधौ वीक्ष्य प्रयत्नावलीं
बाला तर्कितमाधवीपदिमलस्फूर्तिर्भयाद्वेपते।
किंचालोक्य सुधांशुकान्तसलिलस्पन्दानलिन्दे क्षणा-
देणांकोदयशंकिनी विकलतामातन्वती मूर्च्छति॥ १०॥ ३२॥

श्रीकृष्णः — (स्वगतम्) हन्त, कठोरोऽयं दशाविवर्तः॥ ३३॥

पौर्णमासी — सुन्दर,

प्रणयिषु मिलितेषु प्रेमभाजामुपेक्षा
घटयति कटुपाकान्युच्चकैर्दूषणानि।
दिनमणिरनुरागी प्रोज्झ्य संध्यां हि रक्तां
तमसि निखिलमुग्रे मज्जयत्येष लोकम्॥ ११॥ ३४॥

(कृष्णः सलज्जं सानन्दं नम्रीभवति)

पौर्णमासी — (पुनर्निभाल्य सानन्दं स्वगतम्) दिष्ट्यायं स्मितालिंगितमंगीकुर्वन्दक्षिणं न्यमीलयदीक्षणम्। (प्रकाशम्) गोकुलानन्द, पुरस्तादियं माकन्दवेदी स्वयमलंकर्तव्या निमीलति हेलिबिम्बे सख्योरेकतरा त्वामभीष्टदेशं प्रापयति॥ ३५॥

श्रीकृष्णः — (सापत्रपम्) यथाह भगवती। (इति सवयस्यो निष्क्रान्तः)॥ ३६॥

पौर्णमासी — पुत्रि ललिते, कामं निर्वृतास्मि। तदेहि। राधामनुसरावः॥ ३७॥

(इत्युभे परिक्रामतः)

(ततः प्रविशति विशाखया सह संकथयन्ती राधा)

राधिका — (संस्कृतेन)

सखि जल्पितनारिकेलनीरं स्मितकर्पूरवृतं हरेर्निपीय।
तनुसंगसुधां विना न तस्य ग्लपिताहं गरलेन जीवितास्मि॥ १२॥

विशाखा — अइ अविण्णादणिअमाहादम्ये, तादिसो तुह राअस्स गरिमा जेण सो क्खु सामसुन्दरो वि वाढं रत्तीकिदो तधा वि अप्पणो मालिण्णं संकसि। (अय्यविज्ञात-निजमाहात्म्ये, तादृशस्तव रागस्य गरिमा येन स खलु श्यामसुन्दरोऽपि बाढं रक्तीकृतस्तथाप्यात्मनो मालिन्यं शंकसे।) ॥ ३९॥

राधिका — (पुनः संस्कृतेन)

नालीकिनीं निशि घनोत्कलिकामशंकं
क्षिप्त्वा वृतीरतनुवन्यगजः क्षुणत्ति।
अत्रानुरागिणि चिरादुदितेऽपि भानौ
हा हन्त किं रतिसुखं भविता वराक्याः॥ १३॥ ४०॥

पौर्णमासी — (पुरो राधां दृष्ट्वा) पुत्रि ललिते, सख्यास्तव प्रेमोक्तिमुद्रामुद्धाटयितु-मुत्कण्ठितास्मि। तद्भवत्या तूष्णीमेव भवितव्यम्॥ ४१॥

ललिता — जं आणवेदि तत्थहोदु। (यद्विज्ञापयति तद्भवतु)॥ ४२॥

पौर्णमासी — (राधामुपेत्य। सकैतवविषादम्)

भवदंगसंगविषये प्रियोक्तिभिर्मुहुरर्थितोऽपि मदिराक्षि माधवः।
मनुते मनागपि न हीति हृद्स्थः प्रतिकारयुक्तिरपरा विधीयताम्॥ १४॥

राधिका — (सव्यामोहम्) अलं एत्थ लज्जिदेण। (अलमत्र लज्जितेन।) (इत्यञ्जलिं बध्वा)।

अब्भंलिहम्हि डहणे णडहं रंगणलदं लिहन्तम्हि।
का पडिआरे जुत्तिं मुक्किअ सामलघणुल्लासम्॥
(अभ्रंलिहे दहने कोमलां रंगणलतां लिहति।
का प्रतिकारे युक्तिस्त्यक्त्वा श्यामलघनोल्लासम्)॥ ४४॥

पौर्णमासी —

जरत्यास्त्वं नप्त्री स तु कमलया लालितपदः
कथंकारं तस्मै मुहुरसुलभाय स्पृहयसि।
प्रसीद व्याहारे मम रचय चेतो दिविचरं।
गृहीतुं पाणिभ्यां विधुमहह मा भूत्कुतुकिनी॥ १५॥ ४५॥

राधिका — (सगद्गदम् संस्कृतेन)

मया ते निर्बन्धान्मुरजयिनि रागः परिहृतो
मयि स्निग्धे किंतु प्रथय परमाशीस्ततिमिमाम्।
मुखामोदोद्गारग्रहिलमतिरद्यैव हि यतः
प्रदोषारम्भे स्यां विमलवनमालामधुकरी॥ १६॥ ४६॥

(इति वैवश्यं नाटयति)

विशाखा — भअवदि परित्ताहि परित्ताहि। इअं उत्ताणिदणेत्ता कंपि दारुणं दसाविसेसं लहेदि राही। (भगवति, परित्राहि परित्राहि। इयमुत्तानितनेत्रा कमपि दारुणं दशाविशेषं लभते राधा।) ॥ ४७ ॥

पौर्णमासी — (सावेगम्) हा धिक्। केयं बलादाकृष्टा महाविपत्कालसर्पी। (इति सदयं राधामालिंग्य) वत्से, समाश्वसिहि समाश्वसिहि। भावाभिव्यक्तये प्रोत्थापितासि। तदिदं यथार्थमाकर्ण्यताम्॥ ४८॥

अमितविभवा यस्य प्रेक्षालवाय भवादयो
भुवनगुरवोऽप्युत्कण्ठाभिस्तपांसि वितन्वते।
अहह गहनादृष्टानां ते फलं किमभिष्टुवे
सुतनु स तनुर्जज्ञे कृष्णस्तवेक्षणतृष्णया॥ १७॥ ४९॥

ललिता — (संस्कृतेन)

त्वद्वार्तोत्तरगीतगुम्फितमुखो वेणुः समन्तादभूत्-
त्वद्वेशोचितशिल्पकल्पनमयी सर्वा बभूव क्रिया।
त्वन्नामानि बभूवुरस्य सुरभीवृन्दानि वृन्दाटवी
राधे त्वन्मयवल्लिमण्डलघना जाताद्य कंसद्विषः॥ १८॥ ५०॥

राधिका — (समाश्वस्य स्वगतम्) चञ्चल हे चित्त, अज्जवि ण पत्तिआएसि। (चञ्चल हे चित्त, अद्यापि न प्रत्याययसि।) ॥ ५१ ॥

पौर्णमासी — पुत्रि ललिते, वाढं प्रगल्भासि। तद्विशाखा यावन्माकन्दमलान्मुकुन्देन सह प्रत्यावर्तते तावदत्र संकेतिते कर्णिकारकुञ्जे गोपय त्वं गोपालिकाभ्यो राधिकाम्। मया तु स्वकृत्याय गन्तव्यम्॥ ५२॥

(इति तिस्रोऽपि निष्क्रान्ताः)

विशाखा — (दूरं परिक्रम्य) सो माकन्दो एसो पुरो दीसइ जत्थ कण्हो। (स

माकन्द एष पुरो दृश्यते यत्र कृष्णः।) ॥ ५३ ॥

(ततः प्रविशति कृष्णः) **श्रीकृष्णः** — (सोत्कण्ठं प्रतीचीमवलोक्य)

सद्यस्तप्तहिरण्यपिण्डमधुरं चण्डत्विषो मण्डलं
संगं हन्त तरंगिणीरतिगुरोरंगीचकाराम्भसि।
द्रागेतान्यपि धूतनेत्रपटलीसिद्धाञ्जनक्षोदतां
बिभ्रन्ति द्विपविभ्रमाणि रुरुधुर्ध्वान्तानि वृन्दावनम्॥ १९ ॥ ५४॥

(सोत्सुक्यं पन्थामुद्वीक्ष्य) कथमद्यापि सखी काचिन्नेत्राध्वनि मे नावततार। (इति परावृत्य प्राचीं पश्यन्)।

सान्द्राः सुप्तकुमुद्वतोकुलवधूनिद्राभिदाकोविदाः
कुर्वाणाः कलुषश्रियं परिभवातंकेन पंकेजिनीम्।
संरम्भादभिसारिकाभिरसकृद्याकृष्यमाणोद्गमा-
भासः शीतकरस्य हन्त हरितं पूर्वां परिष्कुर्वते॥ २० ॥ ५५ ॥

(इति वैयग्र्यं नाटयति)

ध्यात्वा धर्मं धृतिमुदयिनीं किं बबन्धाद्य राधा
तीव्राक्षेपैः किमुत गुरुभिर्लम्भिता वा निवृत्तिम्।
किं वा कष्टामभजत दशां तामविस्पन्दमन्दा-
मिन्दौ विन्दत्युदयमपि यन्नाजगामाद्य दूती॥ २१ ॥ ५६ ॥

विशाखा — (लतान्तरे सोद्वीविकम्) एसो णूणं उक्कण्ठाए मज्जेव पअवीं विलोएदि कण्हो। ता क्खणं परिहसिस्सम्। (एष नूनमुत्कण्ठया ममैव पदवीं विलोकयति कृष्णः। तस्मात्क्षणं परिहासं करिष्ये।) ॥ ५७ ॥

श्रीकृष्णः — (सानन्दम्) इयं विशाखापि चञ्चलपञ्चशाखासखी मिलिता। (इत्युपसृत्य) सखि, तवोपलम्भात्तामेव रम्भोरुं लब्धामवैमि यद्विशाखाराधयोरद्वैतम्॥ ५८ ॥

(विशाखा मुखमानमय्य मौनमालम्बते)

श्रीकृष्णः — सखि, किमत्र तूष्णीमसि॥ ५९ ॥

विशाखा — चन्दमुह, मन्दभाइणी म्हि। ता किं विण्णविस्सम्। (चन्द्रमुख, मन्दभागिन्यस्मि। तस्मात्किं विज्ञापयिष्ये।) ॥ ६० ॥

श्रीकृष्णः — (सशंकम्) किमर्थमिदम्॥ ६१ ॥

विशाखा — सुन्दर, ण मे सरस्सह निस्सरदि। होदु। तथा वि संवरिदुं ण जुत्तमिदम्।

(इति मुखवैकृत्यमभिनीय) भो भट्टिदारअ, सा पिअसही अहिमण्णुणा हदासेण महुरापत्तणम्मि-(सुन्दर, न मे सरस्वती निःसरति। भवतु तथापि गोपायितुं न युक्तमिदम्। भो भर्तृदारक सा प्रियसखी अभिमन्युना हताशेन मथुरापत्तने-।) (इत्यर्धोक्ते शुष्कं रोदिति) ॥ ६२ ॥

श्रीकृष्णः — (सव्यथम्) कदा नाम नीता ॥ ६३ ॥

विशाखा — जदा भअवदी तुम्ह सआसं लद्धा। (यदा भगवती तव सकाशं लब्धा।) ॥ ६४ ॥

श्रीकृष्णः — (सखेदम्) विशाखे, कथंकारं नीता ॥ ६५ ॥

विशाखा — तुअम्मि भाअं तक्किअ। (त्वयि भावं तर्कयित्वा।) ॥ ६६ ॥

श्रीकृष्णः — कथं स तर्कितः ॥ ६७ ॥

विशाखा — लोओत्तरीहोन्तो अत्थो ण कस्स तक्कणिज्जो होइ। (लोकोत्तरोभवन्नर्थो न कस्य तर्कणीयो भवति।) ॥ ६८ ॥

श्रीकृष्णः —

> **ग्लपयति वपुर्दुर्लीलो मे बलान्मलयानिलो**
> **विकिरति करैरिन्दुः क्षोदं तुषाग्निभवं रुषा।**
> **मदनहतकस्तर्जत्येष स्फुटैरलिहुंकृतै-**
> **स्त्रुटिरपि विना राधां नेतुं मया न हि शक्यत ॥ २२ ॥ ६९ ॥**

(इति व्यामोहं नाटयति)

विशाखा — (सखेदं ससंभ्रमम्) गोउलानन्द, समासस्स समासस्स। मए क्खु परिहसिदम्। सा तवस्सिणी ताए रंगणमालिआए रक्खिदपराणत्थि। (गोकुलानन्द, समाश्वसिहि समाश्वसिहि। मया खलु परिहसितम्। सा तपस्विनी तया रंगणमालिकया रक्षितप्राणास्ति) ॥ ७० ॥

श्रीकृष्णः — (समाश्वस्य) धूर्ते, भद्रेण कदर्थितोऽस्मि ॥ ७१ ॥

विशाखा — अप्पणो गुणं ण सुमरसि। (आत्मनो गुणं न स्मरसि) ॥ ७२ ॥

श्रीकृष्णः — सखि, वर्ण्यतां प्रेम्णामंकः प्रियायाः ॥ ७३ ॥

विशाखा — (संस्कृतेन)

> **दूरादप्यनुषंगत श्रुतिमिते त्वन्नामधेयाक्षरे**
> **सोन्मादं मदिरेक्षणा विरुवती धत्ते मुहुर्वेपथुम्।**

आः किं वा कथनीयमन्यदपि ते दैवाद्घनाम्भोधरे
दृष्टे तं परिरब्धुमुत्सुकमतिः पक्षद्वयीमिच्छति॥ २३॥ ७४॥

श्रीकृष्णः — तदेहि। सत्वरमेव प्रेयसीं प्रेक्षावहि॥ ७५॥ (इति परिक्रामतः)

(ततः प्रविशति ललितयाराध्यमाना राधा)

राधा — (सखेदम् संस्कृतेन)

प्रत्यूहेन पराहता नु किमभूद्गन्तुं सखी न क्षमा
तस्याः किं तु निवेदितेन हि हरिविंश्रम्भमभ्याययौ।
हा हन्त प्रतिकूलतां मयि गतः किंवा विधिर्दारुणो
यद्दूराद्वनमालिकापरिमलोऽप्यद्यापि नासाद्यते॥ २४॥ ७६॥

विशाखा — (पुरोऽनुसृत्य संस्कृतेन)

नम्रीकृत्य शिरो मुहुस्तरुवृतामालोकते वर्तनी-
मुत्थाय क्षणमासनात्पुनरहो भ्राता निषीदत्यसौ।
द्वित्राण्येत्य पदानि वीक्ष्य ललितां भूयः परावर्तते
पश्याग्रे तव संगमोत्सुकतया राधा परिक्लाम्यति॥ २५॥ ७७॥

श्रीकृष्णः —

वदनदीप्तिविधूतविधूदया कुमुदधामधुरामधुरस्मिता।
नखजितोडुरियं हरिणेक्षणा तृणयति क्षणदामुखमाधुरीम्॥ २६॥ ७८॥

राधिका — (सकातर्यम् संस्कृतेन)

दृग्भंगीनां किमु परिमलैःप्रेयसीभिर्निरुद्धः
किं वा स्वैरी मयि विहितवानुद्धतायामुपेक्षाम्।
हा चान्द्रीभिर्द्युतिभिरभितो ग्रस्यमाणेऽपि लोके
प्राप्तो नायं यदि ह लतिकामन्दिरे नन्दसूनुः॥ २७॥ ७९॥

श्रीकृष्णः — (पुरोऽनुसृत्य) अहो, साधीयान्प्रसादः पौर्णमास्याः, यदियमामोदयति कौमुदी॥ ८०॥

राधिका — (चमत्कृतिमभिनीय स्वगतम्) हुं, एत्तिअ भाअधेआणंवि भाअणं संवुत्तो एस जणो। (अहो, एतावद्भागधेयानां अपि भाजनं संवृत्त एष जनः।) (इति वैवश्यमालम्बते)॥ ८१॥

विशाखा — (संस्कृतेन)

अहो धन्या गोप्यः कलितनवनर्मौक्तिभिरलं
विलासैरानन्दं दधति मधुरैर्या मधुभिदः।
धिगस्तु स्वं भाग्यं मम यदिह राधा प्रियसखी
पुरस्तस्मिन्प्राप्ते निबिडजडिमांगी विलुठति॥ २८॥ ८२॥

ललिता — अइ लज्जालुए राहिए, अग्गदो एसो दे माणसहंसहरो णाअरो। ता मा क्खु सज्झसेण विम्हला होहि, जं पगव्भदा जेव अज्ज कज्जसाहिणी। (अयि लज्जालुके राधिके। अग्रत एष ते मानसहंसहरो नागरः। तन्मा खलु साध्वसेन विहला भव। यस्मात्प्रगल्भतैवाद्य कार्यसाधिनी।) (इति राधिकां बलादिवाकृष्य कृष्णान्तिकसामाद्य च संस्कृतेन)॥ ८३॥

विदूरादालोक्य प्रबलतरतृष्णातरलितः
सखीचेतोहंसस्तव वदनपद्मे निपतितः।
भ्रमद्भ्रू पाशाभ्यां कितव तमबध्नादिह भवान्
किमस्मासु न्याय्या व्यवसितिरियन्ते विसदृशी ?॥ २९॥ ८४॥

श्रीकृष्णः — (स्मित्वा) ललिते, मद्विधा खल्वबलार्थहारिणो न भवन्ति॥ ८५॥

विशाखा — घम्मिअ, सच्चं सच्चम्। भद्दआलितीत्थकलम्बो ज्जेव अत्थ पमाणम्। (धार्मिक, सत्यं सत्यम्। भद्रकालीतीर्थकदम्ब एवात्र प्रमाणम्)॥ ८६॥

श्रीकृष्णः — सखि ललिते, मद्विशुद्धौ कथं वः प्रतीतिः ?॥ ८७॥

ललिता — छइल्ल परिक्खाविहाणेण। (विदग्ध परीक्षाविधानेन।)॥ ८८॥

श्रीकृष्णः —वामे, कामं कथ्यतां परीक्षा। मम भ्राजिष्णुरयं कीर्तिशुभ्रांशुर्न मृषा कलंकीकर्तुं शक्यते॥ ८९॥

ललिता — (संस्कृतेन)

त्वमुन्नद्धे राधास्तनकनककुम्भान्तरमिलत्-
तनूजालीकालोरगयुवतिमूर्धप्रणयिनि।
यदि क्षोभोन्मुक्तः कलयसि करं नायकमणौ
ततस्ते ध्वस्तांकः प्रचरति यशोमण्डलशशी॥ ३०॥ ९०॥

श्रीकृष्णः — (कृत्रिमत्रासमभिनीय) हन्त निष्ठुरे, नाम्नेव ललितासि, यदल्पीयसि तावदर्थे गरीयसीं सर्पघटाख्यां परीक्षामुपक्षिपसि॥ ९१॥

राधिका — (सप्रणयेर्ष्यम्) ललिदे, चिट्ठ चिट्ठ। (ललिते, तिष्ठ तिष्ठ।) (इति

सभ्रूभंगमवलोकते) ॥ ९२ ॥

ललिता — विसाहे, णट्ठघणुद्देसआरिणीं मं कीस तज्जदि राहिआ? (विशाखे, नष्टधनोद्देशकारिणीं मां कस्मात्तर्जयति राधिका?) ॥ ९३ ॥

विशाखा — ललिते, इमाए हिअअट्ठिदं आऊदं मए जाणीअदि। (ललिते, अस्या हृत्स्थितमाकूतं मया ज्ञायते।) ॥ ९४ ॥

विशाखा — तं कधेहि। सुणिस्सम्। (तत्कथय, श्रोष्यामि।) ॥ ९५ ॥

विशाखा — (संस्कृतमाश्रित्य)

स्पृशन्तं यो मेघानघमनघकर्मा तमवधी-
द्विषज्वालाजालोन्मदमदमयत्कालियमहिम्।
अकार्षीद्वोपेन्द्रद्रुहमजगरं दिव्यपुरुषं
भुजंगाचार्येऽस्मिन्किमिव घटते पन्नगघटः?॥ ३१ ॥ ९६ ॥

ललिता — (विहस्य) हला राहि, अप्पणो परिअररूवाए ण जाणासि माहप्पं इमाए रोमाअलीभुअगीए? पेक्ख। तह हि सखि राधे, आत्मनः परिकररूपाया न जानासि माहात्म्यस्याः रोमावलीभुजंग्याः? पश्य, तथा हि ॥

अवि गरुडस्स सिहामणिमुरगवहूगब्भहारिविरुदस्स।
पहवइ सहि मोहेदुं तुह णअरोमाअलीभुअगी॥
(अपि गरुडस्य शिखामणिमुरगवधूगर्भहारिविरुतस्य।
प्रभवति सखि मोहयितुं तव नवरोमावलीभुजगी)॥ ३२ ॥ ९७ ॥

राधिका — (सप्रणयरोषम्) अइ धिट्ठे ललिदे! एत्थ आणावअ मं विडम्बेसि। ता गदुअ बुड्ढिआणं गोईणं विण्णविस्सम्। (अयि धृष्टे ललिते! अत्रानीय मां विडम्बयसि। तद्गत्वा वृद्धानां गोपीनां विज्ञापयिष्यामि।) (इति गन्तुमिच्छति) ॥ ९८ ॥

ललिता — अइ मुद्धे णं साहुं चोरं वा जाणिअ जाहि। (अयि मुग्धे, एनं साधुं चौरं वा ज्ञात्वा याहि।) (इति पटाञ्चलमादधाति) ॥ ९९ ॥

श्रीकृष्णः — चण्डि ललिते, यद्यतो दुराग्रहान्न विश्रान्तासि, ततः करवाणि परीक्षाम्। (इति राधामनुसर्पति) ॥ १०० ॥

ललिता — (विलोक्य) छइल्ल, चिट्ठ चिट्ठ। विण्णादं विण्णादम्। (विदग्ध, तिष्ठ तिष्ठ। विज्ञातं विज्ञातम्।) (इति संस्कृतेन)।

प्रारब्धे पुरतः परीक्षणविधौ त्रासानुविद्धस्य ते

खिन्नोऽयं करपल्लवस्तरलतां कम्पोद्गमैः पुष्यति।
रोमाञ्चं शिखिपिच्छचूडनिबिडं मूर्तिश्च धत्ते ततो
ज्ञातस्त्वं ननु पश्यतोहरपुरीसाम्राज्यधौरेयकः॥ ३३॥ १०१॥

श्रीकृष्णः — (संकुचन्नम्रीभूय) हन्त, धीगौरवं गौरीणां यदहमेव चौरीकृतोऽस्मि॥

ललिता — छइल्ल, दिट्ठिआ अप्पणो मुहेण अंगीकिदम्। (विदग्ध! दिष्ट्या आत्मनो मुखेनांगीकृतम्)॥ १०३॥

श्रीकृष्णः — सखि, सौहृदेनोपदिश्यतां मे श्रेयसः पन्थाः, येनाहमपराधीभवन्न व्रजामि॥

ललिता — (संस्कृतमाश्रित्य)

गतानां राधायाः स्तनगिरितटे योगमभितो
विविक्ते मुक्तानां त्वमिह तरलीभूय तरसा।
विशुद्धानां मध्ये प्रविश शरणार्थी सहृदया
भजन्ते साद्गुण्यादपि पृथुलदोषं हि पुरुषम्॥ ३४॥ १०५॥

श्रीकृष्णः — सखि! साधुपदिष्टं त्वया। (इति सानन्दमुपसृत्य पाणौ राधां दधाति)॥

राधिका — (सगद्गदम्) सुन्दर! अजुत्तं तुज्झ एदम्। (सुन्दर! अयुक्तं तवेदम्।) (इति पाणिमाच्छिद्य शाखिना तिरोदधाति)॥ १०७॥

श्रीकृष्णः — (राधामप्रेक्ष्य सशंकम्) हन्त। सख्यौ! क्व वां प्रियसखी!॥ १०८॥

उभे — मोहण! णिरूविअ भणिस्सम्ह। (इति शाखिपृष्ठमासाद्य) हला राहि! णम्मसीलं कण्हं परिहसिदुं लद्धो ओसरो। ता क्खणं सावहित्था होहि। (मोहन! निरूप्य भणिष्यावः। सखि राधे! नर्मशीलं कृष्णं परिहसितुं लब्धोऽवसरः, तत्क्षणं सावहित्था भव।)॥ १०९॥

राधिका — (सव्याजं भ्रुवौ विभुज्य) ललिदे, परिहसिदुं ति किं भणासि। जं ईरिसं ण साहसं कखु मारिसीए जुत्तम्। ता पत्थिदह्मि। (ललिते! परिहसितुमिति किं भणसि? यदीदृशं साहसं न खलु मादृश्या युक्तम्। तत्प्रस्थितास्मि।)॥ ११०॥

ललिता — (कृष्णमभ्युपेत्य) चन्दाणण! अम्हहिअसही किंपि विण्णबिदुकामावि भाएदि। (चन्द्रानन! अस्मत्प्रियसखी किमपि विज्ञापयितुकामापि बिभेति।)॥ १११॥

श्रीकृष्णः — सखि, न खल्वत्र वशवर्तिनि जने भीतिरवकाशं लभते। तन्निकाममाज्ञापयतु॥ ११२॥

ललिता — (संस्कृतमाश्रित्य)

चेतस्ताम्यति मे भयोर्मिभिरलं पाणिद्वयं कम्पते
कण्ठः सज्जति हन्त घूर्णति शिरः स्विद्यन्ति गात्राण्यपि।
गोष्ठाखण्डलचण्डसाहसविधौ तेनास्मि नाहं क्षमा
यद्दूरादभिसारितो निशि भवानेतन्मम क्षाम्यतु॥ ३५॥ ११३॥

श्रीकृष्णः — (स्वगतम्) न जाने नर्मतो धर्मतो वायं गिरां गरिमा॥ ११४॥

राधिका — (किंचिदाविर्भूय) सहि! तूण्णं पत्थावेहि णम्। जाव कोवि ण पेक्खदि। (सखि! तूर्णं प्रस्थापयैनम्। यावत्कोऽपि न पश्यति॥ ११५॥)

श्रीकृष्णः — (सखेदमात्मगतम्) चपलप्रेमाणो हि बाला रमण्यः। तत्किमिवासंभाव्यं नाम? (प्रकाशम्)॥ ११६॥

त्वयाहूतः पार्श्वे प्रणयनिकुरम्बेण रभसाद-
सिद्धार्थो राधे भवितुमिह युक्तः कथमहम्?
श्रियाकृष्टः कृष्णायसमणिरयस्कान्तशिलया
स्फुट तामस्पृष्ट्वा भजति किमदूरे स्थगितताम्॥ ३६॥ ११७॥

ललिता — गोउलाणन्द! राहिअं कीस उवालहेसि? णं धम्महदअं च्चेअ उवालहेहि, जो क्खु हदासो दोणं णिब्भराणुरत्ताणं अन्तरे पडिबन्धीहोदि। (गोकुलानन्द! राधिकां कस्मादुपालम्भसे? एनं धर्महतकमेवोपालभस्व, यः खलु हताशो द्वयोर्निर्भिरानुरक्त-योरन्तरे प्रतिबन्धी भवति।)॥ ११८॥

श्रीकृष्णः — पश्य पश्य, सखि! निर्भरमनुरक्ताः प्रणयिनमनुयान्ति धर्ममपि हित्वा। इयमतिरागा प्राची चुम्बति विधुमिन्द्रनाथापि॥ ३७॥ ११९॥

ललिता — तुम्हाणं उत्तरपउत्तरे को णाम पहवदि। ता इदो विजयेन्तु सामिपादाओ। (युष्माकमुत्तरप्रत्युत्तरे को नाम प्रभवति। तस्मादितो विजयतां स्वामिपादाः।)॥ १२०॥

राधिका — (साकूतमनुसृत्य) ललिदे, अप्पणो मुहेण किंपि विण्णविअ णं णिवट्टावइस्सम्। (ललिते, आत्मनो मुखेन किमपि विज्ञाप्यैनं निवर्तयिष्ये।) (इति ललितामवेक्ष्य संस्कृतेन)॥ १२१॥

समन्तान्मे कीर्तिर्मुखरितसतीमण्डलमुखा
कलंकेनोन्मुक्तं कुलमविकलश्रीरपि पतिः।
चलच्चिल्लीलीलाजितमदनधन्वोद्धतिरयं
तदस्मिन्नारम्भे हृदयमफलं विक्लवयति॥ ३८॥ १२२॥

श्रीकृष्णः — (राधां निरूप्य सोच्छ्वासमात्मगतम्)

धावन्त्याः श्रुतिशष्कुलीपरिसरं संगादपांगश्रियो
धत्ते हीरककुण्डलं मरकतोत्तंसद्युतिं सुभ्रुवः।
वागन्तः स्मितभाग्विभाति तदिदं शंके सखीशिक्षया
वैमुख्यं किल कृत्रिमं विलसति क्लान्तिं मनो मा स्म गाः॥ ३९॥

ललिता — (कृष्णमुखमालोक्य जनान्तिकम्) विसाहे! इंगिदेण लक्खेमि उण्णीदं इमिणा अम्हाणं रहस्सम्। (विशाखे! इंगितेन लक्ष्यामि उन्नीतमनेनास्माकं रहस्यम्।) ॥

विशाखा — अथ इम्। (अथ किम्।) ॥ १२५॥

श्रीकृष्णः — (सस्मितम्) ललिते, कृतमत्र वञ्चनचातुरीप्रपञ्चेन। नहि लूतया प्रसारितास्तन्तवो गन्धसिन्धुरस्य बन्धनाय प्रभवति॥

विशाखा — सहि राहि! णिप्फलं विलम्बसि। इति किदत्थीकुण अप्पणो पिअजणम्। (सखि राधे, निष्फलं विलम्बसे। झटिति कृतार्थीकुर्वात्मनः प्रियजनम्।) ॥ १२७॥

श्रीकृष्णः — (सानुरागम्)

कर्णद्वन्द्वमिदं रुतैरिह कुहूकण्ठस्य कुण्ठीकृतं
सद्यः कोमलभारतीपरिमलेनोल्लाघय श्लाघया।
निःशंकं किल शीतलीकुरु परीरम्भेण रम्भोरु मे
गम्भीरस्मरवह्नितापलहरीपात्राणि गात्राण्यपि॥ ४०॥ १२८॥

विशाखा — सुन्दर! एसा भअवदी लज्जा ज्जेव्व राहिआरूवेण उदिण्णा। ता जाव णं चाडुबन्धेण संमुहीकदुअ समप्पेम्ह दाव भवन्तेण सोम्मसीअलवुत्तिणा होदव्वम्। (सुन्दर, एषा भगवती लज्जैव राधिकारूपेणावतीर्णा। तस्माद्यावदेनां चाटुबन्धेन संमुखीकृत्वा समर्पयामि, तावद्भवता सौम्यशीतलवृत्तिना भवितव्यम्।) ॥ १२९॥

श्रीकृष्णः — (सादरम्)

अयमत्र निसर्गशीतलः सखि! राधाकुचयोरवस्थितिम्।
नवकाञ्चनकुम्भयोरहं स्फुरदिन्दीवरदामवद्भजे॥ ४१॥ १३१॥

(इति मन्दं मन्दं राधामुपसर्पति)

राधिका — (किंचिदपसृत्य) सहि विसाहे! सुट्ठ भीदम्हि, ता किंति मं उवेक्खसि? (सखि विशाखे! सुष्ठु भीतास्मि, तत् किमिति मामुपेक्षसे?) ॥ १३१॥

ललिता —राहे! एसा विसाहेति विक्खीदा, कधं तुमं पच्छादिअ रक्खिदुं पहवदु?

ता रक्खणक्खमंणं ज्जेव भजेहि जं एसा आअडिदशिलीमुहा दीसइ। (राधे, एषा विशाखेति विख्याता कथं त्वां प्रच्छाद्य रक्षितुं प्रभवतु? तद्रक्षणक्षमामेनां वनमालामेव भज, यदेषाकृष्टशिलीमुखा दृश्यते।) ॥ १३२ ॥

राधिका — (सप्रणयरोषम्) अइ दुम्मुहि ललिदे! सिद्धा च्चेअ तुम्ह मणोरहा, तधावि ण णिवुत्तासि। (अयि दुर्मुखि ललिते, सिद्धा एव तव मनोरथाः। तथापि न निवृत्तासि।) ॥ १३३ ॥

विशाखा — हला राहि! सव्वाणं गोडलजणाणं अभअदाणसत्ते दीक्खिदो कण्हो। ता इदो किंति भाएसि। (हला राधे! सर्वेषां गोकुलजनानामभयदानसत्रे दीक्षितः कृष्णः, तस्मादितः किमिति भीतासि?) ॥ १३४ ॥

श्रीकृष्णः — सुन्दरि राधे! त्वमेव सुष्ठु बलिष्ठासि, ततः कथं मत्तस्तव भीतिः? तथा हि साम्प्रतम् —

अहीनो भ्रूगुच्छः कुटिलवलनैर्वेष्टयति मां
खरस्ते नेत्रान्तो मयि वितनुते ताडनविधिम्।
प्रलम्बः केशान्तो हरति हठवृत्त्या मम बलं
भजद्भिस्त्वामेतैरहमिह जितैरस्मि विजित॥ ४२ ॥ १३५ ॥

ललिता — कण्ह, कुदो इमाए वलिट्ठत्तणं जं अप्पणो धणं तुअत्तो मोआविदुं ण समत्था? (कृष्ण! कुत एतस्या बलिष्ठत्वं यदात्मनो धनं त्वत्तो मोचयितुं न समर्था?) ॥

विशाखा — (संस्कृतेन)

विधत्ते कंसारिः सखि! परमहंसालिषु रतिं
मनोहंसेन्द्रं ते कथमपि न निर्मोक्ष्यति ततः।
बधानामुं सद्यस्त्वमपि भुजवल्लीविलसितैः
शठे कः क्षेमार्थी सुमुखि नहि शाठ्यं घटयति?॥ ४३ ॥ १३७ ॥

राधिका — (साभ्यसूयम्) पावे विसाहिए! तुम वि ललिदाए विसलदाए मारुदेण दूसिदासि। (पापे विशाखे! त्वमपि ललिताया मारुतेन दूषितासि।) ॥ १३८ ॥

श्रीकृष्णः — सखि ललिते, स्वप्रसादामृते काममदत्तावगाहनया कथमद्यापि तटस्थीकृतोऽस्मि राधया?॥ १३९ ॥

ललिता — कण्ह, मुञ्च वअण चातुरीवित्थारं। ण खु चन्दाअली विअ झत्ति वाअमेत्तएण सुलहप्पसादा अम्हपिअसही। (कृष्ण! मुञ्च वचनचातुरीविस्थारं, न

खलु चन्द्रावलीव झटिति वाङ्मात्रकेण सुलभप्रसादास्मत्प्रियसखी।)॥ १४०॥

श्रीकृष्णः — कथं सुलभस्ते सखीप्रसादः?॥ १४१॥

ललिता — सेआसंताणेण। (सेवासंतानेन)॥ १४२॥

श्रीकृष्णः — (सानन्द राधां पश्यन्)।

किं चन्दनेन कुचयो रचयामि चित्र-
मुत्तंसयामि कबरीं तव किं प्रसूनैः।
अंगानि लंगिमतराणि करेण किं वा
संवाहयाम्यतनुखेदकरम्बितानि॥ ४४॥ १४३॥

राधिका — (सलीलमपक्रम्य साङ्गुलितर्जनम्) पामरि, सुमरिस्ससि ओसरे। ता एसा घरं गच्छन्ती जिम्हाणं तुम्हाणं हत्थादो अप्पाणं मोआवइस्सम्। पामरि! स्मरिष्यस्यवसरे। तदेषा गृहं गच्छन्ती जिक्षाणां युष्माकं हस्तादात्मानं मोचयिष्यामि॥

ललिता — (पटाञ्चलमाकृष्य)

सहि राहि, याहि न घरं, परहत्थे पत्थिदम्हि णिअहंसे।
अइ बहिरे, हिरण्णं देसि कुदो अञ्चले गण्ठितम्?॥
(सखि राहे, याहि न गृहं परहस्ते प्रस्थितास्मि निजहंसे।
अयि बधिरे, हिरण्यं ददासि कथमञ्चले ग्रन्थिम्)॥ ४५॥ १४५॥

राधिका — मुञ्च मुञ्चाञ्चलम्, इदो गदुअ अज्जिअं विण्णविस्समू। (मुञ्च मुञ्चाञ्चलम् इतो गत्वार्यां विज्ञापयिष्यामि।)॥ १४६॥

(नेपथ्ये) हन्त णत्तिणि ललिदे, कहिं दे पिअसही राहिआ? (हन्त नप्त्रि ललिते! कुत्र ते प्रियसखी राधिका?)॥ १४७॥

ललिता — हन्त, एसा अज्जिआ मुहरा इध जेव्व आअच्छति। (हन्त, एषा आर्या मुखरा इत एव आगच्छति।)॥ १४८॥

श्रीकृष्णः — (सशंकम्) ततो दवीयान् भवितास्मि (इति तथा स्थितः)॥ १४९॥
(प्रविश्य)

मुखरा — (पुरो दृष्टिं निक्षिप्य साशंकमात्मगतम्) जो क्खु दूरदो कोवि णीलिमपुञ्जो मरगअत्थम्भं विडम्बन्तो दिट्ठिं मे आअडइ, णूणं सो एसो कण्हो भवे, जं अगरुब्वं किंपि सोरब्भं पसप्पइ। (यः खलु दूरतः कोऽपि नीलिमपुञ्जो मरकतस्तम्भं विडम्बयन् दृष्टिं मे आकर्षति, नूनं एष कृष्णो भवेत्, यदपूर्वं किमपि सौरभ्यं प्रसर्पति।) (इति

कृष्णान्तिकमनुसर्पति) ॥ १५० ॥

श्रीकृष्णः — आर्ये! (इत्यर्धोक्ते) ॥ १५१ ॥

मुखरा — (सकपटाक्रोशम्) को क्खु अज्जे अज्जेति खुलखुलाएदि? (कः खल्वार्ये आर्येति खुलखुलायते?) ॥ १५२ ॥

श्रीकृष्णः — आर्ये मुखरे! सुखं वर्धसे? ॥ १५३ ॥

मुखरा — मोहण जाव तुह वंसिआए मुअत्तणं ण सुवुत्तं ताव कुदो अम्हाणं सुहम्? (मोहन! यावत्तव वंशिकाया मूकत्वं न संवृत्तं तावत्कुतोऽस्माकं सुखम्?) ॥ १५४ ॥

श्रीकृष्णः — (सस्मितम्) आर्ये! किं तेऽपराध्यति वंशी? ॥ १५५ ॥

मुखरा — पुच्छ इमाओ सव्वगोउलबालिआओ जाओ कण्णसीमं पविसत्तम्मि वंसिआफुक्काराररम्भे बारंबारं णिवारिजन्तीओ वि वणे धाअन्ति। (पृच्छ इमाः सर्वगोकुलबालिका, याः कर्णसीमां प्रविशति वंशिकाफूत्काराररम्भे वारंवारं निवार्यमाणा अपि वने धावन्ति।) ॥ १५६ ॥

श्रीकृष्णः — (विहस्य) मुखरे! सत्यं यथार्थनामासि ॥ १५७ ॥

मुखरा — मोहण! पदोसे तुज्झ एत्थ पवेसो मं संकाउलं करेदि। (मोहन! प्रदोषे तवात्र प्रवेशो मां शंकाकुलां करोति।) ॥ १५८ ॥

श्रीकृष्णः — मुखरे! कृतमत्र शंकया, यदद्य पौर्णमास्या मे वर्णितं 'तवात्र चत्वरांके चङ्क्रमीति काप्यद्भुता हरिणीति' ॥ १५९ ॥

मुखरा — णाअर! पहादे पेच्छिस्ससि णं, दाणिं साहेहि। (नागर! प्रभाते प्रेक्षिष्यसे एनामिदानीं साधय।) ॥ १६० ॥

श्रीकृष्णः — हन्त, वृद्धे गड्डुरविषाणकठोरे! विश्रब्धमास्यताम्। एषोऽहं व्रजामि। (इति शाखिनामन्तर्दधाति) ॥ १६१ ॥

मुखरा — ललिदे! सच्चं गदो कण्हो? (ललिते, सत्यं गतः कृष्णः?) ॥ १६२ ॥

ललिता — अध इम्। (अथ किम्।) ॥ १६३ ॥

श्रीकृष्णः —(स्वगतम्) घूर्णाकुलेयं जरती, तदत्र तूष्णीमेत्य राधापटाञ्चलमाकर्षयामि। (इति तथा करोति) ॥ १६४ ॥

मुखरा — (चक्षुषी विकास्य साक्रोशम्) धिट्ठि ललिदे! अग्गदो एसो दे पीदम्बरो कण्हो राहीसाडिअञ्चलं आआड्ढन्तो विअ दीसइ, ता कीस तुमं रेपदासि मं? (धृष्टे ललिते! अग्रज एष ते पीताम्बर कृष्णः राधाशाटिकाञ्चलमाकर्षन्निव दृश्यते, तत्कस्मात्

त्वं प्रतारयसि माम्?) ॥ १६५ ॥ (कृष्णः सशंकं किंचिदपसर्पति)

ललिता — (स्वगतम्) रत्तिअन्धिअं णं वुड्ढिअं वञ्चेमि। (रात्र्यन्धामेनां वृद्धां वञ्चयामि।) (प्रकाशम् संरम्भमभिनीय संस्कृतेन) ॥ १६६ ॥

> **मुधा संकान्धे त्वं जरति कुरुषे यामुनतटे**
> **तमालोऽयं चामीकरकलितमूलो निवसति।**
> **समीरप्रेंखोलादतिचटुलशाखाभुजतया**
> **वयस्याया येन स्तनवसनमास्फालितमभूत्॥ ४६ ॥ १६७॥**

मुखरा — (स्वगतम्) असच्चं ण कहेईद ललिदा। (प्रकाशम्) वत्से, घुम्माउलम्हि ता घरं गदुअ सुविस्सम्। (असत्यं न कथयति ललिता। वत्से! घूर्णाकुलास्मि, तस्माद्गृहं गत्वा स्वप्स्यामि।) (इति निष्क्रान्ता) ॥ १६८ ॥

विशाखा —हला राहि! कण्हस्स मुहमण्डलुम्मीलिदं घम्मजलबिन्दुालं णिअसाडि-अञ्चलेण अवणेहि। (हला राधे! कृष्णस्य मुखमण्डलोन्मीलितं घर्मलबिन्दुजालं निजशाटिकाञ्चलेनापनय।) ॥ १६९ ॥

राधिका — (सभ्रू भंगम्) विसाहे! तुमं जेव्व अवणेहि, जा क्खु आकोमारं इमस्सिं व्वदे गहीददिक्खासि। (विशाखे, त्वमेवापनय, या खल्वाकौमारमस्मिन्व्रते गृहीत-दीक्षासि।) ॥ १७० ॥

विशाखा — राधे! कण्ठत्थिदा दे रंगणमालिआ भणादि। मा कुप्प, तुमं वि तत्थ दिक्खाविहाणे कारिज्जन्तसंकल्पासि। (राधे कण्ठस्थिता ते रंगणमाला भणति। मा कुप्य, त्वमपि तत्र दीक्षाविधाने कार्यमाणसंकल्पासि।) ॥ १७१ ॥

श्रीकृष्णः — (रंगणमालां दृष्ट्वा सश्लाघम्)

> **शंके चिरात्किमपि रंगणपुष्पसंघः**
> **पुण्यं पुरा परमतीर्थवरे व्यधत्त।**
> **यस्मान्ममाप्यसुलभे मदिराक्षि साक्षा-**
> **दंगीचकार तव वक्षसि संगसौख्यम्॥ ४७॥ १७२॥**

राधिका — हला विसाहे! जा क्खु मह कण्ठादो बलेण आअड्ढिअ णीदा तुए अणग्घा गुञ्जाअली, सा दाणीं समप्पीअदु। एसा सुक्खा अप्पण्णो रंगणमालिआ गेण्हीअदु। (हला विशाखे! या खलु मम कण्ठतो बलेनाकृष्य नीता त्वयानर्घा गुञ्जा-वली, सेदानीं समर्प्यताम्। एषा शुष्का आत्मनो रंगणमालिका गृह्यताम्।) ॥ १७३ ॥

विशाखा — गोउलाणन्द! गुञ्जाहारकिदे मह कुप्पदि अप्पणो पिअसही। (गोकुलानन्द! गुञ्जाहारकृते मह्यं कुप्यति आत्मनः प्रियसखी।) ॥ १७४ ॥

श्रीकृष्णः — राधे! संन्निधेहि। तव कण्ठे गुञ्जावलीमादधामि (इत्युपसर्पति) ॥

ललिता — (सस्मितमात्मगतम्) गुञ्जाहारसमप्पणमिसेण राहिकञ्चुअञ्चलं पफ्फंसदि कण्हो। (गुञ्जाहारसमर्पणमिषेण राधाकञ्चुकाञ्चलं स्पृशति कृष्णः।) ॥ १७६ ॥ (राधिका सभ्रूविक्षेपं परावर्त्तते)

विशाखा — हला राहि! जं लद्धुं उक्कण्डेसि, तं किं क्खु लद्धासि? (हला राधे! यं लब्धुमुत्कण्ठितासि, तं किं खलु लब्धासि?) ॥ १७७ ॥

राधिका — (बिम्बाधारं संदश्य) धिट्ठे विसाहे! चिट्ठ चिट्ठ। (धृष्टे विशाखे! तिष्ठ तिष्ठ।) (इति लीलारविन्देन ताडयति) ॥ १७८ ॥

विशाखा — (विहस्य) सभंअसंकिणि! मा कुप्प। गुञ्जाहारं पुच्छेमि। (स्वयमा-शंकिनि! मा कुप्य, गुञ्जाहारं पृच्छामि।) ॥ १७९ ॥

श्रीकृष्णः — क्व तपस्तथा ममास्ते लीलाम्बुजहतिमवाप्नुयां येन मां चञ्चलेन ताडय लोचनकमलाञ्चलेनापि ॥ ४८ ॥ १८० ॥

ललिता —

हरिणो समप्पिअ तणुं किविणासि कधं दरावलोअम्मि?
दिण्णे चिन्तारअणे ण संवुडम्मि अग्गहो जुत्तो ॥
(हरये समर्प्य तनुं, कृपणासि कथं दरावलोके?
दत्ते चिन्तारत्ने न संपुटे आग्रहो युक्तः ॥) ॥ ४९ ॥ १८१ ॥

राधिका — ललिदे! एव्वं जप्पन्ती गुरुलोएसु मा क्खु इमं जणं अवरद्धं करेहि। (ललिते! एवं जल्पन्ती गुरुलोकेषु मा खल्विमं जनमपराद्धं कुरु।) ॥ १८२ ॥

विशाखा — सहि! कीस संकसि? णं भअवदी जेव्व एत्थ समाहाणे दक्खा। (सखि! कस्मात् शंकसे? नूनं भगवत्येवात्र समाधाने दक्षा।) ॥ १८३ ॥

ललिता — (सहर्षमात्मगतम्) दिट्ठिआ पिअसही हसिदापांगतरंगेण कण्हं आलिंगदि। (दिष्ट्या प्रियसखी हसितापांगतरंगेण कृष्णमालिंगति।) ॥ १८४ ॥

विशाखा — (संस्कृतेन) ललिते! पश्य पश्य,

शशी व्योमोत्संगं शशिनमभितः कान्तिलहरी
पुरो वृन्दारण्यं सुमुखि सहसा कान्तिलहरीम्।

हरिर्वृन्दारण्यं हरिमपि किलेयं तव सखी
सखं प्रेम्णः पूरो निजसुषमयामण्डयदयम्॥ ५०॥ १८५॥

ललिता — हद्धी हद्धी। विसाहे! पेक्ख ससिकन्तमणिप्पसूदेहिं जलपूरेहिं सूरपूअणवेईपुरदो किदाइं विलुप्पीअन्ति आलेवणमण्डलाइं। ता एहि, णं पुप्फकेआरिअं णेम्ह। (हा धिक्, हा विशाखे! पश्य शशिकान्तमणिप्रसूतैर्जलपूरैः सूर्यपूजनवेदीपुरतः कृतानि विलुप्यन्ते आलेपनमण्डलानि। तदेहि, एनं पुष्पकेदारिकां नयामः।) ॥ १८६॥
(इत्युभे निष्क्रान्ते)

श्रीकृष्णः — प्रिये! नेदानीमपि वाम्याद्विरामस्ते? (इत्यञ्चलं गृह्णाति) ॥ १८७॥

राधिका — मुञ्चेहि मुञ्चेहि, सहीओ मं आआरेन्ति। (मुञ्च मुञ्च, सख्यो मामाकारयन्ति।) ॥ १८८॥

श्रीकृष्णः — हन्त, कठोरे! मय्यत्र नांगीकुरु भंङ्गुरताम्॥ १८९॥

राधिका — (सस्मितम्) देइ सरस्सइ! वन्दिज्जसि जं सच्चं ज्जेव पअडासि। (देवि सरस्वति! वन्द्यसे, यत्सत्यमेव प्रकटयसि।) ॥ १९०॥

श्रीकृष्णः — (किञ्चिद्विहस्य)

पद्मिन्यास्ते सुमुखि! परमप्रेमसौरभ्यपूरो
दूरोत्सर्पी मदवधि मुदा कृष्णभृंगेण भेजे।
आक्रान्तोऽयं तव नवमुखाम्भोजमाध्वीकपान-
प्रत्याशाभिस्तदवधि रुवन्संभ्रमी बम्भ्रमीति॥ ५१॥ १९१॥

किंच-मुक्तानामुपलभ्यमेव कुचयोः सालोक्यमालोक्य ते
हत्वा संगमहं समस्तसुहृदां कैवल्यमासेदिवान्।
वैषम्यं तिलमप्यनाश्रितवतोः सान्द्रामृतस्यन्दिभि-
र्मां पूर्णं कुरु तन्वि! तूर्णमनयोः सायुज्यदानोत्सवैः॥ ५२॥ १९२॥

(राधिका लज्जते)

श्रीकृष्णः — प्रिये! पश्य पश्य,

अपां पत्युः पुष्टीकरणरसपाकः कुमुदिनी-
कदम्बानामंगज्वरहरणशीतौषधिघटः।
मृगांकोऽयं कोकीपरिषदभिचाराध्वरधुरा-
पुरोधाः कालिन्दीपरिसपरिष्कारमकरोत्॥ ५३॥ १९३॥

तदेतां वासन्तिककान्तिमण्डलमण्डितमण्डलस्य चन्द्रमसश्चन्द्रिकाचक्रचुम्बितां विचरावो निकुञ्जचन्द्रशालिकाम्। (इति निष्क्रान्तौ) ॥ १९४ ॥ (इति निष्क्रान्ताः सर्वे)

इति श्रीविदग्धमाधवनाटके श्रीराधासंगमो नाम तृतीयः अंकः ॥ ३ ॥

चतुर्थः अंकः

(ततः प्रविशति नान्दीमुखी)

नान्दीमुखी — भणिदम्हि ललिदाए-'हला णान्दीमुहि! गोमण्डले गोट्ठं पइट्ठे एण्हि कण्हो तुवरन्तो गोअड्डणाहिमुहं हत्थिदो। ता तुमं तत्थ गदुअ सुअलं विण्णवेहि, जधा एसो ओसरे णिअवअस्सस्स राहिअं सुमरावेदि'त्ति। (परिक्रम्य) कधं एत्थ पउमा आअच्छदि? (भणितास्मि ललितया-'सखि नान्दीमुखि! गोमण्डले गोष्ठं प्रविष्टे इदानीं कृष्णस्त्वरमाणो गोवर्धनाभिमुखं प्रस्थितः। तत्त्वं तत्र गत्वा सुबलं विज्ञापय, यथैषोऽवसरे निजवयस्यस्य राधिकां स्मारयति' इति। कथमत्र पद्मा आगच्छति?) ॥ १ ॥ (प्रविश्य)

पद्मा — हला णान्दीमुहि! कामं कुसलासि? ता कंपि उवाअं कतेहि जेण उव्विग्गांचन्दाअलीं आसासेमि। (सखि नान्दीमुखि! कामं कुशलासि? तत्कमप्युपायं कथय, येनोद्विग्नां चन्द्रावलीमाश्वासयामि।) ॥ २ ॥

नान्दीमुखी — किं से उव्वेअकालणम्? (किमस्या उद्वेग कारणम्?) ॥ १३ ॥

पद्मा — हला, जाणासि जेव्वं तुमं, जधा पदोसे सव्वं क्खु गोउलं विब्भमेण कण्हो पच्चहं रज्जेदि। (हला, जानास्येव त्वं, यथा प्रदोषे सर्वं खलु गोकुलं विभ्रमेण कृष्णः प्रत्यहं रञ्जयति।) ॥ ४ ॥

नान्दीमुखी — अध इम्। (अथ किम्) ॥ ५ ॥

पद्मा — संपदं दाव एत्थ दक्खिणे गोट्ठद्धे इमस्स गन्धो वि दुल्लहो। (सांप्रतं तावदत्र दक्षिणे गोष्ठार्धेऽस्य गन्धोऽपि दुर्लभः।) ॥ ६ ॥

नान्दीमुखी — हला, मा दूणेहि। (हला, मा दूयस्व।) (संस्कृतेन)।

> **दृष्टं बिम्बितधातुचित्ररचनं शैब्या ललाटं मया**
> **श्यामाकुन्तलचामरं च विलुठद्वन्यस्त्रजोड्डामरम्।**
> **गुञ्जाहारलतार्धमञ्जुरधुना भद्राभुजान्तस्तथा**
> **तथ्यं विद्धि स नागरीगुरुरभूद्गोवर्धनस्यातिथिः ॥ १ ॥ ७ ॥**

(नेपथ्ये)

कृत्वा वंशीमखिलजगतीगीतसंगीतभंगी
सांगीभावप्रथमवसतिं संगिनीं वामपाणौ।
एष प्रेम्णा ब्रजति नयनानन्दनो नन्दसूनु-
र्मन्दंगोवर्धनशिखरिणः कन्दरामन्दिराय॥ २॥ ८॥

नान्दीमुखी — पउमे! तुमं इमिणा वुत्तन्तेण चन्दाअलिअं सुहावेहि। अहं सुअलं अणुसरिस्सम्। (पद्मे! त्वमनेन वृत्तान्तेन चन्द्रावलीं सुखय। अहं सुबलमनुसरिष्यामि।) (इति निष्क्रान्ता)॥ ९॥

पद्मा — (पुनः पश्यन्ती) एसा करालाए अज्जिलाए चित्तं अनुवट्टन्ती वणदेअदा वुन्दा चन्दाअलिअं सच्छलं णिवारेदि। (एषा करालाया आर्यायाश्चित्तमनुवर्तमाना वनदेवता वृन्दा चन्द्रावलीं सच्छलं निवारयति।)॥ १०॥

(नेपथ्ये)

किं राधेव दुरन्तमिच्छसि बलादुन्मादमालम्बितुं
मुग्धे मा नय माननीयजरतीवाक्यं बहिर्मा व्रज।
एष स्मेरविलोचनाञ्चलरुचा चापल्यमुल्लासय-
न्नायाति व्रजसुन्दरीगणमनोमाणिक्यहारी हरिः॥ ३॥ ११॥ (प्रविश्य)

चन्द्रावली — (सौत्सुक्यं समन्तादवलोक्य) कधं बुन्दाए अलीअं विअ याहरीअदि, कुदो एत्थ कण्हो? (कथं वृन्दयालीकमिव व्याह्रियते। कुतोऽत्र कृष्णः?) (इति खेदं नाटयति)॥ १२॥

पद्मा — (उपसृत्य संस्कृतेन)

न संतापं स्वान्तद्दवयसि कथं दावविषमं
घनश्वासैः किंवा मलिनयसि बिम्बाधरमपि?
वनान्तात्केकाभिः सखि! शिखरिकक्षे मुखरयन्
सखीस्थल्याः कल्याण्यभजदुपशल्पं यदुपतिः॥ ४॥ १३॥

चन्द्रावली — (विलोक्य) कधं पिअसही पउमा? (इति गाढमालिंग्य) हला! अवि णाम अक्खलिदं भणिदासि? (कथं प्रियसखी पद्मा! हला, अपि नामास्खलितं भणितासि?)॥ १४॥

पद्मा — अध इम्। (अथ किम्।)॥ १५॥ (ततः प्रतिशति सुबलेनानुगम्यमान. कृष्णः)

श्रीकृष्णः — सखे सुबल! पश्य पश्य,

> **अकलितताापस्तरणेरस्तशिरोवीथिभिस्तिरोधनात्।**
> **अस्फुटतिमिरविजृम्भः प्रथयति तोषं निशारम्भ॥ ५॥ १६॥**

सुबलः — वअस्स! गोदोहणं वि अणवेक्खिअ सलालसो विअ किंति एत्थ लद्धोसि? (वयस्य अद्य गोदोहनमप्यनपेक्ष्य सलालस इव किमित्यत्र लब्धोऽसि?)॥ १७॥

श्रीकृष्णः — सखे, मयूरं वर्णयता केनचित्प्रियां चन्द्रावलीं स्मारितोऽस्मि ततस्तद्वि-लोकनाय लालसेयम्॥ १८॥

सुबलः — केरिसं मोरवण्णणम्? (कीदृशं मयूरवर्णनम्?)॥ १९॥

श्रीकृष्णः —

> **उन्मदेन पुरतः शिखण्डिना ताण्डवे पृथुनि मण्डलीकृताम्।**
> **पश्य निन्दितमहेन्द्रकार्मुकां कृष्णचन्द्रचलचन्द्रकावलीम्॥ ६॥ २०॥**

सुबलः — तदो आअड्ढणं वंशीकलं उल्लासेहि। (तदाकर्षणं वंशीकलमुल्लासय।)॥ २१॥ (कृष्णः वक्त्रे वेणुं विन्यस्यति)

चन्द्रावली — (निशम्य सघूर्णम्) सव्वदा सुव्वन्ती वि अस्सुदअरी विअ विम्हावेदि दुम्मुही मुरली। (सर्वदा श्रूयमाणाप्यश्रुतचरीव विस्मापयति दुर्मुखी मुरली।)॥ २२॥

श्रीकृष्णः — सखे सुबल! अद्य चन्द्रावलीप्रसादे त्वया ममानुकूलेन भवितव्यम्॥

सुबलः — अध इम्। (अथ किम्।)॥ २४॥

पद्मा — हला! पेक्ख, एसो वेणुसण्णाए तुमं तुवरावेदि गोउलेन्दणन्दणो। (हला! पश्य एष वेणुसंज्ञया त्वां त्वरयति गोकुलन्द्रनन्दनः।)॥ २५॥

चन्द्रावली — (विलोक्य संस्कृतेन)

> **सखि मुरलि! विशालच्छिद्रजालेन पूर्णा**
> **लघुरतिकठिना त्वं ग्रन्थिला नीरसासि।**
> **तदपि भजसि शश्वच्चुम्बनानन्दसान्द्रं**
> **हरिकरपरिरम्भं केन पुण्योदयेन?॥ ७॥ २६॥**

श्रीकृष्णः — (पुरो दृष्ट्वा सानन्दम्) सखे! सेयं मम लोचनेन्दीवरचन्द्रिका चन्द्रावली। (इति सादरमुपेत्य) प्रिये॥ २७॥

> **चन्द्रस्तव मुखबिम्बं चन्द्रा नखराणि कुण्डले चन्द्रौ।**
> **नवचन्द्रस्तु ललाटं सत्यं चन्द्रावली त्वमसि॥ ८॥ २८॥**

(चन्द्रावली लज्जते)

श्रीकृष्णः — प्रिये! दुष्टदानवदमनाभिनेवेशात्त्वन्मुखचन्द्रमप्रेक्षमाणस्य यातयामी-भवन्त्योऽपि न यातयामाः भवन्ति ममामूर्यामिन्यः ॥ २९ ॥

चन्द्रावली — सुन्दर! भमरस्स विअ णवणवाणुसारिणी दे पइदी कधं चिरासंगणीरसासु पउमिणीसु अहिरमदु? (सुन्दर! भ्रमरस्येव नवनवानुसारिणी ते प्रकृतिः कथं चिरासंग-नीरसासु पद्मिनीष्वभिरमताम्?) ॥ ३० ॥

श्रीकृष्णः — प्रिये चन्द्रावलि! प्रतिपदालोके त्वं समेषां नवनवासि, तदद्य निर्वापय विरहोत्तापं परिष्वंगरसेन ॥ ३१ ॥

पद्मा — पिअसहीविरहेण कुदो तुम्ह तावुप्पत्ती? (प्रियसखीविरहेण कुतस्तव तापोत्पत्तिः?) ॥ ३२ ॥

सुबलः — अइ! मा क्खु एव्वं भण। एसो चन्दाअलिविरहेण संतत्तो सीअलाए जलधाराए कच्छे देहं णिक्खिविअ सतिहण चऊरो विअ णं जेव्व चन्दाअलिअं सव्वदो पेच्छइ वअसस्सो। (अयि! मा खल्वेवं भण। एष चन्द्रावलीविरहेण संतप्तः शीलाया जलधारायाः कच्छे देहं निक्षिप्य सतृष्णश्चकोर इव एनामेव चन्द्रावलीं सर्वतः पश्यति वयस्यः।) ॥ ३३ ॥

श्रीकृष्णः — प्रिय! श्रूयताम्, विपिनान्तरे मिलन्ती मधुररसा शीतलस्पर्शा। अमृतमयी त्वद्विरहे समजनि मम तापनुत्तये राधा॥ (इति ससंभ्रमम्) धारा धारा॥ ९ ॥ ३४॥

चन्द्रावली — (साभ्यसूयम्) गच्छेहि, राहिअं जेव्व सेवेहि। (गच्छ, राधामेव सेवस्व।) ॥ ३५ ॥

श्रीकृष्णः — प्रिये! धारेत्यवदम्॥ ३६ ॥

चन्द्रावली — जादं कधं दोणं वण्णायं विवरीदत्तणम्? (जातं कथं द्वयोर्वर्णयो-र्विपरीतत्वम्?) ॥ ३७॥

श्रीकृष्णः — प्रिये! द्वयोर्वर्णयोः कर्णयोर्वा विपरीतत्वमित्यस्मिन्नास्ति विचारः॥

चन्द्रावली — (रोषारुणं मुखमानमय्य) अइ दानसौण्ड! अलं एदाए ओहित्थाए। अज्ज अप्पणो मणहारिणो सुवण्णजुअलस्स विण्णासादो साहु माहुरीपूरिदकण्णम्हि किदा। (अयि दानशौण्ड! अलमेतयावहित्थया। अद्यात्मनो मनोहारिणः सुवर्णयुगलस्य विन्यासात्साधुमाधुरीपूरितकर्णास्मि कृता।) ॥ ३९ ॥

श्रीकृष्णः —

यथार्थेयं वाणी तव चकितसारंगनयने
सुवर्णालंकारो मधुरयति यत्ते श्रुतियुगम्।
मुखेन्दोरन्तस्ते बहिरपि सुवर्णच्युतिरियं
मम श्रोत्रद्वन्द्वं नयनयुगलं चाकुलयति॥ १०॥ ४०॥

पद्मा — हला! अप्पणो अदिट्ठं सुमरन्ती मा खिज्जेहि। जुत्ता राहाणुरत्तस्स इमस्स राहाणाममयी संकधा। (हला! आत्मनोऽदृष्टं स्मरन्ती मा खिद्यस्व। युक्ता राधानुरक्तस्यास्य राधानाममयी संकथा।) ॥ ४१ ॥

चन्द्रावली — (निश्वस्य) सहि पउमे! एव णेदम् (सखि पद्मे! एवं न्विदम्।) ॥

श्रीकृष्णः — प्रिये! बाढमनाशंकनीयमेवेदम् यतः —

तस्य षोडशकलस्य षोडशी वल्लभा स्फुरित या नभस्तले।
राधया सुवदने कथं तया संगतिर्भुवि ममाद्य संभवेत्॥ ११॥ ४३॥

पद्मा — चउस्सट्ठिकलासालिणो दे ण क्खु सा वि सोलहकलवल्लहा दुल्लहा। (चतुःषष्टिकलाशालिनस्ते न खलु सापि षोडशकलवल्लभा दुर्लभा।) ॥ ४४ ॥

श्रीकृष्णः — (सप्रश्रयं पद्मामवलोक्य)

चन्द्रावलीवदनपुष्करसंगिगण्ड
चन्द्रावलीकतरतर्ककलंकितागौ।
शंकाकुलोऽत्र कलयन्कमलायताक्षि
शं काकुलोलहृदयः प्रविशामि नाहम्॥ १२॥ ४५॥

चन्द्रावली — (सव्याजप्रसादम्) देअ! णं क्खु गोउलजणजीअणभूदस्स दे सव्वसुहआरिदागुणं का क्खु हदबुद्धिआ ण सहदि? ता णिप्फलेण संकोएण मा सादंको होहि। (देव, नूनं खलु गोकुलजनजीवनभूतस्य तव सर्वशुभकारितागुणं का खलु हतबुद्धिका न सहते? तस्मान्निष्फलेन संकोचेन मा सातंको भव।) ॥ ४६ ॥

श्रीकृष्णः — (स्वगतम्) गरिष्ठामपि मन्युमुद्रां धीरेयं मुखमाधुर्येण निह्नुते! (प्रकाशम्) प्रिये! कृतमनेन गौरवविषोद्गारेण, रोषोक्तिमाध्वीकमेव वरं वरिष्ठम्॥ ४७॥

चन्द्रावली — गोउलाणन्द! तुम्ह पुरदो मुहं दंसेदुं ण पहवामि। जं पगब्भं वाहरन्ती अवरद्धम्हि ता घरं गमिस्सम्। (गोकुलानन्द! तव पुरतो मुखं दर्शयितुं न प्रभवामि। यत्प्रगल्भं व्याहरन्त्यपराद्धास्मि, तद्गृहं गमिष्यामि।) ॥ ४८ ॥

श्रीकृष्णः — (सानुनयम्) प्रिये! प्रसीद प्रसीद, बद्धोऽयमञ्जलिः ॥ ४९ ॥

चन्द्रावली — सुहअ! उज्जुअं वाहरन्तीं कीस मां अलीअं संकसि? ता अणुजाणेहि मं भद्दआलीदंसणस्स। (सुभग! ऋजुकं व्याहरन्तीं कस्मान्मामलीकं शंकसे? तदनुजानीहि मां भद्रकालीदर्शनाय।) (इति पद्मया सह निष्क्रान्ता) ॥ ५० ॥

श्रीकृष्णः — सखे! महानुभावामेतां मच्चित्तमहाकाशचन्द्रावलीं चन्द्रावलीमपि बलीयस्तमः कन्दलीभिरवस्कन्दितामालोक्य निरलोकोऽस्मि ॥ ५१ ॥

सुबलः — पिअवअस्स! किंति एवं भणासि? सा क्खु अदक्खिणा ण दिट्ठा। (प्रियवयस्य! किमित्येवं भणसि? सा खल्वदक्षिणा न दृष्टा।) ॥ ५२ ॥

श्रीकृष्णः — सखे, बाढं दुरूहा महीयसीनां प्रकृतिः। तदिदानीम् —

न्यविशत नयनान्ते कापि सारल्यनिष्ठा
वचसि च विनयेन स्तोत्रभंगी न्यवात्सीत्।
अजनि च मयि भूयान्संभ्रमस्तेन तस्या
व्यवृणुत हृदि मन्युं सुष्ठु दाक्षिण्यमेव॥ १३ ॥ ५३ ॥

तदेहि मनोहारिणि! तस्मिन्केशरकुञ्जे निविश्य चन्द्रावलीसंगमोपायमंगीकरोमि। (इति परिक्रम्य) सखे! सेय बकुलावलिमञ्जुला निकुञ्जवीथी। पश्य पश्य ॥ ५४ ॥

स्फुरति सरो दक्षिणतः सव्ये वापी समन्ततः कुल्या।
इति केशराटवीयं प्रमदं नीराधिका कुरुते ॥ १४ ॥ ५५ ॥

सुबलः — (स्वगतम्।) लद्धो मए ओसरो। (प्रकाशम्।) वअस्स! सराहिआ ज्जेब तुह पमदं कुरइ, किं त्ति णीराहिआ त्ति भणासि? (लब्धो मयावसरः। वयस्य! सराधिकैव तव प्रमदं करोति, किमिति नीराधिकेति भणसि?) ॥ ५६ ॥

श्रीकृष्णः — (सुबलमालिंग्य।) सखे। सत्यं ब्रवीषि। तदद्य राधिका यथेमां केशरनिकुञ्जलक्ष्मीमलङ्करोति, तथा मद्रिरा संदिश्यतां ललिता ॥ ५७ ॥

सुबलः — जं आणवेदि पिआवअस्सो। (यदाज्ञापयति प्रिय वयस्य।) (इति निष्क्रान्तः) ॥ ५८ ॥

(ततः प्रविशति पद्मा मधुमङ्गलश्च।)

मधुमङ्गलः — पउमे! सुदं मए अज्ज वअस्सेण चाडुआरिणा अणुणीदा वि चन्दाअली ण पसण्णा। (पद्मे! श्रुतं मया अद्य, वयस्येन चाटुकारिणा अनुनीतापि चन्द्रावली न प्रसन्ना।) ॥ ५९ ॥

पद्मा — अध इं। (अथ किम्) ॥ ६० ॥

मधुमङ्गलः — णूणं वअस्सो वि विसण्णं वट्टइ ता जुत्ता दोणं संगमे अम्हाणं सहआरिदा। (नूनं वयस्योऽपि विषण्णो वर्तते, तद्युक्ता द्वयोः सङ्गमेऽस्माकं सहकारिता।) ॥

पद्मा — अज्ज! अदो जेव तुमं मए अणुसरिदोसि। (आर्य! अत एव त्वं मयानुसृतोऽसि।) ॥ ६२ ॥

मधुमङ्गलः — (पुरो दृष्ट्वा) पउमे! पेक्ख एसो पिअबअस्सो छप्पदमेत्तसहाओ केसरकुडूगे किंपि मन्तेदि। (पद्मे! पश्यैष प्रियवयस्यः षट्पदमात्रसहायः केसरकुञ्जे किमपि मन्त्रयते।) ॥ ६३ ॥

पद्मा — अज्ज, लदाजालेहिं अन्तरिदा भविअ सुणम्ह, किं एसो भणादि त्ति। (आर्य! लताजालैरन्तरितौ भूत्वा शृणुवः किमेष भणतीति।) ॥ ६४ ॥

(इति तथा स्थितौ।)

श्रीकृष्णः — (राधां स्मरन् सोत्कण्ठम्)

> **प्रसरति यद्भ्रूचापे श्लथज्यमकरोत्स्मरो धनुः पौष्पम्।**
> **मधुरिममणिमञ्जूषा भूषायै मे प्रिया सास्तु॥ १५ ॥ ६५ ॥**

मधुमङ्गलः — पउमे! एसो उक्कण्ठाए तुज्झ पिअसहीं जेव्व वण्णेदि। ता एहि, तुरिअं गदुअ णं समाणेम्ह। (पद्मे! एष उत्कण्ठया तव प्रयिसखीमेव वर्णयति। तदेहि, त्वरितं गत्वैनां समानयावः।) ॥ ६६ ॥

पद्मा — अज्ज! सुट्ठु णिट्टंकिदं सुणम्ह, जं बहुवल्लहो एसो। (आर्य सुष्ठु निष्टंकितं शृणुवः, यद्वहुवल्लभ एषः।) ॥ ६७ ॥

श्रीकृष्णः — (पुनः सौत्सुक्यम्) सा मुखसुषमानिर्ज्जितराकाचन्द्रा वलीलसन्मध्या। (इत्यधोक्ते) ॥ ६८ ॥

मधुमङ्गलः — पउमे! अलं इमादो परेण सुदेण तूण्णं गच्छम्ह। (पद्मे! अलमितः परेण श्रुतेन तूर्णं गच्छावः।) ॥ ६९ ॥

पद्मा — जुत्तं कधेसि। (युक्तं कथयसि।) ॥ ७० ॥

श्रीकृष्णः — मुहुराधास्यति राधा, मदुरसि रसिका किमात्मानम्?॥ १६ ॥ ७१ ॥

पद्मा — अज्ज! एव्वं भणामि, माणिणीए पिअसहीए सअं समाअमेण लाहवं होदि, ता फरावट्टिअ कण्हं विण्णवेहि। (आर्य! एवं भणामि, मानिन्याः प्रियसख्याः स्वयं

समागमेन लाघवं भवति, तत्परावृत्त्य कृष्णं विज्ञापय।) ॥ ७२ ॥

मधुमङ्गलः — सोहणं मन्तेसि। (इति कृष्णान्तिकमासाद्य) पिअवअस्स, पच्छण्णेण भविअ सव्वं दे आअण्णिदं मए उक्कण्ठावअणं; ता आणवेहि, तं जेव्व तुज्झ वल्लहं तुरिदं समाणेमि। (शोभनं मन्त्रयसि। प्रियवयस्य प्रच्छन्नेन भूत्वा सर्वं ते आकर्णितं मयोत्कण्ठावचनम्, तदाज्ञापय। तामेव तव वल्लभां त्वरितं समानयामि।) ॥ ७३ ॥

श्रीकृष्णः — (सश्लाघमालिंग्य) सखे! मदनुग्रहेण शीघ्रमानय ॥ ७४ ॥ (मधुमङ्गलः परिक्रम्य पद्मया सह निष्क्रान्तः)

श्रीकृष्णः — अहो! परमोत्कण्ठानां प्रेम्णामुत्कण्ठाकारित्वम्।

भ्रमरेऽपि गुञ्जति निकुञ्जकोटरे
मनुते मनस्तु मणिनूपुरध्वनिम्।
अनिलेन चञ्चति तृणाञ्चलेऽपि तां
पुरतः प्रियामुपगतां विशंकते ॥ १७ ॥ ७५ ॥

(ततः प्रविशति पद्मामधुमङ्गलाभ्यां संगता चन्द्रावली)

चन्द्रावली — हला पउमे! किं एसो बउलकुडुंगो दीसइ ?। (हला पद्मे! किमेष बकुलकुञ्जो दृश्यते ?) ॥ ७६ ॥

पद्मा — अध इम्। ता तूण्णं एहि। (अथ किम्। तत्तूर्णमेहि।) (इति परिक्रामति) ॥

श्रीकृष्णः — (नूपुरध्वनिमाकर्ण्य) हन्त, भूरिशो भ्रामितोऽस्मि भ्रमरीझंकारैः, तदलं वृथा प्रत्युद्गमसंभ्रमेण। (इत्युद्वेगं नाटयन्)।

पुरः फलायामाशायां जनः कामं विडम्ब्यते।
आसन्ने हि घनारम्भे द्विगुणं रौति चातकः ॥ १८ ॥ ७८ ॥

(पुनरुत्कर्णो भवन्) कथमभ्यर्णे भूषणशिञ्जितं श्रूयते? (इत्युद्ग्रीविकां दत्वा ससंभ्रमम्) सत्यमसौ मिलिता मे प्रेयसी। (इति तरसा चन्द्रावलीपार्श्वमागत्य)।

हृद्भृंगजंगमलता, मङ्गलभा राधिका मयोन्मुदिता ॥ ७९ ॥

इत्यर्धोक्ते (चन्द्रावली सेर्ष्यं मधुमङ्गलमालोकते)

मधुमङ्गलः — सहि चन्दाअलि! मङ्गलभारेण अधिआसि ति पिअ वअस्सो तुमं जेव वण्णेदि। (सखि चन्द्रावलि! मङ्गलभारेणाधिकासीति प्रियवयस्यस्त्वामेव वर्णयति।) ॥ ८० ॥

श्रीकृष्णः — (सवैलक्ष्यमात्मगतम्) हन्त, कथमनेन चन्द्रावलिरेवाभिसारिता। भवतु,

बटुनोक्तमेव निर्वाहयामि। (प्रकाशम्)। **सुहृदनुरागवितन्द्रा चन्द्रावलिरञ्जसालम्भि॥**

(चन्द्रावली सलज्जं कृष्णकण्ठे वैजयन्तीं विन्यस्यति)

श्रीकृष्णः — (सानन्दम्)

> **एकं प्रयाति परिचर्य चकारेराजी-**
> **चन्द्रं प्रिये निजमनोरथपूरपूर्त्तिम्।**
> **चन्द्रावली किमु ममाक्षिचकोरयोस्त्वं**
> **प्रीतिं द्वयोरपि न धास्यसि सेव्यमाना॥ २०॥ ८२॥**

मधुमङ्गलः — (सगर्वम्) भो वअस्स! दिट्ठा तुए मज्झ विलक्खणा विअक्खणदा? जो क्खु अणन्तगुणसालिणा वि तुए मोआइदुं ण पारिदो सो पिअसहीए माणगण्ठी णअगुणधारिणा मए मोआविदो। (भो वयस्य! दृष्टा त्वया मम विलक्षणा विचक्षणता? यः खल्वनन्तगुणशालिनापि त्वया मोचयितुं न पारितः, स प्रियसख्या मानग्रन्थिर्नवगुण-धारिणा मया मोचितः।) ॥ ८३॥

श्रीकृष्णः — वयस्य! त्वमुद्दण्डकुसुमकोदण्डविलासषाड्गुण्ये महासांधिविग्रहिकोऽसि॥ ८४॥

पद्मा — अज्ज! पुरो पफुल्लाइं मल्लीपुप्फाइं पप्फुरन्ति, ता एहि इमाइं गेण्हम्ह। (आर्य! पुरः प्रफुल्लानि मल्लीपुष्पाणि प्रस्फुरन्ति, तदेहि इमानि गृह्णीव।) ॥ ८५॥

(इत्युभौ निष्क्रान्तौ)

श्रीकृष्णः — (स्वगतम्) कुञ्जेऽस्मिन्नागतमात्रां राधां तर्कयामि, तदन्यतः प्रस्थास्ये। (प्रकाशम्) प्रिये! पुरस्तान्नातिदूरे नागररंगोचिता नागकेसराटवी, तदत्रैवानुसरावः॥ ८६॥ (इति निष्क्रान्तौ)

(ततः प्रविशति ललितया सह संकथयन्ती राधा)

राधा — हला! पेक्ख पेक्ख, अन्धआरेहिं घोलिदं सव्वं दिसामुहम्। (हला! पश्य, पश्य, अन्धकारैर्घोरितं सर्वं दिङ्मुखम्।) ॥ ८७॥

ललिता — पिअसहि! तिगिराहिसारोचिदेहिं सालमप्पसाहणेहिं मण्डिदो तुए किं क्खु अप्पा? (प्रियसखि! तिमिराभिसारोचितैः श्यामलप्रसाधनैर्मण्डितस्त्वया किं खल्वात्मा?) ॥ ८८॥

राधिका — अथ इम्। (अथ किम्) ॥ ८९॥

ललिता — (विलोक्य सस्मितं संस्कृतेन)

धम्मिल्लोपरि नीलरत्नरचितो हारस्त्वया रोपितो
विन्यस्तः कुचकुम्भयो कुवलयश्रेणीकृतो गर्भगः।
अङ्गे कल्पितमञ्जनं विनिहिता कस्तूरिका नेत्रयोः
कंसारेरभिसारसंभ्रमभरान्मन्ये जगद्विस्मृतम्॥ २१॥ ९०॥

राधिका — हला! मुञ्चेहि परिहासं, तुरिदं उद्देसेहि केसरकुडुंगमग्गम्। (हला! मुञ्च परिहासम्, त्वरितमुद्दिश केशरकुञ्जमार्गम्।) ॥ ९१॥

ललिता — इदो इदो, पिअसही! (इत इतः प्रियसखि!) (इति परिक्रामन्ती सशंकम् संस्कृतेन)।

तिमिरमसिभिः संवीतांगयः कदम्बवनान्तरे
सखि मधुरिपुं पुण्यात्मानः सरन्त्यभिसारिकाः।
तव तु परितो विद्युद्वर्णास्तनुद्युतिसूचयो
हरि हरि घनध्वान्तान्येताः स्ववैरिणि भिन्दते॥ २२॥ ९२॥

राधिका — अलं इमिणा उवालम्भेण, पेक्ख पच्चासण्णो बउलकुडुंगो। (अलमनेनो-पालम्भेन, पश्य प्रत्यासन्नो बकुलकुञ्जः।)
(इति संभ्रमादुपसृत्य सपरामर्षं संस्कृतेन)।

विदूरान्न घ्राणं मदयति मुरारेः परिमलो
न कुञ्जोऽयं तस्य स्फुरति नखरद्योतनिकरैः।
ततः शंके कस्मिन्नपि रहसि वल्लीवलयिते
परीहासाकाङ्क्षी प्रियसखि निलीनस्तव सखा॥ २३॥ ९३॥

ललिता — हला! एहि वामदो कदम्बकुडुंग विइणुम्ह। (हला! एहि वामतः कदम्बकुञ्जं विचिनुमः।) ॥ ९४॥

राधिका — (तथा कुर्वती) अइ छइल्ल! दिट्ठोसि दिट्ठोसि। कीस अंगेहिँ अंगाई संगोवेसि? (अयि विदग्ध! दृष्टोऽसि, दृष्टोऽसि, कस्मादंगैरंगानि संगोपायसि) (इति समन्तान्मृगयति) ॥ ९५॥

ललिता — सहि! मुञ्च मग्गणग्गहं। एहि, केलिकुडुंगकप्पणं कुणम्ह। (सखि! मुञ्च मार्गणाग्रहम्। एहि केलिकुञ्चकल्पनं कुर्मः।) ॥ ९६॥

राधिका — (संस्कृतेन)

रचय बकुलपुष्पैस्तोरणं केलिकुञ्जे
कुरु वरमरविन्दैस्तल्पमिन्दीवराक्षि।
उपनय शयनान्तं साधु माध्वीकपात्रीं
सहचरि हरिरद्य श्लाघतां कौशलं ते॥ २४॥ ९७॥

ललिता — (तथा कृत्वा) हला! प्रक्ख, कण्हो विलम्बेदि। ता कुञ्जं पविसिअणं पडिवालेम्ह। (हला! पश्य, कृष्णो विलम्बते। तत्कुञ्जं प्रविश्यैनं प्रतिपालयावः।) ॥

राधिका — (परिक्रम्योद्वेगं नाटयन्ती, संस्कृतेन)

रुद्धः क्वापि सखीहितार्थपरया शंके हरिः पद्मया
प्राप्तः कुञ्जगृहं यदेष न तमीयामेऽप्यतिक्रामति।
पौलोमीरतिबन्धुदिङ्मुखमसौ हा हन्त संतर्पय-
न्नुन्मीलत्यभिसारलुब्धरमणीगोत्रस्य शत्रुः शशी॥ २५॥ ९९॥

(इत्युभे निष्क्रान्ते) (ततः प्रविशति कृष्णः)

श्रीकृष्णः — (समन्तादवलोक्य)

आसंगः कुमुदाकरेषु शिथिलो भृंगावलीनामभू-
द्वीक्षन्ते निजकोटरांकितममी क्षोणीरुहं कौशिकाः।
संकोचोन्मुखतां प्रयाति शनकैरौत्तानपादेर्द्युतिः
किं भानुर्ननु पूर्वपर्वततटीमारोढुमुत्कण्ठते?॥ २६॥ १००॥

(इति परिक्रम्य) न जाने नवीनविप्रलम्भेन संभृतनिर्भरसंरम्भा किं नाम प्रतिपत्स्यतेऽद्य राधा। (विमृश्य) भवतु, केशरेण नागकेसरं प्रतिपादयिष्ये, तदमूनि नागकेसराणि विचिनोमि। (इति तथा कृत्वा पुरोऽनुसर्पन्) ॥ १०१॥

कपटी स लताकुटीमिमां सखि नागादधुनापि माधवः।
इति जल्पपरीतया तया क्लमदीर्घा गमिता कथं तमी?॥ २७॥ १०२॥

(परिक्रम्य बकुलकुंज पश्यन् सविषादम्)

ताम्बूलं घनसारसंस्कृतमदः क्षिप्तं पुरो राधया
हारी हन्त हरिन्मणिस्तबकितो हारोऽयमुत्सारितः।
पौष्पी चेयमुदारसौरभमयी चूडा नखैः खण्डिता
तस्याः शंसति विप्रलम्भजनितं कुञ्जोऽयमन्तः क्लमम्॥ २८॥ १०२॥

(इत्यग्रतो गत्वा) इयमेव राधायाः सूर्याराधनवेदिका, तदस्याः पार्श्वमासादयामि।

(इति परिक्रामति) ॥ १०४ ॥

(ततः प्रविशति सखीभ्यामनुगम्यमाना राधा)

राधा — (पुरो विलोक्य) हला ललिदे! पेक्ख, वेइआणेदिट्ठो सो तुज्झ छइल्लो। (हला ललिते! पश्य वेदिकानेदिष्ठः स तव विदग्धः) ॥ १०५ ॥

ललिता — सहि! कञ्चणपडिमेव्व कठोरा होहि। (सखि! काञ्चनप्रतिमेव कठोरा भव।) ॥ १०६ ॥

श्रीकृष्णः — पुरस्तादेषा सहपरिवारा प्रिया। तदिदमुट्टंकयामि। (इत्युपसृत्य) ललिते! साधु, साधु दृष्टं तव गरिष्ठमत्र दुर्मन्त्रतन्त्रचर्यायामाचार्यत्वम् यदद्य भवत्या केसरनिकुञ्ज-वेद्यामहमुज्जागरव्रतदीक्षांपरिग्राहितोऽस्मि ॥ १०७ ॥

ललिता — (ससंरम्भ संस्कृतेन) अहो वैपरीत्यम्! अहो वैपरीत्यम्!

> **केसरनिकुञ्जकुहरे कुहकवसन्ती सखी त्वया रहिते।**
> **श्रितनवपल्लवशयना त्रुटिमपि कल्पाधिकां मेने॥ २९ ॥ १०८ ॥**

श्रीकृष्णः — (कपटेनाटोपं नाटयन्) अहो दम्भभरारम्भेषु गाम्भीर्यमस्याः। (इति नागकेसराण्युद्घाट्य दर्शयन्)।

> **अरतिं मम निशि पश्यन्नक्लाम्यन्नागकेशरोऽप्यसकृत्।**
> **विगलन्मधुभिः कुसुमैरेभिर्नेत्रैरिवोदस्रैः ॥ ३० ॥ १०९ ॥**

ललिता — अम्महे! धूत्ततणं, जं बउलवाइणा केसरेण दाणिं णाअकेसरो विक्खावीअदि। (अहो! धूर्तत्वम्, यद्बकुलवाचिना केशरेणेदानीं नागकेशरो विख्याप्यते।) ॥ ११० ॥

श्रीकृष्णः — (सव्याजनिर्वेदम्) ललिते! विश्राम्यतु तवेयं शब्दार्थस्यान्यथाकल्पनेन वचनचञ्चुता, अथवा कस्ते दोषः? दृष्टदोषाभिरपि गौरांगीभिः सौहार्दमभिलष्यता मयैवापराद्धम्॥ १११ ॥

विशाखा — को क्खु गोरंगीणं दिट्ठो तुए दोसो? (कः खलु गौरांगीणां दृष्टस्त्वया दोषः?) ॥ ११२ ॥

श्रीकृष्णः — पश्य पश्य।

> **नवरसधारिणि मधुरे धरणीसंतापहारिविस्फुरणे।**
> **विदधति न कृष्णमुदिरे गौर्यः क्षणरोचिषः स्थैर्यम्॥ ३१ ॥ ११३ ॥**

विशाखा — तस्सि कुलिसकूडकठोरचेट्ठिदे ताणं कोमलाणं जुत्ता ज्जेव्व तधा

पउत्ती। (तस्मिन्कुलिशकूटकठोरचेष्टिते तासां कोमलानां युक्तैव तथा प्रवृत्तिः।)॥

ललिता — विसाहे! सुणाहि कंपि गाहम्। (विशाखे! शृणु कामपि गाथाम्।) (इति भृंगं दर्शयन्ती)।

चम्पअलदं सिणिद्धं णअकञ्चणकन्तिकुसुमगौरंगीम्।
मुक्किअ धावइ भमरो चवला विअ सामला होन्ति॥
(चम्पकलतां स्निग्धां नवकाञ्चनकान्तिकुसुमगौरांगीम्।
मुक्त्वा धावति भ्रमरश्चपला इव श्यामला भवन्ति॥)॥ ३२॥ ११५॥

श्रीकृष्णः — (स्मित्वा) सत्यं वाग्मिनामसि राज्ञी॥ ११६॥

ललिता — (अपवार्य) हला! सुट्ठुणीसंकेण वअणाडोवेण अणवरद्धं जेव्वणं तक्केमि। (सुष्टु निःशंकेन वचनाटोपेनानपराद्धमेवैनं तर्कयामि।)॥ ११७॥

श्रीकृष्णः —

वाम्याद्द्रवेन्न विरतिर्नवयौवनानां
वामभ्रुवामिति जनश्रुतिरव्यलीका।
चाटूनि कर्तुमुचितानि विमुच्य खिन्नं
मां प्रत्युताद्य यदमूरपरं जयन्ति॥ ३३॥ ११८॥

ललिता — (अपवार्य) हला! सच्चं उज्जाअरखिन्नो कण्हो, ता पसीद पसीद। (हला! सत्य मुज्जागरखिन्नः कृष्णः, सत्प्रसीद प्रसीद।)॥ ११९॥

श्रीराधिका — (कृष्णमपांगेनावलोक्य) मुद्धाणं वञ्चणकलाविअद्धोसि। (मुग्धानां वञ्चनकलाविदग्धोऽसि।)॥ १२०॥

श्रीकृष्णः — (सानन्दम्) फुल्लकेशरकलापेनामुना धम्मिल्लश्रीस्तवालंक्रियताम् वन्ध्यतां मा विन्दतु मम प्रयासः। (इति पुटिकामुद्धाट्य) प्रिये! पश्यामूनि सुगन्धीनामग्रेसराणि नाग केशराणि, यैरहं सद्यः सुवासितोऽस्मि॥ १२१॥

श्रीराधिका — (सनर्मस्मितम्) णूणं चन्दाअलीपरिमलेण वासिदोसि तुमम्। नूनं चन्द्रावलीपरिमलेन वासितोऽसि त्वम्॥ १२२॥

श्रीकृष्णः — प्रिये! पारिहासिकान्यपि ते वचांसि न कदाचिदपि व्यभिचरन्ति, यदद्य मदंगतश्चन्द्रावलीसौरभ्यमुदञ्चति॥ १२३॥

श्रीराधिका — (सेर्ष्यं परावृत्य) ललिदे! किं मुद्दिदकण्णासि? (ललिते! किं मुद्रितकर्णासि?)॥ १२४॥

श्रीकृष्णः — (स्मित्वा) प्रिये! कथमक्षरसाम्यादक्षमासि, यदहं कर्पूरावलीं वर्णयामि?॥ १२५॥

श्रीराधिका — (सस्मितम्) समप्पेहि पुप्फाइं। (समर्पय पुष्पाणि।) (इति पटाञ्चलं प्रसारयति)॥ १२६॥

श्रीकृष्णः — (राधामुखं प्रेक्ष्य स्वगतम्) हन्त, विभ्रममण्डितस्य चिल्लीकोदण्डस्य ताण्डवकला!॥ १२७॥

विशाखा — (जनान्तिकम्) ललिदे! पेक्ख पेक्ख, संमोहणेण राहीए कडक्खवाणेण लक्खीकिदो पुप्फपुडिआए सद्धं अञ्चले दिण्णंवि वेणुं ण जाणादि कण्हो। (ललिते! पश्य, पश्य, संमोहनेन राधायाः कटाक्षबाणेन लक्षीकृतः पुष्पपुटिकया सार्धमञ्चले दत्तमपि वेणुं न जानाति कृष्णः।॥ १२८॥

ललिता — (संस्कृतेन)

निद्रागमेऽपि सखि नन्दसुतस्य हर्तुं
यां शक्नुवन्ति न पराः पशुपालबालाः।
धन्या कटाक्षकलया किल मोहयन्ती
तां राधिकाद्य पुरतो मुरलीं जहार॥ ३८॥ १२९॥

श्रीराधिका — (अपवार्य संस्कृतेन)

या निर्माति निकेतकर्मरचनारम्भे करस्तम्भनं
रात्रौ हन्त करोति कर्षणविधिं या पत्युरंकादपि।
गौरीणां कुरुते गुरोरपि पुरा या नीविविध्वंसनं
धूर्ता गोकुलमंगलस्य मुरली सेयं ममाभूद्वशा॥ ३५॥ १३०॥

(नेपथ्ये) अरे कुरंगा! दिट्ठो तुम्हेहिं पिअवअस्सो? (अरे कुरंगाः! दृष्टो युष्माभिः प्रियवयस्यः?)॥ १३१॥

श्रीकृष्णः — कथं मिलत्येष मधुमङ्गलः?॥ १३२॥ (प्रविश्य माल्यहस्तः)

मधुमङ्गलः — सुदं मए सुबलमुहादो जं अज्ज णिउञ्जमज्झे राहिआ उजाअरिदाआसी, ता गदुअ णं पोच्छादइस्सम्। (श्रुतं सुबलमुखाद्यदद्य निकुञ्जमध्ये राधिका जागरितासीत्, तद्गत्वैनां प्रोत्सायिष्यामि) (इत्युपसृत्य संस्कृतेन)॥ १३३॥

अविरलवनमालालंकृतस्निग्धमूर्तिः
स्फुरितकटककान्तिर्धातुभिर्मण्डितांग।

अखिलभुवनतुंगो नेत्रभंग्या विकृष्टः

कथमिव सखि राधे कृष्णशैलस्त्वयाभूत्॥ ३६॥ १३४॥ (राधिका स्मयते)

श्रीकृष्णः — प्रिये! वेत्ति मे तमस्तमीसंभवं वयस्योऽयम्॥ १३५॥

श्रीराधिका — अज्ज! दंसिदं अज्ज सिणेहदक्खिणं, जं कन्तारसिन्धुसंतारकोसलाइं सिक्खाविदम्हि। (आर्य! दर्शितमद्य स्नेहदाक्षिण्यं, यत्कान्तारसिन्धुसंतारकौशलानि शिक्षितास्मि।)॥ १३६॥

मधुमङ्गलः — सहि! साहु अम्हे उवालहिजम्ह, जेहिं चलन्तीं पि वल्लीं तुमं तक्किअ वणे वसन्तेहिं सादंकं जाअरिदम्। तुम्हे क्खु सलाहिज्झइ, जाहिं पिअवअस्ससणाहं पि कुञ्जं अणिब्बन्धेण सुण्णं भणिअ घरे पविसन्तीहिं णिरादंकं सुत्तम्। (सखि! साधु वयमुपालभ्यामहे, यैश्चलन्तीमपि वल्लीं त्वां तर्कयित्वा वने वसद्भिः सातंकं जागरितम्। यूयं खलु श्लाघ्यध्वे, याभिः प्रियवयस्यसनाथमपि' कुञ्जमनिर्बन्धेन शून्यं मत्वा गृहे प्रविशतीभिर्निरातंकं सुप्तम्।)॥ १३७॥

श्रीराधिकाः — अज्ज! किं एव्वं भणासि? (आर्य! किमेवं भणसि?) (इति संस्कृतेन)

निकुञ्जं कंसारेर्वत नखरचन्द्रावलिरुचि-

च्छटाग्रस्तं नाग्रे मुहुरपि यदा प्रेक्षितमभूत्।

तदा सद्यः प्रोद्यद्विधुहतकविक्रान्तिहतया

मया लब्धारण्ये क्लमनिबहपूर्णा परिणतिः॥ ३७॥ १३८॥

मधुमङ्गलः — (स्वगतं) अहो, कधं कुडंगसंगदा चन्द्रावली वि राहिआए दिट्ठित्थि? ता वञ्चणं मुक्किअ णं उक्करिसइस्सम्। (अहो, कथं कुञ्जसंगता चन्द्रावल्यपि राधिकया दृष्टास्ति? तद्वञ्चनं मुक्त्वा एनामुत्कर्षयिष्यामि)॥ १३९॥ (प्रकाशम् संस्कृतेन)।

क्लान्तेन ते वदनचन्द्रमनाकलय्य

कल्याणि गोकुलपुरंदरनन्दनेन।

चन्द्रावली ....

.... (इत्यर्धोक्ते)॥ १४०॥

(कृष्णो भ्रूसंज्ञया निवारयति) (सर्वाः परस्परं साकूतमवलोकयन्ति)॥ १४१॥

मधुमङ्गलः — (स्वगतम्) हन्त हन्त, किदं मए बम्हणबडुओचिदं चावलम्।

(हन्त हन्त, कृतं मया ब्राह्मणबटूकोचितं चापलम्।) ॥ १४२ ॥

श्रीकृष्णः — (विभाव्य) विभावरीभवं मे वरीयः कष्टं बाष्परुद्धकण्ठोऽयं संवृत्तः, तदहमेव वाक्यं समापयामि। (इति स्मित्वा) ॥ १४३ ॥

चन्द्रावलीनयनान्ततया किलास्य
सादृश्यतः कथमपि क्षपिता क्षपेयम्॥ ३८॥ १४४॥

मुधमङ्गलः — पिअवअस्स! सव्वण्णोसि, किं ति मह हिअअट्ठिदं पज्झद्धं ण जाणिस्ससि? (प्रियवयस्य! सर्वज्ञोऽसि, किमिति मम हृदयस्थितं पद्यर्थं न ज्ञास्यसि?) ॥

ललिता — राहे अज्ज वि संदिद्धासि? पेक्ख पेक्ख रत्तिविलासपिसुणाइं णाअरस्स चंगाइं अंगाइं। (राधे! अद्यापि संदिग्धासि? पश्य, पश्य, रात्रिविलासपिशुनानि नागरस्य चंगान्यंगानि।) ॥ १४६ ॥

(इति सेर्ष्यम् संस्कृतेन)

बाले गोकुलयौवतस्तनतटीदत्तार्धनेत्रादितः
कामं श्यामशिलावितासिहृदयाच्चेतः परावर्तय।
विद्मः किं न हि यद्विकृष्य कुलजाः केलीभिरेष स्त्रियो
धूर्तः संकुलयन्कलंकततिभिर्निःशंकमुन्मुञ्चति॥ ३९॥ १४७॥

श्रीराधिकाः — हद्धी हद्धी, सुट्ठु विडम्बिदम्हि। (हा धिक् हा धिक्, सुष्ठु विडम्बिताम्मि।) ॥ १४८ ॥

श्रीकृष्णः — प्रिये, मुधैव मां दूषयसि॥ १४९ ॥

श्रीराधिका — (सोपालम्भं संस्कृतेन)

मुक्तान्तर्निमिषं मदीयपदवीमालोकमानस्य ते
जाने केसररेणुभिर्निपतितैः शोणीकृते लोचने।
शीतैः काननवायुभिर्विरचितो बिम्बाधरे च व्रणः
संकोचं त्यज देव दैवहतया न त्वं मया दूष्यसे॥ ४०॥ १५०॥

श्रीकृष्णः — प्रिये! तवाधीनस्य मे संकोचोऽप्यलंकारायैव॥ १५१ ॥

श्रीराधिका — साहीणो सव्वलोअविक्खादोसि। कधं ममाहीणो हुविस्ससि? स्वाधीनः सर्वलोकविख्यातोऽसि। कथं ममाधीनो भविष्यसि?॥ १५२ ॥

श्रीकृष्णः — राधे! तवाधीनो नाहमेव केवलोऽस्मि किंतु ते मम दशावताराश्च। तथा हि —

चञ्चन्मीनविलोचनासि, कमठोत्कृष्टस्तनी संगता,
क्रोडेन स्फुरता तवायमधरः, प्रह्लादसंवर्धनः।
मध्योऽसौ बलिबन्धनो, मुखरुचा रामास्त्वया निर्जिता,
लेभे श्रीघनताद्य, मानिनि मनस्यंगीकृता कल्किता॥ ४१॥ १५३॥

श्रीराधिका — हला ललिदे! आअण्णिदं तुए? (हला ललिते, आकर्णितं त्वया?)॥

ललिता — कण्ह! तुह ओदारा तुअम्मि ज्जेव्व वसन्ति, जं एदाणं चिन्हाइं दीसन्ति। (कृष्ण, तवावतारास्त्वय्येव वसन्ति यदेतेषां चिह्नानि दृश्यन्ते।) (संस्कृतेन)

वन्यान्तर्गुरुचापलं कठिनता, गोसंगतिः, पाणिजे
क्रौर्यं दम्भरुचिः, सुचण्डिमधुरा, लंकेशविध्वंसनम्।
अश्रान्तोन्मदलौल्यमिष्टकदनं, निस्त्रिंशलीलोन्नति-
र्मीनेन्द्राद्यवतारतः स्फुटममी भ्राजन्ति भागास्त्वयि॥ ४२॥ १५५॥

श्रीकृष्णः — (सस्मितम्) सखे! पश्य पश्य।

ललिताजनि दुर्ललिता बभूव राधा दुराराधा।
तप्ते मयि न च्छायां शशाक कर्तु विशाखेयम्॥ ४३॥ १५६॥

(इति बटोः करान्मल्लीदाम गृहीत्वा। सचाटुप्रणामम्)

स्रगियमुरुगुणा ते चित्तवीथीव राधे
शुचिरतिसुकुमारी काममामोदनी च।
नखपदशशिरेखा धाम्नि पुष्णातु कान्तिं
तव कुचशिवमूर्ध्नि स्वर्धुनीविभ्रमेण॥ ४४॥ १५७॥

(इति भ्रूसंज्ञया विशाखामनुकूलयन्माल्यमर्पयति)

विशाखा — (माल्यं निवेदयन्ती संस्कृतेन)

यस्मिन्नेत्रसरोरुहांगणभुवः प्राप्ते विदूरं मनाक्
सद्यस्ते निमिषोऽपि याति तुलनां तन्वंगि मन्वन्तरैः।
वृन्दारण्यकदम्बमण्डपतटक्रीडाभराखण्डले
तस्मिन्काकुपरायणे तव कथं काम्यानि वाम्यान्यपि॥ ४५॥ १५८॥

श्रीराधिका — (साभ्यसूयम्) अवेहि णिब्बुद्धिए! अवेहि। (अपेहि निर्बुद्धिके! अपेहि।)॥ १५९॥

श्रीकृष्णः —

धूलिधूसरितचन्द्रकाञ्चलश्चन्द्रकान्तमुखि वल्लभो जनः।
अर्पयन्मुहुरयं नमस्क्रियां भिक्षते तव कटाक्षमाधुरीम्॥ ४६॥ १६०॥

ललिता — राहे! झत्ति कन्धरं परावट्टेहि, पुट्ठदो आआरेदि अज्जिआ। (राधे! झटिति कन्धरां परावर्तय। पृष्ठत आकारयत्यार्या)॥ १६१॥ (राधिका तथा करोति) (प्रविश्य)

मुखरा — (कृष्णं बिलोक्य संस्कृतेन)

वनासक्तं चेतः प्रणयति गृहाद्यो विरमयन्
वरेण्यं बन्धूना प्रणयमपि विस्मारयति यः।
महाधूर्तश्रेणीगुणगरिमविस्तारणपटोः
करोत्संगे तस्य त्वमपि सरले पुत्रि पतिता॥ ४७॥ १६२॥

मधुमङ्गलः — (जनान्तिकम्) भो वअस्स, मारुदवाआलीकिदमुही तुज्झ वंशीव्व एत्थ बुड्ढिआ पत्ता, ता एत्थ किं विलम्बेसि? (भो वयस्य! मारुतवाचालीकृतमुखी तव वंशीवात्र वृद्धा प्राप्ता। तदत्र किं विलम्बसे?)॥ १६३॥

श्रीकृष्णः — सखे! क्व मे वंशी?॥ १६४॥

मधुमङ्गलः — सअं जेव्व जाणासि कहिं त्ति। (स्वयमेव जानासि कुत्रेति।)॥

श्रीकृष्णः — स्फुटं राधिकयैव हृतेयम्। तदेनां विना कथं प्रस्थानमुचितम्?॥

मधुमङ्गलः — (सपरिहासम्) भो, इदं क्खु अम्हाणं गरुअं भाअधेअं जं इमाहिं मोहिणीहिं तुमं चोरिअ ण संगोविदोसि। ता चिट्ठदु वरागी मुरलिआ। अत्ताणं घेत्तूण पलाअम्ह। (भोः! इदं खल्वस्माकं गुरुकं भागधेयं, यदेताभिर्मोहिनीभिस्त्वं चोरयित्वा न संगोपितोऽसि। तत्तिष्ठतु वराकी मुरलिका, आत्मानं गृहीत्वापलायामहे)॥ १६७॥

श्रीकृष्णः — (सस्मितम्) रे वाचाट! तिष्ठ तिष्ठ॥ (इति परिक्रम्य)

सुन्दरि बिन्दुच्युतके तव नैपुण्यं बभूव पुण्येन।
शशिमुखि वशीकृताभूद्वंशी मम यत्त्वया त्वरया॥ ४८॥ १६८॥

श्रीराधिका — (सभ्रूभंगम्) मुञ्चेहि णं भंगिए कलंकारोवणम्। का.जाणादि तुम्ह वंशिअम्? (मुञ्चैनं भंगया कलंकारोपणम्, का जानाति त्वद्वंशिकाम्?)॥ १६९॥

ललिता — (संस्कृतेन) न काचिद्गोपीनां भवति परवित्तप्रणयिनी सतीनामस्माकं न

वद परिवादं ननु मुधा॥ १७०॥ (इत्यर्धोक्ते)

श्रीकृष्णः — सखि ललिते! प्रसीद प्रसीद। दर्शय सख्यौ दाक्षिण्यम्॥ १७१॥

ललिता — अलं जल्पैरेभिर्व्रज निजनिकेतं द्रुतमियो वयं किं संवृत्तास्तव कितव वेणोः प्रतिभुवः?॥ ४९॥ १७२॥

श्रीराधिका — (वृद्धामासाद्य) अज्जे! दिट्ठं तुए अप्पणो णत्तिणो चरित्तम्, जं एसो अम्हाणं चोरिआपरिवादं देदि। (आर्ये! दृष्टं त्वयात्मनो नप्तुश्चरित्रम्, यदेषोऽस्मभ्यं चोरिकापरिवादं ददाति।)॥ १७३॥

मुखरा — (ससंरम्भम्) रे कण्हडा! सच्चं मए विण्णादम्, जं णत्तिअं राहिअं मह तुमं विडम्बेदुं लद्धो सि। (रे कृष्ण! सत्यं मया विज्ञातम्, यन्नप्त्रीं राधिकां ममत्वं विडम्बितुं लब्धोऽसि)॥ १७४॥

मधुमङ्गलः — अइ णिट्ठुरसंसिणि! णिव्वंसिए! वंसिअं हरिअ तुज्झ णत्तिणी तुगं दुग्गं लद्धा। (अयि निष्ठुरशंसिनि! निर्वंशिके! वंशिकां हृत्वा तव नप्त्री त्वां दुर्गं लब्धा।)॥ १७५॥

श्रीकृष्णः — आर्ये मुखरे, सत्यमाह वयस्यः॥ १७६॥

मुखरा — अइ राहिए! अवि किं सच्चं एदम्? (अयि राधे! अपि किं सत्यमिदम्?)॥

श्रीराधिका — अज्जिए! वुन्दावणे इन्धणाणं किं महग्घदा जादा, जं हत्थमेत्ता-बंसकट्ठिआ अम्हेहिं हरिदव्वा? (आर्ये! वृन्दावन इन्धनानां किं महार्घता जाता, यद्धस्तमात्रा वंशकाष्ठिकास्माभिर्हर्तव्या।)॥ १७८॥

श्रीकृष्णः — (स्मित्वा) हे पीते प्रचण्डदेवि! यदि वेणुं न जहर्थास्ततः कथं तद्वार्तायां स्मितकुट्मलोल्लासदुत्फुल्लकपोलान्दोलायितदृगन्तासि?॥ १७९॥

मुखरा — (साक्रोशम्) चवल! अहिमण्णु णो सधम्मिणी तुज्झ वन्दणिज्जा तहवि परिहसज्जइ? (चपल! अभिमन्योः सधर्मिणी तव वन्दनीया, तदपि परिहस्यते?)॥

मधुमङ्गलः — मुहरे! एसो हं जण्णोववीअस्स सवामि। दिट्ठं मए पुहबीविलग्गसेहरेण अज्ज राहिआ वन्दिदा पिअवअस्सेण। (मुखरे! एषोऽहं यज्ञोपवीतस्य शपामि, दृष्टं मया पृथ्वीविलग्नशेखरेणाद्य राधिका वन्दिता प्रियवयस्येन।)॥ १८१॥

मुखरा — (सानन्दम्) तदो इमस्स धम्मो वड्ढिस्सदि। (ततोऽस्य धर्मो वर्धिष्यते।)॥ १८२॥ (सर्वे स्मितं कुर्वन्ति)

मुखरा — कण्हड! इमिणा तुज्झ चावलेण खिज्झिस्सदि बल्लवइन्दो णन्दो। ता गदुअ गोमण्डलं संभालेहि। (कृष्ण! अनेन तव चापलेन खेत्स्यति बल्लवेन्द्रो नन्दः, तद्गत्वा गोमण्डलं संभालय।) ॥ १८३ ॥

श्रीकृष्णः — आर्ये! विना वेणुं विप्रकृष्टाया धवलावलेराकृष्टिर्दुर्घटा ॥ १८४ ॥

ललिता — कण्ह! अबलावलीणो ति कीस उज्जुअं ण कधेसि? (कृष्ण! अबला-वलीति कस्मात् ऋजुकं न कथयति?) ॥ १८५ ॥

श्रीकृष्णः — ललिते! वृद्धयाद्य सबला यूयम्, ततः कथमिदं कथयिष्यामि?॥

मुखरा — (सरोषम् संस्कृतेन)

नवीनाग्रे नप्त्री चटुल नहि धर्मात्तव भयं
न मे दृष्टिर्मध्येदिनमपि जरत्या पटुरियम्।
अलिन्दात्त्वं नन्दात्मज न यदि रे यासि तरसा
ततोऽहं निर्दोषा पथि कियति हंहो मधुपुरी ॥ ५० ॥ १८७ ॥

मधुमङ्गलः — (सरोषम्) दुम्मुहि बुड्ढिए! तुज्झ कंसादो किं अम्हे भाएम्ह, जं महुपुरं आसन्नं कहेसि? (दुर्मुखि वृद्धे! तव कंसात्किं वयं बिभिमः, यन्मधुपुरमासन्नं कथयति?) ॥ १८८ ॥

मुखरा — (सव्याजम्) अरे! चिट्ठ चिट्ठ, एसाहं णत्तिणिअं घेत्तूण राजसहं पत्थिदम्हि। (अरे, तिष्ठ तिष्ठ। एषाहं नप्त्रीकां गृहीत्वा राजसभां प्रस्थितास्मि।) ॥ १८९ ॥ (इति राधादिभिरनुगम्यमाना निष्क्रान्ता)

श्रीकृष्णः — सखे! समागच्छ, कालिन्दीकच्छमुपेत्य गवामुद्देशं करवावः ॥ १९० ॥

(इति परिक्रमय वलितग्रीवं पश्यन् सोच्छ्वासम्)

मुद्रां धैर्यमयीं क्षणं विवृणुते तारुण्यलक्ष्मीं क्षणं
सोपेक्षाः क्षणमातनोति भणितीरौत्सुक्यभाजः क्षणम्।
शुद्धां दृष्टिमितः क्षणं प्रणयते प्रेंखत्कटाक्षां क्षणं
रोषेण प्रणयेन चाकुलितधी राधा द्विधा भिद्यते ॥ ५१ ॥ १९१ ॥

(इति निष्क्रान्ताः सर्वे)

इति श्रीविदग्धमाधवनाटके वेणुहरणं नाम चतुर्थः अंकः ॥ ४ ॥

पंचमः अंकः

(ततः प्रविशति पौर्णमासी)

पौर्णमासी —

स्नेहः शोककृशानोर्विनोदसदनं सदेति नातथ्यम्।
स्निग्धाद्य राधिकायां यदहं तेनाशु दग्धास्मि॥ १॥ १॥

(पुरोऽवलोक्य) केयं मधुमङ्गलसंगिनी मामभिवर्तते। (पुनर्निभाल्य)

अजनितशासनभंगा स्थिरजंगममण्डलैः स्ववने।
निखिलप्राणिरुतज्ञा विन्दति पुरतः कथं वृन्दा?॥ २॥ २॥

(प्रविश्य)

वृन्दा - मधुमङ्गलश्च — अम्ब! वन्दे॥ ३॥

पौर्णमासी — स्वस्ति युवाभ्याम्॥ ४॥

वृन्दा — भगवति! कथं शोचन्त्यसि?॥ ५॥

पौर्णमासी — वत्से, विदग्धपुंगवस्यांगसंगमलक्ष्माणि राधिकायामभिलक्ष्य मन्युमानभिमन्युः संप्रति मधुपुर्यां सकुटुम्बो वस्तुमुत्कण्ठते। तत्रापि तदम्वा तदीर्ष्या जम्बालावलीजृम्भायां कादम्बिनीभावमालम्ब्य राधामरालीमुद्वेजयति, तेनाद्य शोचामि॥ ६॥

वृन्दा — पौर्णमासीशुभाशीश्चन्द्रिकैव विघ्नान्धकारसंहारिणी॥ ७॥

मधमङ्गलः — अज्जे! कहं राहोवरि तुज्झ वरिट्ठं पेम्मम्? (आर्ये! कथं राधोपरि तव वरिष्ठं प्रेम?)॥ ८॥

पौर्णमारी — वत्स! सत्यपि भूरिणि प्रेमोदयकारणे तस्यामनन्यापेक्षि ममेदं प्रेम॥

वृन्दा — युक्तयिदम्। यतः —

जगति किलविचित्रे कुत्रचिन्निश्चलात्मा
भवति निरभिसंधिः कस्यचित्प्रेमबन्धः।
विलसति समुदीर्णे कुम्भजे खञ्जनाली
कलितवति तथास्तं हन्त नाशं प्रयाति॥ ३॥ १०॥

मधुमङ्गलः — केरिसं णिरहिसंधिणो पेम्मस्स चिण्हम्? (कीदृशं निरभिसन्धे प्रेम्णश्चिह्नम्?)॥ ११॥

पौर्णमासी —

> **स्तोत्रं यत्र तटस्थतां प्रकटयच्चित्तस्य धत्ते व्यथां**
> **निन्दापि प्रमदं प्रयच्छति परीहासश्रियं बिभ्रती।**
> **दोषेण क्षयितां गुणेन गुरुतां केनाप्यनातन्वती**
> **प्रेम्णः स्वारसिकस्य कस्यचिदियं विक्रीडति प्रक्रिया॥ ४॥ १२॥**

मधुमङ्गलः — एव्वं रूव्वं क्खु दोणं राहामाहवाणं पेम्म। (एवं रूपं खलु तयो राधामाधवयोः प्रेम।)॥ १३॥

पौर्णमासी — वत्स! किमुच्यते? माधुर्यसंसर्गिणो नैसर्गिकस्य परस्परवल्लभानां विदग्धमिथुनानां प्रेमशृंखलाबन्धस्य परमोत्कर्षरेखायां दृष्टान्तः किल राधामाधवयोर्भावामृतभूमा॥ १४॥

वृन्दा — भगवति! श्रूयताम् —

> **यष्टिं वष्टि न पाणिना कलयितुं शृंगे न संगार्थितां**
> **धत्ते धातुभिरंगमण्डनमयीं नांगीकरोति क्रियाम्।**
> **पर्णं वादयते न घूर्णितमनास्तीरे कृतान्तस्वसुः**
> **किंतुक्लाम्यति मुक्तविभ्रमगुणग्रामोऽद्य दामोदरः॥ ५॥ १५॥**

पौर्णमासी — (सखेदम्) किमिदम्?॥ १६॥

मधुमङ्गलः — ललिदाकौडिल्लेण। (ललिताकौटिल्येन।)॥ १७॥

पौर्णमासी — नूनं ललितया हठानुवर्तितमाना वर्तते राधिका॥ १८॥

वृन्दा — अथ किम्॥ १९॥

पौर्णमासी — न जाने क्व खल्वद्य ललितादयः॥ २०॥

वृन्दा — तासामुद्देशाय मया सुबलः प्रेषितोऽस्ति॥ २१॥ (प्रविश्य)

सुबलः — अज्जे! वन्देमि। (आर्ये! वन्दे।)॥ २२॥

पौर्णमासी — सुबल! क्व दृष्टा राधादयः?॥ २३॥

सुबलः — मुहराघरोवन्तवट्टिणो रसालस्स मूले। (मुखरागृहोपान्तवर्तिनो रसालस्य मूले।)॥ २४॥

पार्णमासी — वत्स मुधमङ्गल! तूर्णमनुसृत्य राधिकामभिसारयन्त्यस्मि, तदेतया सूक्तिचन्द्रिकया त्वमानन्दय मुकुन्दम्॥ २५॥

(मधुमङ्गलः सहर्षं निष्क्रान्तः)

वृन्दा — (जनान्तिकम्) सुबल! मया समर्पितं पद्मं त्वया किं नाम विशाखायां संचारितम्?॥२६॥

सुबलः — अध इं। (अथ किम्।)॥ २७॥

पौर्णमासी — वृन्दे! यावत्प्रसाद्य प्रसाध्य च राधां संचारयामि तावदधुनायुवाभ्यां पुरः कदम्बनिकुञ्जे विश्राम्यताम्॥ २८॥

(वृन्दा सुबलेन सह निष्क्रान्ता)

पौर्णमासी — (परिक्रम्य) कथं ललितेतमायाति?॥ २९॥ (प्रविश्य)

ललिता — भअवदि! तुम्ह सआसं गच्छन्ती म्हि। (भगवति! तव सकाशं गच्छन्त्यस्मि।)॥ ३०॥

पौर्णमासी — किमर्थम्?॥ ३१॥

ललिता — अज्जे! तिणा धुत्तेण पुणो पुणो अवरज्झिदावि पिअसही लाहवं अमणिअ सुट्ठु उक्कण्ठेदि, ता किं करिस्सम्? (आर्ये! तेन धूर्तन पुनः पुनरपरञ्ञातापि प्रियसखी लाघवममत्वा सुष्ठूत्कण्ठयति, तत्किं करिस्यामि?)॥ ३२॥

पौर्णमासी — वत्से! मुञ्च मुधा कालुष्यम्, नापराध्यति माधवः, किंतु मधुमङ्गल-प्रमादितैव वः खेदाय बभूव॥ ३३॥

ललिता — (स्वगतम्) ममावि एव्वं णन्दीमुहीए कधिदम्। अज्जे पेक्ख एषा राही रसालस्य मूले कम्पन्ती किंपि जप्पदि। (ममापि एवं नान्दीमुख्या कथितम्। आर्ये! पश्यैषा राधा रसालस्य मूले कम्पमाना किमपि जल्पति।) (प्रकाशम्)॥ ३४॥

(ततः प्रविशति राधा)

राधा — (सानुतापं संस्कृतेन)

> **कर्णान्ते न कृता प्रियोक्तिरचना क्षिप्तं मया दूरतो**
> **मल्लीदामनिकामपथ्यवचसे सख्यै रुषः कल्पिताः।**
> **क्षोणीलग्नशिखण्डशेखरमसौ नाभ्यर्थयन्नीक्षितः**
> **स्वान्तं हन्त ममाद्य तेन खदिरांगारेण दंदह्यते॥ ६॥ ३५॥**

पौर्णमासी — पुत्रि! प्रच्छन्नमुपसृत्य शृणुवः प्रेमविलासम्॥ ३६॥ (इत्युभे तथा स्थिते)

श्रीराधिका —

(सचापलं पुनः संस्कृतेन) **धन्यास्ता हरिणीदृशः स रमते याभिर्नवीनो युवा**
(पुनः सशंकम्) **स्वैरं चापलमाकलय्य ललिता मां हन्त निन्दिष्यति।**
(पुनः सौत्सुक्यम्) **गोविन्दं परिरब्धुमिन्दुवदनं हा चित्तमुत्कण्ठते**
(पुनः सामर्षम्) **धिग्वामं विधिमस्तु येन गरलं मानाभिधं निर्ममे॥ ७॥**

ललिता — (स्वगतम्) अदक्खिणे! चिट्ठ चिट्ठ, सअं जेव्वं कण्हं णिराकदुअ भृंगीए में इदूसेसि। (अदक्षिणे! तिष्ठ तिष्ठ स्वयमेव कृष्णं निराकृत्य भृंगया मां दूषयसि॥

श्रीराधिका — (भृंगीमवेक्ष्य संस्कृतेन)

कृमिरपि नमितात्मा हन्त वृन्दावनेऽस्मिन्
कलयति निजमौलौ वर्हमौलेर्निदेशम्।
अनुनयति मुहुर्मां नेतुकामालिनीयं।
यदमलमधुरोक्तिस्तस्य दृष्टिं शठस्य॥ ३९॥

पौर्णमासी — (सनर्मस्मितम्) निखिलमेव वृन्दाटवीप्राथिवृन्दं दूरीभूतमियं मन्यते महामानिनी॥ ४०॥

श्रीराधिका — (प्रेमावेशं नाटयन्ती सचमत्कारम्) कधं एसो मं मोट्ठिअं परिरद्धुं उवसण्णो कण्हो? (कथमेष मां बलात्कारेण परिरब्धुमुपसन्नः कृष्णः?)॥ ४१॥

पौर्णमासी — गम्भीरानुरागविवर्तोऽयम्, यदस्यां माधवस्य विस्फुरणम्॥ ४२॥

श्रीराधिका — (सहुंकारं परावृत्य) हन्त भो वंककलासालि चन्दाअलीकोड़चिरासंग-भंगुरकुरंग! अवेहि अवेहि। एसो तुमं परिहविज्जसि मए। (हन्त भो वक्रकलाशालिन्! चन्द्रावलीक्रोडचिरासंगभंगुरकुरंग! अपेहि, अपेहि एष त्वं परिभविष्यसि मया।)॥ ४३॥ (इति कर्णोत्पलं क्षिपन्ती संस्कृतेन)

यमुनातीरकदम्बाः संप्रति मम हन्त साक्षिणो यूयम्।
एष बलान्मामबलां गोकुलधूर्तः कदर्थयति॥ ९॥ ४४॥

पौर्णमासी — ललिते! परां कोटिमधिरूढा राधिकोत्कण्ठा, तदियं त्वरितमभि-सार्यताम्॥ ४५॥

ललिता — (परिक्रम्य) हला राहि! एक्का जेव्व किं मन्तेसि? (हला राधे! एकैव किं मन्त्रयसि?)॥ ४६॥

श्रीराधिका — (ललितामालोक्य स्वगतम्) कधं सच्चं जेव्व एक्कम्हि, जं कण्हो ण दीसइ ? (हला ललिदे! कथं सत्यमेवैकास्मि, यत्कृष्ण न दृश्यते ? हला ललिते!) (इति प्रकाशं सौत्सुक्यम्)

> **परतणुपवेसविज्जा कहमिह सामेण कामिणा पढिदा ?**
> **मह हिअए माणग्गी परिसिअ णिव्वाविदो जेण ॥**
> **(परतनुप्रवेशविद्या कथमिह श्यामेन कामिना पठिता ?**
> **मम हृदये मानाग्निः प्रविश्य निर्वापितो येन ॥)॥ १० ॥ ४७ ॥**

(प्रविश्य)

विशाखा — हला! सुबलहत्थादो लद्धा इअं पत्तिआ। (हला! सुबलहस्ताल्लब्धेयं पत्रिका।) ॥ ४८ ॥

ललिता — (गृहीत्वा वाचयति)

> **मेध्योऽपि माधविकया मधुपो यदेष,**
> **क्षिप्तः स्वयं प्रचलता नवपल्लवेन।**
> **तस्याः खलु क्षतिरियं सुषमाक्षयेण**
> **नन्दत्ययं तु विरुवन्नरविन्दिनीषु॥ ११ ॥ ४९ ॥**

श्रीराधिका — (सविषादम् संस्कृतेन)

> **अजनि विमुखः शंके पंकेरुहाक्षि विचक्षणो**
> **मयि मधुरिपुर्दोषश्रेणीविहारवनश्रियाम्।**
> **अकलितरसः सूचीविद्धो रजः प्रसरान्धधी-**
> **र्न मधुपयुवा किं केतक्यां विरक्तिमुपैष्यति॥ १२ ॥ ५० ॥**

(इति वैवलव्यं नाटयति)

पौर्णमासी — न हि चन्द्रेण चन्द्रिकाया मोक्षः कदापि संभवति॥ ५१ ॥

विशाखा — हला! समास्सस समास्सस, तुह उक्कण्ठिदं तक्किअ मए कण्हपउत्तिं विण्णादुं णन्दोमुही पेसिदत्थि। (सखि! समाश्वसिहि। समाश्वसिहि तवोत्कण्ठितं तर्कित्वा मया कृष्णप्रवृत्तिं विज्ञातुं नान्दीमुखी प्रेषितास्ति) ॥ ५२ ॥ (प्रविश्य)

नान्दीमुखी — (संस्कृतेन)

> **मृदुरपि निसर्गतस्त्वं कथमार्द्रे माधवे कठोरासि।**
> **अथवा नवनीतपुटी हिमद्रवे कक्खटा प्रैक्षि॥ १३ ॥ ५३ ॥**

श्रीराधिका — हला! अवि णाम सुहं वट्टदि माहवो? (सखि! अपि नाम सुखं वर्तते माधवः?) ॥ ५४ ॥

नान्दीमुखी — (संस्कृतेन)

क्षणमपि न सुहृद्भिर्नर्मगोष्ठीं विधत्तं
रचयति न च चूडां चम्पकानां चयेन।
परमिह मुरवैरी योगिवन्मुक्तभोग-
स्तवसखि मुखचन्द्रं चिन्तयन्निर्वृणोति॥ १४॥ ५५॥

श्रीराधिका — (विशाखां परिष्वज्य संस्कृतेन)

भूयो भूयः कलिविलसितैः सापराधापि राधा
श्लाघ्येनाहं यदघरिपुणा बाढमंगीकृतास्मि।
तत्र क्षामोदरि किमपरं कारणं वः सखीनां
दत्तामोदां प्रगुणकरुणामञ्जरीमन्तरेण?॥ १५॥ ५६॥

(नेपथ्ये)

गर्बोदग्राः कलमविकलं तन्वतामन्यपुष्टा
निष्प्रत्यूहं मृगयुवतयः सस्यमास्वादयन्तु।
सीमन्तिन्यो गृहनयमयीं शीलयन्तु प्रणालीं
धूर्तो वेणुविहरति करे नाद्य पीताम्बरस्य॥ १६॥ ५७॥

श्रीराधिका — (वंशीमुद्धाट्ये सोपालम्भं संस्कृतेन) —

सद्वंशतस्तव जनिः पुरुषोत्तमस्य
पाणौ स्थितिर्मुरलिके सरलासि जात्या।
कस्मात्त्वया सखि गुरोर्विषमा गृहीता
गोपांगनागणविमोहनमन्त्रदीक्षा॥ १७॥ ५८॥

विशाखा — हला! अच्चरिआ इअं बंशी, जं मारुदाहिमुहीकिदा सअं सद्दाएदि। (सखि! आश्चर्येयं वंशी, यन्मारुताभिमुखीकृता स्वयं शब्दायते।) ॥ ५९ ॥

श्रीराधिका — सहि! परिक्खिस्सम्। (सखि! परीक्षिष्ये।) (इति तथा करोति) ॥

विशाखा — सुणिज्जउ महुरा काअली। (श्रूयतां मधुरा काकली।) ॥ ६१ ॥

ललिता — सम्वरेहि, सम्वरेहि मा सुणादु कण्हस्स परिवारः। (सम्वर सम्वर, मा शृणोतु कृष्णस्य परिवारः।) ॥ ६२ ॥

(प्रविश्य)

वृन्दा — (प्रच्छन्नम्) भगवति! न कदापि वंशी देयेति श्रुतं मया ललितादुर्मन्त्रितम्॥

पौर्णमासी — वत्से! युक्तिमायत्यां करिष्यामि॥ ६४॥ (प्रविश्य)

जटिला — णूणं इदो कण्हेण मिलिदं मुरली वादिदा। (विलोकय) अम्मो, कहं वारिसहाणवीहत्थे कण्हस्स वंसी ? ता णिण्हुदं गदुअ णं गेण्हिस्सम्। (इति सहसोपसृत्य सामर्षम्) अयि दुव्विणीदगोआलपुत्तिए! मुञ्च मुरलिअम्। (नूनमितः कृष्णेन मिलितं, यन्मुरली वादिता। अहो! कथं वार्षभानवीहस्ते कृष्णस्य वंशी ? तन्निभृतं गत्वा एनां ग्रहीष्यामि। अयि दुर्विनीतगोपालपुत्रिके! मुञ्च मुरलिकाम्।) (इत्याकृष्य गृह्णाति।)॥

ललिता — (अपवार्य) हद्धी हद्धी क्क पमादो पमादो। कधं वुड्डिआए अवक्किदं मुरली आअड्डिदा ? (हा धिक् हा धिक्, प्रमादः प्रमादः, कथं वृद्धया अतर्कितं मुरली आकृष्टा ?)॥ ६६॥

जटिला — णं क्खु भअवदीए पौर्णमासीए दंसइस्सम्, जा मज भणिदं ण पट्ठिआएदि। (एनां खलु भगवत्यै पौर्णमास्यै दर्शयिष्यामि, या मम भणितं न प्रत्येति।)॥ ६७॥

पौर्णमासी — पुत्रि वृन्दे, गहनं कष्टमापतितम्। पश्य जटिला ममोटजदिशं प्रयाति॥

वृन्दा — भगवति! मा चिन्तय। क्षिप्रमसौ मुरलीं लुण्ठयामि। (इति निष्क्रान्ता)॥

ललिता — (सभयमनुसृत्य) अज्जे! कीस अलीअं संकसि, जं एसा कालिन्दीकूलम्हि अम्हेहि लद्धा। (आर्ये! कस्मादलीकं शंकसे, यदेषा कालिन्दीकूलेऽस्माभिर्लब्धा।)॥ ७०॥

जटिला — (सरोषम्) चवले दुम्हन्तिणि, चिट्ठ चिट्ठ। (चपले दुर्मन्त्रिणि तिष्ठ तिष्ठ।)॥ ७१॥ (प्रविश्य)

सुबलः —अज्जे जडिले, पेक्ख देहिलम्पडा मक्कडी तुज्झ घरं पविसइ। (आर्ये जटिले, पश्य दधिलम्पटा मर्कटी तव गृहं प्रविशति।)॥ ७२॥

जटिला — (साचिग्रीवमालोक्य) सुबल, सच्चं कहेसि। मक्खणचोरिणी एसा मक्कडी। (सुबल, सत्यं कथयसि। नवनीतचौरिण्येषा मर्कटी।) (इति परावृत्य धावन्ती निष्क्रान्ता)॥ ७३॥

पौर्णमासी — नूनं वृन्दया प्रेरितास्ति कक्खटीयं नाम जरन्मर्कटी॥ ७४॥

सुबलः — णन्दीमुहि (पेक्ख पक्खित्तेण वेणुणा मूढजडिलाए) मक्कडी ताडिदा। (नान्दीमुखि, पश्य। प्रक्षिप्तेन वेणुना मूढजटिलतया मर्कटी ताडिता।)॥ ७५॥

पौर्णमासी — (सहर्षम्) दिष्ट्या मुरलीवादाय कक्खटीयं कदम्बमधिरूढा॥ ७६॥ (सर्वाः प्रहर्षं नाटयन्ति) (प्रविश्य)

जटिला — हद्धी वच्छ सुबल, हत्थादो मे मुरली गदा। ता तुज्झ णिम्मञ्छणं जामि। समप्पेहि मे वंसिअम्। (हा धिक् वत्स सुबल, हस्तान्मे मुरली गता। तस्मात्तव निर्मन्थनं यामि। समर्पय मे वंशिकाम्।) ॥ ७७॥

सुबलः — अज्जे, जहत्थणामा एसा कक्खटी केअलं तुज्झ बहिणीपुत्तादो विसालादो भाएदि। ता गोवद्धणसिंगे खेलन्तं णं गदुअ अब्भत्थेहि। (आर्ये, यथार्थनामा एषा कक्षटी केवलं तव भगिनीपुत्राद्विशालाद्बिभेति। तद्गोवर्धनशृंगे खेलन्तमेनं गत्वा-भ्यर्थय।) ॥ ७८॥ (जटिला निष्क्रान्ता)

पौर्णमासी — दिष्ट्या व्याजेन जरतीं दूरमपसार्य धूर्तोऽयं भ्रूविभ्रमेण ललितां त्वरयति॥

ललिता — (नेत्रप्रान्तं कूणयन्ती) हला राहि, राहि। वेणुं मग्गम्हे। (हला राधे, एहि। वेणुं मार्गयावः।) ॥ ८०॥

श्रीराधिका — (स्वगतम्) दिट्ठिआ अहिसारेदि मम्। (दिष्ट्याभिसारयति माम्।) ॥ ८१॥ (प्रविश्यापटीक्षेपेण)

मुखरा — विसाखे, अहिमण्णू संदिसइ–अज्ज जीइतिआणं उपदेसेण मए गोमंगला णाम चण्डी पूअणीज्जा। ता पूअणोपहारं घेतूण तुमं चेच्चरुक्खस्स तले राहिअं लम्भय त्ति। (विशाखे, अभिमन्युः संदिशति–अद्य ज्योतिषिकानामुपदेशेन मया गोमंगला नाम चण्डी पूजनीया। तत्पूजनोपहारं गृहीत्वा त्वं चैत्यवृक्षस्य तले राधिकां लम्भयेति।) ॥८२॥

श्रीराधिका — (सखेदमपवार्य) हन्त, दुद्देअस्स पाडिउल्लम्। (हन्त, दुर्दैवस्य प्रातिकूल्यम्।) (इति ललितामुखमीक्षते) ॥ ८३॥

ललिता — हला, सच्चणामा एसो अहिमण्णु। ता गदुअ पूअणोवहारं संपादेम्ह। (हला, सत्यनामा एषोऽभिमन्युः। ततो गत्वा पूजनोपहारं संपादयामः) ॥ ८४॥ (इति सर्वा निष्क्रान्ताः)

पौणर्मासी — (सुबलमनुसृत्य सव्यथम्) वत्स, दुःसमाधानेयं गतिरुपस्थिता। तदद्य वृन्दया सह गत्वा समाश्वस्यतां त्वया पाटवेन पुण्डरीकाक्षः। मया तु प्रामाणिकपुरंध्रीणां गोष्ठीमासाद्य जटिलाकौटिल्यं वर्णयिष्यते। (इति निष्क्रान्ता) ॥ ८५॥

सुबलः — (परिक्रम्य) एसा तमालतले डाहिणहत्थे गहीदवंसिआ वुन्दा चिट्ठइ।

(एषा तमालतले दक्षिणहस्ते गृहीतवंशिका वृन्दा तिष्ठति।) ॥ ८६ ॥ (प्रविश्य)

वृन्दा — भोः सुबल, विलोकितसर्वार्थास्मि। तदलं तद्वार्तया ॥ ८७ ॥

सुबलः — वुन्दे, तुरिअं एहि। वेणुं जेव्व उवहरम्ह। (वृन्दे, त्वरितमेहि। वेणुमेवोपहरावः।) ॥ ८८ ॥

(इत्युभौ परिक्रामतः)

सुबलः — वुन्दे, मधुमंगलेण वड्ढिदुक्कण्ठो पिअवअस्सो माग्गं ज्जेअ पेक्खन्तो चिट्ठइ। ता ण जाणे अकिदत्थाणं अम्हाणं तत्थ गमणे का तस्स दसा भवे। (वृन्दे, मधुमंगलेन वर्धितोत्कण्ठः प्रियवयस्यो मार्गमेव पश्यंस्तिष्ठति। तन्न जानेऽकृतार्थानामस्माकं तत्र गमने का तस्य दशा भवेत्।) ॥ ८९ ॥

वृन्दा — सुबल, सत्यं ब्रवीषि। पश्यायं पुंनागतरोरुपकण्ठे समुत्कण्ठते कंसारि ॥

सुबलः — वुन्दे, भणामि। चिन्तेहि जुत्तिम्। (वृन्दे, भणामि। चिन्तय युक्तिम्।) ॥

वृन्दा — (विमृश्य) सुबल, गोविन्दस्य क्षणविनोदाय चिन्तितोपायास्मि। तदेहि। तन्निष्पत्तये वेशं भजावः ॥ ९२ ॥

(इति निष्क्रान्तौ) (ततः प्रविशति मुधमंगलेनोपास्यमानः कृष्णः)

श्रीकृष्णः — (सौत्सुक्यम्)

> **राधा पुरः स्फुरति पश्चिमतश्च राधा**
> **राधाधिसव्यमिह दक्षिणतश्च राधा।**
> **राधा खलु क्षितितले गगने च राधा**
> **राधामयी मम वभूव कुतस्त्रिलोकी ॥ १८ ॥ ९३ ॥**

मधुमंगलः — पिअवअस्स! भअवदीए अहिसारिदं दाणिं जेव्व पेक्खिस्ससि राहिअम्। (प्रियवयस्य, भगवत्याभिसारितामिदानीमेव प्रेक्षिष्यसे राधिकाम्।) ॥ ९४ ॥

श्रीकृष्णः —

> **करेणान्तस्तुष्ट्या सललितमवष्टभ्य ललिता-**
> **करांगष्ठं राधा भृशमभिसरन्ती सरभसम्।**
> **किमद्य स्मेराक्षी स्मरपरिमलोल्लासिवलय-**
> **ध्वनिर्मा निर्मास्यत्यनुपमचत्कारचटुलम् ॥ १९ ॥ ९५ ॥**

मधुमंगलः — भो, मा उत्तम्मस्स। कंकणझणक्कारो सुच्चइ ॥ ९६ ॥ (नेपथ्ये) हला ललिदे पेक्ख। सो एसो पुण्णाअरुक्खो दीसइ। (पुनस्तत्रैव) सहि राहे, धिट्ठभमरजम्पिदं

पेक्ख णम्। ता क्खणं इध जेव्व चिट्ठम्ह। (हला ललिते, पश्य। स एष पुंनागवृक्षो दृश्यते। सखि राधे, धृष्टभ्रमरजल्पतिं पश्यैनम्। तत्क्षणमिहैव तिष्ठाव:।) ॥ ९७ ॥

मधुमंगलः — (सचापलम्) भो पिअवअस्स, वामदो किं ण पेच्छसि। एसा ललिदाए सद्धं राहिआ समाअदा। (भोः प्रियवयस्य, वामत किं न पश्यसि। एषा ललितया सार्धं राधिका समागता।) ॥ ९८ ॥

श्रीकृष्णः — (सोत्कण्ठम्) दिष्ट्या साक्षादद्य मदीक्षणयोः सौख्यं विस्तार्यते सख्या ॥

मधुमंगलः — (सगर्वम्) भो, कीस ण वित्थारिदव्वं जत्थ अहं विअद्धो दूदो म्हि। (भोः कस्मान्न विस्तारयितव्यं यत्राहं विदग्धो दूतोऽस्मि।) ॥ १०० ॥

श्रीकृष्णः — सखे, पुरःस्थयोरपि मत्प्रिययोरव्यलीकता नाद्यात्यवधारिता। यदाभ्यां न संनिधीयते ॥ १०१ ॥

मधुमंगलः — पिअवअस्स, सुट्ठु पसण्णं राहीं जाणाहि। जं साडिअञ्चलझम्पिदा मुरली झलक्कइ। (प्रियवयस्य, सुष्ठु प्रसन्नां राधां जानीहि। यत्साटिकाञ्चलाच्छादिता मुरली झलकति।) ॥ १०२ ॥

श्रीकृष्णः — (सस्नेहम्)

> **विधुरेति दिवा विरूपतां शतपत्रं वत शर्वरीमुखे।**
> **इति केन सदा श्रियोज्ज्वलं तुलनामर्हति मत्प्रियाननम् ॥ २० ॥ १०३ ॥**

(इति सकौतुकमनुसर्पति) (नेपथ्ये)

> **वारिसहाणइ लच्छी इअं पुरो राइणी समुग्गमइ।**
> **चन्द्राअलीकुटुम्बअचओर मा धाअ सुप्पसहम् ॥**
> **(वार्षभानवी लक्ष्मीरियं पुरा रागिणी समुद्गच्छति।**
> **चन्द्रावलीकुटुम्बचकोर मा धाव सुप्रसभम्) ॥ २१ ॥ १०४ ॥**

मधुमंगलः — ललिदे, भमिदासि। ण क्खु चओरो। पेक्ख एसो रहंगीरमणो, जेण वारिसहाणइ लच्छी कामिज्जइ। (ललिते, भ्रान्तासि। न खलु चकोरः। पश्यैष रथांगीरमणः, येन वार्षभानवी लक्ष्मीः काम्यते।) ॥ १०५ ॥

(नेपथ्ये पुनरन्यतः) भो कण्ह, सुणाहि। (भोः कृष्ण, शृणु।)।

मुधमंगलः — (विलोक्य सशंकम्) एषा डाहिणे विसालस्स दहिणी सारंगी णाम बालिआ। (एषा दक्षिणे विशालस्य भगिनी सारंगी नाम बालिका।) ॥ १०६ ॥

श्रीकृष्णः — सखे, मा शंकिष्ठा। सुष्ठु बालिकेयम् ॥ १०७ ॥ (प्रविश्य)

सारंगी — भो कण्ह सुणाहि। वुड्ढिआ मुहला भणादि कीसतुए मम णत्तिणी अलीअं दूसिज्जइ। जं तुज्झ वंसिआ अम्हेहिं कक्खलिआहत्थे दिट्ठा, ता मा गोहि णं ति। (भोः कृष्ण, शृणु। वृद्धा मुखरा भणति-कस्मात्त्वया मम नप्त्री मिथ्या दूष्यते। यत्तव वंशिकास्माभिः कक्खटिकाहस्ते दृष्टा, तस्मान्मार्गमेनामिति।) ॥ १०८ ॥

श्रीकृष्णः — सारंगिके, विज्ञापय मुखरां यदहं लब्धमुरलीकोऽस्मि ॥ १०९ ॥

(नेपथ्ये) हला, पच्छन्ना होहि। (सखि, प्रच्छन्ना भव।) ॥ ११० ॥

सारंगी — (नेपथ्याभिमुखमवलोक्य सेर्ष्यम्) हला राहिए! चेच्चरुक्खस्स तले तुमं विदुदि आआलेदि मे भादुओ। ता तत्थ किंति ण गदासि।

(हला राधिके, चैत्यवृक्षस्य तले त्वामाकारयति मे भ्राता। तत्तत्र किमिति न गतासि।) ॥

(नेपथ्ये) हदासे! साहासारंगमुहि सारंगिए, तुमं विदुदिआ जडिला संवुत्ता। ता वुड्ढसद्दूलस्स तुण्डकोडरे पडेहि। (हताशे शाखासारंगमुखि सारंगिके, त्वमपि द्वितीया जटिला संवृत्ता। तस्माद्वृद्धशार्दूलस्य तुण्डकोटरे पत।) ॥ ११२ ॥

सारंगी — (सामर्षम्) ललिदे! उल्लट्टिअ मं जेव्व तुमं तज्जसि। ता अहं गदुअ माउसिआए जडिलाए विण्णविस्सम्। (ललिते! वैपरीत्येन मामेव त्वं तर्जयसि। तदहं गत्वा मातृस्वस्त्रे जटिलायै विज्ञापयिष्यामि।) (इति निष्क्रान्ता) ॥ ११३ ॥

मधुमंगलः — (सावज्ञम्) जादु णाम, बालिआपलावे कस्स वीसम्भो? (जातु नाम, बालिकाप्रलापे कस्य विश्रम्भः?) ॥ ११४ ॥

(नेपथ्ये) सखि राहे! मुञ्च मुञ्च। (सखि राधे! मुञ्च मुञ्च।) ॥ ११५ ॥

मधुमंगलः — भो! सुणाहि संकिदेण किं भणादि ललिदा। (भोः शृणु संस्कृतेन किं भणति ललिता।) ॥ ११६ ॥ (पुनर्नेपथ्ये)

> **किं तस्करीं युवतिमानधनस्य वंशी-**
> **मंके करोषि विकिर त्वरया विदूरे।**
> **एषा प्रयातु वनिताम्बरतस्कराय**
> **योग्येन संगमिह गच्छतु वस्तु योग्यम्॥ २२॥ ११७॥**

श्रीकृष्णः — (स्मित्वा) सखे! पश्येमञ्चलाद्वंशीं बलादिवाकृष्य पुरस्ताच्चिक्षेप। तदिमां गृहाण॥ ११८॥

(मधुमंगलस्तथा करोति)

(नेपथ्ये दूरतः) अम्मो! सारंगीए असच्चं ण भणिदम्। (अम्मो! सारंगया असत्यं न

भणितम्) ॥ ११९ ॥

श्रीकृष्णः — (सव्यथम्) सखे! पश्य। पुरो निष्ठुरेयमुपस्थिता जरती॥ १२० ॥

मधुमंगलः — हन्त! साअणकसणभुअंगीव कूरमुही एसा रोसावेसेण लट्ठिं खिवन्ती परुसं गज्जइ जडिला। (हन्त! श्रावणकृष्णभुजंगीव क्रूरमुख्येषा रोषावेशेन लकुटीं क्षिपन्ती परुषं गर्जति जटिला।) ॥ १२१ ॥

(नेपथ्ये) भो दुक्कुलंगारधूमलेहे! पच्चहं वञ्चेसि दाणिं का पउत्ती। (भो दुष्कुलांगार-धूमलेखे, प्रत्यहं वञ्चयसे इदानीं का प्रवृत्तिः?) ॥ १२२ ॥

मधुमंगलः — हद्धी, कअलीव्व कम्पइ राहिआ (हा धिक्। कदलीव कम्पते राधा।) ॥ १२३ ॥

(नेपथ्ये) अज्जे! पसीद, ण क्खु अम्हे अवरज्झम्ह। (आर्ये! प्रसीद, प्रसीद न खलु वयमपराध्यामः।) ॥ १२४ ॥

मधुमंगलः — पेक्ख, राहिअं हत्थे घेत्तूण ललिदाए समं पत्थिदा वुड्ढिआ। (पश्य, राधिकां हस्ते गृहीत्वा ललितया समं प्रस्थिता वृद्धा।) ॥ १२५ ॥

श्रीकृष्णः — (सखेदम्) सखे! न जाने किमद्य प्रतिपद्यते कठोरेयं जटिला। तदपसृत्य तत्त्वमधार्यताम्॥ १२६ ॥

(मधुमंगलो निष्क्रान्तः)

श्रीकृष्णः — (निःश्वस्य)

व्यक्तिं गते मम रहस्य विनोदवृत्ते
रुष्टो लघिष्ठहृदयस्तरसाभिमन्युः।
राधां निरुध्य सदने विनिगूहते वा
हा हन्त लम्भयति वा यदुराजधानीम्॥ २३॥ १२७॥

(प्रविश्य)

मधुमंगलः — भो पिअवअस्स! अच्चरिअम् अच्चरिअम्। णूणं राहिआ कंपि विज्जा जाणई। (भोः प्रियवयस्य! आश्चर्यम् आश्चर्यम्। नूनं राधिका कामपि विद्यां जानाति।) ॥ १२८ ॥

श्रीकृष्णः — कथ्यतां कीदृशी विद्या दृष्टा? ॥ १२९ ॥

मधुमंगलः — भो! कुलवुड्ढाहीरीमण्डले णिविट्ठाए भअवदीए अग्गदो विक्कोसन्ती जड़िला राहिअं णीदा। (भो! कुलवृद्धाभीरिमण्डले निविष्टाया भगवत्या अग्रतो

विक्रोशन्ती जटिला राधिकां नीता।) ॥ १३० ॥

श्रीकृष्णः — ततस्ततः ?॥ १३१ ॥

मधुमंगलः — तदो विट्ठं मए सिणेहेण विक्खुहिदासु तासु सव्वासु सा राहिआ ओग्गुण्ठणं उच्छारिअ हसन्तो सुअलो संवुत्तो। (ततो दृष्टं मया स्नेहेन विक्षुभितासु तासु सर्वासु सा राधिकावगुण्ठन मुत्सार्य हसन्सुबलः संवृत्तः।) ॥ १३२ ॥

श्रीकृष्णः — (स्मित्वा) ततस्ततः ?॥ १३३ ॥

मधुमंगलः — तदो हासकोलाहले उवरदे रुट्ठाहिं सम्वाहिं निब्भच्छिदा लज्जाए णदमुही जटिला पलाइदा। (ततो हासकोलाहले उपरते रुष्टाभिः सर्वाभिर्निर्भर्त्सिता लज्जया नतमुखी जटिला पलायिता।) ॥ १३४ ॥

श्रीकृष्णः — कथ्यताम्, तयोर्द्वितीया कथमभूत् ?॥ १३५ ॥

मधुमंगलः — राहिआए कण्णे पढिदेण केण वि मन्तेण पढमं जेव्व सा वुन्दा किदा। (राधिकया कर्णे पठितेन केनापि मन्त्रेण प्रथममेव सा वृन्दा कृता।) ॥ १३६ ॥

श्रीकृष्णः — सखे! न राधिकायाः खल्वियं विद्या, किंतु तामभिमन्युना समाहृताम-वधार्य मद्विनोदाय वृन्दया प्रणीतमिदं कौतूहलम्॥ १३७ ॥

मधुमंगलः — (साट्टहासम्) भो पिअवअस्स! सच्चं विअ कहेसि; दिट्ठं मए पुणोवि वुन्दाए णिम्मिदराहावेसो सुअलो मुहराघरे पविट्ठो। (भोः प्रियवयस्य! सत्यमिव कथयसि; दृष्टं मया पुनरपि वृन्दया निर्मितराधावेषः सुबलो मुखरागृहे प्रविष्टः।) ॥

(नेपथ्ये)

> **दधाना मध्याह्नज्वलदरुणकान्तप्रतिमया**
> **वपुस्तुल्यं गण्डस्थलतुलितकारण्डवरुचिः।**
> **कृशांगीयं निद्रापरिमलदरिद्राक्षिकमला**
> **सखी वाधां राधा हरिविरहखिन्ना प्रथयति॥ २४॥ १३९ ॥**

श्रीकृष्टः — (सदृष्टिक्षेपम्) सखे! दिष्ट्या कीरेणामुना समाश्वासितोऽस्मि॥ १४० ॥

मधुमंगलः — णूणं वुन्दाभासिदं अणु करेवि कीरो। (नूनं वृन्दाभाषितमनुकरोति कीरः।) ॥ १४१ ॥

श्रीकृष्णः — सखे! द्रष्टुमिच्छामि तादृशौ वृन्दासुबलौ, ततस्त्वर्यताम्।

(मधुमंगलो वंशीं कृष्णकरे निक्षिप्य परिक्रामति)

श्रीकृष्णः — सुविच्युतां वंशीमुपलब्धोऽस्मि, तदेनां पूरयामि। (इति तथा करोति) ॥

मधुमंगलः — (क्षणमुत्कर्णो भवन् संस्कृतेन)

मनोहारी कोऽपि प्रतिमुखविसारी मृदुतया
विरावोऽयं वर्यां श्रवणपरिचर्यां रचयति।
ततः कर्णोत्तंसीकृतचटुलवंशी कलरुति-
र्निरातङ्का शंके मिलति कलविंकावलिरितः॥ २५॥ १४३॥

(पुनर्विलोक्य) ही ही, सद्दसाधम्मेण पदारिदो म्हि जं, कंकणसिञ्जिदं क्खु एदम्। (ही ही, शब्दसाधर्म्येण प्रतारितोऽस्मि, यत् कंकणसिञ्जितं खल्वेतत्।) ॥ १४४॥

(ततः प्रवशिति ललितयानुगम्यमाना राधा)

श्रीराधिका — अमिअं विअसि सुमहुरं वमसि रुअं विस्समोहणं विसम्। तुज्झ ण दूसणमधवा मुरलि जदो दारुणासि किदा॥ (अमृतं पिबसि सुमधुरं वमसि रुतं विश्वमोहनं विषमम् तव न दूषणमथवा, मुरली! यतो दारुणासि कृता॥) ॥ २६ ॥

ललिता — हला! पुरदो पुण्णअस्स मूले कण्हो रेहदि। (हला! पुरतः पुन्नागस्य मूले कृष्णो राजते।) ॥ १४६ ॥

मधुमंगलः — (विलोक्य सहर्षम्) दूरे मग्गणिज्जो अत्थो कहं सअं जेव्व हत्थे उवत्थिदो? (इति परावृत्य) पिअवअस्स, पेक्ख, वुन्दाए सद्धं सुअलो तुज्झ संणिहिं लद्धो। (दूरे मार्गणीयोऽर्थः कथं स्वयमेव हस्ते उपस्थितः? प्रियवयस्य! पश्य, वृन्दया सार्धं सुबलस्तव सन्निधिं लब्धः।) ॥ १४७ ॥

कृष्णः — (सस्नेहमालोक्य) हन्त! प्रियसख्यौ प्रविष्टा मे दृष्टिः प्रकाममादते। (इति परिकम्य) भोः सखीनां शिखामणे! तरसा सन्निधीयताम्॥ १४८ ॥

राधिका — (सम्मितमपवार्य) हला ललिदे! मं क्खु सुअलं जेव्व जाणादि दे वअस्सो। (हला ललिते! मां खलु सुबलमेव जानाति तव वयस्यः) ॥ १४९ ॥

श्रीकृष्णः — सखे मधुमंगल! पश्य संविधानकस्य किमपि सौष्ठवम्, यदसौ साक्षादग्रतो राधिकैव सवयस्या प्रतिभाति॥ १५० ॥

ललिता — हला राहिए! अपरिफुल्लो एसो सुरवल्लहो। (हला राधिके अपरिफुल्ल एष सुरवल्लभः।) ॥ १५१ ॥

मधुमंगलः — (सेर्ष्यम्) ठग्गिणि वुन्दे! अज्ज वि किं ति अम्हाणं पुरदो राही रहि त्ति भणासि? सुअल त्ति उज्जुअं कहेहि। (ठगिनि वृन्दे! अद्यापि किमित्यस्माकं पुरत राधा राधेति भणसि? सुबलेति ऋजकं कथय।) ॥ १५२ ॥

श्रीकृष्णः — सखे मा त्वमेवं ब्रवीः प्रक्रामं राधाभिधानं धिनोति माम्, तदनेनाहमप्यामन्त्रयिष्ये। (इतिसंन्निधाय) सखि राधे! परिष्वजस्व माम् क्षणमहं तदेव प्रियाभिमर्शसौख्यमनुभवामि॥ १५३॥

ललिता — (राधां पृष्ठतः कृत्वा।) णाअर! तत्थ गदुअ सुअलं जेव्व आलिंगेहि। अलं इमिणा दम्भमुद्दापउएण। (नागर! तत्र गत्वा सुबलमेवालिंगस्व। अलमनेन दम्भमुद्राप्रयोगेण।)॥ १५४॥

मधुमंगलः — (सरोषम्) वुन्दे, तुमं पददिएवि णूणं ललिदा संवुत्ता, जं पज्जुस्सुअं पिअवअस्सं वारेसि। (वृन्दे! तवं प्रकृतितोऽपि नूनं ललिता संवृत्ता, यत्पर्युत्सुकं प्रियवयस्यं वारयसि।)॥ १५५॥

(प्रविश्य)

वृन्दा — सखि राधे! त्वद्भुजवल्लरीस्पर्शकामुकोऽयं पुरस्तात्पुंनागः तदेनं दोहददानेनोत्फुल्लय॥ १५६॥

मधुमंगलः — (सविस्मयम्) वअस्स! दिट्ठ बुन्दाए इन्द्रजालम्! (इति सकौतुकमवेक्ष्य।) इन्द्रजालाणि वुन्दे! घणाइदी वि धूमलेहा विअद्धसारंगं आकड्ढिदूं णादिहदि। (वयस्य! दृष्टं वृन्दाया इन्द्रजालम्? इन्द्रजालानि वृन्दे! घनाकृतिरपि धूमलेखा विदग्धसारंगमाक्रष्टुं नार्हति।)॥ १५७॥

श्रीकृष्णः — (निभाल्य सविस्मयम्) कथं सत्यमेवानया रंगणमालिकया दुस्त्यजकण्ठीयं प्रिया मे वर्षाभावनी॥ १५९॥

मधुमंगलः — अइ देइ वुन्दे! पसीद पसीद, मा क्खु बुद्धिं मोहेहि? जं राहा चैच्चरुक्खतले पत्थिदा। (अयि देवि वृन्दे! प्रसीद, प्रसीद। मा खलु बुद्धिं मोहय। यद्राधा चैत्यवृक्षमूले प्रस्थिता।)॥ १६०॥

वृन्दा — आर्य! रंगणमालिकास्पर्शमानभिज्ञकण्ठी कृत्रिमेव राधिका विशाखा सार्द्धं तत्र गता॥ १६१॥

श्रीकृष्णः — (राधामालोक्य)

> **तवानुकारात्सुबलं दिदृक्षुणा मया त्वमाप्ता पुरतः सुदुर्लभा।**
> **सादृश्यतः काचमिवाभिलष्यता प्रेमाग्रभूमिर्वणिजा हरिन्मणिः॥ २७॥**

श्रीराधिका — चिट्ठ, चिट्ठ, विण्णादोसि। (तिष्ठ, तिष्ठ, विज्ञातोऽसि)॥ १६३॥

ललिता —

जलइ सही मह राही मन्दा जं होई णीलिणी-राआ।
कण्ह तुमं णन्दसि जं धण्णो हालिद्दराओ सि॥
(ज्वलति सखी मम राधा मन्दा यद्भवति नीलिनीरागा।
कृष्ण त्वं नन्दसि यद्धन्यो हारिद्ररागोऽसि)॥ २८॥ १६४॥

श्रीकृष्णः —

रोहिण्याधरशोभया विहरसे ज्येष्ठासि वामभ्रुवां
वाण्या राजसि चित्रया परिजनेष्वार्द्रा धियं यच्छसि।
राधे त्वं श्रवणोत्तरेति परितस्तारोदयोल्लासिनी
नाश्लेषार्पणदीक्षिते मयि कथं दाक्षिण्यमातिष्ठसि?॥ २९॥ १६५॥

वृन्दा —

मुधा मानोन्नाहाद्ग्लपयति किमंगानि कठिने
रुषं धत्से किं वा प्रियपरिजनाभ्यर्थनविधौ।
प्रकामं ते कुञ्जालयगृहपतिस्ताम्यति पुरः
कृपालक्ष्मीवन्तं चटुलय दृगन्तं क्षणमिह॥ ३०॥ १६६॥

श्रीकृष्णः —

निष्ठुरा भव मृद्वी वा प्राणास्त्वमसि राधिके।
अस्ति नान्या चकोरस्य चन्द्रलेखां विना गतिः॥ ३१॥ १६७॥

श्रीराधिका — सच्चं माइणं वि तुमं मोहणोसि। (सत्यम् मायिनामपि त्वं विमोहनोऽसि)॥ १६८॥ (इति सशब्दं क्रन्दति)

ललिता — (संस्कृतेन।)

धारा वाष्पमयी न याति विरतिं लोकस्य निर्मित्सतः
प्रेमास्मिन्निति नन्दनन्दनरतं लोभान्मनो मा कृथाः।
इत्थं भूरि निवारितोपि तरले मद्वाचि साचीकृत-
भ्रूद्वन्द्वा नहि गौरवं त्वमकरोः किं नाद्य रोदिष्यसि?॥ १६९॥

(कृष्णः करारविन्देन राधिकाश्रुबिन्दूनपसारयति)

श्रीराधिका — मद्धुजणे वि वंकं वयहरन्तो कीस ण लज्जसि? (मुग्धजनेऽपि वक्रं व्यवहरन् कस्मान्न लज्जते?)॥ १७०॥

श्रीकृष्णः —

स्मरक्रीडालुब्धः पशुपरमणीषु स्फुटमहं
तथाप्यक्ष्णोर्वर्तिस्त्वमसि मम दिव्याञ्जनमयी।
तपाद्याः किं भृंगं पृथुलमृतुलक्ष्मीर्न भजते
रसोल्लासादेनं तदपि हि मधुश्रीर्मदयति॥ ३३॥ १७१॥

वृन्दा — सखि, यथार्थं वक्ति वनमाली॥ १७२॥

श्रीकृष्णः — प्रिये, त्वया सहचर्या वनविहारचर्यामंगीकर्तुमिच्छामि॥ १७३॥

वृन्दा — तेनाहं सखिवृन्दमवपधापयामि। (इति परितः पश्यन्ती।)

स्मितं वितनु माधवि प्रथय मल्लि हासोद्गमं
मुदा विकस पाटले पुरटयूथि निद्रां त्यज।
प्रसीद शतपत्रिके भज लवंगवल्लि श्रियं
दधार सह राधया हरिरयं विहारस्पृहाम्॥ ३४॥ १७४॥

मधुमंगलः — ही, ही कहं कन्तारजक्खिण्णीए वाआमेत्तएण उप्फुल्लीकिअं वल्ली-मण्डलम्! (ही ही, कथं कान्तारयक्षिण्या वाचामात्रेणोत्फुल्लीकृतं वल्लीमण्डलम्!)॥

श्रीकृष्णः — सखे! चित्तमामोदयन्ति पुष्पामोदवत्यो मे वीरधः॥ १७६॥

मधुमंगलः — वअस्स! तुम्हाणं सव्वाओ चित्तं आमोदेन्ति लदाओ, मम उण एक्का हेमजूही जेव्व, जा गोकुलेसरीए सक्कियं गव्वघिअं विअंत्थवअं धारेइ॥ (वयस्य! युष्माकं सर्वाश्चित्तमामोदयन्ति लताः। मम पुनरेका हेमयथ्येव, या गोकुलेश्वर्या संस्कृतं गव्यधृततमिव स्तवकं धारयति।)॥ १७७॥

ललिता — (स्मित्वा) अज्ज! तदो क्खु पअडिदा दे रसण्णदा। (आर्य! ततः खलु प्रकटा ते रसज्ञता)॥ १७८॥

मधुमंगलः — (सेर्ष्यम्) वअस्स! पेक्खु पेक्ख इमाओ रत्ताओवि वंकाओ किंसुअकलिइआओ गोइआओ विअ मं ण सुहावेन्ति। (वयस्य! पश्य पश्य, एता रक्ता अपि वक्राः किंशुककलिकाः गोपिका इव मां न सुखयन्ति।)॥ १७९॥

ललिता — वृन्दे! एदे वल्लआ विअ पेक्खीअन्तु जवात्थवआ, जा क्खु लोअण-लोहणिज्जा वि आमोदं ण वित्थारेन्ति। (वृन्दे! एते वल्लवा इव प्रेक्ष्यन्तां जवास्तवकाः, ये खलु लोचनलोभनीया अपि आमोदं न विस्तारयन्ति)॥ १८०॥

मधुमंगलः — (सरोषम्) जाणम्ह तुम्हाणं गोइआणं कम्म जाओ रसकुम्भं वि दिढं

णिम्मन्थिअ सिणेहं कड्ढन्ति। (जानामि युष्माकं गोपिकानां कर्म, या रसकुम्भमपि दृढं निर्मथ्य स्नेहं कर्षन्ति।) ॥ १८१ ॥

वृन्दा — (स्मित्वा।) सखि ललिते!

ये दण्डपाशभाजस्फुटं वहन्तो मनः शिलाकल्पम्।
कान्तारमाश्रयन्ते तेभ्यो वः क्षेममुल्लसतु॥ ३५॥ १८२॥

श्रीकृष्णः — (स्मित्वा) वृन्दे! ज्ञातं ज्ञातम्। बुद्धिं मूर्च्छयता कूर्चिकालोभेन गोपिकाञ्चलग्राहिणी त्वं कृतासि॥ १८३ ॥

(नेपथ्ये)

कस्तूरिकेव दुरवच्छदसंगमेयं गोपीततिर्मदमयी किल पिच्छिला च।
दाक्षिण्यतस्तनुभृतामनुरञ्जनोऽयं वासन्तवायुरिव हन्त मुरान्तकारी॥

श्रीकृष्णः — (पृष्ठतो दृष्टिं क्षिपन्।) साधु भो कीरराज! साधु॥ १८५ ॥

मधुमंगलः — विहंगपुंगअ! चउद्दहविज्जाविअक्खणो दीहाउ होहि॥ (विहंगपुंगव! चतुर्दशविद्याविचक्षणो दीर्घायुर्भव) ॥ १८६ ॥

ललिता — हण्डे चण्डालकीर! पअण्डससाअणतुण्डराहुणो पाहुणो होदु दे पिण्डससी। (हण्डे चण्डालकीर! प्रचण्डशशादनतुण्डराहोः प्राघुणो भवतु ते पिण्डशशी) ॥

श्रीकृष्णः — सखे! तूर्णमस्मै समर्पय पाकिमानि दाडिमीबीजानि॥ १८८ ॥

मधुमंगलः — भो विन्दावणविहप्पए! दाडिमीवीअहिन्तो वि सुट्ठु कन्तं ललिदाए दन्तपत्तिं दे दाइस्सम्। (भो वृन्दावनवृहस्पते! दाडिमीबीजेभ्योऽपि सुष्ठु कान्तां ललिताया दन्तपंक्तिं ते दास्यामि।) ॥ १८९ ॥

(पुनर्नेपथ्ये)

चञ्चलसंझाघण विअ मुहुत्तराअं तणोदि दे सामी।
वहइ सिणेहं राही णवरं णअणीअपुत्तीव्व॥
(चञ्चलसंध्याघन इव मुहूर्तरागं तनोति ते स्वामी।
वहति स्नेहं राधा केवलं नवनीतपुत्रीव॥)॥ १९०॥

ललिता — (सानन्दम्) सहि सारिये! सोहग्गवदी होहि, जं पच्चुत्तरेण णिज्जिदो तुए दुम्मुहो कीरो। (सखि सारिके! सौभाग्यवती भव, यत्प्रत्युत्तरेण निर्जितस्त्वया दुर्मुखः कीरः) ॥ १९१ ॥

श्रीकृष्णः — (स्वगतम्) ध्रुवं वृन्दयेदमध्यापितकौशलं विहंगमयोर्द्वन्द्वम्॥ १९२ ॥

मधुमंगलः — (सक्रोधम्) हञ्जे, भज्जेमि दे तिक्खजप्पिणं चञ्चुपुडम्। (हण्जे, भनज्मि ते तीक्ष्णजल्पिणं चञ्चुपुटम्।) ॥ १९३ ॥

(इति सव्याजं दण्डं क्षिपति)

श्रीराधिका — हन्त, कधं उड्डीणं वावदूअं विहंगमिहुणम्। (हन्त, कथमुड्डीनं वावदूकं विहंगमिथुनम्।) ॥ १९४ ॥

श्रीकृष्णः — (राधामवेक्ष्य)

सेवन्ते तरुगेहिनः सुमनसां वृन्दैर्मधुस्यन्दिभि-
र्यत्रोत्फुल्लतयावधूभिरभितः संगत्य भृंगातिथीन्।
संवीता पशुभिस्तथा खगकुलैः खेलद्भिरव्याहतं
न स्यात्कस्य सुकण्ठि सेयमधिकानन्दाय वृन्दाटवी ?॥ १९५ ॥

अथवा—

हरिणीर्विडम्बयसि नेत्रखेलया ललितैर्लतापिककुलं कलोक्तिभिः।
शिखिनश्च कुन्तलकलापविभ्रमैरिति ते पुरः किमिव मे वनश्रिया ?॥

वृन्दा — पश्य, पश्य,

विरतोर्मिरियं सुनीरजा धृतशुद्धोज्ज्वलसत्त्वसंततिः।
स्फुटकृष्णरुचिर्यमादृता मुनीगोष्ठीव चकास्ति भानुजा ॥ ४० ॥ १९७ ॥

कृष्णः — प्रिये, पश्य पश्य,

स्मितरुचिविराजितं ते मुखमिव नीराजयत्यधीराक्षि।
नीरजबान्धवदुहितुर्नीरजराजी मरुद्भ्रमिता ॥ ४१ ॥ १९८ ॥

वृन्दा — (परिक्रम्य नीरजान्याहृत्य च।) पुण्डरीकाक्ष! स्तोकोत्फुल्लमिदं गृहाण लीलापुण्डरीकम्। तथावतंसोचितं कोकनदद्वन्द्वम्॥ १९९ ॥

श्रीकृष्णः — (सहर्षमादाय।) वृन्दे! रक्तोत्पले राधाकर्णयोराधानेन श्रियं लभेताम्। (इति तथाकृत्वा सकौतुकम्) हन्त, पुण्डरीककोषे चञ्चरीको वर्तते ॥ २०० ॥

वृन्दा —

मधुपः कमलेन सार्धमुद्यन्मकरन्देन मुकुन्दमाससाद।
सरसेषु विनिर्मितो हि संगं परमानन्दभरोन्नतिं तनोति ॥ ४२ ॥ २०१ ॥

श्रीकृष्णः — प्रिय पश्य पश्य,

अस्मिन्मदीयकरसंगिनि पुण्डरीक-
कोशे क्षणं किल बिलम्ब्य शिलीमुखोयम्।
कर्णावलम्बि तव कोकनदं प्रपेदे
कं वा बलान्न हि हरत्यनुरागलक्ष्मीः ॥ ४३ ॥ २०२ ॥

(राधिका संभ्रमं नाटयन्ती भुजलतां क्षिपति)

श्रीकृष्णः — (स्फुटं विहस्य)

कर्णोत्तंसितरक्तपंकजजुषो भृंगीपतेर्झंक्रिया-
भ्रान्तेनाद्य दृगञ्चलेन दधती भृंगावलीविभ्रमम्।
त्रासान्दोलितदोर्लतान्तविचलच्चूडाझणत्कारिणी
राधे व्याकुलतां गतापि भवती मोदं ममाधास्यति ॥ ४४ ॥ २०३ ॥

श्रीराधिका — (सत्रासं चेलाञ्चलमुदञ्चयन्ती।) कथं अज्जवि ण चलदि धिट्ठो? (कथमद्यापि न चलति धृष्टः ?) ॥ २०४ ॥

श्रीकृष्णः —

मधुराक्षि! मुधाद्य संभ्रमेण क्षिप चेलाञ्चलमञ्जसा न भूयः।
पिबत श्रवणोत्पलोद्गतं ते मधुपोऽयं मधुमंगलं कृशांगि ॥ ४५ ॥ २०५ ॥

मधुमंगलः — भोवअस्स! कीस बह्मणं मं महुवेण पिवाएसि (भो वयस्य! कस्माद् ब्राह्मणं मां मधुपेन पाययसि ?) (इति दण्डेन भ्रमरं ताडयति) ॥ २०६ ॥

श्रीराधिका — (सश्लाघम्।) अज्ज! पिअंकरो ममासि संवुत्तो। (आर्य! प्रियंकरो ममासि संवृत्तः।) ॥ २०७ ॥

मधुमंगलः — कहं मधुसूअणो तक्कालं जेव्व तिरोहिदो, जं कुदो वि ण लक्खीअदि ?। (कथं मधुसूदनस्तत्कालमेव तिरोहितः, यत्कुतोऽपि न लभ्यते ?) ॥ २०८ ॥

श्रीराधिका — (सव्यामोहम्) हद्धी हद्धी, कहिंगदो महुमहणो? (हा धिक् हा धिक्। कुत्र गतो मधुमथनः।)

(इति संस्कृतेन)

समजनि दवाद्वित्रस्तानां किमार्तरवो गवां
मयि किमभवद्वैगुण्यं वा निरंकुशमीक्षितम्।
व्यरचि निभृतं किं वा हूतिः कयाचिदभीष्टया

यदिह सहसा मामत्याक्षीद्वने वनजेक्षणः॥ ४६ ॥ २०९ ॥

(कृष्णः संज्ञया सर्वान्निवार्य स्मितं करोति)

श्रीराधिका — हन्त हन्त, (संस्कृतेन।)

वासन्तीभिरयं न मे कचभरः कंसारिणोत्तंसित-
स्तस्योरस्थलचुम्बिचम्पकमयैर्नागुम्फि माल्यं मया।
मल्लीभिश्च निरर्गलं परिहसन्नायं बलात्ताडितः
प्रारम्भेऽद्य वनोत्सवस्य विरहच्छद्मादयः प्रोदगात्॥ ४७॥ २१०॥

वृन्दा — (अपवार्य।) काममन्धंकरणीयं प्रेमबन्धकन्दली या खलु विस्पष्टमपि नानुसंधापयति॥ २११ ॥

श्रीराधिका — (पुरो विलोक्य) सहि वुन्दे! रक्खेहि मम्। (इति त्रासं नाटयन्ती।)

सप्पी सप्पइ भिंगपन्तिमिसदो काली रसालांकुरे
रत्तासोअसिरे विरेहइ तथा पुप्फच्छलादो सिही।
सिंगे केसुअसाहिणो अ कलिआदम्भेण संभेदिणी
मं भेत्तु कुसुमाउहस्स वलइ क्कूराद्धचन्दाअली॥

(सखि वृन्दे! रक्षमाम्।

सर्पी सर्पति भृंगपंक्तिमिषतः काली रसालांकुरे
रक्ताशोकशिरसि राजति तथा पुष्पच्छलात्सा शिखी।
श्रृंगे किंशुकशाखिनश्च कलिकादम्भेन संभेदिनी
मां भेत्तुं कुसुमायुधस्य वलते क्रूरार्धचन्द्रावली।)॥ ४८॥ २१२॥

(इति वैवश्यं नाटयन्ति)

श्रीकृष्णः — (संभ्रमादभ्युपेत्य पाणि गृह्णन्नुच्चैः।) सुकुमारि! किमकाण्डे कातरासि? यतः।

त्वमुखलक्ष्मीग्लपिता चन्द्रावलिरिह बिभेतिपूर्णापि।
प्रणयान्धे तव कर्त्तुं किमर्धचन्द्रावली क्षमते?॥ ४९ ॥ २१३ ॥

श्रीराधिका — (सधैर्यं लज्जां नाटयन्ती स्वगतम्।) कधं अच्छिलग्गं चेअ हारिदं मणन्ती खिण्णम्हि?। (कथमक्षिलग्नमेव हारितं मन्यमाना खिन्नास्मि?)॥ २१४॥

श्रीकृष्णः — प्रिये! पश्य पश्य,

परिणततवबीजस्पर्धिदन्तोरुभासः

कुसुममुपहसन्त्यास्तन्वि दन्तच्छदेन।
फलविजयि कुचायास्त्वद्भयाद्दाडिमीयं
मृदुलपवनदोलादम्भतः कम्पतेऽद्य॥ ५०॥ २१५॥

वृन्दा — सखि राधे! निर्वर्णय तव कर्णिकोचितकोरकं कर्णिकारममूम्॥ २१६॥

श्रीराधिका — णअकण्णिआरकुसुमे भसलो रसलोहणिच्चलो भोदि। (नवकर्णिकारकुसुमे भसलो रसलोभनिश्चलो भवति)॥ २१७॥

श्रीकृष्णः — काञ्चनमञ्चननिविष्टो रसराजोऽयं शरीरीव॥ ५१॥ २१८॥

श्रीराधिका — पेक्ख पेक्ख। (प्रेक्षस्व प्रेक्षस्व।) (संस्कृतेन)

उद्धुरमरन्दमत्ता रुद्धे सारेण गन्धविसरेण।
इह सुन्दर मल्लिगणे रोलम्बा हन्त गुञ्जन्ति॥ ५२॥ २१९॥

(कृष्णः 'उद्धुरमरन्द-' इत्यादि पठति।)

वृन्दा — पीतातिसूक्ष्मशिखरा चम्पककलिकेयमायताभाति॥ २२०॥

श्रीकृष्णः — मानवतीहृन्मथनी हैमी कामस्य शक्तिरिव॥ ५३॥ २२१॥

मधुमंगलः — भो वअस्स, एसा कामस्स सत्ती ण होइ। पेक्ख, जडिलाक्खित्ता सा हरिआलगोरी लउडिआ। (भो वयस्य! एषा कामस्य शक्तिर्न भवति। पश्य, जटिलाक्षिप्ता सा हरितालगौरी लकुटिका।)॥ २२२॥ (प्रविश्य)

जटिला — अरे जिम्ह ब्रह्मण, एत्थ लगुडी मए विसुमरिदा। (अरे कुटिल ब्राह्मण! अत्र लगुडी मया विस्मृता।)॥ २२३॥

श्रीराधिका — (अपवार्य सभयम्) सहि! परित्ताहि, परित्ताहि, एसा कालरत्तीव्व दारुणा वुड्ढीआ मं दिट्ठवदी। (सखि! परित्रायस्व परित्रायस्व। एषा कालरात्रीव दारुणा वृद्धा मां दृष्टवती।)॥ २२४॥ (इति ललितावृन्दाभ्यां सह निष्क्रान्ता)

श्रीकृष्णः — (अपवार्य।)

मम संगमामृतरसं न जिघृक्षति न च जिहासति प्रकटम्।
जटिलाव्याघ्रीचकिता तृषिता राधाकुरंगीयम्॥ ५४॥ २२५॥

मधुमंगलः — भो सरमालांगूलकुडिले! घेप्प अप्पणो जट्ठिम्। (भो सरमालांगूलकुटिले! गृहाणात्मानो यष्टिम्)॥ २२६॥

जटिला — (यष्टिमादाय।) अरे सुअल! कीस तुमं बहुडिआवेसेण मं सदा विडम्बेसि? (अरे सुअल! कस्मात्त्वं वधूटिकावेशन मां सदा विडम्बयसि?)॥ २२७॥

श्रीकृष्णः — (स्वगतम्।) दिष्ट्या सुबलतया ज्ञातमभूत्। (प्रकाशम् सनर्मस्मितम्।) जटिले! गुरुभ्यः शपमानोऽस्मि, राधिकैव साधयति, न खल्वसौ सुबलः ॥ २२८ ॥

जटिला — रे धूत्त! विअक्खणाहं सव्वं परीक्खिदुं क्खमम्हि। ता अलं एत्थ ठग्गत्तणेण। (अरे धूर्त्त! विचक्षणाहं सर्वं परीक्षितुं क्षमास्मि, तस्मादलमत्र ठगत्वेन) ॥ २२९ ॥

(इति निष्क्रान्ता)

श्रीकृष्णः — सखे! समागच्छ, गोकुलमेव प्रविशावः ॥ २३० ॥ (इति निष्क्रान्तौ)

(इति निष्क्रान्ताः सर्वे)

इति श्रीविदग्धमाधव-नाटके श्रीराधाप्रसादनो नाम पञ्चमः अंकः ॥ ५ ॥

षष्ठः अंकः

(ततः प्रविशति जटिला)

जटिला — सुदं मएजं अज्ज पीअपडेण किदुत्तरीआ वहू घिरे चिट्ठइ। ता गदुअ जहत्थं णिद्धारइस्सम्। (इति परिक्रम्य पश्यन्ती) कधं एसा विसाहा घुम्मिअ घुम्मिअ अलिन्दे पड़ई? ता सद्दाइस्सम्। (इत्युपसृत्य।) विसाहे! जादो एक्कपहरो, तहवि घुम्मसि? (श्रुतं मया यदद्य पीतपट्टेन कृतोत्तरीया वधूर्गृहे तिष्ठति। तद्गत्वा यथार्थं निर्धारयिष्यामि। कथमेषा विशाखा घूर्णित्वा घूर्णित्वा अलिन्दे पतति? तच्छब्दायिष्ये। विशाखे! जात एकप्रहरस्तथापि घूर्णसे?) ॥ १ ॥

(प्रविश्य)

विशाखा — (स्वगतम्) संपदं रासमहूसवगब्भासु सव्वरीसु कुदो णिद्दागन्धोवि अम्हाणम्? ता जुत्तं जेव्व घुम्मणम्। (इति हठादृहशौ विकाश्य प्रकाशम्।) अज्जे, अज्ज भअवदोए णिदेसे देअदाअदणे अम्हे दिण्णजाअरम्ह। (सांप्रतं रासमहोत्सवगर्भासु शर्वरीषु कुतो निद्रागन्धोऽप्यस्माकम्। तद्युक्तमेव भ्रमणम्। आर्ये! अद्य भगवत्या निदेशेन देवतायतने वयं दत्तजागराः स्मः।) ॥ २ ॥

जटिला — (स्वगतम्।) अदो जेव्व पदोसे बहूए सेज्जा सुण्णाआसि। (प्रकाशम।) विसाहे! आआरेहि वहूअम्। (अत एव प्रदोषे वध्वाः शय्या शून्यासीत्। विशाखे! आकारय वधूम्।) ॥ ३ ॥

विशाखा — हला राहे! इदो इदो। (हला राधे! इत इतः) ॥ ४ ॥ (प्रविश्य)

श्रीराधा — (चक्षुषी विमृज्य सजृम्भम्।) विसाहे वाढं णिद्दाउलम्हि। (इति दृष्टिं

दरोद्घाट्य सशंकं स्वगतम्।) कधं इध ज्जेव अज्जा। (विशाखे, बाढ़ं निद्राकुलास्मि। कथमित एव आर्या) ॥ ५ ॥

जटिला — (राधां निर्वर्ण्य स्वगतम्) हद्धी, हद्धी सच्चं जेव्व एदं पीअम्बरम्। (हा धिक् हा धिक्, सत्यमेवं पीताम्बरम्) ॥ ६ ॥

श्रीराधिका — (जनान्तिकम्) हला! सुदं मए सारंगीमुहादो, जं णिसीधे बुड्डिआए तस्सिं विलासपुलिणे गदं आसि। ता णूणंअम्हेतत्थ दिट्ठम्ह। (हला! श्रुतं मया सारंगीमुखान्निशीथे वृद्धया तस्मिन् इदं विलासपुलिने गतमासीत्। तन्नुनं वयं तत्र दृष्टाः स्मः।) ॥ ७ ॥

विशाखा — णहु णहु। जं कधिदं वुन्दाए तुमं घेत्तूण तिरोहिदे कण्हे तधा अम्हेसु दोसु सहीसु ससंकं चुह उद्देसस्स गदासु एसा बुड्ढो उवत्थिदा। (न खलु न खलु। यत्कथितं वृन्दया त्वां गृहीत्वा तिरोहिते कृष्णे तथा आवयोर्द्वयोः सख्योः सशंकं तवोद्देशाय गतयोः एषा वृद्धा उपस्थिता) ॥ ८ ॥

श्रीराधिका — तदो कीस इअं कोअभअंकरीए दिट्ठीए मं पेक्खन्ती चिट्ठदि? (ततः कस्मादियं कोपभयंकर्या दृष्टया मां पश्यन्ती तिष्ठति) ॥ ९ ॥

जटिला — (सेर्ष्यम्) मिच्छाजप्पिणि विसाहे! किं णाम अन्धासि तुमम्? (मिथ्याजल्पिनि विशाखे! किं नाम अन्धासि त्वम्?) ॥ १० ॥

विशाखा — (राधां विलोक्य सखेदं जानान्तिकम्) अइ विलासविम्हले! किं क्खु एदम्। (अयि विलासविह्वले! किं खलु इदम्?) ॥ ११ ॥

श्रीराधिका — (स्वं वक्षो निरीक्ष्य ससंभ्रमम्।) हला! तुमं जेव्व सरणम्। (हला त्वमेव शरणम्) ॥ १२ ॥

विशाखा — (जटिलामवेक्ष्य। संस्कृतेन)

> **मुदा क्षिप्तैः पर्वोत्तरलहृदयाभिर्युवतिभिः**
> **पयः पूरैः पीतीकृतमतिहरिद्राद्रवमयैः।**
> **दुकूलं दोर्मूलोपरि परिदधानां प्रियसखीं**
> **कथं राधामार्ये कुटिलितदृगन्तं कलयसि॥ १॥ १३॥**

जटिला — (सविश्रम्भम्) विसाहे! तुए जेव्व चञ्चलाए मम पुत्तघरं विणासिदम्, जं जोव्वणन्धाणं गोइणं मज्झे वहूडिआ णिज्जइ। (विसाखे! त्वयैव चञ्चलया मम पुत्रगृहं विनाशितम्, यद्यौवनान्धानां गोपीनां मध्ये वधूटिका नीयते) ॥ १४॥

विशाखा — अज्जे! किं त्ति मं उवालहेसि। णं उवसण्णं दीअमालिआपब्बलच्छीं उवालहेहि, जाए सव्वं आवालवुड्ढं गोउलं जेव्व उम्मादिदम्। (आर्ये! किमिति मामुपालभसे। एनमुपसन्नां दीपमालिका-पर्वलक्ष्मीमुपालभस्व, यया सर्वमाबालवृद्धं गोकुलमेवोन्मादितम्।) ॥ १५ ॥

जटिला — वच्छे, सच्चं कहेसि। अज्ज रत्तिम्मि दिट्ठं मए सव्वाओ गोउलकिसोरीओ तत्थ पुलिणे उम्मत्तीभविअ किंमि किंपि चेट्ठन्दि। (वत्स! सत्यं कथयसि। अद्य रात्रौ दृष्टं मया सर्वा गोकुलकिशोर्यस्तत्र पुलिने उन्मत्तीभूय किमपि किमपि चेष्टन्ते।) ॥

(विशाखा सदृग्भंगं राधिकामीक्षते)

जटिला — (सदैन्यम्) अइ विसाहे! पसीद पसीद। एसा अंगुलिसिहरं मुहे णिक्खविअ अब्भत्थेपि। ता मइ एक्कं अणुग्गहं करेहि। (अयि विशाखे! प्रसीद प्रसीद। एषा अंगुलिशिखरं मुखे निक्षिप्य अभ्यर्थयामि। तन्मय्येकमनुग्रहं कुरु।॥ १७ ॥

विशखा — (सप्रश्रयम्।) अज्जे! किं त्ति एव्वं भणासि? णिकामं आणवेहि। (आर्ये! किमित्येवं भणसि? निकाममाज्ञापय) ॥ १८ ॥

जटिला — वच्छे! तुमं विसुद्धासि। ता कण्हस्सहत्थादो रक्खेहि वहूडिअम्। (वत्से! त्वं विशुद्धासि। तत्कृष्णस्यहस्तात् रक्ष वधूटिकाम्) ॥ १९ ॥

विशाखा — अज्जे! णिच्चिन्ता होहि, जं ललिदा क्खु एत्थ दक्खा विअक्खणा अ (आर्ये! निश्चिन्ता भव, यल्ललिता खल्वत्र दक्षा विचक्षणा च।) ॥ २० ॥

जटिला — कहिं गदा ललिदा? (कुत्र गता ललिता?) ॥ २१ ॥

विशाखा — पेक्ख पउमाए समं इदो जेव्व एसा आअच्छदि। (प्रेक्ष्यस्व! पद्मया सममित एवैषा आगच्छति।) ॥ २२ ॥

जटिला — अहं उप्पलिआनिप्पादणस्स गमिस्सम्। (अहमुत्पलिकानिष्पादनाय गमिष्यामि।) (इति निष्क्रान्ता।) ॥ २३ ॥

(प्रविश्य पद्मया सह)

ललिता — सहि पउमे! कुदो आअच्छसि (सखि पद्मे, कुत आगच्छसि?) ॥

पद्मा — हला! कण्हस्स सआसादो। (हला कृष्णस्य सकाशात्।) ॥ २५ ॥

ललिता — कहिं कण्हो? (कुत्र इदानीं कृष्णः) ॥ २६ ॥

पद्मा — मालदीवाटिआपेरन्ते। (मालतीवाटिकाप्रान्ते) ॥ २७ ॥

ललिता — किं कुणादि। (किं करोति?) ॥ २८ ॥

पद्मा — महुमंगलदुदिओ विहरदि। (मधुमंगलद्वितीयो विहरति) ॥ २९ ॥

ललिता — (सपरिहाससस्मित्) हला! किं णाम संपूरिदाहिट्ठासि? (हला! किं नाम संपूरिताभीष्टासि?) ॥ ३० ॥

पद्मा — (विहस्य) मा अण्णधा संभावेहि। मए मालदीसेहरो एक्को गण्ठिअ तस्स उवहारीकिदो (स्मृतिमभिनीय।) हला, कधिदं मे कण्हेण — 'पउमे! तुमं जधा संतदं मालं समप्पेसि, एव्वं ललिदावि मे विचित्ताढउलच्छीम्। ता एसा मे लेहपत्तिआ तुए तिस्सा हत्थे देआ' त्ति। (मा अन्यथा संभावय। मया मालतीशेखर एको ग्रथित्वा तस्योपहारीकृतः हला! कथितं मे कृष्णेन-'पद्मे' त्वं यथा संततं मालां समर्पयसि, एवं ललितापि मे विचित्रधातुलक्ष्मीम्। तदेषा मम लेखपत्रिका त्वया तस्या हस्ते देया' इति) (इति पत्रिकामर्पयति) ॥ ३१ ॥

ललिता — (गृहीत्वा स्वगतम्।) कदावि कण्हस्स मए ढाउराओ ण समप्पिदोत्थि। ता एत्थ अवरेण केणावि रहस्सेण होदव्वम्। (कदापि कृष्णस्य मया धातुरागो न ससर्पितोऽस्ति। तदत्रापरेण केनापि रहस्येन भवितव्यम्। एवं संकेतेनानेन आज्ञप्तम्। सखि, तथा करिष्यामि। तदग्रतो राधिकामापृच्छ्य साधय।) ॥ ३२ ॥

(इति प्रकाशं पत्रिकां वाचयति।)

> **''त्वया मुक्तगिरिः पाणौ ममातुच्छपदस्थितिः।**
> **निधीयतामधीराक्षि रागिधातुपरिच्छदः''॥ २ ॥ ३३ ॥**

(इति क्षणं विमृश्य स्वगतम्) राधा मम पाणौ निधीयाताम्-एवं संकेदेण इमिणा आणत्तम्। (प्रकाशम्) सहि तधा करिस्सम्। ता अग्गदो राहिअं आपुच्छिअ साहेहि ॥

पद्मा — (राधिकामुपेत्य सनर्मस्मितम्) हला राहे! दिट्ठिआ णिव्विवादं जादम्। जधा गोउलिन्दणन्दणेण अम्हाणं अंसुआइं अवहरिदाइं, तधा अम्हेहिं तस्स इदं पीदंसुअम्॥ ३५ ॥ (हला राधे! दिष्टया निर्विवादं जातम्। यथा गोकुलेन्द्रनन्दनेन अस्माकमशुंकान्यपहरितानि, तथाऽस्माभिरपि तस्येदं पीतांशुक्रम्।)

ललिता — (स्मित्वा) अइ णिल्लज्जे! कुंकुमपंकपिञ्जरिदं पिअसहीए उत्तरीअं पेक्खिअं किं त्ति अणत्थं आसंकसि? (अयि निर्लज्जे! कुंकुमपंकपिञ्जरितं प्रियसख्या उत्तरीयं प्रेक्ष्य किमित्यनर्थं आशंकसि?) ॥ ३६ ॥

पद्मा — (सस्मितम्) हला राहे! अणुजाणेहि मम्। तुरिअं सहित्थलीं गदुअ कण्हस्स लीलं गाअन्तीं पिअसहीं चन्दाअलिअं सुहावइस्सम् (हला राधे! अनुज्ञानीहि माम्।

त्वरितं सखीस्थलीं गत्वा कृष्णस्य लीलां गायन्तीं प्रियसखीं चन्द्रावलीं सुखयिष्यामि) ॥

विशाखा — (विहस्य) पउमे, धण्णाओ तुम्हे। जाहिं अदंसणे वि कण्हस्य विलासगीदिहिं पिअसही चन्दाअली सुहावीअदि (पद्मे! धन्या यूयम्। याभिरदर्शनेऽपि कृष्णस्य विलासगीतिभिः प्रियसखी चन्द्रावली सुखाप्यते।) ॥ ३८ ॥

पद्मा — विसाहे! तुम्हेहिं कीस तधा ण किज्जइ? (विशाखे! युष्माभिः कस्मात्तथा न क्रियते?) ॥ ३९ ॥

विशाखा — अइ कुदो अम्हाणं इदिसंभाअधेअम्? (अयि! कुतोऽस्माकमीदृशं भागधेयम्) ॥ ४० ॥

पद्मा — हला कधं णत्थि (हला! कथं नास्ति?) ॥ ४१ ॥

विशाखा — मुद्धे, कहस्स णाममेत्ते पत्थुदे सही राहिआ विक्खुब्भादि! (मुग्धे! कृष्णस्य नाममात्रे प्रस्तुते सखी राधिका विक्षुभ्यति) ॥ ४२ ॥

पद्मा — (स्वगतम्) सपक्खे पेम्मुक्करिसो इमाए विक्खाविदो होदु। (प्रकाशम्।) विसाहे! तुम्हे जेव्व सुट्ठु सुहिणीओ। अम्हाणं क्खु कावि दुक्खदसा अणुवट्ठदि। (स्वपक्षे प्रेमोत्कर्षोऽनया विख्यापितः। भवतु। विशाखे, यूयमेव सुष्ठु सुखिन्यः। अस्माकं खलु कापि दुःखदशा अनुवर्तते।) ॥ ४३ ॥

ललिता — पउमे ण क्खु तुम्हाणं किंपि दुक्खं संभावअदि। (पद्मे, न खलु युष्माकं किमपि दुःखं संभाव्यते।) ॥ ४४ ॥

पद्मा — ललिदे! मा एव्वं भण। जं हारगण्ठण-केसप्पसाहणबिम्बाहररञ्जणपहुदीहिं चन्दाअलीए णेवच्छइं सव्वदा कुणन्तीणं अम्हाणं दुक्खजालस्य अन्तो णत्थि (ललिते! मैवं भण। यत्हारग्रन्थन-केशप्रसाधन-बिम्बाधर-रञ्जन प्रभृतिभिश्चन्द्रावल्या नेपथ्यानि सर्वदा कुर्वन्तीनागस्माकं दुःखजालस्यान्तो नास्ति) ॥ ४५ ॥

विशाखा — (विहस्य।) हला पउमे, सच्चं तुम्हाणं बहूइं दुक्खाइं । अम्हाणं उण एक्कं जेव्व (हला पद्मे! सत्यं युष्माकं बहूनि दुःखानि। अस्माकं पुनरेकमेव।) ॥

पद्मा — हला किं तम् (हला! किं तत्) ॥ ४७ ॥

विशाखा — पउमे! जा कावि मच्चदुल्लहा आगासतारा पप्फुरदि, तत्थ जादाहिलासस्स कस्स वि कालिन्दीकूलणन्दिणो समदस्स गन्धकलहिन्दस्स सव्वदा अब्भत्थण-कदत्थणम्। (पद्मे! या कापि मर्त्यदुर्लभां आकाशतारा प्रस्फुरति, तत्र जाताभिलाषस्य कस्यापि कालिन्दीकूलनन्दिनः समदस्य गन्धकलभेन्द्रस्य सर्वदाअभ्यर्थनकदर्थनम्) ॥

ललिता — (स्मित्वा।) विसाहे अण्णं एक्कं गरुअं दुक्खं तुए कधं विसुमरिदम्? (विशाखे! अन्यदप्येकं गुरकं दुःखं त्वया कथं विस्मृतम्?) ॥ ४९ ॥

विशाखा — ललिदे! किं तं सुमरावेहि (ललिते! किं तत्स्मारय।) ॥ ५० ॥

ललिता — अइ उज्जुए! राहाए पाअपल्लअम्मि जावअराअस्स क्खणे क्खणे विरअणम् (अयि ऋजुके! राधायाः पादपल्लवे यावकरागस्य क्षणे विरचनम्।) ॥ ५१ ॥

विशाखा — (सहासम्) अलिआसंकिणि ललिदे! विरमेहि विरमेहि। कण्हस्य उत्तमंगे ढाउणं राओ जेव्वं रेहदि, ण क्खु जावआणम्। (अलिकाशंकिनि ललिते! विरम विरम। कृष्णस्योत्तमांगे धातुनां राग एव राजते, न खलु यावकानाम्।) ॥ ५२ ॥

श्रीराधिका — (सलज्जम्) हला पउमे! इमाणं दुम्मुहीणं पलावं अणाण्णिअ तुण्णं पिअसहीं चन्द्राअलिअं जेव्व जाहि। (हला पद्मे! आसां दुर्मुखीनां प्रलापमनाकर्ण्य तूर्णं प्रियसखीं चन्द्रावलीमेव याहि) ॥ ५३ ॥

पद्मा — जधा आदिसदि पिअसही। (यथा आदिशति प्रियसखी।) (इति निष्क्रान्ता।) ॥ ५४ ॥

ललिता — (स्वगतम्।) एण्हिं कण्हस्य आण्णं करिस्सम्। (प्रकाशम्।) हला राहे! एहि। पुप्फं अवचिणिअ भअवन्तं सूरं पूएम्ह। (इदानीं कृष्णस्याज्ञां करिष्यामि। हला राधे, एहि पुष्पमवचित्य भगवन्तं सूर्यं पूजयाम) ॥ ५५ ॥

श्रीराधिका — (स्वगतम्।) दिट्ठिआ हिअअट्ठिदो जेव्व मे कामो इमाए उवणीदो, जं कण्हस्य दंसणं एत्थ संभवे। (प्रकाशम्।) जधाहिरोअदि पिअसहीए। (दिष्ट्या हृदयस्थित एव मे कामोऽनयोपनीतः यत्कृष्णस्य दर्शनमत्र संभवेत्। यथाभिरोचते प्रियसख्यै) (इति निष्क्रान्ता।) ॥५६ ॥ (ततः प्रविशति मधुमंगलेनोपास्यमानः कृष्णः)

श्रीकृष्णः —

> **नवस्तवकवल्लरीचटुलगन्धबन्दीकृत-**
> **भ्रमद्भ्रमरझंकृतिप्लुतमुदग्रगुञ्जार्बुदम्।**
> **शरत्कृशकलिन्दजापुलिनवृन्दसंवर्धितं,**
> **परिस्फुरति चन्द्रकस्थगितमद्य वृन्दावनम्॥ ३॥ ५७॥**

(पुनर्निरूप्य सानन्दम्।)

> **शरदि मुखरिताशास्तारनादावलीभि-**
> **र्वलदविचलनेत्राः पश्य वृन्दावनेऽद्य।**

विदधति रणरंगं वासितासंगहेतोः
सरभसगुरुशृंगै संगवे पुंगवेन्द्राः॥ ४॥ ५८॥

मधुमंगलः — (सर्वतो विलोक्य।)

तुह संगमेण णूणं, मुउन्द वुन्दाडई घणच्छाआ
उअ दम्भेण कुरण्डुअ-भरस्स पीदम्बरं धरइ॥
(तव संगमेन नूनं, मुकुन्द वृन्दाटवी घनच्छाया।
पश्य दम्भेन कुरण्टकभरस्य पीताम्बरं धरति॥)॥ ५॥ ५९॥

कृष्णः — (स्वगतम्) किमद्य निष्टंकितसंकेतलेखार्थया पूर्णमनोरथीकरिष्येऽहं ललितया? हन्त, शारदामाधुरीसंदोहसन्दानितापि वृन्दाटवीकक्षा खञ्जनाक्षीविप्रकर्षा-दानन्दबिन्दुमपि न मे सन्दधाति। तद्वेणुसंकेतं संचारयामि। (इति तथा कुर्वन्)॥

दिव्यो रथांगि समयः सखि संगमस्य,
जज्ञे वरांगि तरसा कुरु पक्षपातम्।
अध्वानमर्धनयनेन विलोकमानः,
शोकादयं सहचरस्तव रौरवीति॥ ६॥ ६१॥

मधुमंगलः — (विहस्य) भो वअस्स! किं एदं अपूव्वं वादिदम्? (भो वयस्य! किमेदतपूर्वं वादितम्?)॥ ६२॥

श्रीकृष्णः — सखे! कुरंगीलोकनार्थं ममायमुद्यमः!॥ ६३॥

मधुमंगलः — सच्चं क्खु कधिदम्। किं तु उक्कं अक्खरं अण्णधा किअम्। (सत्यं कथितम्। किं त्वेकमक्षरमन्यथा कृतम्।)॥ ६४॥

श्रीकृष्णः — सखे साधु विदितं कुरंकीलोकनार्थमेव॥ ६५॥

(नेपथ्ये)

पिवन्तीनां वंशीरवमिह गवा कर्णचुलुकैः,
पयः पूरा दूराद्दिशि दिशि तथा शुश्रुवुरमी।
अकाले पुष्यद्भिस्तरुभिरभितः शोभितमिदं,
यथा वृन्दारण्यं दधिमयनदीमातृकमभूत्॥ ७॥ ६६॥

कृष्णः — सखे दक्षिणतः पश्य।

तुंगस्ताम्रोरुशृंगः स्फुरदरुणखुरो रम्यपिंगेक्षणश्रीः
कण्ठव्यालम्बिघण्टो धरणिविलुठितोच्चण्डलांगुलदण्डः।

सोऽयं कैलासपाण्डुद्युतिरतुलककुन्मण्डलो नैचिकीनां
चक्रे भाति प्रियो मे परिमलतुलितोत्फुल्लपद्मः ककुद्मी ॥ ८ ॥ ६७ ॥

(ततः प्रविशति सखीभ्यामनुगम्यमाना राधा।)

श्रीराधा — (स्वगतम्) जदो दिसादो वेणुसद्दो आअदो, सा दिसा मोहिदाए मए ण संभाविदा। (यतो दिशातो वेणुशब्द आगतः, सा दिशा मोहितया मया न संभाविता।) ॥

ललिता — (सोत्प्रासस्मितम्) हला राहिए! कीस अकण्डे हरिणकण्णी तुमं जादासि? (हला राधिके! कस्मादकाण्डे हरिणकर्णी त्वं जातासि?) ॥ ६९ ॥

राधिका — ललिते किं त्ति अप्पणो धम्मं परस्स अप्पेसि? सच्चं तुमं जेव्व हरिणी, जं कलसद्देण हरिज्जन्ती दीसति। (ललिते! किमिति आत्मनो धर्मं परस्यार्पयसि? सत्यं त्वमेव हरिणी, यत्कलशब्देन ह्रियमाणा दृश्यसे) ॥ ७० ॥

ललिता — राहे! तुमं क्खु हरिणी, जं एसा रंगिणींणाम हरिणीतुम्ह सही (राधे! त्वं खलु हरिणी, यदेषा रंगिणी नाम हरिणी तव सखी) ॥ ७१ ॥

राधिका — (स्वगतम्) दिट्ठिआ एषा कावि सोरब्भधारा पुरावाडिआदो दूदीव्व मं आअड्ढदि। (दिष्टया एषा कापि सौरभ्यधारा पुरोवाटिकातो दूतीव मामाकर्षति।) ॥ ७२ ॥ (इति सव्याजं पुरः प्रयाति)

विशाखा — (स्मृत्वा।) हला राहि! कीस तुमं भिंगीव्व कंपि गन्धं सप्पसि। (हला राधे, कस्मात्त्वं भृंगीव कमपि गन्धं सर्पसि) ॥ ७३ ॥

श्रीराधिका — विसाहे! अग्गदो फुल्लाइं कुसुमाइं दीसन्ति। ता एदाइं घेत्तूण तम्मित्तं पूअइस्सम्। (विशाखे! अग्रतः फुल्लानि कुसुमानि दृश्यन्ते। तदेतानि गृहीत्वा तन्मित्रं पूज्ययिष्यामि।) ॥ ७४ ॥

ललिता — हला! सच्चं मित्तस्य अणुराओ तुमं तरलेदि। सो दाव गहणचरस्सजेव्व, ण क्खु गअणचरस्स। (हला! सत्यं मित्रस्यानुरागस्त्वां तरलयति। स तावद्गहनचरस्यैव न खलु गगनचरस्य।) ॥ ७५ ॥

श्रीराधिका — (सप्रणयरोषम्) अइ अदक्खिणे! कमलबन्धुं कधेमि। (अयि अदक्षिणे! कमलबन्धुं कथयामि।) ॥ ७६ ॥

ललिता — सहि! कीस आआरं संगोवेसि? (सखि! कस्मादाकारं संगोपयसि।) ॥

विशाखा — ललिदे! सवत्तीभाएण ईसा च्चेअ संगोवेदि। ण क्खु उण पिअसही। (ललिते! सपत्नीभावेनैर्ष्यैव संगोपयति। न खलु पुनः प्रियसखी।) ॥ ७८ ॥

श्रीराधिका — (सभ्रूभंगम्) अइ वामे! अत्तणो हिअअट्ठिदं अत्थं परमुण्डे कीस पाडेसि? ता तुवरेहि, जं णादिदूरे जेव्व सो तुम्हाणं बिम्बाहरकण्डूखण्डणो। (अयि वामे! आत्मनो हृदयस्थितमर्थं परमुण्डे कस्मात्पातयसि? तत्त्वरय, यन्नातिदूरे एव स युष्माकं बिम्बाधरकण्डूखण्डनः।) ॥ ७९ ॥

ललिता — राहे! आकोमारं अम्हाणं अक्खड़िदं कुलंगणाव्वदं वुन्दावणलदाओ जेव्व जाणेन्ति। ता अत्तणो मुहेण किं कधइस्सम्ह? (राधे! आकौमारमस्माकमस्खलितं कुलांगनाव्रतं वृन्दावनलता एव जानन्ति तदात्मनो मुखेन किं कथमिष्यामः?) ॥

श्रीराधिका — (विहस्य) अइ पदव्वदे! जाणेन्ति जाणेन्ति। तदो जेव्व कल्ले तुह भुअवल्लिणो अंके संकमिदं दिट्ठं मए मअरकुण्डललञ्छणं। तधा तेव्व विसाहाए तप्पतुलिओवरि प्फुड़िदं सिहण्डकिरीडम्।

(अयि पतिव्रते! जानन्ति जानन्ति तत एव कल्ये तव भुजवल्लया अंके संक्रान्तं दृष्टं मयामकरकुण्डललांछनम्। तथैव विसाखायास्तल्प तूलिकोपरि स्फुटितं शिखण्ड-किरीटम्।) ॥ ८१ ॥

ललिता — (स्मित्वा) परपरिवादिणी! अवेहि अवेहि। (परपरिवादिनि! अपेहि अपेहि।) ॥ ८२ ॥

विशाखा — राहे! कित्तिअं झम्पिस्ससि? ण क्खु चन्दालोए चन्दकन्तसिला अप्पसिण्णा होदुं पहवदि। (राधे! कियदाच्छादयसि? न खलु चन्द्रालोके चन्द्रकान्तशिला अप्रस्विन्ना भवितुं प्रभवति।) ॥ ८३ ॥

श्रीराधिका — (पुरो दृष्ट्वा सचमत्कारम्) ललिदे, तुण्णं अणुजाणेहि पलाइस्सम्। (ललिते! तूर्णमनुजानिहि। पलायिष्ये) (इत्युत्कम्पते) ॥ ८४ ॥

ललिता — (सशंकम्) राहे! कीस भाएसि? (राधे कस्माद्बिभेषि?) ॥ ८५ ॥

श्रीराधिका — (साभ्यसूयम्) अइ वंके! अलं अलिएण इमिणा उज्जुअत्तणेण। णूणं इमस्स लम्मडस्स हत्थे पक्खेदुं मं दूरं आणीदासि। (अयि वक्रे! अलमलीकेनानेन ऋजुकत्वेन। नूनमस्य लम्पटस्य हस्ते प्रक्षेप्तुं मां दूर मानीतासि।) ॥ ८६ ॥

ललिता — (निपुणं निभाल्य स्वगतम्) णूणं दूरदो विलोइज्जन्तं तमालं जेव्व इअं कण्हं मण्णेदि। (प्रकाशम्) हुं, दाणिं कधं पलाइस्ससि? लद्धो मए ओसरो। (नूनं दूरतो विलोक्यमानं तमालमेवेयं कृष्णं मन्यते। हुं, इदानीं कथं पलायिष्यसे? लब्धो मयावसरः) (इति राधिकामाकर्षति) ॥ ८७ ॥

श्रीराधिका — (सकातर्यम्) सहि विसाहे! परित्ताहि परित्ताहि। सरणाअम्हि। (सखि विशाखे! पिरत्रायस्व, परित्रायस्व। शरणागतास्मि) ॥ ८८ ॥

विशाखा — अइ पेम्मुब्भमिदे! कधं तिल्लोकं जेव्व दे कण्हाएदि? पेक्ख, एसो पसाली ण क्खु तुज्झ विलासी। (अयि प्रेमोद्भ्रान्ते! कथं त्रिलोक्यमेव ते कृष्णायते? प्रेक्षस्व एष पलाशी न खलु तव विलासी) ॥ ८९ ॥

श्रीकृष्णः — कथं नेदानीमपि प्रत्यासन्ना तन्वंगी? तन्मुरलीमीरयामि। (इति तथा कुर्वन्) ॥ ९० ॥

अयि सुधाकरमण्डलि मण्डय, त्वमटवीं मृदुपादविसर्पणैः।
उदयशैलतटीनिहितेक्षणो ननु चकोरयुवा परितप्यते॥ ९ ॥ ९१ ॥

विशाखा — (स्वयं धैर्यमवष्टभ्य) हला राहि! कीस तुमं भवन्ती कलम्बं ओलम्बेसि? (हला राधे! कस्मात्त्वं भ्रमन्ती कदम्बमवलम्बसे?) ॥ ९२ ॥

ललिता — सहि वंसिए! वारं वारं तुमं वन्देमि। जं उग्घाड़िदरहस्सा तुए राही किदा। (सखि वंशिके! वारं वारं त्वां वन्दे यदुद्घाटितरहस्या त्वया राधा कृता!) ॥ ९३ ॥ (राधिका सलज्जमवहित्थां नाटयति)

ललिता — (संस्कृतेन)

विशद्धि कर्णान्ते तव विसृमरैरद्य मुरली-
कलैरूरुस्तम्भो गुरुरजनि रम्भोरु तरसा।
विलुप्ताभूद्दृष्टिर्नयनजलवृष्टिव्यतिकरैः
प्रणीताभिर्यत्नात्तदलमवहित्थालहरिभिः॥ १० ॥ ९४ ॥

विशाखा — ललिदे! को दाणिं अवहित्थाए ओसरो? (ललिते क इदानीमवहित्थाया अवसरः?) (इति संस्कृतेन)

त्रपाभिचरणक्रमे परमसिद्धिराथर्वणी
स्मरानलसमिन्धने सपदि सामिधेनीध्वनिः।
तथात्मपरमात्मनोरुपनिषन्मयी संगमे
विलासमुरलीभवा विरुतिरद्य वैरायते॥ ११ ॥ ९५ ॥

श्रीराधिका — (सक्षोभम) सहि! सच्चं कधेसि। अम्हाणं वइरिणी संवुत्ता दारुणि वंसिअ। ता उवालहिस्सम्। (सखि! सत्यं कथयसि। अस्माकं वैरिणी संवृत्ता दारुणा वंशिका। तदुपालप्स्ये।) (इति संस्कृतेन)

सूतिस्ते धनुषश्च वंशवरतो वन्दे तयोरन्तिमं
विद्धो येन जनस्तनुं विरहयन्नान्तश्चिरं ताम्यति।
विद्धानां हृदि मारपत्रिविषमैर्ध्वानेषुभिर्नस्त्वया
क्रूरे वंशि न जीवनं न च मृतिर्घोराविरासीद्दशा॥ १२॥ ९६॥

श्रीकृष्णः — (पुरो विलोक्य सानन्दम्।)

भविता सविधेऽत्र राधिका, यदियं रिंगति रंगिणी पुरः।
मृगलाञ्छनलेखयेव या, मृगमूर्तिर्न तया वियुज्यते॥ १३॥ ९७॥

(पुनर्निरूप्य) सखे! ज्ञातं ज्ञातम्। नासौ राधिकान्यंकुः यदयं निरंको नेदीयानिन्दुः। (इति विस्मयमभिनीय)॥ ९८॥

अंकात्परित्यज्य पुरः कुरंग, शंके सुधांशुर्भुवमाससाद।(पुनर्निभाल्य)
आ ज्ञातमुत्फुल्लविलासवृन्दैरानन्दि राधावदनं चकास्ति॥ १४॥ ९९॥

(इत्यग्रे सरति)

मधुमंगलः — (सपरिहासम्) भो वअस्स! मा धाव। लहु लहु जाहि। अहवा तुमं किं त्ति दूसिज्जसि, जं धुत्तकिसोरिहिं दुट्ठमन्तेण उन्मादिदोसि। ता इमस्सिं जोगे ओसरे तुमं णिवारिअ सिणेहस्स णिक्किदिं करिस्सम्।

(भा वयस्य! मा धाव लघु लघु याहि। अथवा त्वं किमिति दूष्यसे, यद्धूर्तकिशोरीभिर्दुष्टमन्त्रेणोन्नादितोऽसि। तदस्मिन्योग्येऽवसरे त्वां निवार्य स्नेहस्य निष्कृतिं करिष्यामि।) (इति पाणिमाददाति)॥ १००॥

श्रीकृष्णः — सखे! साधु चेष्टसे, यदद्य राधिकोपसर्पणे कम्पेन कृतविघ्नस्य मे दत्तहस्तावलम्बोऽसि। (इति परिक्रम्य)॥ १०१॥

इयमतितृषितं वरानुरागोज्ज्वलसुमनाः कमनीयपत्रलेखा।
मम वरतनुराचकर्ष चित्तं, मधुपमशोकलतेव पुष्पिताग्रा॥ १५॥

श्रीराधिका — (कृष्णमपांगेन विलोक्य स्वगतम् संस्कृतेन)

नवमनसिजलीलाभ्रान्तनेत्रान्तभाजः,
स्फुटकिसलयभंगीसंगिकर्णाञ्चलस्य।
मिलितमृदुलमौलेर्मालया मालतीनां,
मदयति मम मेधां माधुरी माधवस्य॥ १६॥ १०३॥

विशाखा — (विहस्य संस्कृतेन)

वशीचक्रे कृष्णस्तव परिमलैरेव वलिभि-
र्विलासानां वृन्दं कथमिव मुधा कन्दलयसि?
जये पाणौ दत्ते रणपटुभिरग्रेसरभटैः
स्वयं को विक्रान्तिं पुनरिह जिगीषुः प्रणयति ?॥ १७॥ १०४॥

श्रीराधिका — अइ दुम्मुहि! एत्तिअम्मि संकडे मं आरोविअ अज्जवि ण विस्सन्तासि? ता णिक्किवहिअअं तुमं उज्झिअ अहं सिणिद्धं पिअसहीं ललिदं सरणं पविसामि। (अयि दुर्मुखि! एतावति संकटे मामारोप्याद्यापि न विश्रान्तासि? तन्निष्कृपहृदयां त्वामुज्झित्वाहं स्निग्धां प्रियसखीं ललितां शरणं प्रविशामि।) (इति तथा कृत्वा संस्कृतेन) ॥ १०५॥

अत्रायान्तं चलमपि हरिं लोकयन्ती बलिष्ठां।
त्वामालम्ब्य प्रियसखि घने नास्मि कुञ्जे निलीना॥

ललिता — (सनर्मस्मितम् संस्कृतेन)

अस्मान्मुग्धे हृदयनिहितादद्य पीताम्बरात्ते
शक्तो नान्यः कुचपरिचये मत्पुरो मा व्यथिष्ठाः॥ १८॥ १०६॥

श्रीकृष्णः — (सानन्दम्) कल्याणि! काले लब्धासि। (इति राधामनुसर्पति)॥

ललिता — (साटोपं परिक्रम्य कृष्णं वारयन्ती) छइल्ल! ण हु ण हु एसा तुम्ह परिहासजोग्गा अम्हाणं पिअसही। ता अवेहि अवेहि। (विदग्ध! न खलु न खल्वेषा तव परिहासयोग्या अस्माकं प्रियसखी। तदपेहि अपेहि)॥ १०८॥

श्रीकृष्णः — (सस्मितम्) ललिते नेदं गोष्ठांगनम्। पश्य वृन्दाटवी कुक्षिरसौ। तन्नेह वः प्रभविष्णुता॥ १०९॥

ललिता — कण्ह! अण्णाओ ताओ क्खु मुद्धिआओ जाओ तुअत्तो वि सुट्ठु भाएन्ति। एसम्हि पसिद्धा ललिदा (कृष्ण! अन्यास्ताः खलु मुग्धिकाः याः त्वत्तोऽपि सुष्ठु बिभ्यति एषास्मि प्रसिद्धा ललिता)॥ ११०॥

(राधिका चलापांगेन कृष्णं विलोक्य कम्पं नाटयति)

ललिता — राहे! कीस सज्झसेण कम्पसि, जं एसा जीअदि ललिदा? (राधे! कस्मात्साध्वसेन कम्पसे, यदेषा जीवति ललिता?)॥ १११॥

श्रीराधिका — ललिदे! गहीदाइं बन्धूगपुप्फाइं। ता एहि कालिन्दीतीरं गच्छम्ह। (ललिते! गृहीतानि बन्धूकपुष्पाणि। तदेहि कालिन्दीतीरं गच्छामः)॥ ११२॥

श्रीकृष्णः — कठोरे! कथमाहृतबन्धुजीवा दूरं गन्तुमुद्युतासि? (इति पन्थानमावृण्वन्) ॥ ११३ ॥

परीतं शृंगेण स्फुटतरशिलाश्यामलरुचं
चलद्वेत्रं वंशव्यतिकरलसन्मेखलममुम्।
अतिक्रम्योत्तुंगं धरणिधरमग्रे कथमित-
स्त्वया गन्तुं शक्या तरणि दुहितुस्तीरसरणिम्॥ १९ ॥ ११४॥

श्रीराधिका — (वक्रं विलोक्य हुंकुर्वती) णाअर मह दोसो णत्थि। दाणिं एसा गोउलेसरिं अणुसरिस्सम्। (नागर! मम दोषो नास्ति। इदानीमेषा गोकुलेश्वरीमनुसरिष्यामि।) ॥ ११५ ॥

श्रीकृष्णः — राधे! किं विभीषिकया? कामं गम्यताम्। तद्व्रजमूलस्थं पीतदुकूलमेव ममानुकूलम्। (इतिराधां दिधीर्षति) ॥ ११६ ॥

श्रीराधिका — (भ्रकुटीमाबध्य संस्कृतेन)

साध्वीनां धुरि धार्या, ललितासंगेन गर्विता चास्मि।
हितमालपामि माधव, पथि माद्य भुजंगतां रचय॥ २० ॥ ११७॥

श्रीकृष्णः — ललिते! किमश्रावि वाग्भंगिरस्याः? तदहं नापराध्यामि। (इति भुजदण्डावुद्दण्डयति) ॥ ११८ ॥

ललिता — (राधां पृष्ठतः कृत्वा) कण्ह! सव्वलोअ-सलाहणिज्जगुणोवि तुमं गोउलिन्दस्स णन्दणोसि। ता णेदं दे दुल्लीलत्तणं अम्हेसु जोग्गम्। (कृष्ण! सर्वलोकश्लाघनीयगुणोऽपि त्वं गोकुलेन्द्रस्य नन्दनोऽसि। तन्नेदं ते दुर्लीलत्वमस्मासु योग्यम्) ॥

मधुमंगलः — अइ गव्विदे! किं त्ति वुन्दाअणं विद्धंसिअ तुम्हेहिं अम्हपिआवअस्सस्स पुप्फाइं हरिज्जन्ति? (अयि गर्विते! किमिति वृन्दावनं विध्वंस्य युष्माभिरस्मत्प्रियवयस्यस्य पुष्पाणि ह्रियन्ते?) ॥ १२० ॥

श्रीकृष्णः— सखे! तूर्णं गणयासां पुष्पाणि, यथा तत्संख्यया कण्ठतो हारमणीनाहरामि ॥

मधुमंगलः — पिअवअस्स! किदं गणणं। ता रत्ताणं पुप्फाणं परिवट्टेण पउमरागाइं गेण्ह। पण्डुराणं उण हीरमौत्तिआइं। (प्रिय वयस्य! कृतं गणनम्। तद्रक्तानां पुष्पाणां परिवर्त्तेन पद्मरागाणि गृहाण। पाण्डुराणां पुनर्हीरमौक्तिकानि।) ॥ १२२ ॥

श्रीकृष्णः — सखे! पर्यालोचयम्। नामूनि पुष्पमूल्यतुल्यानि रत्नानि, ततः कथमेभिरेव पर्याप्तिः? ॥ १२३ ॥

मधुमंगलः — (सकाकुप्रपञ्चम्) वअस्स! एसो अणुगदो बम्हणो अब्भत्थेदि। ता इमेहिं जेव्व संतुट्ठो होहि। (वयस्य! एषोऽनुगतो ब्राह्मणोऽभ्यर्थयति। तदेभिरेव संतुष्टो भव।) ॥ १२४ ॥

श्रीकृष्णः — यथा ब्रवीति वयस्यः ॥ १२५ ॥

ललिता — (विहस्य) अज्ज! सामिणो जोग्गो जेव्व अमच्चोसि। (आर्य! स्वामिनो योग्य एवामात्योऽसि) ॥ १२६ ॥

विशाखा — (सालीकसंभ्रमम्) कण्ह! दूरे चिट्ठेहि। (कृष्ण! दूरे तिष्ठ) ॥ १२७ ॥

श्रीकृष्णः — कुटिले! किमिति? ॥ १२८ ॥

विशाखा — पेक्ख, संरम्भेण संगरं गमिदा चन्दहासं उल्लासेदि अम्हपिअसही राहा (प्रेक्षस्व! संरम्भेण संगरं गमिता चन्द्रहासमुल्लासयत्यस्मत्प्रियसखी राधा।) ॥ १२९ ॥

श्रीकृष्णः — (स्मित्वा) मुग्धे! पश्य। अहञ्च प्रपञ्चितगाढ़रोमाञ्चकञ्चुकोऽस्मि। सयत्नं रामारत्नं हरिष्यामि। (इति राधामनुसर्पति) ॥ १३० ॥

ललिता — (संरम्भमभिनीय) कण्ह! पेक्खामि दे साहसं। राहीए छाअं पि तुमं प्फंसेहि। (कृष्ण! पश्यामि ते साहसम्। राधायाश्छायामपि त्वं स्पृश) ॥ १३१ ॥

श्रीकृष्णः — सखे! नूनं ललितारूपेण महाभैरवीयं प्रादुर्भूता ॥ १३२ ॥

श्रीराधिका — हला! कल्लाणी होहि। (हला! कल्याणी भव।) (इति ललितां साकूतमालिंगति) ॥ १३३ ॥

श्रीकृष्णः — (जनान्तिकम्) ललिते! विमुञ्च काठिन्यम् ॥ १३४ ॥

ललिता — उक्कोअं मे देहि। (उत्कोचं मे देहि) ॥ १३५ ॥

श्रीकृष्णः — (स्मित्वा) ललिते, सत्यं ब्रवीमि ते राधामपि विप्रलभ्य सायमनंगसंगरे त्वामेव प्रतिरीरयिष्ये ॥ १३६ ॥

ललिता — (सरोषं परावृत्य) अवेहि, विदूसअ अवेहि (अपेहि, विदूषक! अपेहि।) ॥ १३७ ॥

श्रीकृष्णः — कथयोत्कोचं यत्र ते तुष्टिः ॥ १३८ ॥

ललिता — णाअर! पुप्फमग्गणरंगेण वुन्दावणं भम्मन्ती दूएदि मे सही। ता दिव्व-पुप्फेहिं णं अलंकदुअ सुहावेहि। (नागर! पुष्पमार्गणरंगेण वृन्दावनं भ्रामयन्ती दूयते मे सखी। तद्दिव्यपुष्पैरेनामलंकृत्य सुखय।) ॥ १३९ ॥

श्रीकृष्णः — (स्मित्वा) यथाभिरोचते तुभ्यम्। (इति परिक्रम्य दर्पारभटीं नाटयन्) ललिते, बाढं विक्रुश्यताम्, न त्वां तृणाय मन्ये (इति राधिकाहारमाक्रष्टुं करं प्रसारयति) ॥ १४० ॥

ललिता — (वामं विलोक्य सस्मितम्) छइल्ल! सूरदेअपूआकिदे किदसिणाणं पिअसहीं अकिदसिणाणो क्खु तुमं मा प्फंसेहि। (विदग्ध! सूर्यदेवपूजाकृते कृतस्नानां प्रियसखीमकृतस्नानः खलु त्वं मा स्पृश) ॥ १४१ ॥

श्रीकृष्णः — अयि मदांधे! समन्तादुल्लासिनि प्रस्वेदाम्बुपूरे मयि कथं कृतमहाभिषेकं न पश्यसि?॥ १४२ ॥

ललिता — (राधामन्तरयन्ती समान्थर्यम्) हला! उद्दण्डकालतमालमण्डलघोलेण वणखण्डेण इमस्स पअण्डदा दूसहा किदा। ता अम्हे हारं रक्खिदुं क्खणं सोम्मा होम्ह। (हला! उद्दण्डकालतमालमण्डलघोरेण वनखण्डेनास्य प्रचण्डता दुःसहा कृता।) ॥ १४३ ॥

विशाखा — कीदिसं सोम्मा होम्ह? (कीदृशं सोम्या भवामः?) ॥ १४४ ॥

मधुमंगलः — ही, ही, णिज्जिदाओ गव्विदगोविआओ। (ही ही, निर्ज्जिता गर्वितगोपिकाः।) (इति नृत्यति) ॥ १४५ ॥

श्रीराधिका — अइ मुद्धे ललिदे! भअवन्तस्स उवासणं तुए अज्ज किं विसुमरिदम्? (अयि मुग्धे ललिते! भगवत उपासनं त्वयाद्य किं विस्मृतम्।) ॥ १४६ ॥

मधुमंगलः — देइ राहिए! केअलं तुम्हे जेव्व उवासणं करेध त्ति मा गव्वाएध, अम्हे वि उवासणं करेम्ह। (देवि राधिके! केवलं यूयगेवमुगासनं कुरुथेति मा गर्वायध्वम्, यद्वयमप्युपासनं कुर्मः) ॥ १४७ ॥

विशाखा — अज्ज! कीदिसं तम्? (आर्य! कीदृशं तत्) ॥ १४८ ॥

मधुमंगलः — भोदि विसाहे! सुणाहि। गन्धपुप्फपुरस्सरं णिउञ्जवेदिआमज्झे उज्जाअरणभूइट्ठं तदेकग्गचित्तदाए कंकणणेउराणं सद्दोवासणम्। (भवति विशाखे! शृणु। गन्धपुष्पपुरःसरं निकुञ्जवेदिकामध्ये उज्जागरणभूयिष्ठं तदेकाग्रचित्ततया कंकणनूपुराणां शब्दोपासनम्।) ॥ १४९ ॥

(सर्वाः स्मयन्ते)

मधुमंगलः — (सश्लाघं संस्कृतेन)

आडम्बरोज्ज्वलगतिर्वरकुञ्जरक्तः,

स्वैरी परिस्फुरितपुष्करचारुहस्तः।
धन्यासि सुन्दरि यया मृदुलं हसन्त्या,
बन्दीकृतस्तरलबब्लवकुञ्जरोऽयम्॥ २१॥ १५०॥

श्रीकृष्णः — प्रिये!

रुचिरसहचरीणां वीथिभिः सेव्यमाना,
मदमृदुलमरालीरम्यलीलागतिश्रीः।
शशिमुखि गतनिद्रं कुर्वती मामिदानीं
शरदिव भवतीयं लोकलक्ष्मीं तनोति॥ २२॥

तदर्वाचीनेन हारिणा वण्यशृंगारेण भवतीमलंकुर्वाणः शारदीं श्रियमवन्ध्ययामि॥ १५१॥

मधुमंगलः — (संस्कृतेन)

बलानुज कलापिनामवकलय्य कालज्ञतां,
मनः किल बलीयसीं मम बिभर्ति विस्मेरताम्।
यदद्य शरदागमे तव विलोक्य लीलोत्कतां,
किरन्ति रुचिमण्डलीजुषममी शिखण्डावलीम्॥ २३॥ १५२॥

श्रीकृष्णः — सखे! साधु लक्षितं तन्मौलिकल्पनाय चन्द्रिकानाहरामि। (इति बटुना सह तथा करोति)॥ १५३॥

श्रीराधिका — सहि ललिदे! जत्थ दिण्णभारा अहं णिच्चिन्तम्हि, सा तुमं जइ सोम्मासि, तदो जाव कण्हो दूरे गदो दाव कंकेल्लिकुड़्गंपवेसिस्सम्। (सखि ललिते! यत्र दत्तभाराहं निश्चिन्तास्मि, सा त्वं यदि सौम्यासि, ततो यावत्कृष्णो दूरे गतः, तावत्कं केलिकुञ्जं प्रवेक्ष्यामि। (इति तथा स्थिता)॥ १५४॥

श्रीकृष्णः — सखे! निर्मितं प्रचलाक-शलाकाभिः किरीटं खञ्जरीटनेत्रायाः सीमान्तसीमनि विन्याससौभाग्यमालम्बताम्। (इति परिक्रम्य) ललिते! क्व सा ते प्रियसखा?॥ १५५॥

ललिता — अत्तणो घरं गदा। (आत्मनो गृहं गता)॥ १५६॥

श्रीकृष्णः — निष्ठुरे! तिष्ठ तिष्ठ, तूर्णममूं ते धूर्ततागर्वमपहरामि। (इति समन्तात्पश्यन् सहर्षम्) वयस्य! पश्य, सहसेयमवाप्ता गौरांगी प्रिया। (इत्युपसर्पति)॥ १५७॥

मधुमंगलः — (विहस्य) भो वअस्स! चक्कवादेण तिणावट्टेण भामिदस्स दे अज्जवि पूणं भमो ण गदो। पेक्ख, एसा पीदपराअपुञ्जपिञ्जरिदा थलणलिणी। (भो वयस्य!

चक्रवातेन तृणावर्त्तेन भ्रामितस्य तेऽद्यापि नूनं भ्रमो न गतः। प्रेक्षस्व एषा पीतपराग-पुञ्जपिञ्जरिता स्थलनलिनी।) ॥ १५८ ॥

श्रीकृष्णः — (निरूप्य) सखे! सत्यं ब्रवीषि। (इत्यग्रतो गत्वा) भोः सखे! पश्य कुङ्कुमांगी निष्टंकितमिदानीमेव लब्धा। (इति दिधीर्षुः प्रधावति) ॥ १५९ ॥

मधुमंगलः — (सहस्ततालमुच्चैर्विहस्य) भो पिअ वअस्स! एत्थ तुज्झ अवराहो णत्थि। किंतु पेम्मलहरीए जेव्व, जाए सव्वा बुन्दाड़ई राहिआ णिम्मिदा। (भो प्रिय वयस्य! अत्र तवापराधो नास्ति, किंतु प्रेमलहर्या एव, यया सर्वा वृन्दाटवी राधिका निर्मिता।) ॥ १६० ॥

श्रीकृष्णः — (सवैलक्ष्यं विलोक्य) कथमुत्फुल्लेयं सहचरी? (पार्श्वतोविलोक्य) ललितांगि ललिते! इतो वाम्यपर्वतादवरोहन्ती कान्तारमितस्य ददस्व मे हस्तावलम्बम्॥

ललिता — (स्मित्वा) सुन्दर! विसाहं पुच्छेहि। एसा क्खु णं जाणादि। (सुन्दर! विशाखां पृच्छ। एषा खल्वेनां जानाति) (इति संज्ञा नाटयति) ॥ १६२ ॥

श्रीकृष्णः — (सहर्षमपवार्य) सखे! पश्य विशाखायाः परोक्षं किंचित्तिरोऽवलन्ती ललिता भ्रूसंज्ञया कदम्बकुञ्जं सूचयति। तदत्र नास्ति मनागपि संदिग्धता। (इति परिक्रम्य सदर्पस्मितम्) प्रिये! विलोकितासि निष्क्रम्यताम् (इत्युद्ग्रीविकां कृत्वा सहासम्) ललिते! साधु साधु जातं तव धूर्त्तता-लतिकायाः साफल्यमिदम्॥ १६३ ॥

मधुमंगलः — वअस्स! एसा मए जेव्व लद्धा तुह राहा। (वयस्य! एषा मयैव लब्धा तव राधा) ॥ १६४ ॥

श्रीकृष्णः — (सकौतुकम्) वयस्य! ललितेव कच्चिदविश्रम्भणीयभणितिर्नासि॥

मधुमंगलः — गाअत्तीए सवामि। (गायत्र्यै शपामि) ॥ १६६ ॥

श्रीकृष्णः — (सविश्रम्भम्) सखे! क्व सा क्व सा? दर्शय शीघ्रम्॥ १६७ ॥

मधुमंगलः — तुम्ह हत्थगदं जेव्व णं करोमि। ता देहि मे पारितोसिअम्। (तव हस्तगतामेवैनां करोमि। तद्देहि मे पारितोषिकम्) ॥ १६८ ॥ (कृष्णः सश्लाघं मालती-मालया मण्डयति।)

मधुमंगलः — घेप्पिज्जउ एषा। (गृह्यतामेषा) (इति राधा इति वर्णद्वयीभाजं पत्रलेखामर्पयति) ॥ १६९ ॥

श्रीकृष्णः — (स्मित्वा) सखे! सत्यमनेनापि भवदर्पितेन तर्पितोऽस्मि। यतः

क्रमात्कक्षामक्ष्णोः परिसरभुवं वा श्रवणयो-

मंनागध्यारूढं प्रणयिजननामाक्षरपदम्।
कमप्यन्तस्तोषं वितरदविलम्बादनुपदं
निसर्गाद्विश्लेषां हृदयपदवीमुत्सुकयति॥ १७०॥

(इति परावृत्य दक्षिणतो विकसन्तमशोकमवलोक्य सविस्मयम्) —

शंके संकुलितान्तराद्य निबिडक्रीडानुबन्धेच्छया
कुञ्जे वञ्जुलशाखिनः शशिमुखी लीला वरीवर्त्ति सा।
नो चेदेष तदङ्घ्रिसंगमविनाभावादकाले कथं
पुष्पामोदनिमन्त्रितालिपटलीस्तोत्रस्य पात्रीभवेत?॥

(इति परिक्रामन्नुद्ग्रीविकया राधां दृष्ट्वा सानन्दनम्) प्रिये! कथ्यतामिदानीं का वार्त्ता?॥

श्रीराधिका — (सप्रणयेर्ष्यम्) तुअतो भएण जेव्व पलाईदह्मि। एत्थ वि मं बिडम्बेदुं लद्धोसि? (त्वत्तो भयेनैवपलायितास्मि। अत्रापि मां विडम्बयितुं लब्धोऽसि?)॥

श्रीकृष्णः — (सात्मश्लाघम्) दृष्टा मे गभीर पाटवारभटी। यतस्तिरोधानविद्यापहारेण निर्जिता यूयम्॥ १७३॥

ललिता — (संस्कृतेन) हन्त भो वङ्गात्रजितकाशिन्!

अस्मिन्नेकसरोजसंभवकृतस्तोत्रोऽसि वृन्दावने
राधा भूरिहिरण्यगर्भरचितप्रत्यंगकान्तिस्तवा।
हस्तोदस्तमहीधरस्त्वमसकृन्नेत्रान्तभंगिच्छटा-
कृष्टोच्चैर्धरणीधरा मम सखी तद्वीर माहंकृथाः॥ २६॥ १७४॥

श्रीकृष्णः — (सस्मितं) ललिते! निलीने मयि विलोकिते नातथ्यमद्य विकत्थनं भवतीनां विदांकरवाणि॥ १७५॥

सर्वाः — एव्वं होदु (एवं भवतु)॥ १७६॥

श्रीकृष्णः — (तिरोभवन् स्वगतम्) इयमुत्तरेतश्चञ्चरीकसंचयरोचिरुल्लासि-श्यामलपलाशगुच्छा दूरतस्तापिच्छबिच्छोलि। तदेषां सवर्णतया सखीभावनापन्ना मामत्र संगोपयिष्यति (इति सवयस्यो निष्क्रान्तः)॥ १७७॥

ललिता — हला राहे:! कण्ठहस्स अदंसरेण मा उत्तम्म। णं दिट्ठं जेव्व जाणेहि। ता विजुता अम्हे आसव्वदो उपसप्म्ह। (हला राधे! कृष्णस्यादर्शनेन मोत्ताम्य, एनं दृष्टमेव जानीहि, तद्वियुक्ता वयं सर्वत उपसर्पामः)॥ १७८॥

श्रीराधिका — जधा भणादि पिअसही। (यथा भणति प्रियसखी)॥ (इति तिस्रस्तथा

कुर्वन्ति।) ॥ १७९ ॥

श्रीराधिका — (उत्तरां वनलेखामासाद्य सविमर्शम्) णूणं कण्हो एत्थ पत्तो हुविस्सदि, जं जं पेक्खन्तो दक्खिणं पइट्ठो। (नूनं कृष्णोऽत्र प्राप्तो भविष्यति, यन्मां प्रेक्षमाणो दक्षिणं प्रविष्टः।) (इति परिक्रम्य संस्कृतेन) ॥ १८० ॥

स हरिरिति भवतीभिः स्वान्तहारी हरिण्यो
हरिरिह किमपांगातिथ्यसंगी व्यधायि।
यदनुरणितवंशीकाकलीभिर्मुखेभ्यः,
सुखतृणकवला वः सामिलीढाः स्खलन्ति?॥ २७॥ १८१॥

(पुरोऽभ्युपेत्य समन्तात्पश्यन्ति संस्कृतेन)

यदगलितमरन्दं वर्त्तते शाखिवृन्दं
मिलति च यदलब्धप्रेमधूर्णा खगाली।
तदिह न हि शिखण्डोत्तंसिनी सा प्रविष्टा,
निखिलभुवनचेतोहारिणी कापि विद्या॥ २८॥ १८२॥

विघूर्णन्तः पौष्पं न मधु लिहतेऽमी मधुलिहः
शुकोऽयं नादत्ते कलितजडिमा दाडिमफलम्।
विवर्णा पर्णाग्रं चरति हरिणीयं न हरितं
पथानेन स्वामी तदिभवरगामी हरिरगात्॥ २९॥ १८३॥

(पुरो गत्वा) एसा वामदो काली तमालाअली दीसइ (एषा वामतः काली तमालाबली दृश्यते) (इति साचिकंधरं निभाल्य संस्कृतेन)

नैसर्गिकाण्यपि निरर्गलचापलानि
हित्वाद्य संकुलतनुः पुलकांकुरेण।
दृष्टिं चिरेण परिरब्धतमालशाखा
शाखामृगीततिरियं किमधस्तनोति॥ ३०॥

ता एसा मञ्जुला ताविञ्छणिउञ्जसालिआ पेक्खिदव्वा। (तदेषा मञ्जुला तापिच्छनिकुंजशालिका प्रेक्षितव्या)॥ १८४॥

(प्रविश्य)

श्रीकृष्णः — (स्वगतम्) सत्यमस्याश्चित्तचत्वरसंगत्वरी प्रेमावलिरेव मदुद्देशदूती, यदविलम्बितं विज्ञातभूयिष्ठोऽस्मि संवृत्तः, ततः स्थाणुरिव निश्चलस्तिष्ठामि। (इति

तथा स्थितः) ॥ १८५ ॥

श्रीराधिका — (मूर्धानमानमय्य कृष्णं पश्यन्ती सव्याजम्) एत्थ कण्होणत्थि। (अत्र कृष्णो नास्ति) ॥ १८६ ॥

श्रीकृष्णः — (स्वगतम्) दिष्ट्या न दृष्टोऽस्मि ॥ १८७ ॥

श्रीराधिका — (सस्मितम्) एसो णीलमणिकीलो जेव्व रेहदि। (एष नीलमणिकील एव राजते) ॥ १८८ ॥

श्रीकृष्णः — नूनं घनान्धकारतो नाहं प्रत्यभिज्ञातः ॥ १८९ ॥

श्रीराधिका — अम्महे, उज्जलदा इन्दणीलकीलस्स! (अहो, उज्ज्वलतेन्द्रनील-कीलस्य!) ॥ १९० ॥

श्रीकृष्णः — (सहर्षमपवार्य)

रे ध्वान्तमण्डलसखे शरणागतोऽस्मि,
विस्तारयस्व तरसा निजवैभवानि।
अभ्यासमभ्युपगतापि मुहुर्यथासौ,
नावैति मा नवकुरंगतरंगनेत्रा॥ ३१ ॥ १९१ ॥

श्रीराधिका — (स्मित्वा) अच्चरिअं अच्चरिअम्। इमस्स णीलोवलस्स अन्तराले पडिबिम्बिदा चन्दाअली लक्खीअदि। (आश्चर्यमाश्चर्यम्। अस्य नीलोपलस्यान्तराले प्रतिबिम्बिता चन्द्रावली लक्ष्यते) ॥ १९२ ॥

श्रीकृष्णः — (स्मितं कृत्वा स्वगतम्) कथं संविदाना खलु नर्मातनोति? (इत्युत्थाय प्रकाशम्) प्रिये, सत्यमात्थ। यदयं त्वदास्यचन्द्रो मे हृद्वृत्तितरंगेषु बिम्बितश्चन्द्रावली बभूव ॥ १९३ ॥

श्रीराधिकाः — अम्महे, कथं तमं जेव्व? तदो णेदं अच्चरिअम्॥ (अहो, कथं त्वमेव? ततो नेदमाश्चर्यम्) ॥ १९४ ॥

श्रीकृष्णः — विलासिनी! किमनेन विश्लेषसंपाद्येन केलिनर्मणा? तदेहि, दानगन्धिना कुसुमवृन्देन पूर्णमूर्धनि सप्तपर्णकुञ्जे क्षणं विश्रामसौख्यमनुभवावः ॥ १९५ ॥ (इति तथा स्थितौ)

ललिता — विसाहे! पेक्ख, कण्हेण संगदा पिअसही जं तस्स पदेहिं संमिलिदाइं पराए पदाइं दीसन्ति। विशाखे! प्रेक्षस्व, कृष्णेन संगता प्रियसखी, यत्तस्य पदैः सम्मिलितान्येतस्याः पदानि दृश्यन्ते ॥ १९६ ॥

विशाखा — (पदांकाननुसृत्य संस्कृतेन)

प्रियसखि परिरम्भानाभिमुख्यानुबन्धा-
दसदृशविनिवेशान्नर्म्मलौल्योर्ज्जितानि।
इयमविषममन्दन्यासतो जल्पगोष्ठीं,
पदततिरिह राधाकृष्णयोरातनोति॥ ३२॥ १९७॥

श्रीकृष्णः — प्रिये! नातिदूरे कोमलोऽयं कांचीध्वनिरुदंचति, ततस्तूष्णीं शृणुवः॥

विशाखा — हला! वित्थिण्णवल्लिमण्डलकुण्डलिदे वि वणखण्डे पिअसहीए कधं कण्हो तुरिद लद्धो? (हला! विस्तीर्णवल्लिमण्डलकुण्डलितेऽपि वनखण्डे प्रियसख्या कथं कृष्णस्त्वरितं लब्धः?)॥ १९९॥

ललिता —

गरुअं रमई जहिं जो, ण तस्स सो होइ दुल्लहो
भुअणे मउलंतम्मिरसाले, कलकण्ठी तक्खणं मिलइ॥
(गुरु रमते यत्र यो तस्य स भवति दुर्लभो भुवने।
मुकुलायमानरसाले कलकण्ठी तत्क्षणं मिलति)॥ ३३॥ २००॥

श्रीकृष्णः — प्रिये! प्रत्यासन्ने तव सख्यौ। तदुभे परिहसिंष्यन्नन्तरितो भवामि (इति तथा स्थितः)॥ २०१॥

ललिता — (परिक्रम्य पुरो राधामालोक्य च सहर्षम्) हला! कुदो सो णाअरो? (हला! कुतः स नागरः?)॥ २०२॥

श्रीराधिका — (सस्मितम्) का क्खु तं जाणादि? (का खलु तं जानाति?)॥

ललिता — (सनर्मस्मितं संस्कृतेन)

कचा मुक्ता मुक्तावलिरपि ययौ निर्गुणदशां
विशुद्धं ते दन्तच्छदयुगमभूद्दान्तहृदये।
अबन्धासीत्काञ्ची तदिह सखि युक्तासि हरिणा
सतीनां वः कृत्यं किमुचितमिदं गोकुलभुवाम्?॥ ३४॥ २०४॥

श्रीकृष्णः — (पुरोऽनुसृत्य) ललिते! नाहमपराध्यामि सख्यै। ते संगोपितोऽस्मि॥

ललिता — किंत्ति पिअसहीए संगोवणिज्जो तुमम्? (किमित प्रियसख्या संगोपनीयस्त्वम्?)॥ २०६॥

श्रीकृष्णः — सुन्दरि! निजकन्दर्पकलाप्रागल्भ्यस्यापलापाय। (इत्यङ्गुल्या दर्शनम्)

पश्य, पश्य,

कठोरग्रैर्भूयो व्रणमजनयद्वक्षसि नखै-
र्बलादाक्रामन्ती व्यकिरदपि मां पिच्छरचनाम्।
विकृष्य च्छिन्नांगीमकृतवनमालां च रुचिरा-
मिदानीं जानीते न किमपि पुरस्ते प्रियसखी॥ ३५॥ २०७॥

श्रीराधा — (सापत्रपम्) हुँ, अप्पणा कदुअ परं दूसेदुं पण्डिदोसि। (हुँ, आत्मना कृत्वा परं दूषयितुं पण्डितोऽसि)॥ २०८॥

जड़िला फुडमञ्जरीहिं-(स्फुटमञ्जरीभि:) (इत्यधोक्ते)॥ २०९॥

श्रीराधिका — (सत्रासम्) लणिदे, अच्चाहिदं अच्चाहिदम्। भअंकरी बुड्ढिआ। ता तुरिदं पलाएम्ह। (ललिते! अत्याहितमत्याहितम्। भयंकरी वृद्धा, तत्त्वरितं पलायाम:।) (इति सखीभ्यां सह निष्क्रान्ता)॥ २१०॥

(पुनर्नेपथ्ये)

.... विहूदिमन्तो पराअपुञ्जेण।
हरभत्ता विअ सरए प्फुरन्ति सत्तच्छदप्पअरा।
(................. विभूतिमन्त: परागपुञ्जेन।
हरभक्ता इव शरदि स्फुरन्ति सप्तच्छन्दप्रवरा)॥ ३६॥ २११॥

श्रीकृष्ण: — (सवैलक्ष्यम्) हन्त हन्त, सप्तवर्णं वर्णयता जटिलेति कटूद्गारेण बटुना कदर्थितोऽस्मि। तदग्रे सुहृन्मण्डलमेव प्रयामि॥ २१२॥

(इति निष्क्रान्ता: सर्वे)

इति श्रीविदग्धमाधवनाटके शरद्विहारो नाम षष्ठ: अंक:॥ ६॥

सप्तम: अंक:

(तत: प्रविशति वृन्दा)

वृन्दा — (समन्तादवलोक्य)

कदम्बालीजृम्भाभरपरिमलोद्गारपवना
स्फुटद्यूथी यूथीकृतमधुपगानप्रणयिनी।
नटत्केकिस्तोमा मृदुलयवसश्यामलितभू-
स्तपान्तेऽद्य स्वान्तं मम रमयति द्वादशवनी॥ १॥ १॥

(नेपथ्ये दृष्टिं निक्षिप्य) कथमसौ पौर्णमासी निजपर्णकुटीरोपान्तवाटिकायामभिमन्युना सह संकथयन्ती वर्त्तते ? तदहं क्षणमत्रैव तिष्ठेयम् ॥ २ ॥ (प्रविश्य तथाभूता पौर्णमासी)

पौर्णमासी — वत्साभिमन्यो ! किमर्थं त्वया प्रातरेवाहमुपसादितास्मि ?॥ ३ ॥

अभिमन्युः — भअवदि ! तुज्झं आणं गेण्हिदुम् (भगवति ! तवाज्ञां ग्रहीतुम्) ॥ ४ ॥

पौर्णमासी — कस्मिन्नर्थे ?॥ ५ ॥

अभिमन्युः — वारिसहाणईए मथुरापत्थाणे। (वार्षभानव्या मथुराप्रस्थाने) ॥ ६ ॥

पौर्णमासी — (सव्यथम्) कस्तत्र हेतुः ?॥ ७ ॥

अभिमन्युः — दोण्हं राहामाहवाणं चापलं जेव्व। (द्वयो राधामाधवयोश्चापलमेव) ॥

पौर्णमासी — वीर ! केन तवेदं वर्णितम् ॥ ९ ॥

अभिमन्युः — पिअवअस्सेण गोअड्डणेण। (प्रियवयस्येन गोवर्धनेन) ॥ १० ॥

पौर्णमासी — वत्साभिमन्यो ! चतुरन्मन्योऽपि न त्वमार्यबुद्धिरसि, येन भोजेन्द्रवल्लभस्य गोवर्धनमल्लस्य कौटिल्यचक्रेण विभ्रम्यसे ॥ ११ ॥

अभिमन्युः — असिपसिद्धा एसा पउत्ती केण वा ण कहिज्जइ ? (अति प्रसिद्धैषा प्रवृत्तिः केन वा न कथ्यते ?) ॥ १२ ॥

पौर्णमासी — पुत्र ! नूनं कर्णेजपानामुपजापेन लुप्तविवेकोऽसि। तदाकर्णय ॥ १३ ॥

अभिमन्युः — आणवेहि। (आज्ञापय) ॥ १४ ॥

पौर्णमासी — वत्स ! येन लावण्यगन्धलवलुब्धेन कंसशार्दूलेन स्वयमेव राधामृगी मृग्यते, तस्य दारुणस्य हस्तोपरि न्याय्यः कथमस्याः प्रक्षेपः ?॥ १५ ॥

अभिमन्युः — भअवदि ! तत्थ का चिन्ता ? सो क्खु कुसली होदु सुहित्तमो मे गोअड्डणो, जेण विज्जामाहुरीहिं महुरिन्दो वसीकिओ। (भगवति ! तत्र का चिन्ता ? स खलु कुशली भवतु सुहृत्तमो मे गोवर्धनः, येन विद्यामाधुरीभिर्मथुरेन्द्रो वशीकृतः) ॥

पौर्णमासी — (सखेदम् क्षणमनुध्याय) हंहो, धन्यानां मूर्धन्य ! गोविन्दमातुर्मातुले-योऽसि। कथमल्पायुषां गोकुलद्वेषिणां मण्डलपातितामालम्बसे ? तदद्य कयापि मर्यादया त्वां पर्यापयितुमिच्छामि ॥ १७ ॥

अभिमन्युः — आणवेदु तत्थहोदी। (आज्ञापयतु तत्रभवती) ॥ १८ ॥

पौर्णमासी — वत्स ! सा काचिन्मत्सरकल्पितापि किंवदन्ती यदि त्वया नातथ्यतया प्रतीयते, ततः स्वयमेव चक्षुषोरपरोक्षीकृत्य यथेष्टं चेष्टनीयम् ॥ १९ ॥

अभिमन्युः — (सप्रश्रयम्) भअवदि! सिरोगहीदं दे णिदेसकुहुमम्। (भगवति शिरोगृहीतं ते निदेशकुसुमम्) ॥ २० ॥

पौर्णमासी — (सानन्दम्) सोमानन! गोमानत्र भूयाः ॥ २१ ॥

अभिमन्युः — भअवदि! अम्बा मं पुणो पुणो भणादि-'पुत्त! चन्दाअलीचण्डिअच्चणेण गीअद्धणो जहत्थणामा संवुत्तो, ता वहूड़िआ वि तत्थ दिक्खा किज्जउति।' (भगवति अम्बा मां पुन-पुनर्भणति-'पुत्र! चन्द्रावलीचण्डिकार्चनेन गोवर्धनो यथार्थनामा संवृत्तः तस्माद्वधूरपि तत्र दीक्षाक्रियेतामिति) ॥ २२ ॥

पौर्णमासी — मंगलमते! सर्वमंगलाराधने दीक्षितामविलम्बमेव वर्षभानवीं विद्धि

अभिमन्युः — भअवदि! अणुकम्पिदो म्हि। (भगवति! अनुकम्पितोऽस्मि) (इ निष्क्रान्तः) ॥ २४ ॥

वृन्दा — (परिक्रम्य) वन्दे भगवतीम्॥ २५ ॥

पौर्णमासी — (विलोक्य शुभाशीर्भिरभिनन्द्य च) वत्से! कामं कृतार्थासि। तदावेद राधामाधवयोर्निकुञ्जकेलिमाधुरीम्॥ २६ ॥

वृन्दा — **सर्वस्वं प्रथमरसस्य यः प्रथीयान्कंसारे-**
रुदयति राधया विलासः।
वक्तुं को विरमति तं जनः समन्तादा-
नन्दस्तिरयति चेद्गिरा न वृत्तिम्?॥ २७॥

पौर्णमासी — (सानन्दम्) पुत्रि वृन्दे!
हरिरेष न चेदवातरिष्यन्मथुरायां मधुराक्षि राधिका च।
अभविष्यदियं वृथा विसृष्टिर्मकरांकस्तु विशेषतस्तदात्र॥ ३॥

तदद्य गोष्ठमध्ये तवोपसत्तिर्मां विस्मापयते॥ २८॥

वृन्दा — भगवति! त्वरते कोऽपि मां गरीयानर्थः। तदत्र ललितामपेक्षमाणास्मि।

पौर्णमासी — कीदृशोऽयम्?॥ ३०॥

वृन्दा — पूर्वेद्युरादिष्टास्मि गोविन्देन। यथा —
आहर गौरीतीर्थे मधुरश्रियं तत्र रन्तुमिच्छामि।
पद्मावलम्बिकरया प्रियया पद्मावतंसिकया॥ ४॥ ३१॥

पौर्णमासी — युक्तमादिष्टं, यदद्य सौभाग्यपूर्णिमा, तथाहि —

प्रसूनैरद्भुतैः कान्ता कान्तेन श्रावणीदिने।
प्रसाधिता प्रसिद्धेन सौभाग्येन विवर्धते॥ ५॥ ३२॥

ततस्ततः ?

वृन्दा — ततश्च तद्वृत्ते शारिकामुखतः सखीसंसदि संचारिते पद्मार्थतस्तर्कित-राधार्थसिद्धिरपि पद्मा ललितां कटाक्षयन्ती हठादवादीत् -

उत्फुल्लमूर्त्तेः सममुल्लसन्त्याश्चन्द्रावलेश्चन्द्रकमण्डलेन।
म्लास्यन्ति सौभाग्यभरप्रभाभिर्गर्वान्धगोपीवदनाम्बुजानि॥ ६॥ ३३॥

पौर्णमासी — (विहस्य) ततस्ततः ?॥ ३४॥

वृन्दा — ततश्च स्मेरया दृष्टिमुद्रयैव त्वमधीरामवधीरयन्तो ललिता मया सह राधामुपसाद्य कल्पे प्रस्थानाय तामतिसंभ्रमं लम्भयामास। पश्य वृत्तेऽप्यद्य यामे सेयं नाजगाम॥ ३५॥ (प्रविश्य)

ललिता — सहि वुन्दे! जुत्तं गव्वाइदं पउमाए, दाणिं जाणिदम्। तत्थ पत्थाणे कुदो अम्हाणं जोग्गदा ?। (सखि वृन्दे! युक्तं गर्वायितं पद्मया, इदानीं ज्ञातम्। तत्र प्रस्थाने कुतोऽस्माकं योग्यता ?)॥ ३६॥

पौर्णमासी — पुत्रि, कथमेवम् ?॥ ३७॥

ललिता — भअबदि! तुम्ह पुरदो अम्हाणं तिणादोहग्गसल्लेण किं उग्घाडिदेण ?। (भगवति! तव पुरतोऽस्माकं तेन दौर्भाग्यशल्येन किमुद्घाटितेन ?)॥ ३८॥

पौर्णमासी — वत्से! शुश्रूषुरस्मि, वर्ण्यताम्॥ ३९॥

ललिता — (सास्रम्) अज्जे! गोरपट्टसुत्तेण गण्ठिदा एक्का दिव्वमाला पिअसहीए कण्हस्स दिण्णा, सा अम्मेहिं पउमिआ धम्मिल्ले तक्कालं जेव्व दिट्ठा। (आर्ये! गौरपट्टसूत्रेण ग्रथितैका दिव्यमाला प्रियसख्या कृष्णाय दत्ता, सास्माभिः पद्मा धम्मिल्ले तत्कालमेव दृष्टा।)॥ ४०॥

पौर्णमासी — स्थाने ग्लानिरियम्, बाढमसांप्रतमेतद्गोविन्दस्य॥ ४१॥

वृन्दा — शान्तममंगलम्॥ ४२॥

पौर्णमासी — वृन्दे! कथ्यतां किं नामेदम्॥ ४३॥

वृन्दा — वर्णितं मे मनुष्यवाक्यया तया कक्खटिकया -

'कदम्बशाखायां मालामलम्ब्य कालिन्दीमवगाढे वनमालिनि, संप्रवृत्ते च केतकीपरागचक्रचण्डे मरुन्मण्डले पद्मा किलेमां जहार। मारुतस्तुमुधा कलंकं जगामेति॥ ४४॥'

ललिता — धुत्ते! मुञ्च णं वञ्चणम्। (धूर्त्ते! मुञ्चेनं वञ्चनम्) ॥ ४५ ॥

वृन्दा — पुष्पमञ्जरीभ्यः शपे ॥ ४६ ॥

ललिता — (विश्रभ्य) हला! सच्चं सच्चम्। जं अम्ह पुरदो अप्पणो सोहग्गं विक्खेयेन्ती पउमिआ मालं विवरेदि, कण्हमित्ताणं अग्गदो उण णं संवरेदि। (हला! सत्यं सत्यम्। यदस्मत्पुरत आत्मनः सौभाग्यं विख्यापयन्ती पद्मा मालां विवृणोति। कृष्णमित्राणामग्रतः पुनरेनां संवृणोति) ॥ ४७ ॥

पौर्णमासी — पुत्रि ललिते! स्फुटमत्र पूर्णिमायां युष्माकमनुद्यमाय पद्मया तां छद्मचातुरीं प्रसार्य गौरीतीर्थं चन्द्रावली लम्भिता ॥ ४८ ॥

वृन्दा — युक्तमाह भगवती, तदद्य गौरीतीर्थे राधिकोपनोतिः कल्याणी न मे प्रतिभाति ॥ ४९ ॥ (प्रविश्य)

विशाखा — वुन्दे! 'कल्याणी पडिभादि' त्ति भणाहि। (वृन्दे! 'कल्याणी प्रतिभाति' इति भण) ॥ ५० ॥

वृन्दा — कथमेवम्? ॥ ५१ ॥

विशाखा — गोउलेसरीमुहादो अज्ज सोहग्गपुण्णिमं सुणिअ करालाए चन्दाअली अप्पभत्तुणो मल्लस्स पासे पत्थावीअदि। (गोकुलेश्वरीमुखतोऽद्य सौभाग्यपूर्णिमां श्रुत्वा करालया चन्द्रावली आत्मभर्तुर्मल्लस्य पार्श्वे प्रस्थाप्यते) ॥ ५२ ॥

ललिता — (सहर्षम्) विसाहे! इट्ठदेओ सरोअणाहो दे पसीददु, ता तुवरीअदु। (विशाखे! इष्टदेवः सरोजनाथस्ते प्रसीदतु, तत्त्वर्यताम्) ॥ ५३ ॥

पौर्णमासी — पुत्रि वृन्दे! काभप्यद्यतनीमभिमन्योर्दारुणा दुर्मन्त्रितमुद्रां राधायामावेद्य मयाप्यस्याः शंकापंकावली-संक्षालनाय गौरीतीर्थे भवितव्यम् ॥ ५४ ॥

वृन्दा — भगवति! पूर्वेण गौरीतीर्थं लवंगकुडंगस्य प्रांगणे सविशाखया राधया सार्घं साधयतु तत्र भवती। तावदावां माधवमासादयावः ॥ ५५ ॥ (पौर्णमासी विशाखया सह निष्क्रान्ता)

ललिता — (वृन्दया सह परिक्रम्य) हला पेक्खीअदु, डाहिणे एसा दूरदो सेव्वाए समं जप्पन्ती पउमा। (हला! प्रेक्ष्यताम् दक्षिणे एषा दूरतः शैव्यया समं जल्पन्ती पद्मा) ॥ ५६ ॥

वृन्दा — सखि! नासंगतं व्याहरेद्विशाखा (इत्यग्रतो गत्वा सविमर्शम्) सखि! परमौत्सुक्यसंभूतेन भूरिणा संभ्रमेण संभेदिते राधिकाविजयमनिर्धार्य तूर्णमावां

तवदूरमागते। तदत्र मानसगंगापारे पौर्णमासीं क्षणं प्रतिपालयाव: (इति निष्क्रान्ते)॥

(तत: प्रविशत: पद्माशैव्ये)

पद्मा — सहि सेव्वे! मा क्खु दुम्मणा होहि (सखि शैव्ये! मा खलु दुर्मना भव)॥

शैव्या — पउमे! परमाहिट्ठस्स अलाहेण सलाहवं चित्तं समाधादुं ण क्खमम्हि। (पद्मे! परमाभीष्टस्यालाभेन सलाघवं चित्तं समाधातुं न क्षमास्मि)॥ ५९॥

(नेपथ्ये)

> **पउमे! चन्दाअली आणिज्जउ गोअड्ढणस्स पासम्मि झत्ति।**
> **णिव्वट्टइ वच्छा जह कुसुमेहिं सुवेवच्छा॥**
> **(पद्मे! चन्द्रावली आनीयतां गोवर्धनस्य पार्श्वे झटिति**
> **निर्वर्त्तते वत्सा यथा कुसुमैः सुनेपथ्या)॥ ७॥ ६०॥**

शैव्या — पउमे! सुदं जं अज्जिआ कराला त जेव्व जप्पगरलं पुणो उग्गिरदि। (पद्मे! श्रुतं यदार्या कराला तमेव जल्पगरलं पुनरुद्गिरति)॥ ६१॥

पद्मा — हला! अमिअं क्खु एदं, जं पिविअ उवलद्धबलम्हि जादा। (हला! अमृतं खल्वेतत्, यत्पीत्वा उपलब्धबलास्मि जाता)॥ ६२॥

शैब्वया — (सवैलक्ष्यम्) हला! कधं विअ। (हला! कथमिव?)॥ ६३॥

पद्मा — मुद्धिए! गोअड्ढणस्स गिरिणो पासे जेव्व तं गौरीतित्थम्। (मुग्धे! गोवर्धनस्य गिरेः पार्श्वम् एव तद्गौरीतीर्थम्)॥ ६४॥

शैव्या — (सहर्षम्) हला! सअलत्थपण्डिदासि। ता उट्ठेहि। चन्दाअलिअं तत्थ णेम्ह। (हला! सकलार्थपण्डितासि। तदुत्तिष्ठ। चन्द्रावलीं तत्र नयाम:)॥ ६५॥

पद्मा — पढमं च्चेअ चन्दाअली मए चालिदा। ता तुवरेहि। णं अणुसरम्ह। (प्रथममेव चन्द्रावली मया चालिता। तत् त्वरस्व। एनामनुसराम:।)॥ ६६॥ (इत्युभे परिक्रामत:)

शैव्या — पउमे! गौरीकिदे जो क्खु संपादिदो, सो कहिं उपहारो? (पद्मे! गौरीकृते य: खलु संपादित:, स कुत्रोपहार:)॥ ६७॥

पद्मा — मधुमंगलहत्थे समप्पिदोत्थि। (मधुमंगलहस्ते समर्पितोऽस्ति)॥ ६८॥

शैव्या — विवक्खउलस्स उक्करिसं तक्किअ उत्तम्मामि। (विपक्षकुलस्योत्कर्षं तर्कयित्वोत्ताम्यामि)॥ ६९॥

पद्मा — मा क्खु उत्तम्म। ज एताए मालाए दंसिदास णिरज्झवसाओ किदो मए

विवक्खपक्खो। (मा खलुत्ताम्य। यदेतया मालया दर्शितया निरध्यवसायः कृतो मया विपक्षपक्षः।) ॥ ७० ॥ (शैव्या सहर्षं पद्मामालिंगति)

पद्मा —

सौहग्गपुण्णिमाहे, गौरीतित्थम्हि फुल्लिदे महुणा।
अज्ज रमन्तीं हरिणा, सुहेण चन्दाअलीं पेक्ख॥
(सौभाग्यपूर्णिमाहे गौरीतीर्थे फुल्लिदे मधुना
अद्य रममाणां हरिणा सुखेन चन्द्रावलीं पश्य)॥ ८॥ ७१॥

(नेपथ्ये 'सौहग्गपुण्णिमाहे' इत्यादि पठ्यते)

शैव्या — (साद्भुतं विलोक्य) हला! इमाए मुहं वंकीकदुअ बीहच्छसरेण पढन्तीए कक्खडिआए अम्हे उवहसिज्जम्ह। (हला! एतया मुखं वक्रीकृत्य बीभत्सस्वरेण पठन्त्या कक्खटिकया वयमुपहस्यामहे)॥ ७२॥

पद्मा — (सस्मितम्) दुट्ठे मक्कडि! तुण्डं दे डहिस्सम्। (दुष्टे मर्कटि! तुण्डं ते धक्ष्यामि।) ॥ ७३ ॥

(नेपथ्ये)

पउमिए! चिट्ठ चिट्ठ। सुण्णं तुज्झ घरं गदुअ णअणीआइं गिलिस्सम्।
(पद्मे! तिष्ठ तिष्ठ। शून्यं तव गृहं गत्वा नवनीतानि गिलिष्यामि)॥

शैव्या — हला! सच्चं गिलिस्सदि, जं एसा तं जेव्व पढन्ती धाइदा। (हला! सत्यं गिलिष्यति, यदेषा तदेव पठन्ती धाविता)॥ ७५॥

पद्मा — मा चिन्तेहि। घरे अज्जिआ कराला चिट्टदि (मा चिन्तय, गृहे आर्या कराला तिष्ठति) (इति परिक्रम्य संस्कृतेन)

पश्य पश्य॥

साचीकृतांगमिह सव्यकरेण यष्टिं,
विष्टभ्य वृत्तसरलामुपकक्षकूपम्।
तिष्ठन्नधो विटपिनः पशुवृन्दचारी,
रीरीति गीतिमधुना सुबलस्तनोति॥ ८॥ ७६॥

शैव्या — (परिक्रम्य) हला पुव्वेण संकरिसणकुण्डं चन्दाअली दीसइ। (हला! पूर्वेण संकर्षणकुण्डं चन्द्रावली दृश्यते।) ॥ ७७ ॥

पद्मा —(सहर्षं संस्कृतेन)

अयं पुरः स्मेरमुखारविन्दः, प्रयाणलीलाकृतकुम्भिनिन्दः।
कलेवरद्योतिहृताक्षितन्द्रश्चन्द्रावलीं विन्दति कृष्णचन्द्रः॥ १०॥ ७८॥

(ततः प्रविशति कृष्णश्चन्द्रावली च)

श्रीकृष्णः — (वर्त्मावरुध्य) प्रिये! दिष्ट्याद्य सौन्दर्यमकरन्दभृंगारायितासि ममाक्षिभृंगयोः॥ ७९॥

चन्द्रावली — मुञ्च मग्गम्। जं गौरीतीत्थं गदुअ कच्चाअणिअं अच्चिस्सम्। (मुञ्च मार्गम्। यद्गौरीतीर्थं गत्वा कात्यायनीमर्चिष्यामि।)॥ ८०॥

श्रीकृष्णः — (सस्मितम्)

लब्धं मामवलोक्य तन्वि पुरतो रोमालिरभ्युद्गता
नेत्रे पाद्यविधिं क्षरज्जलभरैः प्रीत्याप्रर्याञ्चक्रतुः।
वक्षश्च स्खलदुत्तरीयमदिशद्दिव्यासनं संभ्रमाद्-
वामायास्तव दक्षिणः परिकरो दिष्ट्याद्य वृत्तो मयि॥ ११॥ ८१॥

सख्यौ — (उपसृत्य) सहि! सन्ति भूरिणो मग्गो। ता एकस्सिं णिरुद्धे ण होम्ह। (सखि! सन्ति भूरयो मार्गाः। तदेकस्मिन्निरुद्धे निरुद्धा न भवामः)॥ ८२॥

चन्द्रावली — (साचिग्रीवमवलोक्य) हला! दिट्ठिआ तुम्मेहिं सहिदम्हि संवुत्ता। (हला! दिष्ट्या युष्माभिः सहितास्मि संवृत्ता)॥ ८३॥

श्रीकृष्णः — (स्वगतम्) कथमद्य राधामभिसिसारयिषोर्ममान्तिके चन्द्रावलिरुपस्थिता?॥ ८४॥

पद्मा — (जनान्तिकम्) चन्द्रमुह! पउमावलम्बिकराए त्ति तुज्झ मणोरधं सुणिअ छलेण मए चन्दाअली लम्भिदा। (चन्द्रमुख! पद्मावलम्बिकरयेति तव मनोरथं श्रुत्वा छलेन मया चन्द्रावली लम्भिता।)॥ ८५॥

श्रीकृष्णः — (स्वगतम्) आ ज्ञातम्। पद्ममण्डनमभिलष्यता मयैव दत्तान्तरासि, किं ते दूषणम्। (प्रकाशम्) सखि, प्रसिद्धैव पद्मायाः पद्मनाभपक्षपातिता॥ ८६॥

पद्मा — अदो तुरिदं गौरीतित्थं लम्भेहि चन्दाअलीअम्। (अतस्त्वरितं गौरीतीर्थं लम्भय चन्दावलीम्)॥ ८७॥

श्रीकृष्णः — (स्वगतम्) चन्द्रावलेरागतिरेव राधिकोद्यप्रतिबन्धिनी वृत्ता। तदेनामेव निर्व्यलीकभावां तावत्प्रमोदयन्स्वं मनो विनोदयामि॥ ८८॥

(प्रकाशम्)

घृतपद्मोत्सवसंततिरलब्धदोषोदया सदा स्फुरती।
सखि कृष्णपक्षपूर्णा, चन्द्रावलिरद्भुता त्वमसि॥ १२॥ ८९॥

(इत्यग्रे परिक्रम्य) कुरंगाक्षि, पश्य काननस्य कमनीयताम्॥ ८९॥

पद्मा — हला! एसो पुरदो सुरंगणामा कण्हस्स कुरंगो। जस्स वरिणी सा किदित्थि रंगिणी णाम कुरंगी। (हला! एषः पुरतः सुरंगनामा कृष्णस्य कुरंगः। यस्य गृहणि सा कृतास्ति रंगिणी नाम कुरंगी)॥ ९०॥

श्रीकृष्णः — (सचकितं नेपथ्ये कर्णं दत्त्वा स्वगतम्) ननुमागता राधा, यदयं रंगिणीकण्ठध्वनिर्दरोदञ्चति॥ ९१॥

पद्मा — कधं एसो सुरंगो दक्खिणाहिमुंह धाइदो? (कथमेष सुरंगो दक्खिणाभिमुखं धावितः)॥ ६२॥

श्रीकृष्णः — (पुनरात्मगतम्) निष्टिंकितमेव रंगिणीकण्ठशब्देनायमाकृष्टः सुरंगो गौरीतीर्थं जगाम। तदस्यामेव संकर्षणतीर्थतीरवनलेखायां बिलम्बमानः क्षणमुदर्कं तर्कयामि॥ ९३॥

पद्मा —

णअपउमिणीसहस्सं, अहमहण-रसुत्तरंगवित्थारि।
उअ गोउलं विअ पुरो, सरोअरं रेहई प्फारम्॥
(नवपद्मिनीसहस्त्रमघमथनरसोत्तरंगविस्तारि।
पश्य गोकुलमिव पुरः सरोवरं राजते स्फारम्)॥ १३॥ ९४॥

श्रीकृष्णः — प्रिये, पश्य पश्य —

मित्रे विचित्रमनुरागभरं वहन्ती,
संवर्धितालिनिकरा स्वरसोदयेन।
सत्कर्णिकोज्ज्वलरुचिर्भुवने समन्तात्,
लक्ष्मीं तनोति भवतीव सरोजिनीयम्॥

शैव्या — णं मणोहरं पउमिणीं कीस कलाणिहि मलाणं करेदि?॥
(एनां मनोहरां पद्मिनीं कस्मात्कलानिधिर्म्लानां करोति?)॥ ९६॥

पद्मा — (चन्द्रमपदिश्य साकूतम्)

सूराणुरत्तहिअआ इअं पउसिणी पसारिदामोआ।
इह ण तुमं क्खणराओ ताराहीस क्खिवेहि करम्॥

(सूर्यानुरक्तहृदयेयं पद्मिनी प्रसारितामोदा
इह न त्वं क्षणरागस्ताराधीश क्षिप करम्)॥ १५॥ ९७॥

श्रीकृष्णः — पद्मे! नात्र तारापतिरपराध्यति। यदियं पद्मिनी चञ्चलया पद्मया सायं मुच्यमाना म्लायति॥ ९८॥

चन्द्रावली — (सस्मितं पुरो विलोक्य संस्कृतेन)

समदमधुपलोल्योत्सेकमालोक्य शंके,
विहसति लतिकाली पुष्पशोभाभरेण।
विसृजति मकरन्दच्छद्यता वाष्पबिन्दू-
नियमतिमृदुरेका स्नेहतः स्पर्णयूथी॥ १६॥ ९९॥

श्रीकृष्णः — (स्मित्वा) प्रिय, पश्य पश्य।

अयमुच्चशिराः कदम्बराजः स्फुटदिन्दिरवृन्दवन्दिगीतः।
सुरभीकुलपुच्छचामरालीमरुदावीजितविग्रहश्चकास्ति॥ ७७॥ १००॥

चन्द्रावली — अम्महे, ललिदा वुन्दावणलच्छी (अहो! ललिता वृन्दावनलक्ष्मीः)॥ १०१॥ (ततः प्रविशति ललिता वृन्दा च)

ललिता — (पुरो दृष्ट्वा सव्यथम्) हला! कक्खडं पुरुदो संकडं एदम्। (हला कक्खटं पुरतः संकटमेतत्।)॥ १०२॥

वृन्दा — हन्त दुर्लंघ्यशासना किल कराला। तत्कथमद्य पद्मयात्र चन्द्रावलि-रुपनीता?॥ १०३॥

ललिता — हला! सअलविज्जाविअड्ढासि। ता कड्ढेहि इदो क्रण्डहम्। (हला! सकलविद्याविदग्धासि। तत्कर्षय इतः कृष्णम्)॥ १०४॥

वृन्दा —

स्वस्य प्रेममणीनां, गौरवभाजामियं वरा पात्री।
हरिणा परिहरणीया, कथं नु चन्द्रावली भविता?॥ १८॥ १०५॥

ललिता — (संस्कृतेन)

यस्योपलभ्य गन्धं, गौववकुलमाशु चौरवद्द्रवति।
उद्भटमनुरागभटं, तं रंजितनागरं नौमि॥ १९॥ १०६॥

वृन्दा — सखि! युक्तं ब्रवीषि। किंतु दाक्षिण्यमुद्रेयं चन्द्रावल्यां कृष्णस्य, ततः खल्वमुं दूराकर्षं कथयामि॥ १०७॥

ललिता — वुन्दे! सच्चं भणासि। ता इमस्सिं अच्चाहिंदे किं सरणम्? (वृन्दे! सत्यं भणसि। तदस्मिन्नत्याहिते किं शरणम्) ॥ १०८ ॥

वृन्दा — प्रथमं गौष्ठीमाविश्य तत्त्वमवधारयावः ॥ १०९ ॥ (इत्युभे परिक्रामतः)

शैव्या — (विलोक्य जनान्तिकम्) हला पउमे! हन्त णूणं गौरीतित्थे राही संगदा। पेक्ख, तद्दिसादो ललिदा मिलदि। (हला पद्मे! हन्त नूनं गौरीतीर्थे राधा संगता। पश्य, तद्दिशातो ललिता मिलति) ॥ ११० ॥

पद्मा — का णो हाणी, जं हरिणा दुप्परिहरा पिअसही? (का नो हानिर्यद् हरिणा दुष्परिहरा प्रियसखी) ॥ १११ ॥

ललिता — (उपसृत्य) हला चन्दाअलि! वल्लहासिणेहाणहिण्णस्स कुरंगीसंघभु-अंगस्स कुरंगस्स घरे ण क्खु अम्हेहिं रंगिणी वासणिज्जा। जं इमिणा मासब्भन्तरे वि स कालसारकुमारी ण सुमरीअदि, ता एत्थ तुमं सक्खिणीं कादुं आअदम्हि। (हला! चन्द्रावलि! वल्लभास्नेहानभिज्ञस्य कुरंगीसंघभुजंगस्य कुरंगस्य गृहे न खल्वस्माभो रंगिणी वासनीया। यदनेन मासाभ्यन्तरेऽपि सा कालसारकुमारी न स्मर्यते, तदत्र त्वां साक्षिणीं कर्तुमागतास्मि।) ॥ ११२ ॥ (चन्द्रावली स्मयते)

श्रीकृष्णः — (स्वगतम्) हन्त, मदर्थमागता ललिता चन्द्रावली विलोक्य छलमालम्बते। (प्रकाशम्) ललिते! हृदयेंगितमविज्ञाय मुधा सुरंगमुपालभसे। तदेष संदेशस्त्वया तस्यामावेद्यताम्॥ ११३ ॥

हरिणाभिलष्यमाणा, सारंगरमणि सदा त्वमत्रासि।
तदमुं त्वद्रसहृदयं हृदयंगमलोचने विद्धि॥ २०॥ ११४॥

पद्मा — (जनान्तिकम्) कण्ह! अप्पणो पिधजणं लद्धोसि ता जुत्तं अजोग्गाणं अम्हाणं विसजजणम्। (कृष्ण! आत्मनः प्रियजनं लब्धोऽसि, तद्युक्तमयोग्यानामस्माकं विसर्जनम्।) ॥ ११५ ॥

श्रीकृष्णः —

करवाणि हन्त दिव्यं, दिव्यांगि मदोन्नतासु गोपीषु।
अनुरागिता सखि दधे राधागन्धिषु न वामासु॥ २१ ॥ ११६ ॥

पद्मा — (सदर्पस्मितम्) सहि ललिदे! अच्चारिअं अच्चारिअं। तुमं क्कु अणुराहा भणिज्जसि। ता कीस अज्ज राहाए उअअं विणा उइदासि?

(सखि ललिते! आश्चर्यमाश्चर्यम्। एवं खल्वनुराधा भण्यसे। तत्कस्मादद्य राधाया

उदयं विनोदितासि ?॥ ११७॥)

ललिता — (संस्कृतेन)

> **रोलम्बीनिकुरम्बं, चुम्बति गण्डं पिपासया यस्य।**
> **सरति तृषार्त्तः सरसीं, स करीन्द्रस्तं पुनर्न हि सा॥ २२॥ ११८॥**

पद्मा —

> **एक्कं धीमदि सेव्वे, पहेलिअं मे सहि जाणेहि।**
> **चित्तफलअम्मि लिहिदा, का रेहई माहवस्सदा ?**
> **(एकां धीमति शैव्ये प्रहेलिकां मे सखि जानीहि।**
> **चित्तफलके लिखिता का राजते माधवस्य सदा)॥ २३॥ ११९॥**

शैव्या — सहि चन्दाअली (सखि चन्द्रावली) ॥ १२०॥

वृन्दा — (सस्मितम्) साधु विज्ञातम्। चन्द्रमण्डलावलिमण्डनेन चित्रं खलु रमापतेः फलकं शतचन्द्रमाचक्षते॥ १२१॥

श्रीकृष्णः — (स्वगतम्) अवदातशीलेयम्॥ १२२॥ (चन्द्रावली सलज्जमपसव्ये प्रयाति)

ललिता —

> **मह वाहरेहि वुन्दे, पहेलिअं दिव्वपहेलिविण्णाणे।**
> **पिअसहि किमिहिक्खाए, लक्खिज्जइ माहवो भुअणे ?॥**
> **(मम व्याहर वृन्दे प्रहेलिकां दिव्यप्रहेलिविज्ञाने।**
> **प्रियसखि किमभिख्यया लक्ष्यते माधवो भुवने ?)॥ २४॥ १२३॥**

वृन्दा — सखि! राधाभिख्यया॥ १२४॥

श्रीकृष्णः — युक्तमिदं यद्वैशाखपर्यायौ माधवराधौ॥ १२५॥

पद्मा — सेव्वे! अलं पहेलिआपसंगेण। सुहावेहि कमलिक्खणरसेहिं अत्ताणअम्। (शैव्ये! अलं प्रहेलिकाप्रसंगेन। सुखय कमलेक्षणरसैरात्मानम्) ॥ १२६॥

शैव्या — (कमलाकरं विलोक्य)

> **भमरस्स ताव पमदं, पदोसमुदिदा कुमुद्ददी कुणइ।**
> **जाव इअं पउमाली, विदई ण हु दिट्ठिमेदस्स॥**
> **(भ्रमरस्य तावत्प्रमदं प्रदोषमुदिता कुमुद्वती कुरुते।**
> **यावदियं पद्माली विन्दति न हि दृष्टिमेतस्य)॥ २५॥ १२७॥**

पद्मा — हला! सच्चं भणासि तथा हि।

विज्जोदन्ति राहा, पेक्खिज्जइ ताव तारआलीहिम्।
गअणे तमालसामे, ण जाव चन्दाअली प्फुरइ॥

(हला! सत्यं भणसि। तथा हि।

विद्योतमाना राधा प्रेक्ष्यते वावत्तारकालीभिः।
गगने तमालश्यामे न यावच्चन्द्रावलि स्फुरति॥)॥ २६॥ १२८॥

ललिता — (विहस्य संस्कृतेन)

सहचरि वृषभानुजया, प्रादुर्भावे वरत्विषोपगते।
चन्द्रावलीशतान्यपि, भवन्ति निर्धूतकान्तीनि॥ २७॥ १२९॥

श्रीकृष्णः — (स्मित्वा) किं वाचाटतया? सन्निकृष्टस्य सुरभेः सौरभ्यमनुभूयताम्॥

वृन्दा — (सस्मितम्)

उल्लसति फुल्लगात्री, का वल्ली नात्र माधवेऽभ्युदिते?
तन्नामतः प्रसिद्धां, तथापि तां माधवीं नौमि॥ २८॥ १३१॥

श्रीकृष्णः — (सवैमनस्यं परिक्रम्योच्चैः) हला चन्दाअलि! धुत्तिगोट्ठीरंके संगमिअ विग्घेसजणणीपूअणे कोस सिढिलासि? (हला चन्द्रावली! धूर्त्तगोष्ठीरंगे संगम्य विघ्नेशजननीपूजने कस्माच्छिथिलाऽसि?) ॥ १३२॥

श्रीकृष्णः — (सोपालम्भम्)

चन्द्रावलीं मामनुरुध्यमानां रुणाद्धि पद्मे भवती बलेन।
मल्लीं तमालाभिमुखं मिलन्तीं, हिंस्त्रेव वल्ली पुरतः कराला॥ २९॥

(प्रविश्य)

कराला — चिट्ठधरे, चिट्ठध, दिट्ठिआ मग्गे च्चेअ लद्धात्थ। (तिष्ठत, रे तिष्ठत। दिष्ट्या मार्ग एव लब्धाः स्थ॥ १३४॥)

(सर्वाः परावृत्य संभ्रमं नाटयन्ति)

शैव्या — (अपवार्य) पउभे! हद्धी हद्धी। कधं एत्थ अम्हे विक्णादा बुड्ढिआए? (पद्मे! हा धिक् हा धिक्। कथमत्र वयं विज्ञाता वृद्धया)॥ १३५॥

कराला — अम्मो सच्चं च्चेअ जप्पिदं ताए णवणीअलम्पडाए वुड्ढमक्कडीए। (अम्मो! सत्यमेव जल्पितं तयानवनीत लम्पटतया वृद्धमर्कट्या)॥ १३६॥) (पद्मा सखेदं शैव्यामुखमीक्षते)

ललिता — (स्वगतम्) बुड्ढसक्कडि कक्खडिए! सक्करामक्खिदं मक्खणं दे दाइस्सम्। (वृद्धमर्कटि कक्खटिके! शर्कराम्रक्षितं नवनीतं ते दास्यामि) ॥ १३७ ॥

श्रीकृष्णः — (अपवार्य) प्रिये तिरोधानाय स्थानमपि न ते पश्यामि। यतः,

> **सव्ये गिरिः स्फुरति दुर्गमतुंगशृंगो,**
> **गाः पालयत्यहह दक्षिणतस्तथार्यः।**
> **भ्रूः पृष्ठतो विरहिता वृतिभिः पुरस्तात्-**
> **क्रूरा विवेष जरती कतमात्र युक्तिः ?॥ ३० ॥ १३८ ॥**

चन्द्रावली — (स्वगतम्) हन्त हन्त। अकण्डे कक्कसाए भविदव्वदा चण्डालीए चण्डिमा। (हन्त हन्त, अकाण्डे कर्कशाया भवितव्यता चण्डाल्याश्चण्डिमा) ॥ १३९ ॥

कराला — (संरम्भमभिनीय) पेच्छध भो पेच्छध, इमस्स कुसुम्भतेल्लकज्जलाल-कालस्स कालभुअंगअंकभ्रलोअणञ्चलस्स चञ्चलस्स भुअंगतणम्, जं वारहमग्गं गमिदो इमिणा सअलाणं गोउलकुलंगणाणं मंगलो कुलधम्मो-(इति सशिरः कम्पं दृशौ विस्फार्य) अरे सामलआ! कस्स एसा जाआ त्ति जाणसि? सुणाहि रे, णीसंकं सुणाहि, जो क्खु भोइन्दस्स दुदिओ अप्प तस्स महामल्लस्स। (प्रेक्षध्वं भोः प्रेक्षध्वं, अस्य कुसुम्भतैलकज्जलजालकालस्य कालभुजंगभयंकरलोचनाञ्चलस्य चञ्चलस्य भुजंगत्वम्, यद्द्वादशमार्गं गमितोऽनेन सकलानां गोकुलकुलांगनामां मंगलः कुलधर्मः। अरे श्यामल! कस्यैषा जायेति जानासि? शृणरे, निःशंकं शृणु, येः खलु भोजेन्द्रस्य द्वितीयात्मा तस्य महामल्लस्य।) ॥ १४० ॥

श्रीकृष्णः — करालिके! तत् किम्?॥ १४१ ॥

कराला — (सक्रोधम्) सच्चं सच्चं तुमं वणमज्झे अप्पाणं दुदिअं राआणं जाणसि। सो च्चेअ राअउलगामी गोट्ठणाहो अप्पणो ललाडं ताडिस्सादि। (सत्यं सत्यम् त्वं वनमध्ये आत्मानं द्वितीयं राजानं जानासि। स एव राजकुलगामी गोष्ठनाथ आत्मनो ललाटं ताडयिष्यति) ॥ १४२ ॥

श्रीकृष्णः — कराले! तुभ्यं शपे। चन्द्रावलीं विलोक्य साध्वसं गतोऽहमुद्वेगमा-सादयामि॥ १४३ ॥

कराला — (चन्द्रावलीं विलोक्य सामर्षम्) हा णिउञ्जुज्जाअरिणी! आकोमार-सिक्खिदकण्हहिसारकोसले! संरम्भुण्णद्धगोविआसहस्सुच्छिट्ठाहरबिम्बतिण्हामेत्त-विद्धंसिदकुलव्वदे! चिट्ठ चिट्ठ। किं दाणिं भाएसि? (हा निकुञ्जोज्जागरिणि! आकौमार-

शिक्षितकृष्णाभिसारकौशले! संरम्भोन्नद्धगोपिकासहस्रोच्छिष्टाधरबिम्बतृष्णा मात्रविध्वंसितकुलव्रते! तिष्ठ तिष्ठ। किमिदानीं बिभेषि?) ॥ १४४ ॥

ललिता — अज्जे! को क्खु दोषो जीअणणाहाणुगदाए पच्चिमदिसाए, को वा दोसावहारिणो सूरस्स? किंतु एदाणं आरूढराआणं दोणं राअं उप्पदिअ संगमकारिणीए संझाकुट्टिप्पीए च्चेअ पदोसाणुबन्धिदा। (आर्ये! कः खलु दोषो जीवननाथानुगतायाः पश्चिमदिशः। को वा दोषापहारिणः सूर्यस्य? किंत्वेतयोरारूढरागयोर्द्वयो रागमुत्पाद्य संगमकारिण्याः संध्याकुट्टिन्या एव प्रदोषानुबन्धिता) ॥ १४५ ॥

कराला — जादे! सच्चं कधेसि (इति प्रौढमाटोपं नाटयन्ती) हञ्जे पउमिए! परघरविघट्टिणि! कुट्टिणीकम्मलम्पडे धिट्ठा मण्डलचक्कवट्टिणि! मह हत्थादो कहं मुक्किस्ससि? (जाते! सत्यं कथयसि हञ्जे पद्मिके! परगृहविघट्टिनि कुट्टिनीकर्मलम्पटे! धृष्टामण्डलचक्रवर्त्तिनि! मम हस्तात् कथं मोक्ष्यसि?) (इति यष्टिमुद्यच्छते) ॥ १४६ ॥

पद्मा — (परावृत्य) अज्जे! ण जाणे कीस खिज्जसि। जं अम्हेहिं तुज्झ सासणं च्चेअ किज्जन्तं अत्थि। (आर्ये! न जाने कस्मात्खिद्यसे। यदस्माभिस्तव शासनमेव क्रियमाणमस्ति) ॥ १४७ ॥

वृन्दा — (स्वगतम्) नूनं धूर्त्तया शब्दच्छलमालम्बितं पद्मया। (प्रकाशम्) आर्ये, शैलभल्लयोर्नामाद्वैतेन भ्रान्तेयं मुग्धा बाला। तदद्य क्षम्यताम्॥ १४८ ॥ (कराला यष्टिं विमुञ्चति)

पद्मा — (स्वगतम्) ललिदे, चिट्ठ चिट्ठ। तुह णिक्किदं कादुं एसा जडिलं गच्छन्ति म्हि (ललिते, तिष्ठ तिष्ठ। तव निष्कृतं कर्तुमेषा जटिलां गच्छन्त्यास्मि) (इति निष्क्रान्ता) ॥ १४९ ॥

कराला — (चन्द्रावलीमवलोक्य) सहि भो कुडुंगकुडुम्बिणी, एहि। (एहि भो कुञ्जम्बकटुम्बिनि, एहि) (इति चन्द्रावलीमादाय शैव्यया सह निष्क्रान्ता) ॥ १५० ॥

श्रीकृष्णः — (सोच्छ्वासम्) वृन्दे! नूनं साधितार्थासि॥ १५१ ॥

वृन्दा — माधव! रूपिणी माधवलक्ष्मीगौरीतीर्थे खेलति। तया चोंपढौकितं सर्वस्वमिदं दरोन्मुद्रितं गन्धफलीद्वन्द्वम्॥ १५२ ॥

श्रीकृष्णः — (सानन्दमादाय) वृन्दे यावद्भवां चारणे वयस्यानवधाप्य तत्रानुसरामि तावद्भवतीभ्यामग्रतः प्रस्थीयताम् (इति निष्क्रान्तः) ॥ १५३ ॥

वृन्दा — (परिक्रम्य) ललिते, पुरा संभावयकदम्बसम्राजम्। (इत्युपेत्य) हन्त हन्त।

शंके पंकजसंभवोऽपि भवतः सौभाग्यभंगीभरं
वक्तुं न क्षमते कदम्बनृपते वृन्दाटवीद्योतिनः।
पुष्पैर्यस्य रमासहोदरतयाप्युद्भासुरं कौस्तुभं
दुर्लीलैरवहेलयद्भिरभितः शौरेरुरश्छाद्यते॥ ३१॥ १५४॥

ललिता — (पुरो विलोक्य) वृन्दे! इअं विसाहादुदिआ भअवदी माअन्दडुंगे पच्छन्नं चिट्ठदि। (वृन्दे इयं विशाखाद्वितिया भगवती माकन्दकुञ्जे प्रच्छन्नं तिष्ठति)॥

वृन्दा — (लवंगलतान्तिके राधां विलोक्य) ललिते, पश्य पश्य।

किमियं सुषमा वपुष्मती किमभिव्यक्तिरलं गुणश्रियः?
अथवा प्रण्याभिसंपदः किमियं मूर्तिरुदेति राधिका?॥ ३२॥ १५६॥

(पुनर्निर्वर्ण्य)

कर्णालंकृतकमला कुन्तलवेणीशिखाच्चलत्कमला।
करकमलाश्रितकमला बिडम्बयत्यलमसौ कमलाम्॥ ३३॥ १५७॥

(नेपथ्ये)

कर्णान्दोलितमुग्धगन्धफलकाद्वन्द्वः कदम्बस्त्रजा
संवीतो मुरलीकरम्बितकरश्चूडाञ्चले चन्द्रिका।
दूरादेष मनः शिलातिलकिना भालेन विभ्रद्द्युतिं
मूर्त्तः खेलति हन्त नन्दगृहिणीवात्सल्यलक्ष्मीरसः॥ ३४॥ १५८॥

ललिता — णूणं भअवदीए दूरे दिट्ठो कण्हो, जं वण्णीअदि। (नूनं भगवत्या दूरे दृष्टः कृष्णः, यद्वर्ण्यते)॥ १५९॥

वृन्दा — ललिते, सत्यमविदूरवर्ती मुरवैरी। तथा हि।

सखि कुण्डलीकृतशिखण्डमण्डलो
नटतीह ताण्डविकद्युतिरण्डजः।
न कदापि कृष्णमुदिरेक्षणं विना
मुदिरेक्षणे क्षणमपि श्वसित्यसौ॥ ३५॥ १६०॥

ललिता — सहि, दक्खिणेण पुंणाअसण्डं पेक्ख पुण्डअमण्डवेणं। (सखि, दक्षिणेन पुंनागषण्डं पश्य पुण्ड्रकमण्डपे एनम्)॥ १६१॥

वृन्दा — (विलोक्य सहर्षम्)

चक्रं वशीकृतवतः किल नैचिकीनां

वंशीनिनादमधुना मधुसूदनस्य।
आभीरशेखरगतिं प्रतिपादयन्ती शोभा
वभूब परमा परमस्य यष्टिः॥ ३६॥ १६२॥

ललिता — ण वुत्तं दाणि पि दोणं अण्णणोण्णदंसणम्। केअलं रंगिणिअं पेक्खिअ लअंगकुडंगं पविसदि कण्हो। (न वृत्तमिदानीमपि द्वयोरन्योन्यदर्शनम्। केवलं रंगिणिकां प्रेक्ष्य लवंगकुञ्जं प्रविशति कृष्णः)॥ १६३॥

वृन्दा — पश्य पश्य।

विसृमरान्परितो हरिमूर्त्तितः परिमलानुपलभ्य कलावती।
इयमितः सखि पुण्ड्रकमण्डपे स्मितमुखी तनुवल्लिमपावृणोत्॥ ३७॥

(पुनर्निरूप्य सकौतुकम्)

व्यक्तिं गताभिरभितो भुवि पांशुलायां
सद्यः पदांकततिभिः कथिताध्वनोऽयम्।
पश्चादुपेत्य नयने किल राधिकायाः
कम्प्रेण पाणियुगलेन हरिर्दधार॥ ३८॥ १६५॥

ललिता — हन्त हन्त, एसा पुलइदंगी वामा लीलाकमलेण ताडेदि कमलिक्खणम्। (हन्त हन्त, एषा पुलकितांगी वामा लीलाकमलेन ताडयति कमलेक्षणम्)॥ १६६॥

वृन्दा — पश्य पश्य।

भ्रूभेदः स्मितसंवृतो नहि नहीत्युक्तिर्मदेनाकुला
विश्रान्तोद्धति पाणिरोधरचनं शुष्कं तथा क्रन्दनम्।
सृष्टो यः सखि राधया मुहुरयं संगोपनोपक्रमो
भावस्तेन हृदि स्थितो मुरभिदि व्यक्तः समन्तादभूत्॥ ३९॥ १६७॥

ललिता — (संस्कृतेन)

प्रातिकूल्यमिव यद्विवृण्वती राधिका रदनखार्पणोद्धुरा।
केलिकर्मणि गता प्रगल्भतां तेन तुष्टिमतुलां हरिर्ययौ॥ ४०॥ १६८॥

वृन्दा — (विहस्य)

नैरञ्जन्यमुपेयतुः परिगलन्मोदाश्रुणी लोचने
स्वेदोद्धूतविलेपनं किल कुचद्वन्द्वं जहौ रागिताम्?
योगौत्सुक्यमगादुरः स्फुरदिति प्रेक्ष्योदयं संगिनां

राधे नीविरियं तव श्लथगुणा शंके मुमुक्षां दधे॥ ४१ ॥ १६९ ॥

ललिता — कधं एदं विअड्ढमिहुणं माहवीकुडंगन्तरिदं संवुत्तम्। (कथमेतद् विदग्धमिथुनं माधवीकुञ्जान्तरितं संवृत्तम्) ॥ १७० ॥

वृन्दा — राधामाधवयोर्मध्यां केलिमाध्वीकमाधुरीम्।
धयन्नयनभृंगेन कस्तृप्तिमधिगच्छति ?॥ ४२ ॥ १७१ ॥

ललिता — हला, एदे गलन्तमरन्दंपि माहवीपुप्फसंदोहं मुक्किअ कीसं भिंगा पुव्वाहिमुहं धाअन्ति ? (सखि, एते गलन्मरन्दमपि माधवीपुष्पसंदोहं मुक्त्वा कस्माद्भृंगाः पूर्वाभिमुखं धावन्ति ?) ॥ १७२ ॥

वृन्दा — सखि, विमुच्य माधवीमण्डपं नागरमण्डलोत्तंसौ प्रस्थितौ, तयोरामोदमनुसर्पन्तः षट्पदा धावन्ति, तदेहि, लतामन्दिरालोकनेन नन्दयावश्चक्षुषी। (इति परिक्रम्य) ललिते, पश्य पश्य॥ १७३ ॥

मनोहारी हारस्खलितमणिभिस्तारतरलैः
परिम्लायन्माल्यो मिलितपुरटालंकृतिकणः।
अयं कुञ्जस्तल्पीकृतकुसुमपुञ्जप्रणयवान्
समन्तादुत्तुंगं पिशुनयति रंगं मुरभिदः॥ ४३ ॥ १७४ ॥

ललिता — (निपुणं निरूप्य संस्कृतेन)

कृष्णांगसंगममिलद्घुसृणांगरागा राधापदस्खलदलक्तकरक्तपार्श्वा।
सिन्दूरबिन्दुरुचिधर्मजलोक्षितेयं दूना धिनोति नयने मम पुष्पशय्या॥

वृन्दा — (सविस्मयम्)

चिक्रीड या रजसि रञ्जितसूत्रनद्ध-
गोकर्णमात्रचिकुरा नवविद्धकर्णा।
सेयं कुतः प्रवरविभ्रमकौशलानि
राधाध्यगीष्ट वत वैरजितं जिगाय॥ ४५ ॥ १७६ ॥

ललिता — (पूर्वतः प्रेक्ष्य) वुन्दे, पेक्ख, णादिदूरे सहारो माहवो। (वृन्दे, पश्य नातिदूरे सराधो माधवः) ॥ १७७ ॥

वृन्दा — शृणुवः किमाह॥ १७८ ॥ (नेपथ्ये)

श्रीराधा — (संस्कृतेन)

कुरु कुवलयं कर्णोत्संगे लवंगमभंगुरं

विकिर चिकुरस्यान्तर्मल्लीस्त्रजं क्षिप वक्षसि।
अनघ जघने कादम्बीं मे प्रलम्बय मेखलां
कलयतु न मामालीवृन्दं हरे निरलंकृतिम्॥ ४६॥ १७९॥

वृन्दा — (स्मितं कृत्वा)

वहन्ती मञ्जिष्ठारुणिततनुसूत्रोज्ज्वलरुची
न्नखांकान्खेलोर्मिस्खलितशिखिपक्षाबलिरियम्।
स्फुरन्मुक्तातुल्यैरलघुघनघर्माम्बुभिरलं
समृद्धां मे मेधां मधुमथनमूर्तिर्मदयति॥ ४७॥ १८०॥

(ततः प्रविशति कृष्णः, प्रसाधितांगी राधा च)

श्रीकृष्णः —

नीतं च पुनरुक्ततां भ्रमरकैः कस्तूरिकापत्रकं
नेत्राभ्यां विफलीकृतं कुवलयद्वन्द्वं च कर्णार्पितम्।
हारश्च स्मितकान्तिभंगिभिरलं पिष्टानुपेषीकृतः
किं राधे तव मण्डनेन नितरामंगैरसि द्योतिता॥ ४८॥ १८१॥

उभे — (उपसृत्य) सुन्दर! इदं परममंजुलं वासन्तीकुसुममण्डनम्॥ १८२॥

श्रीकृष्णः — (स्तबकद्वन्द्वमादाय सहर्षम्)

ध्येवेन मुक्तवृन्दस्य काम्यमाना मुहुर्मया।
युक्ता तवमतिमुक्तानां श्रेण्या सुश्रोणि सेवितुम्॥ ४९॥ १८३॥

(इति राधामवतंसयति)

(नेपथ्ये)

अनुपरमति यामे काममह्नस्तृतीये
जलदसमयलक्ष्मीर्यौवनोज्जृम्भणेऽद्य।
नवयवसकदम्बैस्तर्पितानां कदम्बं
कलयति सुरभीणां गोकुलायाभिमुख्यम्॥ ५०॥ १८४॥

ललिता — राहे! अणुजाणेहि। रत्तिमण्डनत्थं दुल्लहं बसन्तकुसुमं गणहिस्सम्। (राधे, अनुजानीहि। रात्रिमण्डनार्थं दुर्लभं वसन्तकुमुमं ग्रहीष्यामि) (इति निष्क्रान्ता)॥

श्रीकृष्णः — (स्मित्वा जनान्तिकम्) वृन्दे! किंचिद्विनोदं विधातुकामोऽस्मि, तदत्र प्रियायाः प्रत्यायितेयं पुरो द्रुमाधिरूढा कक्खटा त्वया मत्पक्षग्राहिणि क्रियताम्॥

वृन्दा — भवतु। यतिष्ये॥ १८७॥

श्रीकृष्णः — (राधामवेक्ष्य) प्रिये चन्द्रा-(इत्यर्द्धोक्ते कृत्रिमसंभ्रमं नाटयति)॥

श्रीराधिका — (सखेदम्) हद्धी हद्धी, कधं एव्वं सुणन्तं विणमे फुडिदं कण्णजुअलम्। (हा धिक् हा धिक्, कथमेवं शृण्वदपि न मे स्फुटितं कर्णयुगलम्)॥ १८९॥

वृन्दा — (स्वगतम्) पिच्छिकाभ्रमणेन कक्खटिकामुन्माद्य हरेरभीष्टं व्याहारयिष्ये। (इत्यलक्षितं तथा कृत्वा प्रकाशम्) सखि, रंगे मा भज वैमुख्यम्॥ १९०॥

श्रीकृष्णः — प्रिये चन्द्रानने, किमित्यकाण्डे विमनस्कासि?॥ १९१॥

(नेपथ्ये)

सामिणी इमिणा तुज्झ मुद्धत्तणेण ललिदा ण जीविस्सदि (स्वामिनि! अनेन तव मुग्धत्वेन ललिता न जीविष्यति)॥ १९२॥

श्रीराधिका — (ऊर्ध्वमालोक्य स्वगतम्) णीसंदेहम्हि किदा कक्खडिआए (प्रकाशम्) पअण्डं क्खु कुलिसविप्फूज्जिदं कधं डिण्डिमाडम्बरेण सवरणिज्जं होदु? (निःसन्देहास्मि कृता कक्खटिकया। प्रचण्डं खलु कुलिशविस्फूर्जितं कथं डिण्डिमा-डम्बरेण संवरणीयं भवतु?) (इति परांमुखी भवति)॥ १९३॥

श्रीकृष्णः — (अपवार्य)

> **समरोद्धरकामकार्मुकश्रीविजयिभ्रूयुगमाकुलाक्षिपद्माम्।**
> **विधुरीकृतमप्यतिक्रुधाग्रे मम राधावदनं मनो धिनोति॥ ५१॥**

(इति राधापटाञ्चलमुच्चाल्य) सुन्दरि! मधुरेण समाप्यतां मधुविहारकौतुकम्॥ १९४॥

(पुनर्नेपथ्ये)

हद्धी हद्धी, भो पउमासिक्खे दुट्ठसारसि, तुमं पि मं कडक्खसि। ता कीस पराणं धारेमि। (हा धिक् हा धिक्। भो पद्माशिष्ये दुष्टसारसि, त्वमपि मां कटाक्षयसि। तत्कस्मात्प्राणं धारयामि)॥ १९५॥

श्रीराधिका — (निशम्य सरोषमपसर्पन्ती) वृन्दे! परं केत्तिअं विडम्बिदम्हि। ता झत्ति वारेहि णं कवडपरिवाडाअसूत्तधारं भुअणमाराम्भिमुरलीसिक्खणीसंकंकरालि-आणत्तिणी कीलाकुरंगम्। वृन्दे! परं कियद्विडम्बितास्मि। तद्झटिति वारयैनं कपट-परिपाटीनाटकसूत्रधारं भुवनमारारम्भिमुरलीशिक्षानिःशंकं करालिकानप्त्रीक्रीडाकुरंगम्॥

श्रीकृष्णः — (सानन्दस्मितम्) सखि वृन्दे! प्रसादाय राधाम्॥ १९७॥

वृन्दा — प्रिय सखि राधे! विदग्धवधूनां मूर्धन्यासि। तदकाण्डे कठोरमानकाण्डेन नापसारय बल्लभकृष्णसारम्॥ १९८॥

श्रीराधिका — (बाढमवज्ञामभिनीय) एत्थ अवत्थादुं ण जूत्तम्हि। (अत्रावस्थातुं न युक्तास्मि) (इति निष्क्रान्ता)॥ १९९॥

श्रीकृष्णः — वृन्दे! बलीयसि रोषानले साममाध्वीकमुद्दीपनायैव। तदलमत्रामुयात्रया॥

वृन्दा — किमत्र युक्तम्?॥ २०१॥

श्रीकृष्णः — वृन्दे, वरवर्णिनीवेषेण राधां साधयितुमिच्छामि। तदत्र भवत्या समाधानमध्यवसीयताम्॥ २०२॥

(वृन्दा सांगीकारं स्मितं करोति)

श्रीकृष्णः — सखि! गौरांगरागसंगतं वरांगनावेषसाधनं कथमत्राभिलप्स्ये॥ २०३॥

(प्रविश्य)

मधुमंगलः — पिअवअस्स! अत्थि गौरीघने तहाविहवेससामग्गी जा पउमाए मह हत्थे समप्पिदा। (प्रियवयस्य! अस्ति गौरीगृहे तथाविधवेषसामग्री सा पद्मया मम हस्ते समर्पिता)॥ २०४॥

श्रीकृष्णः — (सहर्षम्) वृन्दे, गौरीगृहगम्भीरिकायां भविष्यामि। तदात्मभगिनीभावेन संभावनीयोऽहम्। (इति सवयस्यो निष्क्रान्तः)॥ २०५॥

वृन्दा — (परिक्रम्य दूरे दृष्टिं क्षिपन्ती)

चम्पकलवंगबकुलान्यवचिन्वत्योर्वयस्ययोरत्र।
स्फुटमिदमेव सलज्जं राधावृत्तं निवेदयति॥ ५२॥ २०६॥

(प्रविश्य तथाविधा राधा)

श्रीराधिका — सहि तदो! अहं अणुणेदुं पउत्तं णं अवहीरिअ एत्थ पत्तम्हि। (सखि! ततोऽहमनुनेतुं प्रवृत्तमेनमवधीर्यात्र प्राप्तास्मि)॥ २०७॥

ललिता — राहे ण क्खु तुमम्हि कण्हस्स गोत्तक्खलिदं सिविणे वि संभाविअदि। ता पइदिपमत्ताणं पसूणं पलावे किदवीसम्भातुमं वञ्चिदासि। (राधे, न खलु त्वयि कृष्णस्य गोत्रस्खलितं स्वप्नेऽपि संभाव्यते। तत्प्रकृतिप्रमत्तानां पशूनां प्रलापे कृतविश्रम्भा त्वं वञ्चितासि)॥ २०८॥

विशाखा — हद्धी हद्धी। ललिदे! पेक्ख अज्ज सोहग्गपूण्णिमाहे आरद्धसंघरिसा बलिणो पडिवक्खा। ता विडम्बिदा म्ह देव्वेण। हा धिक् हा धिक्। ललिते! पश्याद्य

सौभाग्यपूर्णिमाहे आरब्धसंघर्षा बलिनः प्रतिपक्षाः। तस्माद्विडम्बिताः स्मो दैवेन)॥

ललिता — विसाहे, सच्चं कहेसि। एत्थ महूसवे जइ अम्हाणं मुहमालिण्णं सवत्तीओ पेक्खिस्सन्ति, तदो सोल्लुण्ठं कउक्खन्तीओ हस्सिस्सन्ति। (विशाखे! सत्य कथयसि। अत्र महोत्सवे यद्यस्माकं मुखमालिन्यं सपत्न्यः प्रेक्षिष्यन्ति, तदा सोल्लुण्ठं कटाक्षयन्त्यो हसिष्यन्ति)॥ २१०॥

श्रीराधिका — (स्वगतम्) साहु सहिओ मन्तेन्ति। ता किं एत्थ सरणम्। (साधु सख्यौ मन्त्रयथः। तत्किमत्र शरणम्?)॥ २११॥

वृन्दा — (उपसृत्य) ललिते! रामानुजस्य निदेशेन राममुपनेतुं प्रस्थितास्मि॥ २१२॥

ललिता — किंति। (किमिति?)॥ २१३॥

वृन्दा — वसन्तश्रीदर्शनाय॥ २१४॥

विशाखा — सहि वुन्दे! क्खणं विलम्बिअ कुण संधिम्। (सखि वृन्दे! क्षणं विलम्ब्य कुरु संधिम्)॥ २१५॥

वृन्दा — सत्यं जानीहि मया दुष्करोऽद्य संधिः॥ २१६॥

विशाखा — कधं विअ? (कथमिव?)॥ २१७॥

वृन्दा — पृच्छ्यतामात्मसखी! ययाद्य दुरुक्तिभिरपरञ्जितः कञ्जेक्षणः॥ २१८॥

श्रीराधिका — (निःश्वस्य) हला वुन्दे! तुमं च्चेअ गदी। (हला वृन्दे! त्वमेव गतिः)॥ २१९॥

वृन्दा — (सव्याजरोषम्)

असूया चण्डाली हृदि पदमिता चण्डि विविशु-
र्न वाचस्ते पथ्याः श्रुतिसरणिसीमाञ्चलमपि।
इदानीमौदास्यं वशगमदिराक्षीततिरगान्
मुकुन्दोनिर्द्वन्द्वीभव सखि मुधा निःश्वसिसि किम्॥ ५३॥ २२०॥

ललिता — हला! कहिं सो क्खु मोहणो? (हला! कुत्र स खलु मोहनः?)॥

वृन्दा — गौरीसदानि॥ २२२॥

ललिता — किं करोदि? (किं करोति?)॥ २२३॥

वृन्दा — निकुञ्जविद्यया सार्धं गोष्ठीं तनोति॥ २२४॥

तिस्रः — सहि का क्खु णिउज्जविज्जा। (सखि! का खलु निकुञ्जविद्या)॥ २२५॥

वृन्दा — (स्फुटं विहस्य) अहो मौग्ध्यं किशोरीणां यदमूरतिप्रसिद्धामपि निकुञ्जविद्यां न विदन्ति॥ २२६॥

तिस्रः — (सलज्जम्) सहि, कधेहि सच्चं। ण जाणीम्ह। (सखि, कथय सत्यम्। न जानीमः)॥ २२७॥

वृन्दा — हन्त भो विशुद्धाः, का नाम सा गोकुले बल्लवबालिकास्ति या खलु स्वसारं मे भाण्डीरदेवतां न जानीते॥ २२८॥

ललिता — वुन्दे! देहि तुमं मन्तं जेण एदं वेसम्मं सुहोदक्कं भवे। (वृन्दे! देहि त्वं मन्त्रं येनेदं वैषम्यं सुखोदकं भवेत्)॥ २२९॥

वृन्दा — सखि! गोकुलानन्दनिगूढविस्रम्भमणिमञ्जूषेयं निकुञ्जविद्या। तदेनां भजेम॥

(इति सर्वाः परिक्रामन्ति)

श्रीराधिका — वुन्दे! एदं च्चेअ गौरीमण्डवम्। ता एत्थ पविसिअ सण्णाए कड्ढ णिउंजविज्जम्। (वृन्दे! इदमेव गौरीमण्डपम्। तदत्र प्रविश्य संज्ञयाकर्ष निकुञ्जविद्या॥

वृन्दा — (कृतोग्द्रीविकमालोक्य स्वगतम्) हन्त! गौरीमिव किशोरीं द्वारिं पश्यामि। (प्रकाशम्) सख्यः केवलमेकात्र भाण्डीरदैवतेव शिखण्डेन कुण्डलं कुर्वती वर्तते॥

तिस्रः — असच्चसंसिणि! चिट्ठ चिट्ठ। जं एसो ताण्डविअसिहण्डी पंगणे चिट्ठदि। (असत्यशंसिनि! तिष्ठ तिष्ठ। यदेषस्ताण्डविकशिखण्डी प्रांगणे तिष्ठति)॥ २३३॥

वृन्दा — हन्त भो दाक्षिण्यशून्याः! स्वयमागत्य समीक्ष्यताम्। किमत्रानुमानेन॥

ललिता — हला! फुडं तन्द्राउलदा चन्दइणो जादा जं णिक्कमन्तो चन्दअमउली इमिणा ण लक्खिदो। (हला! स्फुटं तन्द्राकुलता चन्द्रकिणी जाता यन्निष्क्रमन् चन्द्रकमौलिरनेन न लक्षितः।)॥ २३५॥

श्रीराधिका — हला! घरं पविसिअ णिउंजविज्जं पूछम्ह। (हला! गृहं प्रविश्य निकुञ्जविद्यां पृच्छामः)॥ २३६॥

(इति सर्वाः प्रवेशं नाटयन्ति) (प्रविश्य)

जटिला — भणिदम्हि पेम्मेण पउमाए अज्जे जटिले, दिट्ठिआ वड्ढसि। गोअड्ढणो विअ तुम्ह पुत्तो वि गोकोडीसरो हुविस्सदि। जं दिट्ठं मए अज्ज गौरीतित्थे राहिए गौरी आराहीअदिति तागदुअ वहूडिहं आसिसाहिं वड्ढयिस्सम्। (इति परिक्रम्य रंगणीमंगने दृष्ट्वा सानन्दम्) साहु पउमे, साहु। असच्चभासिणी णासि। (पुनर्निभाल्य सखेदम्) हद्धी हद्धी। कहं गौरीसिंहस्स सिरे तण्डविओ चिट्ठइ। ता परावट्टिअ पुत्तं आणिस्सम्।

(भणितास्मि प्रेम्णा पद्मया — 'आर्ये जटिले, दिष्ट्या वर्धसे। गोवर्धन इव तव पुत्रोऽपि गोकोटीश्वरो भविष्यति। यद्दृष्टं मयाद्य गौरीतीर्थे राधया गौर्याराध्यते' इति। तद्गत्वा वधूमाशीर्भिर्वर्धयिष्यामि। साधु पद्मे, साधु। असत्यभाषिणी नासि। हा धिक् हा धिक्। कथं गौरीसिंहस्य शिरसि ताण्डविकस्तिष्ठति? तत्परावृत्य पुत्रमानेष्यामि) (इति धावन्ती निष्क्रान्ता)॥ २३७॥

श्रीराधिका — (जनान्तिकम्) सहीओ! पेक्खध लोओत्तरं किंपि गौरीए सौन्दरिम् (सख्यः! प्रेक्षध्वं लोकोत्तरं किमपि गौर्याः सौन्दर्यम्)॥ २३८॥

सख्यौ — हला! सच्चं सच्चं। ठाणे कण्हस्स पेम्मवीसम्भसंभाविदा एसा। (हला! सत्यं सत्यम्। स्थाने कृष्णस्य प्रेमविश्रम्भसंभावितैषा)॥ २३९॥

श्रीराधिका — णं अदिट्ठपूव्वं संभासिदुंससंभमम्हि। (एनामदृष्टपूर्वां संभाषितुं ससंभ्रमास्मि) (इत्यपत्रपां नाटयति)॥ २४०॥ (नेपथ्ये)

यामि वृन्दे, नूनं राधया नाहं परिचये मया तु सहश्रधेयमनुभूयमानास्ति॥ २४१॥

वृन्दा — (स्वगतम्) चित्रं चित्रम्, साक्षादंगनाकण्ठध्वनिरेवायम्॥ २४२॥

श्रीराधिका — वुन्दे ण जाणे कीस पसहं णिउञ्जविज्जाए सिणिज्झदि मे हिअअम्। (वृन्दे, न जाने कस्मात्प्रसभं निकुञ्जविद्यायां स्निह्यति मे हृदयम्)॥ २४३॥

वृन्दा — सखि! तत्त्वं जाने। न चित्रमिदं यदसावपि चिरं त्वय्यनुरज्यति॥ २४४॥

श्रीराधिका — (सानन्दमनुसृत्य) हला, णिउञ्जविज्जे, कहिं सो तुह णिउञ्जणाअरो? (हला! निकुञ्जविद्ये, कुत्र स तव निकुञ्जनागरः)॥ २४५॥ (नेपथ्ये) सखि! कस्तं जनो जानाति॥ २४६॥

ललिता — सहि णिउञ्जविञ्जे! मुंच परिहासच्छलम्। अप्पवग्गो दे अम्हारिसो जणो। सखि! निकुञ्जविद्ये, मुञ्च परिहासच्छलम्। आत्मवर्गस्तेऽस्मादृशो जनः॥ २४७॥

(नेपथ्ये)

> **बाढं तत्त्वमविज्ञाय तप्यमानः कृशानुना।**
> **कथं शारदपद्माक्षि पारदः परिलभ्यते॥ ५४॥ २४८॥**

वृन्दा — (जनान्तिकम्।)

> **स्मेरा कपोलपाली शंसति दूत्यं निकुञ्जविद्यायाः।**
> **राधे मृदुलय तदिमां स्नेहेनाभ्यज्य भव्येन॥ ५५॥ २४९॥**

श्रीराधिका — हला णिउंजविज्जे! कीस वुन्देव्व णाणुबन्धसि सिणेहबन्धम्? (हला निकुञ्जविद्ये! कस्माद्वृदैन्व नानुबन्धासि स्नेहबन्धम्)॥ २५०॥

(नेपथ्ये)

विधिः पद्मे पादौ नवकदलिके सक्थियुगलं
मृणाले दोर्द्वन्द्वं तव शशिनमापाद्य वदनम्।
मृदूनामर्थानां न कठिनमवष्टम्भकमृते
स्थितिः स्यादित्यन्तर्व्यथित हृदयं नूनमशनिम्॥ ५६॥ २५१॥

श्रीराधिका — वुन्दे! पेक्खं साणुराअहासं परिहसिज्जामि णिउंजविज्जाए। ता गदुअ मिलिस्सम्। (वृन्दे! पश्य सानुरागहासं परिहस्ये निकुञ्जविद्यया। तद्गत्वा मिलिष्यामि) (इति निष्क्रान्ता)॥ २५२॥

वृन्दा —

गोकुलरामाप्रेयसि निकुंजविद्ये कठोरधीस्त्वमसि।
यत्प्रवणामपि पुरतः परिरभ्य सखीं न रंजयसि॥ ५७॥ २५३॥

विशाखा — इअं णिउंजविज्जं परिरद्धुं भुअवल्लीं उल्लासेन्ती पेम्मवीसद्धं जप्पदि। (इयं राधिका निकुञ्जविद्यां परिरब्धुं भुजवल्ली मुल्लासयन्ती प्रेमविश्रब्धं जल्पति) (नेपथ्ये)

हला भाण्डीरदेअदे, पेक्ख। गोउलपवेमवेला पच्चासीअदि, ता कारिज्जउ अम्हेसु लीलारंगसंगमिदो कण्हस्स पसाओ। (हला भाण्डीरदेवते! पश्य। गोकुलप्रवेशवेला प्रत्यासीदति, तत्कार्यतां तूर्णमस्मासु लीलारंगसंगमितः कृष्णस्य प्रसादः)॥ २५४॥

ललिता — वुन्दे! एसा तुज्झ बहिणी राहिअं परिरम्भिअ चुम्बदि। (वृन्दे! एषा तव भगिनीं राधिकां परिरभ्य चुम्बति)॥ २५५॥

विशाखा — (सशंकम्) विट्ठा णिल्लज्जिआए तुज्झ णिउंजविज्जाए पुरिसधम्मलुद्धदा। जं एसा राहावक्खोरुहे णहरंकुरं अप्पेदि। (दृष्टा निर्लज्जया तव निकुञ्जविद्यया पुरुषधर्मलुब्धता। यदेषा राधावक्षोरुहे नखरांकुरानर्पयति)॥ २५६॥

वृन्दा — (सस्मितम्) सखि, मान्यसूयां कृथाः। प्रेमोत्कर्षविलासोऽयम्॥ २५७॥ (प्रविश्य सोत्कम्पा)

श्रीराधिका — (सभ्रूभंगम) वुन्दे, जुत्तं जुत्तं अम्हेसु तुम्ह जिम्हत्तणम्। (वृन्दे! युक्तं युक्तमस्मासु तव जिह्मत्वम्)॥ २५८॥

वृन्दा — (विहस्य) सिख! न वेद्मि किं तवाकूतम्॥ २५९॥

सख्यौ — (सस्मितम्) वुन्दे! विण्णदा दे मोहिणीभूदा णिउञ्जविज्जा। (वृन्दे! विज्ञाता ते मोहिनीभूता निकुञ्जविद्या)॥ २६०॥

(ततः प्रविशति सपुत्रा जटिला)

जटिला — वच्छा हिमण्णो! पेक्ख पंगणे रंगिणी तह तण्डबिओ वि सिहण्डी चिट्ठदि। (वत्साभिमन्यो! पश्य प्रांगणे रंगिणी तथा ताण्डवी कोऽपि शिखण्डी तिष्ठति) ॥

अभिमन्युः — अम्ब! सच्चं कहेसि। जं दिट्ठं मए गोगोवमण्डलेण सद्धं एक्को ज्जेव रामो गोउलं पइट्ठो। (अम्ब! सत्यं कथयसि। यद्दृष्टं मया गोगोपमण्डलेन सार्धमेक एव रामो गोकुलं प्रविष्टः) ॥ २६२ ॥

जटिला —वच्छ! एसा विसारिणी कावि सोरब्भधारा ज्जेव्व तं साहसिअमिहुणं एत्थ कहेइ ॥ (वत्स! ऐषा विसारिणी कापि सौरभ्यधारैव तत् साहसिकमिथुनमत्र कथयसि।) ॥ २६३ ॥

अभिमन्युः — अम्ब भवदीए णिदेसोवि मए पडिवालिदो अज्ज संवुत्तो ता दाणिं राहिअं महुरापुरे णइस्सम्। (अम्ब! भगवत्या निदेशोऽपि मया प्रतिपालितोऽद्य संवृत्तः। तदिदानीं राधिकां मथुरापुरे नेष्यामि) ॥ २६४ ॥

जटिला — पुत्त! दिट्ठिआ। एक्कादुआरं घरं। ता दुआरभित्तिए लग्गा भविअ सुहम्ह पत्थावम्। (पुत्र! दिष्ट्या एकद्वारं गृहम्। तद्द्वारभित्त्या लग्ना भूत्वा शृणुमः प्रस्तावम्) (इति तथा स्थितौ) ॥ २६५ ॥ (प्रविश्य)

श्रीकृष्णः — (सस्मितम्) राधे! मास्म कार्षीरतिदुर्लभेऽस्मिन्नर्थेप्रार्थनाम्॥ २६६ ॥

श्रीराधिका — (सनर्मस्तिम्) अइ देइ! पसीद पसीद। (अयि देवि! प्रसीद प्रसीद) ॥ २६७॥ (गृहं प्रविश्य)

अभिमन्युः — हुं साहसिणि! पच्चक्खं हत्थाहत्थि गहीदासि। (हुँ साहसिनि! प्रत्यक्ष हस्ताहस्ति गृहीतास्मि) ॥ २६८ ॥

श्रीकृष्णः — (स्वगतम्) हन्त! स्वरादभिमन्युमभिज्ञाय कातरेयं प्रिया यष्टिवद्भूमौ निपपात॥ २६९ ॥

जटिला — (सविस्मयमंगुल्या दर्शयन्ती) वच्छ! लोओत्तरेण लाअण्णभरेण का एसा गौरीघरं उज्जालेइ? (वत्स! लोकोत्तरेण लावण्यभरेण कैषा गौरी गृहमुज्ज्वलयति?) ॥ २७० ॥

अभिमन्युः — (विमृश्य) अम्ब! देइ पसीद पसीद, त्ति भणिअ राहीए दण्डपणामो किदात्थि। ता एसा दिव्वरूपा महेससहिसी फुड़ं पादुब्भूदा। (अम्ब! देवि, प्रसीद प्रसीदेति भणित्वा राधया दण्डवत्प्रणामः कृतोऽस्ति। तदेषा दिव्यरूपा महेशमहिषी स्फुटं प्रादूर्भूता) ॥ २७१ ॥

श्रीकृष्णः — (सहर्षमात्मगतम्) गौरीनेपथ्यं मम सुष्ठु पथ्यं बभूव॥ २७२॥

सख्यौ — (सानन्दम्) गोवुत्तम! तुम्हाणं अम्बेडिदेण अम्हेहिं आराहिज्जन्ती गौरी पडिमादो णिक्कमिदा। (गोपोत्तम! युष्माकमाम्रेडितेनास्माभिराराध्यमाना गौरी प्रतिमातो निष्क्रान्ता)॥ २७३॥

अभिमन्युः — विसाहे! किं दाणिं देईपादे सुदुल्लहं राहीए अब्भत्थदम्? (विशाखे! किमिदानीं देवीपादे सुदुर्लभं राधयाभ्यर्थितम्?)॥ २७४॥

श्रीकृष्णः — वीराभिमन्यो! दारुणं किमपि संकटं तवोपस्थितम्। तन्निवृत्तिमियं याचते॥ २७५॥

अभिमन्युः — (सशंकम्) भअवदि! केरिसं तम्? (भगवति! कीदृशं तत्)॥

श्रीकृष्णः — वृन्दे! सदभिव्यक्तये! संकुचन्ति मे वचनानि। ततस्त्वया कथ्यताम्॥

वृन्दा — मानिन्नभिमन्यो! परश्वस्त्वं भोजेश्वरेण भैरवाय सामुपहारीकर्तव्योऽसि॥

जटिला — (सवैक्लव्यम्) देइ! पसीद पसीद। जीअपुत्तीअं मं करेहि (देवि! प्रसीद प्रसीद जीवत्पुत्रिकां मा कुरु)॥ २७९॥

श्रीराधिका — (सहर्षमुत्थाय) देइ! पसीद पसीद। (देवि! प्रसीद प्रसीद)॥

श्रीकृष्णः — (स्मित्वा) राधे! वर्णितमेव ते यदद्य दुर्निवारमिदम्॥ २८१॥

श्रीराधिका — (सकाकुभरं प्रणम्य) हन्त बल्लवीउलदेअदे! किं पि असक्कं दे णत्थि। ता तुए णाहेण अविप्पओअं पसादीकदुअ अणुगेणहीअदु एसो जणो। (हन्त वल्लवीकुलदेवते! किमप्यशक्यं ते नास्ति। तत्त्वया नाथेनविप्रयोगं प्रसादीकृत्यानु-गृह्यतामेष जनः)॥ २८२॥

श्रीकृष्णः — (स्मित्वा)

वशीकृतात्मास्मि वशीन्द्रदुष्करैस्तवाद्य राधे नवभक्तिदामभिः।
तदिष्टसिद्धिं कृतगोकुलस्थितिः सदा मदाराधनतस्त्वमाप्स्यसि॥ ५८॥

अभिमन्युः — (सोच्छ्वासम्) अइ भत्तजणवच्छले! कदावि महुराहिमुही मए ण राहिआ कादव्वा। ता इह वसन्ती तुमं एसा आराहेदु। (अयि भक्तजनवत्सले! कदापि मथुराभिमुखी मया न राधिका कर्तव्या। तदिह वसन्ती त्वामेषाराधयतु॥)

जटिला — (राधामालिंगद्य) अइ गोउलणन्दिणि! रक्खिदम्हि। (अयि गोकुलनन्दिनि! रक्षितास्मि)॥ २८५॥

वृन्दा — (अभिमन्युमवेक्ष्य)

विध्वंसयति हि पुंसां साध्वी परिवादितायूंसि।
परदेवतात्र गौरी भावग्राहिण्यसौ वदतु॥ ५९॥ २८६॥

श्रीकृष्णः — धन्याभिमन्यो! कल्याणसाधिका ते राधिका। तदस्यां नाविश्रब्धेन भवितव्यं भवता॥ २८७॥

अभिमन्युः — देइ! राहीवेसं कदुअ सुअलेण अम्बा मे परिहसिज्जइ। तं पेक्खिअ मच्छरी अणहिण्णो लोओ मिच्छाहिसत्तिं उप्पादेदि। (देवि! राधावेशं कृत्वा सुबलेनाम्बा मम परिहस्यते। तत्प्रेक्ष्य मत्सरी अनभिज्ञोलोको मिथ्याभिसक्तिमुत्पादयति)॥ २८८॥

ललिता — अहिमण्णो! दिट्ठआ सअं जव्व वीसत्थोसि। (अभिमन्यो! दिष्ट्या स्वयमेव विश्वस्तोऽसि)॥ २८९॥

अभिमन्युः — अम्ब! एहि मम घरंसव्वस्साइं महूरापुरे णेदुं णिजुत्तं जणं णिवारेम्ह। (अम्ब! एहि मम गृहसर्व्वस्वानि मथुरापुरे नेतुं नियुक्तं जनं निवारयामः) (इत्यम्बया सह हरिं प्रणम्य निष्क्रान्तः)॥ २९०॥

सख्यौः — (राधामाश्लिष्य सास्रम्) हा पिअसहि! कधं पामरेहिं तुमं महुरापुरे णेदुं णिच्चिदासि? (हा प्रियसखि! कथं पामरैस्त्वं मथुरापुरे नेतुं निश्चितासि?)॥ २९१॥

(प्रविश्य)

पौर्णमासी — (सानन्दस्मितम्)

अंगरागेण गौरांगी हिरण्यद्युतिहारिणी।
मामग्रे रञ्जयत्येषा निकुञ्जकुलदेवता॥ ६०॥ २९२॥

श्रीकृष्णः — (प्रणम्य) भगवति! वन्दे॥ २९३॥

पौर्णमासी — आशीःशतम्। हन्त यशोदामातः! दिष्ट्या भवताद्य संवर्धितास्मि, यदहं राधिकाविच्छेदवेदनानामनभिज्ञीकृता॥ २९४॥

श्रीकृष्णः —

उत्तीर्णा परमभयाद्बभूव राधा
निर्बाधाजनि भवती गताधिसूचिः।
निःशंकं प्रमदमितास्तथाद्य सख्यः
कर्तव्यं भगवति किं प्रियं तवास्ति?॥ ६१॥ २९५॥

पौर्णमासी — (सानन्दास्रम) गोकुलबन्धो! बाढमवन्ध्यजन्मास्मि कृता, तथापि किंचिदभ्यर्थये॥ २९६॥

प्रथयन्गुणवृन्दमाधुरीमधिवृन्दावनकुञ्जकन्दरम्।
सह राधिकाया भवान्सदा शुभमभ्यस्यतु केलिविभ्रमम्॥ ६२ ॥ २९७॥

किंच।

अन्तःकन्दलितादरः श्रुतिपुटीमुद्घाटयन्सेवते
यस्ते गोकुलकेलिनिर्मलसुधासिन्धूत्थबिन्दूनपि।
राधामाधविकामधोर्मधुरिमास्वाराज्यमस्यार्जयन्-
साधीयान्भवदोयपादकमले प्रेमोर्मिरुन्मीलतु॥ ६३ ॥ २९८॥

श्रीकृष्णः — (स्मित्वा) भगवति! तथास्तु। तदेहि, गोदोहावसाने मामप्रेक्ष्य चिन्तयिष्यन्तौ पितरावविलम्बं गोकुलं प्रविश्य नन्दयामः! (इति निष्क्रान्तः) ॥ २९९ ॥

(इति निष्क्रान्ता)

इति श्रीविदग्धमाधवनाटके गौरीतीर्थविहारो नाम सप्तमः अंकः ॥ ७ ॥

ग्रन्थसमाप्तिः।

राधाविलासवीतांकं चतुःषष्टिकलाधारम्।
विदग्धमाधवं साधु शीलयन्तु विचक्षणाः ॥ १ ॥
नन्दसिन्धुरबाणेन्दु (१५८९) संख्ये संवत्सरे गते।
विदग्धमाधवं नाम नाटकं गोकुले कृतम्॥ २ ॥
शान्तश्रियः परमभागवताः
समन्ताद्वैगुण्यपुञ्जमपि सद्गुणतां नयन्ति।
दोषावलीमपरितापितया मृदूनि
ज्यातींषि विष्णुपदभाञ्जि विभूषयन्ति॥ ३ ॥

समाप्तमिदं श्रीविदग्धमाधवं नाम नाटकम्।

*****

परिशिष्टम् (१) संकेतसूची

उ.नी-उज्ज्वलनीलमणि:
का.–काव्यादर्श:
का.प्र-काव्यप्रकाश:
काव्या-काव्यालङ्कार:
का.सू-काव्यालङ्कारसूत्रम्
गी.गो-गीतगोविन्दम्
च.लो-चन्द्रालोक:
चै.च-चैतन्यचरितामृत
द.रू-दशरूपकम्
दा.के.कौ-दानकेलिकौमुदी
ध्व.लो-ध्वन्यालोक:
ना.च-नाटकचन्द्रिका
ना.शा-नाट्यशास्त्रम्
नै.च-नैषधीयचरितम्
पद्या-पद्यावली
भ.र-भक्तिरत्नाकर
भ.र.सि-भक्तिरसामृतसिन्धु:
र.वि रसविलास:
रू.चि-रूपचिन्तामणि:
ल.मा-ललितमाधवम्
वं-वंगाक्षरी
वि.मा-विदग्धमाधवम्
श्री.भा-श्रीमद्भागवतम्
स.क-सरस्वतीकण्ठाभरणम्
सं.वै.तो-संक्षेपवैष्णवतोषिणी
सा.द-साहित्यदर्पण:
हं.दू-हंसदूतम्

परिशिष्टम् (२)

अधीतग्रन्थसूची

१. अग्निपुराणम्-(गीताप्रेस-गोरखपुर)-प्रथमप्रकाशनम्-२०५९संवत्

२. अलङ्कारकौस्तुभ:-कविकर्णपूरगोस्वामी-वारेन्द्रप्रकाशनम्-१९२६ई.

३. उज्ज्वलनीलमणि:-श्रीरूपगोस्वामी-महामहोपाध्याय पं. दुर्गाप्रसाद-वासुदेवलक्ष्मणपान्सीकराभ्यां सम्पादित:,चौखम्बासंस्कृतप्रतिष्ठानम्-दिल्ली-पुनर्मुद्रणम्-१९८५ई.

४. उज्ज्वलनीलमणि:-श्रीरूपगोस्वामी-पुरीदासेन प्रकाशित: शचीनाथेन सम्पादित:-मञ्जुषा प्रिण्टिं वार्क्स–ढाका-प्रथमप्रकाशनम्-१९४६ई.

५. उज्ज्वलनीलमणि:-श्रीरूपगोस्वामी-आत्मप्रमोदिनीटीकासहित: विष्णुदासगोस्वामिनासम्पादित:-मूर्शिदावाद:-४६९गौराब्द:

६. उद्धवदूतम्-श्रीरूपगोस्वामी-सर्वेश्वरतर्कालङ्कारसम्पादितम्-मूर्शिदावाद:-१९१३ई.

७. उद्धवसन्देश:-(वं)-श्रीरूपगोस्वागी-कृष्णदाससम्पादित:-मथुरा-द्वितीयसंस्करणम्-२०१४साल

८- उद्धवसन्देश:-(वं)-श्रीरूपगोस्वामी–पुरीदासेन प्रकाशित: शचीनाथेन सम्पादित:-मञ्जुषा प्रिण्टिं वार्क्स–ढाका-प्रथमप्रकाशनम्-१९४६ई.

९- उपदेशामृतम्-राधारमणस्वामीकृतोपदेशप्रकाशिकाटीकया केदारनाथभक्तिविनोदठाकुरकृतया पीयुषवर्षिणी इत्याख्यया अनुवृत्त्या च समलङ्कृतम्-प्रथमप्रकाशनम–४२८गौराब्द:

१०- उपदेशमृतम्-(वं)-सुन्दरानन्दविद्याविनोदप्रकाशितं भक्तिप्रदीपतीर्थगोस्वामिना सम्पादितम्-मञ्जुषा प्रिण्टिं वार्क्स–ढाका-प्रथमप्रकाशनम्-१९४२ई.

११. काव्यप्रकाश:-हरिशङ्करशर्मासम्पादित: नागेश्वरीटीकायुक्त:-चौखम्बासंस्कृतसंस्थानम्-वाराणसी-अष्टमप्रकाशनम्-१९९५ई.

१२. काव्यालङ्कार:-भामहविरचित:-विहारराष्ट्रभाषापरिषत्-पाटना-१९६२ई.

१३. काव्यालङ्कार:-रुद्रटविरचित:-वासुदेवप्रकाशनम्-दिल्ली-प्रथमप्रकाशनम्-१९६५ई.

१४. चाटुपुष्पाञ्जलि:-(वं)-राधावल्लभदास:-वैष्णवचरणदाससम्पादिता-पुरी-१९१०ई.

१५. चैतन्यचन्द्रोदय:-कविकर्णपूरगोस्वामी-निर्णयसागरप्रेस्-मुम्बई-१९३७ई..

१६. दशरूपक:-धनञ्जय:धनिककृतावलोकसहित:-चौखम्बाविद्याभवनम्-१९६७ई.

१७. दानकेलिकौमुदी-(वं)-पुरीदासेन प्रकाशिता शचीनाथेन सम्पादिता-मञ्जुषा प्रिण्टिं वार्क्स--ढाका-प्रथमप्रकाशनम्-१९४१ई.

१८. ध्वन्यालोकः-आचार्यचण्डिकाप्रसादशुक्लसम्पादित– विश्वविद्यालय- प्रकाशनम्-वाराणसी-प्रथमप्रकाशनम्-१९८१ई.

१९. नाटकचन्द्रिका-बाबुलालशुक्लशास्त्रिसम्पादिता प्रकाशव्याख्यासहिता-चौखम्बासंस्कृतसिरीज-प्रथमप्रकाशनम्-१९६४ई.

२०. नाटकचन्द्रिका-शचीनाथरायचतुर्वेदिसम्पादिता-गौरग्रन्थगुटिका-श्रीप्रिण्टर्स-१९४९ई.

२१. निकुञ्जरहस्यस्तवः-श्रीरूपगोस्वामी-कुसुमसरोवरप्रकाशनम्-मथुरा-२००९संवत्

२२. पद्यावली-श्रीरूपगोस्वामी-पुरीदासेन प्रकाशिता शचीनाथेन सम्पादिता-मञ्जुषा प्रिण्टिं वार्क्स–ढाका-प्रथमप्रकाशनम्-१९४६ई.

२३. मथुरामाहात्म्यम्-(वं)-श्रीरूपगोस्वामी-पुरीदासेन प्रकाशितम् शचीनाथेन सम्पादितम्-मञ्जुषा प्रिण्टिं वार्क्स–ढाका-प्रथमप्रकाशनम्-१९४६ई.

२५. राधाकृष्णगणोद्देशदीपिका-(वं)-श्रीरूपगोस्वामी-पुरीदासेन प्रकाशिता शचीनाथेन च सम्पादिता–*EASTLAND PRINTERS*

२६. विदग्धमाधवम्–श्रीरूपगोस्वामी-चौखम्बासंस्कृतसिरीज-विद्याविलासप्रेस-प्रथमप्रकाशनम्-१९७०ई.

२७. विदग्धमाधवम्-म.म.पं. दुर्गाप्रसाददारकसम्पादितम्-काव्यमाला-११ प्रथमप्रकाशनम्-१९०३ई.

२८. विदग्धमाधवम्-विश्वनाथचक्रवर्त्तीसम्पादितम्-प्रथमप्रकाशनम्-१२८८साल.

२९. विदग्धमाधवम्–श्रीरूपगोस्वामी-रमाकान्तझासम्पादितम्-चौखम्बासंस्कृतसिरीज-विद्याविलासप्रेस-प्रथमप्रकाशनम्-२०२७संवत्.

३०. ललितमाधवम्-(वं)-श्रीरूपगोस्वामी-पुरीदासेन प्रकाशितम् शचीनाथेन सम्पादितम्-मञ्जुषा प्रिण्टिं वार्क्स–ढाका-प्रथमप्रकाशनम्-१९४१ई.

३१. ललितमाधवम्-नारायणप्रणीतटीकासहितम्-बाबुलालशुक्लशास्त्रिसम्पादितम् -चौखम्बासंस्कृतसिरीज-प्रथमप्रकाशनम्-१९६९ई.

३२. ललितमाधवम्-जीवभाष्यसहितम्-पं.भवानन्दशास्त्री-काशीनाथपाण्डुरङ्गपव-सम्पादितम्–काव्यमाला-प्रथमप्रकाशनम्-१९०३ई.

३३. ललितमाधवम्-रूपटीकासहितम्-सत्येन्द्रवसुना सम्पादितम्-वसुमतीसाहित्यमन्दिरम्-द्वितीयप्रकाशनम्-१९११ई.

३४. श्रीगीतगोविन्दम्-श्रीहरिदासचट्टोपाध्यायसम्पादितम्-कर्णवालिस ष्ट्रिट-कोलकाता-१३३६ साल.

३५. श्रीमद्भागवतमहापुराणम्-गीताप्रेस-गोरखपुर-अष्टादशप्रकाशनम्-२०५८संवत्. (वं)-श्रीरूपगोस्वामी-पुरीदासेन प्रकाशिता शचीनाथेन च सम्पादिता १९४६ई.

३६. श्रीरूपचिन्तामणिः-वीरभद्रगोस्वामिकृतटीकासहितः-(वं)-अतुलकृष्णगोस्वामि-सम्पादितः नटवरचक्रवर्त्तीसम्पादित–कोलकाता-१४३४साल.

३७. श्रीरूपशिक्षा-सेवासंस्थानम्-गोरखपुर-प्रथमप्रकाशनम्-१९७९ई.

३८. श्रीलघुभागवतामृतम्-(वं)-भागवतसिद्धान्तग्रन्थावली-वलाईचान्दगोस्वामिसम्पादितम्-कोलकाता-१३०४साल.

३९. श्रीहरिभक्तिरसामृतसिन्धुः-दुर्गमसंगमनीटीकासहितः-अच्युतग्रन्थमाला-पुस्तकालयसंस्करणम्-वाराणसी-१९८८वि.संवत्.

४०. संक्षेपवैष्णवतोषिणी-(वं)-पुरीदासेन प्रकाशिता शचीनाथेन सम्पादिता-मञ्जुषा प्रिण्टिं वार्क्स–ढाका-प्रथमप्रकाशनम्-१९४६ई.

४१. संक्षेपभागवतामृतम्-(वं)-श्रीरूपगोस्वामी-पुरीदासेन प्रकाशितम् शचीनाथेन सम्पादितम्-मञ्जुषा प्रिण्टिं वार्क्स–ढाका-प्रथमप्रकाशनम्-१९४५ई.

४२. स्तवमाला-श्रीरूपगोस्वामी-निर्णयसागरप्रेस्-मुम्बई-१९०३ई

४३. स्मरणमङ्गलस्तोत्रम्-श्रीरूपगोस्वामी-मधुसूदनगोस्वामिकृतव्रजभाषा -नुवादसहितम्-कुसुमसरोवरप्रकाशनम्-गोवर्द्धनः-प्रथमप्रकाशनम्-२००१साल.

४४. साहित्यदर्पणः-शलीग्रामशास्त्रिसम्पादितः-मोतिलालवनारसीदासः-दिल्ली-पुनर्मुद्रणम्-२०००ई.

४५. साहित्यदर्पणः-सत्यव्रतसिंहसम्पादितः-चौखम्बाविद्याभवनम्-वाराणसी-१९५७ई.

४६. साधनपथ-(शिक्षाष्टक-उपदेशमृतम्)-भक्तिसिद्धान्तसरस्वतीकृतलघुविवरणटीका तथा भक्तिविनोदठाकुरकृतसम्मोहनभाष्यसहित-तृतीयसंस्करणम् -४३९गौराब्दः.

४७. सामान्यविरुदावलिलक्षणम्-(वं)-हरिदासप्रकाशितम्-हरिवोलकुटीरः-नवद्वीपम्-४५५गौराब्दः प्रथमप्रकाशनम्-२०२७संवत्.

४८. हंसदूतम्-(वं)-कृष्णदासप्रकाशितम्-१९५७ई.

४९. हंसदूतम्-(वं)-विभासप्रकाशवन्दोपाध्यायसम्पादितम्-वंगाब्दः१३४१.

५०- काव्य का वैष्णव व्यक्तित्व-श्रीनरेशमेहेत्ता-लोकभारतीप्रकाशन-१९७२ई.

५१. कृष्णभक्तिकाव्य-डा.जगदीश गुप्त-वसुमती प्रकाशन-इल्लाहावाद-१९६८इ.

५२. गोपीप्रेम-हरप्रसाद पोद्दार-गीताप्रेस-गोरखपुर-पुनर्मुद्रणम्-१९८८ई.
५३. चैतन्यचरितावली-प्रभुदत्तब्रह्मचारी-संकीर्त्तनभवन-प्रयाग-अष्टमप्रकाशन-२०४२संवत्.
५४. चैतन्यमत और ब्रजसाहित्य-प्रभुदयाल मित्तल-साहित्यसंस्थान-मथुरा-१९६२ई.
५५. प्रेमभक्तिचन्द्रिका-वृन्दावनदासजी-मथुरा-२००७संवत्.
५६. भक्ति का विकाश-डा.मुन्सीराम शर्मा-चौखम्बाविद्याभवन-वाराणसी-द्वितीयप्रकाशन-१९७९ई.
५७. भारतीय दर्शन-
५८. भारतीय दर्शन-डा.देवराज-उत्तरप्रदेश हिन्दीग्रन्थ एकाडेमी-१९७५ई.
५९. भारतीय साहित्य मे भक्तिधर्म-आचार्य परशुराम चतुर्वेदी-प्रथमप्रकाशन-१९०४ई.
६०. भारतीय साहित्यशास्त्र-बलदेव उपाध्याय-द्वितीयप्रकाशन-२००७ संवत्.
६१. संस्कृत काव्यशास्त्र का इतिहास-म.म.पि वि.काणे-अनु.-डा.इन्द्रचन्द्र शास्त्री-मोतिलाल वनारसीदास-१९९४ई.
६२. सइस्वृ्त शास्त्रों का इतिहास-बलदेव विद्याभूषण-चौखम्बाविद्याभवन-वाराणसा–नूतनमुद्रण-१९९४ई.
६३. संस्कृत साहित्य का इतिहास-वेदव्यास-अनुसन्धान विभाग-दयानन्द कालेज-१९२६ई.
६४. संस्कृत सात्यिशास्त्र में भक्तिरस-डा.दीपा अग्रवाल-ईष्टर्ण बुक लिंकर्स-दिल्ला–प्रथमप्रकाशन-१९९६ई.
६५. चैतन्यचन्द्रिका-(ओ)गोस्वामी अरूपानन्द-नीलाचल प्रकाशनी-कटक-प्रथमप्रकाशन-१९८५ई.
६६. नवधाभक्ति-(ओ)-दोलगोविन्द पट्टनायव–ग्राफिक प्रिण्टर्स-पुरी-प्रथमप्रकाशन-१९९८ई.
६७. भक्तिरसामृतसिन्धुः-ए.सि.भक्तिवेदान्तस्वामिप्रभुपाद-अनु.प्रियनाथ दे-भक्तिवेदान्त बुक ट्रष्ट-श्रीगुरुगौराङ्ग प्रेस-भुवनेश्वर-चतुर्थसंस्करण–१९८८ई.
६८. भारतीय साहित्यतत्त्व-डा.वनमाली रथ-ओडिशाराज्य पाठ्यपुस्तक प्रणयन ओ प्रकाशनसंस्था-भुवनेश्वर-१९७८ई.
६९. रायरामानन्दपद्यावली-श्रीमतीप्रमिलामिश्रसम्पादित-आड़िशाप्राच्यग्रन्थमाला-डाइरेक्टोरेट आफ कलचर-भगवतीप्रेस-१९९२ई.
७०. श्रीचैतन्यशिक्षामृतम्-ए.सि.भक्तिवेदान्तस्वामिप्रभुपाद-अनु.डा. गौरगोविन्दस्वामी-भक्तिवेदान्त बुक ट्रष्ट-श्रीगुरुगौराङ्ग प्रेस-भुवनेश्वर-चतुर्थसंस्करण–१९९७ई.

७१. श्रीजगन्नाथवल्लभनाटकम्-अनवाद ओ समीक्षा-विष्णुप्रिया ओता-फ्रेण्ड्स पब्लिशर्स-कटक-प्रथमप्रकाशन-१९८२ई.

७२. गौडीयदर्शनेर इतिहास ओ वैशिष्ट्य-श्रीसुन्दरानन्दविद्याविनोद-गौडीयमठ-कोलकोता-प्रथमप्रकाशन-१९५३ई.

७३. गौडीय वैष्णव दर्शन-श्रीराधागोविन्दनाथ-साधनाप्रकाशन-कोलकोता-प्रथम-द्वितीय-तृतीयभाग-द्वितीयमुद्रण-१९८१-८२ई.

७४. चैतन्यचरितामृत-(ओ)-पं.श्यामसुन्दरमिश्रसम्पादित-धर्मग्रन्थ ष्टोर-कटक-प्रथमप्रकाशन-१९७७इ.

७५. प्रेमविलास-नित्यानन्ददास-मूर्शिदावाद-द्वितीयसंस्करण-४२५गौराब्द.

७६. वैष्णवीय निबन्ध-सुकुमारसेन-डि.मेहेरा रूपा एण्ड को-१९७०ई.

७७. भक्तिरत्नाकर-नरहरिचक्रवर्त्ती-रामदेवमिश्रसम्पादित-मूर्शिदावाद-द्वितीयसंस्करण-४२६गौराब्द.

७८. भक्तिरसविवर्त्तन-चिन्मयी चट्टोपाध्याय-कोलकोता विश्वविद्यालय-१९७२ई.

७९. श्रीचैतन्यभागवत-वृन्दावनठाकुरगोस्वामी-कोलकोता-चतुर्थसंस्करण-४४०गौराब्द.

८०. सहजिया ओ गौडीयवैष्णवधर्म-श्रीपरितोषदास-फार्मा के. एल. प्रा.लि.-कोलकोता-प्रथमप्रकाशन-१९७८

81. A HISTORY OF SANSKRIT LIT.-VOL-1&2-Dr.S.K.DE& S.N.DASGUPTA-University of Kolkota1962

82. A NEW HISTORY OF SANSKRIT LIT.Manohar-1977

83. A PHILOSOPHY OF DEVOTION-Jhon C. Plot-Motilal Banarasidas-1974.

84. ASPECTS OF EARLY VAISNVISM-J Gonda-Utrecht

85. ENCYCLOPAEDIA OF RELIGION & ETHICS-VOL 2-EDITED BY J HASTINGS,EDINBURG-T & T CLARK 1909

86. HISTORY OF CLASSICAL SANSKRIT LIT.-M.Krishnamachari-Motilal Banarasidas-1970.

87. HISTORY OF SANSKRIT POETICS-Dr. S.K.DE-FIRMA K L Pvt Ltd.-Calcutta-Reprint Edn-1976

SAHITYACHARYA,

ए.सि.भक्तिवेदान्तस्वामिप्रभुपाद-अनु.प्रियनाथ दे-भक्तिवेदान्त बुक ट्रष्ट-श्रीगुरुगौराङ्ग प्रेस-भुवनेश्वर-चतुर्थसंस्करण–१९८८ई.

88. *MATERIALS FOR THE STUDY OF EARLY HISTORY OF THE VAISNAV SECT-H C ROYCHAUDHURY-Calcutta-2nd Edn-1936*
89. *THE CULTURAL HERITAGE OF INDIA-VOL IV-EDITED BY HARIDAS BHATTACHARYA-Ramakrishna Mission-Calcutta-1983.*
90. *THE CULTURAL HERITAGE OF INDIA-vol v-Edited by Sunit k Chatarjee-Ramakrishna Mission-Calcutta-1978.*
91. *THE EARLY HISTORY OF VAISNAV FAITH & MOVEMENT-Dr. S.K.DE-FIRMA K L Pvt Ltd.-Calcutta-FIRSt Edn-1961.*
92. *THE EARLY HISTORY OF VAISNAVISM-H C Roychaudhury-Orient Books Co.-Reprint Edn-1975.*
93. *THE PADYAVALI-Edited by Dr. S. K. DE-The UNIVERSITY OF DACCA PUBLICATION.*
94. *THE VASNAV LIT. MEDIAVAL BENGAL-Roy Saheb D C SEN-THE UNIVERSITY OF CALCUTTA-1917*

JOURNALS :

(१) चतुर्थप्राच्यविद्यासम्मेलनम्-प्रयागः-सारविवरणी-१९२६ई.

(२) एकचत्वारिंशत्तमप्राच्यविद्यासम्मेलनम्-पुरी-सारविवरणी-२००२ई.

(3) JOURNALS OF ROYAL ASIATIC SOCEITY-1910

(4) JOURNALS OF ASIATIC SOCEITY OF BENGAL VOL IXVII BY MANMOHAN CHAKRABORTY

(5) EPIGRAPHIKA INDICA-VOL XXXVIII-1969-70

पत्रिकाः-

१. चतुर्थप्राच्यविद्यारामम्मेलनम्-प्रयागः-रारविवरणी १९२६ई.

२. एकचत्वारिंशत्तमप्राच्यविद्यासम्मेलनम्-पुरी-सारविवरणी-२००२ई.

*****